사회복지학개론

Introduction to Social Welfare studies

김기덕 서동명 신원우 윤상용 황보람 공저

신정

머리말

심리학이 인간의 인지와 관련하여 주목하는 현상 가운데 초두효과(初頭效果, primacy effect)라는 것이 있다. 흔히 첫인상효과라고 불리는 이 개념은 사람들이 무언가를 알아차리는 과정에서 가장 먼저 제시된 정보가 전체적인 인상과 이해를 형성하는 데 결정적인 영향력을 미친다는 내용을 담고 있다. 따라서 처음에 잘못 형성된 인상과 이해를 나중에 바로잡기 위해서는 이전에 제시된 정보보다 훨씬 많은 내용들을 더욱 힘겹게 전달할 수밖에 없고, 특히 처음에 형성된 주관적 신념과 기대는 이후 다시 수정하는 것이 매우 힘들다고 보고되고 있다.

학문으로든 직업으로든 사회복지에 흥미와 관심을 가지고 이를 전문적으로 학습하기 위해 첫발을 내딛는 사람들이 사회복지에 대해 가지는 첫인상은 아마 『사회복지학개론』이라는 교과목에 의해 결정될 가능성이 매우 높다. 왜냐하면 『사회복지학개론』은 사회복지를 학습하는 대부분의 교육과정에서 언제나 맨 앞자리에 자리하고 있어 초두효과이론이 제시하는 서열위치효과(serial position effect)를 톡톡히 누릴 뿐 아니라, 사회복지사자격증 취득을 위해서는 반드시 학습하여야 하는 법정필수교과목이기 때문이다.

『사회복지학개론』의 중요성은 단순히 교육과정에서 차지하는 '위치'에만 있는 것이 아니라 '내용'에도 자리하고 있다. 『사회복지학개론』은 개론이라는 단어가 가지는 선입견처럼 사회복지학을 개략적으로 요약하는 교과목이 아니다. 오히려 사회복지교과과정을 구성하는 다양한 개별교과목들이 충분히 다룰 수 없는 사회복지 자체의 개념과 의미, 역사와 이념, 공통의 이론과 기술, 타 학문과의 관계와 고유의 정체성 등을 넓고 깊게 소개할 수 있는 거의 유일한 교과목이다. 그러므로『사회복지학개론』은 사회복지 입문자를 대상으로 사회복지교육과정에서 학습할 내용들을 간략히 소개하는 요약서나 안내서가 아니라 사회복지 자체의 기원과 토대 그리고 핵심적인 구성요소를 체계적으로 정립하고 천명하는 사회복지의 기초이자 토대라 볼 수 있다(『사회복지학개론』의 중요성과 의미에 대해서는 이어지는 서장에서 보다 자세히 제시될 것이다).

이 책은『사회복지학개론』의 이러한 중요성에 깊이 공감하는 사회복지 학자이자 교육자 몇몇이 함께한 고민과 노력의 산물이다. 다섯 명의 저자들은 각자 사회복지의 전공영역과 가르치는 교과목이 다르긴 하지만 그럼에도 '사회복지 그 자체'를 '깊고 넓게', 그리고 무엇보다도 커다란 기대와 희망을 안고 사회복지에 입문하는 사람들에게 사회복지가 무엇인가에 대해 '제대로 잘' 교육하여야 한다는 문제의식에 있어서는 한 마음이었다.

하지만 모든 일이 그러하듯 저자들의 이러한 공유된 문제의식을 실제로 구현하는 과정은 녹록하지 않았다. 모범으로 삼을 수 있는 기존의 교과서들이 많지 않았고 최근 사회복지를 둘러싼 환경들과 관점들도 다양하고 복잡해지는 상황 속에서, 사회복지 입문자를 대상으로 사회복지 자체를 넓고 깊게, 그러면서도 비판적 성찰성을 자극할 수 있는 내용으로 교재를 구성한다는 목표를 구현하기 위해서는 '어쩔 수 없는' 지속적 대화와 토론 외에는 뾰족한 방법을 찾을 수 없었다. 이 책에 담겨 있는 개별 장들의 제목과 내용, 해당 장의 집필 담당자 선정, 각자가 작성한 초고의 검독과 토론 그리고 이어지는 내용의 수정에 이르기까지 이 책은 저자들의 공동작업의 결과라고 해도 과언이 아니다. 이러한 과정에서 최종적으로 선정된 내용과 구체적인 집필의 역할은 다음과 같다.

사회복지철학과 윤리를 전공해 온 김기덕 교수는 책의 방향을 제시하는 서장과 2장 사회복지의 개념, 5장 사회복지의 가치와 윤리를 집필하여 사회복지학의 기초와 토대를 정립해 주었다. 사회적 약자와 소수자에 대한 정책적 대안의 적실성과 공정성을 깊이 고민해 온 서동명 교수는 6장 사회복지와 인권, 12장 사회적 소수자와 사회복지, 13장 전문직과 사회복지를 집필하였다. 신원우 교수는 차분하고 성실하게 사회복지실천에 천착해 온 본인의 장점을 살려 3장 사회복지실천의 일반적 이해와 4장 사회복지실천방법 및 분야 2개의 장에서 사회복지에서 실천이 차지하는 의미와 내용을 온전하게 그려내고 있다. 아울러 9장 건강과 사회복지도 집필하였다. 윤상용 교수는 1장 인간의 삶과 사회복지, 8장 물질적 필요와 사회복지, 11장 노동과 사회복지를 통해 사회복지의 본질과 한계를 고민하고 이를 넘어서고자 하는 자신의 사유를 진정성 있게 담아내고 있다. 복지와 관련된 개념연구에서부터 정책에 이르기까지 사회복지를 넓고 깊게 탐구해 온 황보람 교수는 7장 사회복지이론과 관점, 10장 의존성과 사회복지, 14장 국가와 사회복지를 집필하였다. 책의 머리말과 사회복지의 미래를 고민하는 15장은 저자들이 공동으로 작성하였다.

사회복지만 그런 것이 아니라 인간의 모든 일에는 연대와 돌봄이 필요하다. 이 책도 예외가 아니다. 많은 분들의 도움이 있었다. 무엇보다 저자들의 처음 머리를 맞댄 모임에서부터 책이 나오기까지 거의 3년에 가까운 긴 시간 동안 인내로 기다려 주시고 따뜻하게 격려해 주신 도서출판 신정의 최용구 사장님과 장만동 전무님 그리고 관계자분들께 진심으로 고마운 마음을 전해 드린다. 그리고 결코 감사를 잊을 수 없는 학생들이 있다. 2023학년도 1학기 순천향대학교와 충북대학교에서 『사회복지학개론』 과목을 수강한 학생들에게 특별히 고마운 마음을 금할 수 없다. 이들은 아직 책으로 출간되지 않은 원고를 수업에 사용하는 것을 흔쾌히 이해해 주었으며 무엇보다 각각의 장들에 대하여 학생 입장에서 다양한 의견을 생생히 전해 주었다. 각 장별로 이해가 되지 않는 난해한 문단과 어렵거나 어색한 단어들을 꼼꼼히 찾아 주었고 구석구석 숨겨진 오타까지 세세하게 수정해 주었다. 이들 학생들이야말로 이 책의 숨겨진 공저자들이라고 할 수 있다. 선생으로서 미안하면서도 감사한 마음 가득하다. 책의 제호를 써주신 박승희 교수님께도 머리 숙여 감사를 드린다. 교수님께서는 성균관대학교 사회복지학과에서 오랜 기간 봉직하시고 최근에 은퇴하신 우리 학계의 참스승 가운데 한 분이시다. 손수 책의 제호를 적어 주시며 후배교수들의 자그마한 노력에 과분한 격려를 보내주셨다. 오직 감사할 따름이다.

저자들 나름대로 최선을 다했지만 아쉬움은 남는다. 저자들 모두 좋은 내용들을 많이 담고 싶다는 의욕이 앞서 생각한 것보다 책의 분량이 많아져 독자들에게 부담을 주게 된 것이 마음에 걸린다. 또한 사회복지란 무엇인가라는 대답에 넓고 깊게 답하고자 하다 보니 책의 내용이 다소 무겁고 어려워진 것도 사실이다. 저자들 중 대표자가 전체적인 책의 내용을 조율하여 통일성을 유지하려 노력하였으나 저자들 각자가 가진 글쓰기의 개성까지는 어찌할 수 없어 공동저술이 가진 한계는 여전하다.

하지만 마지막 탈고를 할 때까지도 저자들을 괴롭혔던 것은 우리가 만든 이 책 자체가 사회복지를 처음 접하는 학생들에게 잘못된 첫인상을 줄 수도 있다는 두려움이었다. 긴 집필기간 동안 형성된 신뢰에 기반한 서로간의 조언과 격려가 없었다면 개인적으로 이 두려움을 이겨내지 못하였을 지도 모른다.

많은 분들의 도움에도 불구하고 책과 관련된 모든 부족함은 순전히 저자들의 몫이라고 생각한다. 지속적으로 수정하고 개선시켜 나갈 것을 진심으로 약속드린다. 저자들이 다만 바라는 것이 있다면 이 책이 사회복지에 처음 입문하는 학생들로 하여금 사회복지란 무엇인가라는 질문에 대해 스스로 답을 찾아가는 과정에서 조금이라도 도움이 되었으면 하는 것이다.

2023년 초겨울

저자 일동

차례

서장 사회복지학개론으로의 초대와 소개

Chapter 01 인간의 삶과 사회복지

Chapter 02 사회복지의 개념

Chapter 03 사회복지실천의 일반적 이해

Chapter 04 사회복지실천방법 및 분야

Chapter 05 사회복지의 가치와 윤리

Chapter 06 사회복지와 인권

Chapter 07 사회복지 이론과 관점

Chapter 08 물질적 필요와 사회복지

Chapter 09 건강과 사회복지

Chapter 13 전문직과 사회복지

Chapter 14 국가와 사회복지

Chapter 15 최근의 사회 변화와 사회복지

INTRODUCTION

서장

사회복지학개론으로의 초대와 소개

제1절 | 사회복지에 대한 두 가지 접근

제2절 | 개론에 대한 이해

제3절 | 책의 구성과 내용

INTRODUCTION **서장**

사회복지학개론으로의 초대와 소개

책을 시작하는 서장에서는 책의 전체 주제인 사회복지학개론이 무엇인가에 대해 다룬다. 다시 말해 서장은 사회복지학개론의 '개론'이라고 할 수 있다. 사회복지학개론을 보다 적절하게 소개하기 위한 방편으로 이 장에서는 사회복지학개론을 사회복지학 부분과 개론 부분으로 나누어 각각에 대하여 책의 기본적인 입장을 밝힌다. 먼저 사회복지학에 대해서는 학문으로서의 사회복지와 전문직(교육)으로서의 사회복지의 구별에 기초하여 사회복지학과 사회복지교과에 대해 설명한다. 이를 통해 학문의 대상으로서의 사회복지는 사회복지학이고, 전문직 교육의 대상으로서의 사회복지는 사회복지교과임을 제시한다.

다음으로는 어의적으로 대략적 개요를 의미하는 개론을 특정 집단을 대상으로 무엇인가를 의도적으로 설명한다는 뜻을 가진 소개와 구별하고 사회복지학개론은 사회복지를 중립적으로 요약하기보다는 사회복지 입문자들을 대상으로 사회복지학을 소개하는 성격이 상대적으로 더욱 크다는 것을 강조한다. 마지막으로 이러한 설명들에 기초하여 이 책에서는 사회복지학개론이 어떠한 내용과 체계로 구성되었는지를 간략하게 제시한다. 결론적으로 이 책은 사회복지학문에 기반을 두고 사회복지를 처음으로 접하는 입문자들을 대상으로 사회복지가 무엇인지를 분명하게 이해하는 데 반드시 필요하다고 간주되는 내용을 중심으로 사회복지교과를 구성한 것이다.

제1절 사회복지에 대한 두 가지 접근

1. 사회복지학문과 사회복지전문직

앞서 밝힌 대로 이 책은 사회복지학개론에 대하여 다룬다. 일반적인 이해와 같이 개론(槪論)을 어떤 것의 내용을 대강 서술하거나 간추려 풀이하는 것으로 간주한다면 사회복지학개론은 사회복지학의 내용을 대강 추려서 서술하거나 풀이하는 것이라고 볼 수 있다. 따라서 사회복지학개론을 제대로 다루기 위해서는 무엇보다 사회복지학이 무엇인지에 대한 이해가 선행되어야 한다. 만일 다루어야 할 대상으로서 사회복지학이 분명하게 존재하지 않는다면 이를 간추려 소개하는 사회복지학개론 역시 논리적으로 명확하게 정립될 수가 없기 때문이다.

사회복지학과에서 사회복지사를 양성하는 과정에서 널리 활용되는『사회복지 교과목 지침서』에서도 사회복지학개론의 개요를 '사회복지학을 전공하는 학생들에게 사회복지의 학문적 연구와 실천에 관한 지식과 가치를 개괄적으로 소개하고 이해시키는 것'이라고 정의하고 있어(한국사회복지교육협의회, 2022: 59), 사회복지학개론이 사회복지학에 대한 개괄적인 소개임을 분명하게 밝히고 있다(강조는 필자에 의함).[01]

그런데 여기서 고민해 보아야 할 쟁점은 현실적으로 사회복지에는 학문적 성격만 존재하는 것이 아니라는 것이다. 사회복지는 학문적 성격과 동시에 전문직으로서의 성격도 가지고 있다. 예컨대 사회복지 및 사회복지사와 관련된 가장 대표적인 국제조직인 국제사회복지사연맹(International Federation of Social Workers)이 제시하는 사회복지의 보편정의를 보면 사회복지는 "사회 변화와 발

01 교과목지침서에서 소개하는 사회복지학개론의 영문명은 Introduction to Social Welfare이다. 그런데 이러한 영문명의 내용을 그대로 옮긴다면 사회복지학개론보다는 사회복지개론이 보다 적절해 보인다. 사회복지학개론에 부합하는 영문 명칭으로는 Introduction to Social Welfare studies 혹은 Introduction to the Discipline of Social Welfare 등이 보다 타당할 것이다. 왜냐하면 이와 같은 명칭들을 사용하여야만 개론의 대상이 사회복지가 아니라 사회복지학문이라는 점이 보다 분명하게 드러나기 때문이다.

전, 사회적 연대, 인간들의 임파워먼트와 자유를 향상시키고자 노력하는 실천기반의 전문직(profession)이자 분과학문(discipline)"으로 규정되어 있다(IFSW, 2014). 그러므로 보편 정의에 따르면 사회복지는 전문직이면서 동시에 하나의 학문인 것이다. 이러한 측면을 고려한다면 앞서 『사회복지교과목 지침서』에서 사회복지학개론의 개요를 왜 사회복지의 학문적 연구와 함께 실천에 관한 지식과 가치를 개괄적으로 소개한다고 언급하였는지 짐작할 만하다. 다시 말해 사회복지학개론은 사회복지에 대한 학문적 연구와 아울러 전문직 양성을 위한 실천지식과 가치에 대한 교육내용을 동시에 담고 있다고 볼 수 있다. 이러한 측면들을 종합적으로 고려해 본다면 사회복지는 학문의 대상이자 동시에 교육의 대상인 것이다.

그러므로 사회복지학은 학문을 전문적으로 연구하는 연구자나 연구기관에서 수행하는 탐구대상으로서 사회복지에 대한 체계화된 지식을 의미하는 것으로 간주하는 것이 타당하다. 반면에 전문직을 양성하는 교육기관에서 교육의 내용으로 다루는 것은 사회복지학문체계가 아니라 사회복지교과(教科; subject matter)이다. 사회복지교과는 전문직으로서의 사회복지사를 양성하는 데 요구되는 지식과 기술과 가치들의 체계이다. 이러한 구분에 의하면 학문의 대상으로서 사회복지는 사회복지학이고 교육의 대상으로서의 사회복지는 사회복지교과라고 할 수 있다.[02]

이러한 맥락에서 볼 때 대학의 사회복지학과와 같은 교육기관에서 다루는 교과의 일종으로는 사회복지학개론이라는 명칭보다는 오히려 사회복지개론이 보다 적절하다고도 볼 수 있다. 왜냐하면 대학수준(undergraduate)의 교육기관에서는 사회복지학문을 체계적으로 탐구하고 연구하는 것이 아니라 사회복지사라는 전문직 육성에 필요한 가치와 기술과 실천이론을 주로 교육하고 학습하는 것이기 때문이다. 반면에 학문을 전문적으로 전공하는 대학원(graduate school) 수준에서 제공하는 사회복지에 대한 소개는 사회복지개론보다는 사회복지학개론

02 이러한 측면에서 엄밀히 말하자면 사회복지교육기관에서 사회복지교육에 활용할 교과목을 소개하는 교과목 지침서를 '사회복지학 교과목 지침서'라고 명명한 것은 다소 어색해 보인다. 사회복지에 대한 교육과목이라는 차원에서 본다면 단순하게 '사회복지교과목 지침서'가 보다 적절해 보인다.

으로 명명되는 것이 당연하다. 그러므로 사회복지학개론을 '사회복지에 대해 소개'로서 고민할 때 이 내용이 학문으로서의 사회복지학개론인지 아니면 사회복지교육에 필요한 교과로서의 사회복지개론인지를 명확히 구분하는 것이 중요하다. 학문세계에서 학문 후속세대에게 전해져야 할 이론적 내용과 전문직을 양성하는 과정에서 필요한 교과로서 필요한 내용은 분명하게 차이가 있기 때문이다.

이러한 배경에서 이 책은 기본적으로 학문으로서의 사회복지에 기반을 두면서도 주로 전문직을 양성하는 사회복지교육에 필요한 내용을 적절히 담으려고 노력하였다. 교육에서 활용되는 교과나 교과의 계통을 정립한 교과목이 학문체계와 완전히 일치하는 것은 아니지만 그럼에도 불구하고 교과는 학문체계에 상당히 기반을 두고 있으며 또한 그렇게 하여야 한다는 것이 이 책의 저자들이 가진 공통된 입장이다. 만일 전문직을 양성하는 사회복지교육이 사회복지학이라는 하나의 학문체계에 기반하고 있지 않을 경우 전문직이나 교육과정 등에 있어서의 일관성이나 정체성을 상실할 수 있기 때문이다. 이 글의 저자들 역시 모두 대학의 사회복지학과에서 학생들을 교육하는 교육자이자 동시에 사회복지를 전문적으로 연구하는 학자들로서 각자 자신의 학문적 연구에 기초하여 사회복지전문직으로 양성될 사회복지학과 학생들이 반드시 학습해야 할 것으로 판단되는 내용을 체계적으로 구성하고자 노력하였다.

그러므로 이 책은 사회복지학에 대한 전문적인 이해를 표방하면서도 실제 대학의 교육과정에서 학습교재로 사용된다는 두 가지 성격을 동시에 가지게 되었다. 다시 말해 학문으로서의 사회복지학을 사회복지교육에 적절한 형태로 재구성한 것이라고 볼 수 있다. 결론적으로 이 책은 "사회복지학을 전공하는 학생들에게 사회복지의 학문적 연구와 실천에 관한 지식과 가치를 개괄적으로 소개하고 이해시키는 것"이라고 정의한『사회복지교과목 지침서』에서 제시한 사회복지학개론의 취지에 최대한 부합하고자 노력한 결과라고 볼 수 있다.

2. 사회복지학과 사회복지교과목

앞서 언급한 바와 같이 사회복지학개론을 사회복지학에 대한 일종의 소개라고 한다면 우선 사회복지학이 무엇인지 그 정체성과 내용이 분명하여야 한다. 하지만 아직 사회복지학이 어떠한 학문인지에 대해 모든 사람들이 흔쾌히 합의할 정도로 구체적이면서도 명확하게 그 내용이 정립되어 있는 것은 아니다. 이는 사회복지학의 대상인 사회복지와 관련된 구체적인 현실이 변화한다는 것과 동시에 사회복지를 바라보는 사회적인 관점이나 전문가의 시각 역시 고정되어 있는 것이 아니기 때문이다. 그럼에도 불구하고 다양한 사회복지학개론서들은 사회복지학의 정체성과 내용을 크게 세 가지 방향으로 소개하고 있다.

사회복지학을 소개하는 첫 번째 흐름은 사회복지학의 학문적 특징을 제시하는 것이다. 많은 개론서에서 공통적으로 제시하는 사회복지학의 특징은 무엇보다 사회복지학이 하나의 사회과학(social science)으로서 응용, 실용, 실천학문의 특징을 갖는다는 것이다. 이는 사회복지학이 이론적 탐구를 통한 순수한 논리적 체계의 구성을 목표로 하는 것이 아니라 현실문제의 해결과 아울러 구체적인 사회 변화에 궁극적인 목적을 둔다는 것을 의미한다. 또한 사회복지학의 또 다른 학문적 특성으로 가치지향적이면서 다학문적 성격을 가진 종합적 · 융합적 학문이라는 점을 내세운다. 사회복지는 앞서 언급한 것처럼 바람직하고 행복한 사회 변화를 추구하다보니 당연히 가치와 윤리 등의 규범성을 중요하게 생각할 수밖에 없으며, 다양하고 복잡한 현실문제를 적절히 해결하기 위해서는 여러 분과학문의 성과를 종합적으로 사고하여 보다 총체적인 실천대안을 설정하지 않을 수 없다는 점을 지적한다.

두 번째 흐름은 사회복지학을 하나의 학문으로 분류하고 이러한 학문 자체의 성격 규명을 통해 사회복지학을 이해하려는 것이다. 예컨대 사회복지학을 사회복지라는 사회현상을 대상으로 과학적 방법을 적용하여 연구분석하고 이를 기반으로 독자적인 이론의 개발과 실천을 모색하는 학문으로 간주하고, 학문을 구성하는 필수적인 요소인 고유의 연구주제 및 대상, 연구방법으로 구분하여 사회복지학을 소개한다(오정수 외, 2020: 45-65). 학문적 성격규명을 통해 사회복지학을 소개하는 또 다른 입장은 사회복지학을 사회복지제도와 전문직의 과학적 지식과 기술체계로 보고서, 인간을 돕고 세상을 변화시키는 학문에 요구되는 지식, 가치기술을 중심으로 사회복지학을 소개하기도 한다(권중돈 외, 2019: 45-48).

사회복지학을 다루는 세 번째 흐름은 사회복지학의 학문적 정체성을 고민하는 것이다. 이러한 흐름은 사회복지학이 무엇이며 어떠하여야 하는가라는 보다 근본적이고 철학적인 질문에 대한 해답에 기초하여 사회복지학을 구성하는 것이다. 사회복지학의 정체성과 관련된 질문들은 크게 다음과 같다. 첫째, 관련 학문이나 타 학문으로부터의 상대적인 독립성의 문제, 둘째, 학문으로서의 내적인 체계성과 일치성의 문제, 셋째, 응용학문으로서의 사회복지학의 과학성과 실천성에 관한 문제, 넷째, 사회복지학의 문화적 토착성과 관련된 문제이다(권승, 2021: 73-76). 앞서 소개한 첫 번째, 두 번째 흐름들은 주로 사회복지학의 구체적인 특성이나 체계나 혹은 내용을 중심으로 사회복지학을 소개하는 것이라면 세 번째 흐름은 사회복지학 자체를 어떻게 보는 것이 바람직하며 어떠한 방향과 내용으로 구성되는 것이 적절한지를 중심으로 보다 성찰적이고 철학적인 입장을 보여준다.

이 책은 기본적으로 사회복지학을 학문의 일종으로 보고 학문의 정체성 자체를 고민하는 세 번째 흐름과 유사한 입장을 보이지만, 그렇다고 해서 이러한 접근을 학술적으로 혹은 추상적으로 수행하지는 않는다. 오히려 이 책은 현재의 복지국가 혹은 사회복지가 처해 있는 현실적 상황이나 맥락을 보다 성찰적이면서도 구체적으로 분석함으로써 사회복지를 총체적으로 조망할 수 있는 시각과 내용을 제시하고자 한다. 이러한 면에서 보자면 이 책은 앞서 소개한 사회복지학을 소개하는 세 가지 흐름 가운데 두 번째 흐름과 세 번째 흐름의 중간 어딘가에 있다고 볼 수 있다. 그러므로 이 책은 이렇게 모색된 사회복지학의 내용 가운데 사회복지학과에 진입한 신입생들이 사회복지를 이해하는 데 있어 가장 필수적이라고 판단된 내용을 중심으로 '사회복지교과목'을 구성하였다. 다시 말해 이 책은 사회복지가 무엇인가에 대한 학문적인 탐구와 모색의 결과들을 사회복지전문가를 양성하는 교육목표에 부합하는 하나의 교육내용으로 제시하려는 것이라고 볼 수 있다.

이 책이 사회복지학문을 기반에 두고 사회복지의 교과내용을 구성하였기 때문에 사회복지학문의 기반이 무엇인지에 대해 간단히 언급하여야 할 것 같다. 일반적으로 학문은 '정당화될 수 있는 지식들의 체계' 혹은 '진리 혹은 정당화될 수 있는 지식을 찾는 탐구활동'으로 정의될 수 있다. 앞의 정의는 결과적이며 정태적인 측면의 정의라고 볼 수 있고, 뒤의 정의는 과정적이며 동태적인 측면의 정의라고 볼 수 있다(김영기, 2009: 6). 그렇다면 지식에 대한 탐구활동이자 결과인 학문이 하나의 학문으로 인정받기 위해서는 어떠한 내용을 갖추고 있어야 할까? 이와 관련하여 많은 논의가 있지만 학문은 몇 가지 핵심적 내용을 중심으로 자기 나름의 정체성을 갖추어야 한다는 것이 일반적인 결론이다. 〈표 0-1〉을 참고하면 어떤 학문이 독자적인 학문으로 정립하기 위해서는 내적, 외적으로 정체성을 분명히 하여야 하며, 특히 내적 정체성과 관련하여서는 과학적 정체성이라는 학문 내적 정체성과 경계 정체성이라는 학문 간 혹은 지역 간의 구별에 대하여 상당한 정도의 설득력 있는 대답을 제시할 수 있어야 한다.

표 0-1 | 사회복지학의 학문적 정체성 분석 기준

구성요소		내용
내적 정체성	과학적 정체성	• 사회복지학은 고유한 탐구대상이 있는가? • 사회복지학은 고유한 이론체계를 구축하고 있는가? • 사회복지학은 고유한 연구방법을 갖추고 있는가?
	경계 정체성	• 사회복지학은 타 학문과 차별성을 확보하고 교류를 확대하고 있는가? • 사회복지학은 타 국가의 사회복지학과 차별성이 있는가? • 사회복지학은 한국적 이론화를 시도하고 있는가?
외적 정체성		• 사회복지학은 학문적 공동체 활동이 이루어지고 있는가? • 대학 및 대학원 등 교육기관의 학과개설 및 운영을 통해 학문 후속세대를 양성하고 있는가?

출처: 윤혜진 · 조광익 (2022)에 의거하여 재구성하였음.

이러한 학문적 정체성의 분석기준을 보면 사회복지학이 하나의 독립적인 학문이 되기 위해서는 고유의 탐구대상과 이론, 연구방법이 있어야 하고, 타 학문 및 다른 국가의 학문적 성격과 차별성이 존재하여야 하며 대학에서 독립된 학과가 존재하고 자신의 학문성을 확산하려고 노력하는 학문공동체가 구성되어야 한다고 볼 수 있다(윤혜진 · 조광익, 2022: 17).

제2절 개론에 대한 이해

1. 개론과 소개

사회복지학개론은 사회복지학에 대한 개론이다. 그러므로 사회복지학개론이 무엇인지를 충분히 이해하기 위해서는 사회복지학이 무엇인지에 대한 고민 못지않게 개론이 어떠한 성격의 텍스트인지에 대해 분석하는 것 역시 중요하다. 제2절에서는 사회복지학이 무엇인지에 대해 집중적으로 살펴보았던 제1절에 이어 개론 자체가 무엇인지에 대해 보다 상세하게 분석해 보기로 한다.

먼저 개론(槪論)을 어원적으로 살펴보면 개론은 대개, 대강, 대략을 뜻하는 글자인 개(槪)와 서술이나 논의 혹은 말하는 것을 의미하는 글자인 론(論)이 결합된 합성어이다. 따라서 개론이란 무엇인가에 대해 대략적으로 설명하거나 서술하는 것을 뜻한다고 볼 수 있고 이러한 논리라면 사회복지학개론은 사회복지학에 대해 대략적으로 기술하거나 설명하는 것이라고 정의할 수 있다.

그런데 흔히 개론으로 번역되는 영어단어는 대강이나 요약을 의미하는 summary, outline 등과 같은 단어가 아니라 introduction이다.[03] 앞서 살펴본 것처럼 사회복지대학교육협의회가 『사회복지교과목 지침서』에서 제시하는 사회복지학개론의 영어 명칭 역시 Introduction to social welfare이다. 그런데 개론

03 한국을 포함한 여러 나라에서 사회복지에 대한 개론서나 입문서로 널리 소개되고 있는 Charles Zastraw의 저서 제목 또한 Introduction to Social Work and Social Welfare이다.

의 영어단어에 해당하는 introduction은 개략적인 설명이나 요약적인 보고의 뜻도 있지만 실제로는 어떤 분야나 영역을 새롭게 접하는 사람에게 그 영역이나 분야를 소개하고 안내한다는 오리엔테이션의 뜻이 더욱 강하다.

이러한 맥락에서 보자면 개론이 어떤 내용에 대한 개략적인 설명이나 요약이라는 중립적인 용어에 가까워 보인다면 introduction은 특정한 대상을 상정하고 의도적으로 구성된 전문적인 소개의 성격이 훨씬 강하다고 볼 수 있다. 그렇다면 사회복지학개론이 사회복지학을 소개하고자 하는 대상은 누구일까? 지침서에 따르면 사회복지학개론은 사회복지학을 전공하는 학생들에게 사회복지의 학문적 연구와 실천에 관한 지식과 가치를 개괄적으로 소개하고 이해시키는 것이다. 그런데 현실적으로 사회복지학개론은 주로 사회복지학과에서 공부를 막 시작하는 신입생들을 대상으로 가장 먼저 교육되는 교과목이라는 것을 고려한다면, 사회복지학개론의 대상은 사회복지를 처음으로 접하거나 사회복지학과에 막 진입한 신입학생들이 대상이라고 보아야 할 것이다.

결국 개론은 사회복지나 사회복지학의 내용을 중립적인 입장에서 평균적으로 요약하거나 개략적으로 설명하는 것이 아니라 사회복지 영역이나 사회복지학에 처음으로 진입한 사람들을 대상으로 사회복지학이 어떠한 학문이며 사회복지전문가가 되기 위해서는 무엇을 배워야 하는지를 효과적으로 안내하고 소개하기 위한 목적을 가진 매우 의도적인 텍스트라고 볼 수 있다.

2. 개론과 원론

사회복지학개론이 사회복지학을 막 접하는 학생들을 대상으로 사회복지학을 소개하는 것이라면 그 소개의 내용과 방식은 어떠해야 타당할까? 이러한 질문에 대한 대답은 당연히 소개하는 주체가 가진 교육 철학이나 목적에 따라 상이할 것이다. 이 책의 저자들은 사회복지를 처음 접하는 학생들에게 사회복지학을 소개할 기본 방향을 크게 다음의 세 가지로 설정하였다.

첫째, 사회복지학개론의 내용이 현행 교육기관에서 설정해 놓은 개별 교과목들의 연계를 의미하는 교육과정(curriculum)의 단순한 요약이나 소개여서는 안 된다는 것이다. 교육과정은 개별 교과목으로 구성되어 있기 때문에 교육과정만을 소개하는 것은 개별 교과목을 넘어서거나 개별 교과목에서는 다룰 수 없는 사회복지학의 내용들이 상당히 누락된다는 것을 의미한다. 그런데 앞서 사회복지학을 소개할 때 언급한 것처럼 사회복지학을 제대로 이해하기 위해서는 사회복지학의 구체적인 내용에 못지않게 사회복지 자체를 전체적으로 조망할 수 있는 외부적 시각이나 관련 내용들이 필수적이다.

이러한 점을 누군가에게 어떤 집을 소개하는 것을 사례로 들어 설명하여 보자. 누군가에게 집을 소개할 때 문제가 되는 집으로 곧장 들어가 집을 구성하고 있는 방이나 거실 혹은 다락이나 지하실 등을 차례대로 상세하게 설명할 수도 있다. 당연히 이러한 설명을 통해 소개를 받는 사람은 집의 내부구조나 기능, 공간의 배치 등에 대해 충분한 정보를 얻을 수 있을 것이다. 그런데 집 전체에 대해 더욱 충분히 이해하고자 한다면, 특히 앞으로 그 집을 자신의 보금자리로 삼아 거주할 사람이라면, 집의 내부구조나 기능, 공간배치에 대해 이해하는 것도 중요하지만 원래 그 집을 지은 목적, 집을 다른 곳이 아니라 이곳에 지은 이유와 맥락, 그리고 집 주위의 환경이나 배경 그리고 다른 집과의 차이, 집에 거주할 사람들에 대한 건축가의 고려 등을 동시에 파악하는 것이 집 자체를 이해하는 데 훨씬 효과적일 것이다.

결국 이러한 측면에서 본다면 사회복지학개론에서 다루고자 하는 내용에는 사회복지학이라는 특정한 집을 구성하는 개별 교과목에 대한 소개나 요약뿐만 아니라 사회복지학이 탄생한 근본적인 이유나 토대가 되는 배경이나 맥락, 사회복지학의 고유성과 다른 학문과의 연계 등에 대한 소개도 포함되어야 할 것이다. 이러한 맥락에서 본다면 사회복지학에 대한 소개는 개론이라기보다는 원론(原論)에 가깝고, 사회복지학의 구체적인 내용뿐만 아니라 사회복지학이 근거하고 있는 근본토대(foundation)나 기본(fundamental)에 대한 내용이 넓게 포함된 종합적인 안내라고 볼 수 있다. 사회복지학을 처음으로 접하는 학생들에게 사회복지학을 이러한 방식으로 소개한다면 개별 교과목에서 다루는 내용들을 연계하여 이해하는 것보다 훨씬 더 분명하고 종합적으로 사회복지학을 이해하게 될 것이다.

둘째, 사회복지영역에 진입하는 학생들에게 처음으로 사회복지를 소개한다고 해서 사회복지와 관련된 현실 내용이나 각종 통계자료 혹은 제도에 대한 법적 규정에 대한 자세한 설명만을 제시하는 것으로는 사회복지를 이해하기에 턱없이 부족하다. 물론 사회복지실천이나 사회복지학 연구의 출발이 되는 현실상황이나 실태에 대한 분명한 이해는 매우 중요하다. 하지만 현실적으로 존재하는 사회복지실천방법이나 제도가 이제까지 인간이 발견한 가장 이상적이고 타당한 사회복지의 원형이나 정체성이라는 보장은 없다. 다시 말해 현실 사회복지에 대해 소개할 경우 통계자료나 제도, 해당 서비스의 구조나 모습 혹은 관련법령을 기술적으로 소개하는 것을 넘어 이들에 대한 비판적이고 분석적인 시각을 함께 제시하는 것이 중요하다. 이러한 맥락에서 이 책은 사회복지와 관련된 객관적인 내용을 중립적으로 소개하기보다는 독자들로 하여금 사회복지의 이념이나 이상과 관련하여 현실사회와 사회복지에 대해 비판적인 의식과 시각을 자극할 수 있도록 노력하였다.

셋째, 앞서의 설명처럼 사회복지학은 기본적으로 다학제적이고 종합적인 학문의 성격을 가지고 있으며 사회복지를 충분히 설명하기 위해서는 사회복지가 놓여 있는 상황이나 배경에 대한 설명 또한 중요함을 언급하였다. 이러한 맥락에서 사회복지학을 충분히 소개하기 위해서는 사회복지학에 영향을 미치거나 연관되어 있는 다른 학문의 개념이나 이론에 대한 소개도 폭넓게 제시되어야 한다. 이러한 맥락에서 저자들은 사회복지학과 관련된 내용뿐만 아니라 사회복지학에 직접적으로 영향을 준 심리학, 사회학, 경제학, 정치학, 법학 등의 사회과학의 학문뿐만 아니라 사회복지가 무엇인지에 대한 질문에 대답하는 데 필요한 경우라면 철학이나 윤리학, 역사학, 문학, 여성학에 대한 내용도 폭 넓게 다루고자 노력하였다.

물론 이러한 점은 사회복지학을 처음으로 입문하는 사람들에게 과도한 학습의 부담을 줄 수도 있지만 사회복지가 이제 다른 학문의 보완이나 현대사회에서 잔여적인 성격을 가지는 것이 아니라 앞으로 사회복지가 모든 사회과학을 견인하거나 통합할 수 있는 위치에 있을 수도 있다는 것을 고려한다면 사회복지 외부의 학문들에 대한 소개와 아울러 이들이 사회복지학과 가진 연관성을 이해하는 것 역시 매우 중요하다고 볼 수 있다.

제3절 책의 구성과 내용

앞서 설명한 것과 같이 이 책은 기본적으로 사회복지학을 염두에 두면서도 대학수준의 사회복지학과에서 사회복지사를 교육하는 데 필요한 교과목으로 활용할 수 있도록 사회복지를 소개하고자 노력하였다. 앞서 소개한 학문으로서의 사회복지학이 갖추어야 할 내용 가운데 사회복지학에 입문하여 앞으로 사회복지실천전문가로 성장할 학생들이 반드시 배워야 할 것으로 생각되는 내용들을 충분하게 제시하고자 하였다. 기본적으로 이 책의 대상자들이 학문을 전공할 학문후속세대가 아니라 사회복지전문직으로 교육받고 성장할 예비사회복지사라는 점을 염두에 두고 내용을 구성하였다. 이 책의 구체적인 구성과 다루고자 하는 내용은 다음과 같다.

먼저 사회복지학개론을 소개하는 서장에 이어지는 제1장은 인간의 삶과 사회복지를 배치하여 사회복지가 사회적으로 논의되고 고민되어야 하는 가장 기본적인 상황과 맥락을 설명한다. 그러므로 이 장은 사회복지의 본질과 존재 의미를 다룬다고 볼 수 있다. 사회복지가 사회에 존재하여야 하는 가장 기본적인 상황과 맥락을 학생들이 이해할 수 있도록 하였다. 제2장에서는 이러한 사회복지에 대한 관심과 노력이 사회적으로 어떻게 인식되고 정립되었는지를 사회복지에 대한 개념을 통해 이해하도록 하였다. 특히 개념이 가진 역동성과 실천성을 통해 사회복지 자체가 하나의 사회적이고 역사적인 산물임을 강조하였다.

사회복지학의 특성으로 공통적으로 제시하는 것은 응용과 실천성이다. 앞서 많은 사회복지학의 소개서들이 공통적으로 언급하는 바와 같이 사회복지 정체성의 핵심은 실천성에 있다고 볼 수 있다. 이러한 맥락에서 제3장과 제4장에서 사회복지에서의 실천의 개념, 위상, 분야, 방법 등이 집중적으로 제시된다. 이 점은 앞서 제시한 사회복지학문의 정체성에서 언급한 내적 정체성 부분의 핵심적 요소라고 할 수 있다. 다만 학문의 정체성에서는 고유한 탐구대상과 이론체계와 연구방법이 강조되고 있지만, 전문직을 양성하는 교과에 주목할 경우에는 실천대상, 실천방법, 실천의 분야와 현장 등과 같이 구체적인 실천의 내용들을 중심으로 내적 정체성이 다루어진다.

여타 다른 학문이나 실천분야와 확연히 구별되는 사회복지의 또 다른 뚜렷한 특징은 사회복지가 가치지향적이라는 점이다. 이는 사회복지를 타 학문과 구별하는 내적 정체성 가운데 특히 경계 정체성의 중심을 이루고 있다. 사회복지는 가치와 이념이라는 규범성을 기준으로 타 학문과 확연히 차별성을 보인다. 그래서 제5장에서는 사회복지의 가치와 윤리에 대해 다룬다. 한편 근대사회가 시작된 이후 사회복지와 관련하여 가장 두드러지게 발전한 또 다른 규범 영역은 인권이다. 인권은 행복과 함께 사회복지를 추동하는 두 가지 핵심적인 가치이자 이념이다. 이러한 차원에서 가치와 윤리에 이어지는 제6장에서 사회복지와 인권의 문제를 다룬다.

학문의 정체성 기준에서 가장 핵심적인 것은 과학적인 정체성으로서 이는 고유한 이론체계와 연구방법 그리고 고유한 연구대상으로 이루어져 있음을 이미 살펴보았다. 그러므로 사회복지전문직을 양성하는 사회복지교과에서도 사회복지가 가진 과학적 정체성이 충분히 소개되어야 할 것이다. 먼저 사회복지가 사회와 인간을 어떻게 이해하는지를 밝히기 위해 제7장에서는 사회복지의 이론과 관점을 설명한다.

사회복지의 고유한 연구대상은 사회복지가 관심을 가지고 있는 실천대상과 고유한 실천방법일 것이다. 이것이야말로 사회복지전문직과 사회복지학이 타 전문직이나 학문과 구별되는 가장 중요한 내·외적 정체성의 핵심이다. 이 책에서는 이를 물질적 필요(제8장), 건강(제9장), 의존성(제10장), 노동(제11장), 사회적 소수자(제12장)로 구분하여 사회복지의 실천대상을 정립하고 사회복지가 이를 어떻게 접근하고 구체적으로 실천하는지를 차례로 설명한다.

사회복지에 대한 관심과 실천은 사회의 모든 구성원이 함께 연대해서 수행하여야 하지만 분업과 전문화를 특징으로 하는 현대사회에서는 사회복지를 전문적으로 추구하는 직업과 집단을 등장시켰다. 바로 사회복지사와 복지국가이다. 특히 사회복지학과에서 교육받는 학생들은 대부분 사회복지사로서 혹은 사회복지 전담공무원으로의 자기의 진로를 모색한다. 이러한 차원에서 사회복지사와 복지국가에 대한 충분한 이해는 사회복지사와 공무원을 꿈꾸는 학생들의 자기 정체성의 확립에도 매우 중요한 학습의 대상이다. 이어지는 제13장과 제14장에서 각각 이 내용을 다룬다.

앞서 언급한 것처럼 사회복지 역시 사회적 산물이어서 사회 변화와 변동에 크게 영향을 받을 뿐만 아니라 변화하는 사회에 대해 적절하게 대응하는 것이 숙명이다. 이 책의 마지막 장에서는 최근 벌어지고 있는 사회적 변화 가운데 사회복지에 가장 큰 영향을 미치는 것들을 중심으로 그 영향과 예견되는 사회복지의 대응에 대해 전망한다. 특히 이러한 전망을 통해 우리 사회에서 자리하고 있는 사회복지의 위치와 의미에 대해 관점의 전환을 모색해 보고자 한다. 기존의 사회복지에 대한 생각은 근대사회의 보완적 기능, 예를 들어, 경제와 정치의 부족이나 흠결을 보완하는 수동적인 위치였다면 향후 변화된 사회에서는 사회복지가 우리 사회를 추동하고 견인하는 기준이나 방향의 역할을 수행하여야 할지도 모른다.

앞서 제시한 바와 같이 이 책이 사회복지를 처음으로 접하는 사회복지학과의 신입생들을 대상으로 사회복지를 소개하는 목적을 가지고 있지만 단순히 사회복지학과에서 학습할 교과목들을 요약하거나 해설하는 내용으로 구성되지 않았다. 이 책은 사회복지학문에 기초하여 학문적 체계와 내용을 염두에 두고 이 가운데 학생들이 꼭 학습하였으면 하는 내용으로 구성되었다. 이 책이 사회복지가 무엇인가라는 근본적인 질문에 대한 대답을 제시하려다 보니 사회복지학의 토대, 근거, 근본 개념, 관련 학문들의 성과를 폭 넓게 소개할 수밖에 없었고, 그러다 보니 기존의 사회복지학개론서에 비해 다루는 범위와 내용이 넓고 깊어졌다고 볼 수 있다.

참고문헌

권승 (2021). **사회복지학개론**. 박영스토리.

권중돈 외 (2019). **사회복지학개론**. 학지사.

김영기 (2009). 학문이란 무엇인가?. **동서사상, 7**, 1-16.

오정수 외 (2020). **사회복지학개론**. 양서원.

윤혜진 · 조광익 (2022). 관광학의 학문적 정체성 탐색을 위한 일고. **관광학연구, 46**(6), 13-35.

한국사회복지교육협의회 (2022). 사회복지 교과목 지침서 2022.
http://kcswe.kr/bbs/board.php?bo_table=b0401&wr_id=36

IFSW (2014). "Global Definition of Social Work". https://www.ifsw.org/global-definition-of-social-work

Zastrow, C. (2000). ***Introduction to social work and social welfare***. Wadsworth.

CHAPTER 01

인간의 삶과 사회복지

사회복지, 인간존엄과 행복한 삶을 위한 사회적 기획

CHAPTER 01

인간의 삶과 사회복지

사회복지, 인간존엄과 행복한 삶을 위한 사회적 기획

한 사회 혹은 한 국가의 역사는 곧, 주어진 시대와 공간에서 삶을 영위할 수밖에 없는 한 개인의 삶의 조건이자 맥락이다. 한 개인의 삶의 궤적은 자신이 선택하지 않은 시간과 공간의 절대적 영향력 속에서 전개될 수밖에 없다. 그렇다면 정치적, 경제적, 사회적으로 격변의 시대를 통과해야 했던 20세기 한국인들은 구체적으로 어떠한 삶의 궤적을 그렸을까? 20세기 한국인의 삶의 배경이었던 한국사가 세계사의 한 부분이었다는 점에서 먼저 20세기 세계사를 개략적으로 살펴보는 게 좋을 것이다.

20세기는 인류 역사에서 가장 급진적인 변화가 있었던 세기였다. 경제적인 측면에서는 전기와 정보통신기술 등 기존 시스템을 획기적으로 바꾼 결정적인(critical) 기술의 등장으로 생산량이 비약적으로 증가하였으며, 이로 인해 인류는 이전 세기와는 비교할 수 없는 물질적 안락함과 생활의 편리함을 누리게 되었다. 더불어 정치적인 측면에서는 이전 세기에 본격화된 국민국가의 등장 이후 산업화를 주도한 국가들 사이에서 값싼 노동력과 상품 판매시장 확보를 위한 식민지 쟁탈전이 가속화되었으며 이는 결국 인류사의 가장 큰 비극인 1, 2차 세계대전을 초래하였고 그 결과로서 승전국 중심의 국제질서 확립과 식민지국가의 정치적 독립을 가져왔다. 이러한 제국주의의 전개와 함께 국민국가의 생산과 분배를 규율하고 관리하는 방식에 있어서 극명한 차이를 지닌 두 체제, 즉 자본주의체제와 사회주의체제의 전면적 대립과 충돌 그리고 자본주의체제의 승리로 귀결된 체제 간 전쟁의 역사는 20세기를 회고할 때 빼놓을 수 없는 거대한 정치적 격변으로서 오늘날까지 국가 간 관계에서 막대한 영향력을 발휘하고 있다.

20세기 한국의 현대사 역시 이러한 세계사의 소용돌이에 휘말릴 수밖에 없었으며, 이는 구체적으로 제국주의 식민지(일제 강점기)와 자본주의와 사회주의 양체제의 전면전(한국전쟁), 후발 산업국가로서 국가주도의 급속한 산업화와 정치적 억압 등의 양상으로 나타났다.

20세기의 시작부터 끝까지 100년에 이르는 한 세기를 온전히 살아낸 사람의 경우 이러한 격변을 모두 체험했을 수 있지만, 태어난 시점이 다르고 평균수명이 한 세기에 미치지 못함을 고려할 때 20세기 한국인들의 삶을 지배하고 영향을 주었던 격변은 저마다 다를 수밖에 없다. 세대(generation)는 이렇듯 동일한 지리적 공간을 무대로 살아가지만 시대적 배경은 다른 한 개인의 삶의 궤적을 파악하고자 할 때 유용한 개념이다. 한국전쟁세대, 산업화세대, 민주화세대, IMF세대, 밀레니얼세대 등 널리 회자되는 세대구분은 각 세대의 청년기를 지배했던 압도적 사건 혹은 문화에 방점을 찍은 것이다. 한국전쟁세대에 속한 청년은 전장에 끌려가지 않거나 살아남는 것이 무엇보다 중요했고, 산업화세대에 속한 청년은 가족부양과 생활을 위해 안전하지 않은 작업장에서 장시간의 저임금 노동을 해야만 했으며, 민주화세대의 청년은 국민의 자유를 제한하고 억압하는 권위주의적 정권을 해체시키는 것을 역사적 소명으로 받아들였다. 더불어 IMF세대와 밀레니얼세대는 기술발전으로 노동력이 감소하고 사회적 보호가 축소되는 경향을 보이는 후기산업사회에서 잉여의 인간이 되지 않기 위해 끊임없는 자기계발과 각자도생의 삶을 살아가고 있다.

그러나 간과하지 말아야 할 것은 각 세대별 삶의 모습을 특징지우는 시대적 조건의 영향력이 각 세대에 속한 모든 개인에게 동등하게 작용하지는 않는다는 것이다. 부모의 사회경제적 지위나 건강과 지적 능력 등 유전적 요인은 개인의 삶에 영향을 미치는 개인적 조건으로서, 이는 시대적 조건의 영향을 조절하는 역할을 한다. 같은 세대라 하더라도 상대적으로 우월한 개인적 조건을 갖고 태어난 사람은 시대의 구속을 받지 않고 원하는 삶을 살아가는 반면, 열악한 개인적 조건을 가진 사람은 그야말로 시대를 원망하며 좌절하고 실패할 가능성이 크다.

시대적 조건, 개인적 조건과 더불어 한 사람의 삶에 커다란 영향을 미치는 또 다른 변수는 미래 사건이다. 우리 모두는 미래를 예견할 수 없으며, 언제 어떠한 불행이 찾아올지 모르는 취약한 존재이다. 어느 날 갑자기 발생하는 자연재해와 사회적 재난, 감염병 등이 누군가의 생명을 빼앗고 위협하며 피해당사자와 가족의 삶을 송두리째 무너뜨리는 걸 매일 지켜보면서 우리는 피해자의 아픔에 공감하면서도 그러한 불행이 나에게 찾아오지 않은 것에 안도하게 된다. 암과 같은 중증질환과 실업과 범죄 피해 등 우리 주위에서 흔히 찾아볼 수 있는 일상화된 사건은 또 어떤가? 이러한 사건들은 나와 무관한 것이라고 어느 누가 확신할 수 있단 말인가?

결국 한 개인의 삶은 자신이 선택하지 않은 시공간과 태생적 조건의 토대 위에서 찾아오는 예측할 수 없는 미래 사건들의 함수라고 할 수 있으며, 이들 세 가지 요인 모두 개인이 통제할 수 없다는 점에서 삶의 본질을 '운(luck)'으로 규정할 수도 있을 것이다. 그렇다면 우리 모두는 운명론자로서 삶의 고통과 슬픔은 오로지 개인이 감내해야 하는 것이라고 말해야 하는가? 다행스럽게도 우리는 한 개인의 삶을 규정하는 이러한 비선택적 속성 또는 운의 작용을 인정하면서도, 고통을 경감하고 피해를 줄여주며 일상으로의 회복을 도와주는 사회적 장치가 있음을 알고 있다. 그것을 우리는 사회복지라고 부를 수 있을 것이다. 이 장에서는 사회복지를 비선택적 조건에 관계없이 개인의 삶을 균등하게 함으로써 '운평등주의'를 지향하는 사회적 장치로 규정하며, 인간은 왜 사회복지를 필요로 하는지, 사회복지는 어떠한 정치사회적 배경 속에서 등장했는지, 그리고 사회복지의 궁극적 역할은 무엇인지 등에 대해 다룰 것이다.

제1절 인간 실존의 부조리함과 행복할 권리

1. 인간 실존의 본질

인간이란 어떤 존재이며, 삶의 의미와 목적은 무엇인가? 이 질문은 지구를 삶의 터전으로 삼고 살아가는 수많은 생명종 중에서 오직 인간만이 할 수 있는 질문이다. 우리는 분명히 세계와 나를 구분짓는 경계인 육체로서 존재하고 있고, 매순간 숨을 쉬고 음식을 섭취하며 수면을 취하는 생명유지활동을 하면서 동시에 사회적 존재로서 사회 안에서 의미 있는 역할을 찾고 수행하면서 정신없이 바쁘게 살아간다. 그러다가 어느 순간(대개 이 순간은 삶의 위기라고 일컬어지는 경험, 예를 들면 대학진학의 실패, 실직, 사랑하는 사람과의 이별 등을 하게 되는 때이다) 우리는 내가 과연 잘 살고 있는 것인지 스스로 묻게 되며, 더 나아가 인간으로 산다는 것은 어떠한 의미인지, 나는 어디에서 왔으며 어디로 가는지 등 인간 존재와 삶에 대한 근본적인 질문을 하게 된다. 이러한 질문은 인류가 출현한 이래로 동서양을 막론하고 존재했던 모든 인간들의 공통된 질문이었다. 특히 철학은 이러한 존재론적 질문을 학문의 핵심적인 탐구 주제로 설정하고 고대 그리스로부터 현대에 이르기까지 장구한 역사 속에서 끊임없이 탐구를 이어가고 있는 지적 전통이라고 할 수 있는데, 특히 20세기 실존주의 철학은 인간 존재와 삶에 대한 탁월한 통찰을 제시하였다. 실존주의 철학의 인간 존재론에 따르면, 인간은 다음의 세 가지 피할 수 없는 숙명을 지닌 존재이다.

첫째, 인간은 어느 날 세계에 던져진 존재이다. 존재론의 최고봉이라 일컬어지는 독일 철학자 하이데거는 이를 '피투성(被投性, Geworfenheit, thrownness)'[01]

---

01 피투성(내던져져 있음)은 우리가 스스로 결정하지 않았음에도 이미 세계 속으로 우리가 이미 던져져 있다는 것을 나타내는 말이다. 우리는 우리가 반성하여 알기 이전에 이미 언제나 하나의 세계 속에 들어선 채로 머물고, 이러한 사실은 불안과 같은 일정한 기분 속에서 뒤늦게 알려진다. 이 점에서 인간은 근본적으로 세계 속으로 피투된 세계-내-존재인 것이다(네이버 지식백과, 서울대학교 철학사상연구소).

이라고 명명하였다. 지구상에 존재했던, 그리고 존재하는 모든 인간 중 어느 누구도 자신의 의지로 태어난 사람은 없다. 살아가면서 스스로 선택하고 결정하는 자율적이고 주체적인 삶의 태도를 긍정하고 강조하지만 우리 삶의 시작은 처음부터 나의 선택, 나의 결정이 아니었으며 내가 통제할 수 없는 타자(他者, 부모 혹은 신)로부터 비롯되었다.

둘째, 인간은 삶의 끝에 죽음이 예정된, 죽을 수밖에 없는 존재이다. 죽음에는 예외가 없으며, 모든 인류는 이미 죽었거나 죽어가고 있는 존재로 구분된다. 죽음이 끝이 아니라 또 다른 세계 혹은 또 다른 차원의 시작이라고 얘기하는, 종교를 포함한 많은 주장이 있으나 현재를 살고 있는 우리 모두는 아직 죽음을 경험하지 않았기에 죽음 이후를 알 수 없다. 그러나 분명한 것은 죽음은 매일 일어나는 사건이며 죽음의 선고가 내려진 인간의 몸은 더 이상 그 형태를 유지할 수 없고 생명유지활동을 할 수 없으며 이 세계에서 소거된다는 것이다.

셋째, 인간은 자신의 의지와 관계없는 존재의 시작(출생)과 끝(죽음) 사이에서 유한한 삶을 살되, 고통과 슬픔으로 점철된 삶을 살아가는 존재이다. 우리 모두는 안전하고 행복한 삶을 살아가기를 간절히 원하지만, 나의 의지와 관계없이 주어진 태생적 조건의 압도적 영향력과 언제 어떠한 불행이 닥칠지 모르는 예측 불가능한 삶의 전개 속에서 희열과 안도감은 찰나적이나 불안과 고통은 일상화되는 삶을 살 뿐이다. 우리의 생애를 지배하는 고통과 슬픔은 무엇이며 그것은 어디에서 비롯되는가?[02] 무엇보다 우리는 몸을 가진 존재이기에 몸에서 비롯되는 고통과 슬픔을 경험한다. 질병, 장애, 노화는 생물학적 생존과 사회적 활동의 담지체인 몸에 이상이 있음을 의미하는 기호로서, 생의 어느 순간 도둑과 같이 우리 몸에 깃든다. 의학기술의 발달로 과거보다 질병과 사고로 인한 몸의 손상을 회복할 확률이 훨씬 높아졌지만 여전히 많은 손상들은 회복되지 못하고 때로 인간의 한계를 시험하는 수준의 극심한 고통을 수반하면서 서서히 몸을 파괴한다. 이러한 몸의 고통은 무기력감과 좌절감 나아가 치열하게 살아온 생애 전

02 이하에서 서술하는 고통과 슬픔의 세 가지 근원에 대한 아이디어는 신형철(2018)의 『슬픔을 공부하는 슬픔』에서 얻은 것임을 밝힌다.

부를 부정하게 만드는 심리적 고통을 유발하면서 몸과 더불어 '나'를 구성했던 정신세계를 붕괴시키기도 한다. 그리고 이러한 몸의 총체적 변화는 몸을 통제하고 이끌었던 삶에서 아픈 몸에 이끌려 살아가는 삶의 주체 혹은 삶의 방식의 변화를 요구한다.

삶의 물리적 토대인 세계는 고통과 슬픔의 또 다른 근원이다. 세계는 체제 혹은 문명이라고도 할 수 있으며, 동일한 세계를 살아가는 모든 인간의 삶을 구속하는 정치/경제/사회적 맥락이다. 신분제가 철폐되고 1인 1표의 동등한 정치적 참여가 보장되었으며 인류 중 대다수가 물질문명이 주는 편리함을 누릴 수 있게 되었다는 점에서 세계가 인간의 삶에 미치는 고통의 영향력과 크기는 역사 속에서 점차적으로 줄어들어왔다고 얘기할 수도 있을 것이다. 그러나 오늘 우리가 살아가고 있는 세계에서 구조적으로 발생하여 심각한 고통을 초래하는 사건들 – 예를 들어, 빈곤, 전쟁, 팬데믹, 환경파괴와 기후위기, 각종의 자연재해, 교통사고와 산업재해 등 안전사고 – 은 도처에 널려 있다. 어느 누가 이러한 세계가 주는 고통으로부터 안전하다고 할 수 있는가?

마지막으로 언급할 수 있는 고통과 슬픔의 근원은 타인이다. 우리 모두는 타인(부모)에게서 왔으며 생애 내내 타인의 도움과 수고에 의해 살아가면서 끊임없이 타인과의 진실된 관계(사랑 혹은 우정)를 추구하는, 그야말로 타인이 없으면 한시도 살아갈 수 없는 타인 의존적 존재이다. 가까운 타인을 잃는 상실의 경험 속에서 우리는 고통받고 슬퍼하며, 나를 있는 그대로 받아주고 공감해 주는 타인의 부재 속에서 우리는 외로워한다. 그러나 동시에 타인은 나의 생명과 안전을 위협하는 잠재적 범죄자일 수 있으며, 나의 성공을 위해서라면 반드시 이겨야 하는 경쟁자이기도 하다는 점에서 타인은 불안과 고통의 근원이다.

이렇듯, 인간은 존재의 세 가지 단계, 즉 출생과 삶 그리고 죽음에 이르기까지 그 어떤 것도 자신의 의지에 따른 선택이 아니라 누군가에 의해 어느 날 세계에 던져져서 세계의 절대적 영향력 아래 놓인 삶을 살다가 죽음이라는 예정된 존재의 소멸을 향해 필연적으로 나아가는 존재라는 점에서, 인간 실존의 본질을 '총체적 타자성'으로 불러도 좋을 것이다. 20세기 프랑스의 작가이자 철학자였던 까뮈는 이러한 인간 실존의 모습을 '부조리'로 부른 바 있다. 종합해 보면 결국 인간이란 근원적으로 슬픈 운명의 존재, 고통받는 취약한 존재로 규정할 수 있다.

2. 인간존엄성과 행복할 권리

인간의 존엄성은 인간이라는 이유만으로 그 존재 가치가 있으며, 그 인격은 존중받아야 한다는 이념을 말하는 것으로서, 이러한 인간존엄성은 인류 문명의 최우선 가치라고 할 수 있다. 1948년에 제정되어 공표된 세계인권선언에서는 인간 존엄성의 권리를 다음과 같이 구체적으로 밝히고 있다.

> "모든 사람은 태어나면서부터 자유롭고, 존엄과 권리에 있어 평등하다. 모든 사람은 이성과 양심을 타고났으며 서로 동포의 정신으로 행동하여야 한다."
>
> 출처: 세계인권선언 제1조

"모든 사람은 태어나면서부터 자유롭고, 존엄과 권리에 있어서 평등하다"는 세계인권선언 1조 첫 문장은 인간존엄의 보편성, 즉 인간존엄은 인간이라는 속성 그 자체에서 비롯되며 존엄과 권리에서 모든 인간이 동등해야 함을 천명하고 있는 것이다. 이러한 인간존엄의 의미는 앞에서 서술한 인간 실존의 본질과 연결시켜서 이해할 때 더 깊이 이해할 수 있다. 모든 인간이 피투성의 출생과 예정된 죽음 사이에서 몸과 세계와 타인이 주는 고통과 슬픔으로 점철된 삶을 살아가는 취약한 존재라는 선언은 역설적으로 모든 인간은 고통과 슬픔으로부터의 해방을 간절히 염원하고 있으며, 이를 요구하고 실현할 수 있는 보편적 권리를 갖는 존재임을 선언하는 의미를 갖는다. 이는 인간 존재의 연약함을 인간의 존엄과 (행복할) 권리의 당위와 근거로 전용하는 것이라고 할 수 있다.

모든 사람은 이성과 양심을 타고났으며 서로 동포의 정신으로 행동하여야 한다는 세계인권선언 1조 후반부 문장은 인간존엄과 권리를 실현하기 위한 인류의 공동대응을 촉구하는 것으로 볼 수 있다. 이는 인간은 취약한 존재로서 고통과 슬픔으로부터 자신을 해방시켜 줄, 메시아적 혹은 자기구원의 사회적 기획[03]을 필요로 하는 존재이며, 그러한 사회적 기획을 요구하고 실현하는 인류 공통의 집단의식이자 도구가 이성과 양심, 동포애(휴머니즘)임을 선언하는 것이다.

인간의 취약함을 극복할 수 있도록 도와주는 사회적 기획이 몸과 세계와 타인으로부터 비롯되는 총체적 고통과 슬픔으로부터 인간을 완전히 해방시켜 줄 수는 없다. 아무리 좋은 사회에서 산다고 할지라도 죽음을 벗어날 수는 없으며 고통과 슬픔이 없을 수는 없다. 그러나 고통과 슬픔이 배태되는 태생적 삶의 조건의 영향력을 완화시켜 주며, 불시에 찾아오는 고통과 슬픔 앞에 인간의 존엄이 무너지지 않고 생의 통제력을 회복하여 이전의 평온했던 일상으로 돌아갈 수 있도록 하는 것은 사회적 노력으로 가능하다. 프랑스의 현대 철학자 샤르트르가 "인간은 이유 없이 태어나 우연히 죽는 존재이다"라고 말한 것처럼, 우리 모두는 태어난 김에 살며 죽음이 예정된 슬픈 운명을 지닌 존재이지만 그러한 사회적 기획이 작동하는 사회에서 존엄하고 행복한 삶을 살기 원한다.[04] 인류는 이러한 인간의 간절한 바람을 실현하기 위한 사회적 기획을 역사 속에서 다양한 방식으로 추구해왔다. 그렇다면 모든 인간이 주어진 삶의 조건에 관계없이 존중받고 행복한 삶을 살 수 있도록 하는, 인류애에 기반한 자기 구원의 사회적 기획의 실재로서 역사에 등장했던 주요 사회체제들의 형태와 방법들을 간략히 살펴보기로 하자.

---

03 사회적 기획(social planning)이란, 사회구성원 간 합의를 토대로 공동의 목표를 세우고 그러한 목표를 달성하기 위한 수단과 방법을 제도화하는 것을 의미한다.

04 행복은 인문학과 사회과학의 주요한 화두이자 연구주제로서, 행복의 개념, 행복의 구성 요인, 행복의 측정 등 다양한 하위 주제에서 방대한 연구결과들이 축적되어 있다. 그러나 여기서 논의하는 행복은 그러한 엄격한 학문적 탐구의 대상으로서의 행복이 아닌 인간 존재의 취약함에서 비롯되는 고통과 슬픔의 부재 혹은 고통과 슬픔에 대한 일정 수준의 통제력을 갖는 상태를 의미하는 것으로 규정하고자 한다.

제2절 행복한 삶의 토대로서 사회복지

1. 행복한 시민, 행복한 사회를 위한 인류의 여정

어떻게 보면 인류의 역사는 모든 사람들이 행복한 사회, 즉 유토피아를 건설하기 위한 원대한 여정이라 할 수 있다. 모든 인간은 그 자체로 존엄하고 행복한 삶을 살 권리가 있다는 보편적 인권 개념이 근대에 들어서 본격적으로 정립되었음을 고려할 때, 유토피아적 사회체제를 구현하고자 했던 사회적 기획 역시 근대의 산물이라고 할 수 있다. 근대 이후 현재에 이르기까지 유토피아 실험의 역사를 철학자 박이문(2016)은 다음과 같이 기술하고 있다.

> 두 가지 상반된 이념들이 고안되어 서로 마찰하고 충돌하면서 지난 200년 동안 정치경제 사상계를 지배해왔다. 정치적으로는 각 개인의 권리를 강조하는 민주주의와 사회 전체의 질서를 강조하는 중앙집권주의가, 경제적으로는 개인의 물질적 소유권을 인정하는 시장자본주의와 개인의 물질적 소유권을 부정하는 계획경제가, 사회적으로는 개인의 독자성을 강조하는 자유주의와 평등을 강조하는 사회주의가 충돌하고 대립되어왔다. 아담 스미스의 '국부론'과 칼 마르크스의 '자본론'은 전자와 후자의 이념들을 각기 대변하는 이론이다. (중략) 자본가들에 의한 노동자들의 착취, 자본가들의 불로소득 그리고 극소수의 자본가들과 절대다수의 근로자들 간의 분배의 격차 그리고 그로 인한 사회적 갈등으로 나타나게 되었다. (중략) 마르크스주의적 이념의 위와 같은 문제들은 한때 세계 전체를 지배하게 될 듯도 했던 동구 사회주의국가들의 붕괴와 몰락 그리고 사회주의 중국의 개방 및 자본주의 경제체제의 도입에서 여실히 드러났다. (중략) 스미스적 자본주의와 마르크스적 사회주의 중에서 어느 이념도 완전할 수 없지만 그것들은 나름대로의 충분한 근거가 있다. 그것들은 다 같이 부정적인 요소와 긍정적인 요소들을 각기 나름대로 갖고 있다. (중략) 이러한 사실을 근거로 그것들을 절충 통합하여 그 둘 가운데에 어느 범주에도 넣을 수 없는 '복지 사회'를 차선의 유토피아의 모델로 제3의 이념으로 삼을 수 있다. 그것은 가능한 한 개인의 자유와 이기적 욕망을 충족시키는 동시에 가능한 한 모든 사회구성원들 간의 분배의 평등이라는 서로 완전히 양립할 수 없는 두 가치를 가능한 조화롭게 조정하여 절충할 수 있는 사회적 장치를 갖춘 인간 집단의 건설을 의미한다. 자본주의와 사회주의 이념을 발명하고 직접 혹은 간접적으로 경험한 이른바 오늘날의 '선진사회'가 '복지사회'라는 이념을 깔고 있거나 그러한 방향으로 가고 있는 것은 우연이 아니다.
>
> 출처: 박이문 인문학 전집 06: 죽음 앞의 삶, 삶 속의 인간, pp.650-653.

요약하자면, 근대 이후의 유토피아 실현을 둘러싸고 시장자본주의(자유주의)와 사회주의라는 상반된 이념이 대립하고 갈등하였으나 두 이념 모두 자유와 평등이라는 인간의 근원적 욕망을 충족하지는 못한 불완전한 체제로서 사실상 실패하였다고 볼 수 있으며, 결국 두 체제의 장점을 결합한 절충주의로서 복지사회가 현 시점에서 유토피아에 가장 가까운 사회체제라는 것이다.

그렇다면 복지사회에서 살아가는 시민은 정말로 더 행복한가? 우리는 전 세계와 경제협력개발기구(OECD) 회원국들을 대상으로 매년 발표되고 있는 행복과 삶의 질 관련 통계에서 그 질문에 대한 답을 얻을 수 있다.

2. 행복국가의 비결, 사회복지

유엔(UN) 산하 자문기구인 지속가능발전해법네트워크(SDSN)가 2022년 3월에 공개한 '2022 세계 행복보고서(2022 World Happiness Report)'에 수록된 전 세계 150개 국가의 행복순위를 살펴보면, 1위는 10점 만점 중 7.821점을 얻은 핀란드가 차지했으며, 이어서 덴마크(7.636점), 아이슬란드(7.557점), 스위스(7.512점), 네덜란드(7.415점) 순으로 나타났다. 6위부터 10위에 해당하는 국가들은 룩셈부르크(7.404점), 스웨덴(7.384점), 노르웨이(7.365점), 이스라엘(7.364점), 뉴질랜드(7.200점)였으며, 그 밖에 주요 국가들의 순위를 살펴보면 미국 16위(6.977), 일본 54위(6.039점), 한국 59위(5.935점), 중국 72위(5.585점), 러시아 80위(5.459점)이다. 이러한 국가 간 행복순위는 해당 국가의 국민들에게 "지금 얼마나 행복하냐?"라고 질문하고, 이에 대한 응답을 1부터 10까지 점수로 매긴 뒤 평균한 값으로서, 각 나라 국민이 얼마나 행복한지 느끼는 '주관적 대답'을 측정한 것이다.

〈표 1-1〉은 행복순위가 높은 상위 20개 국가의 공공사회지출순위를 매긴 것이다. 공공사회지출순위는 OECD에서 매년 발표하는 통계로서 해당 국가가 당해 연도 사회복지에 투입하는 예산을 같은 해 국내총생산(GDP)으로 나눈 값의 OECD 회원국 순위로서, 한 국가의 복지수준을 파악하는 데 매우 유용한 지표

표 1-1 | 행복순위 상위 20개 국가의 공공사회지출순위

행복순위	국가	공공사회지출순위	행복순위	국가	공공사회지출순위
1	핀란드	2위	11	오스트리아	6위
2	덴마크	3위	12	호주	26위
3	아이슬란드	29위	13	아일랜드	32위
4	스위스	25위	14	독일	8위
5	네덜란드	27위	15	캐나다	22위
6	룩셈부르크	14위	16	미국	21위
7	스웨덴	7위	17	영국	17위
8	노르웨이	9위	18	체코	20위
9	이스라엘	28위	19	벨기에	4위
10	뉴질랜드	19위	20	프랑스	1위

출처: 통계청 국가통계포털(KOSIS) (2022). 2022 World Happiness Report.

이다. 행복순위 상위 20개 국가 중 12개 국가가 공공사회지출순위에서도 상위 20위 안에 포함되었음을 감안할 때 행복과 사회복지가 높은 상관성을 보인다는 것을 알 수 있다.

한편, 2022 세계행복보고서에서는 조사 대상 국가의 국민들이 느끼는 주관적 행복감에 영향을 미치는 요인으로 알려진 6개 항목 – 1인당 국내총생산(GDP per capita), 건강한 기대수명(healthy life expectancy), 사회적 지지(social support), 삶 선택할 자유(freedom to make life choices), 부정부패에 대한 인식(perceptions of corruption), 관용(generosity) 등 – 의 개별적인 영향력을 비교분석한 결과를 제시하고 있는데, 여기에서 사회적 지지가 행복에 가장 큰 영향력을 미치는 것으로 나타났다. 사회적 지지가 개인이 어려움에 처했을 때 도움을 받을 수 있는 다양한 공적 및 사적 지원을 의미하는 것임을 볼 때, 공적 지원으로서 사회복지가 개인의 행복에 커다란 영향을 미친다는 것을 알 수 있다.

세계행복보고서의 행복지수가 주관적 삶의 평가를 토대로 개인의 행복을 측정하는 것이라면, OECD의 '더 나은 삶의 지수(BLI: Better Life Index)'는 다양한 삶의 영역에서의 객관적 수준을 종합하여 행복(삶의 질)을 측정한 것이라고 할 수 있다. OECD가 2020년 3월에 발간한 "How's Life? 2020'에 수록된 '더 나은 삶의 지수'는 주거, 소득, 직업, 공동체, 교육, 환경, 시민참여, 건강, 삶의 만족도, 안전, 일과 삶의 균형 등 11개 영역의 23개 지표로 이루어져 있으며, 각 지표를 10점 척도로 환산 후 영역별 평균을 산출하여 국가 간 순위를 매겼다. 38개 OECD 회원국 중 1위는 8.4점을 얻은 호주였으며, 노르웨이가 8.23점으로 2위를 차지하였다. 이들 2개 국가만이 8점을 상회하였으며 3위 덴마크부터 12위 룩셈부르크까지는 7점대를 보였다. 앞서 행복지수 순위와 비교할 때 세부 순위에 다소 차이가 있기는 하나 행복지수와 더 나은 삶의 지수 모두에서 북유럽국가들이 최상위권에 위치해 있고 중부유럽 국가들과 북미와 오세아니아 국가들이 상위권을 차지하고 있는 것은 동일하다.

〈표 1-2〉는 더 나은 삶의 지수 순위와 공공사회지출순위의 상관성 정도를 확인하기 위해 더 나은 삶의 지수에서 1위부터 20위에 해당하는 국가의 공공사회지출순위를 함께 표기한 것이다. 더 나은 삶의 지수 상위 20개 국가 중 13개 국가가 공공사회지출순위에서도 상위 20위 안에 포함되었음을 감안할 때 앞서의 행복순위와 공공사회지출순위 비교에서 나타난 것과 마찬가지로 삶의 질(행복)과 사회복지가 높은 상관성을 보인다는 것을 알 수 있다.

표 1-2 | 더 나은 삶의 지수(BLI) 상위 20개 국가의 공공사회지출순위

BLI 순위	국가	공공사회지출순위	BLI 순위	국가	공공사회지출순위
1	호주	26위	11	뉴질랜드	19위
2	노르웨이	9위	12	룩셈부르크	14위
3	덴마크	3위	13	독일	8위
4	캐나다	22위	14	벨기에	4위
5	아이슬란드	29위	15	아일랜드	32위
6	스위스	25위	16	오스트리아	6위
7	네덜란드	27위	17	영국	17위
8	핀란드	2위	18	프랑스	1위
9	스웨덴	7위	19	슬로베니아	15위
10	미국	21위	20	스페인	11위

출처: 통계청 국가통계포털(KOSIS) (2020). How's Life? 2020.

이렇듯 우리는 사회복지에 많은 예산을 투입하고 있는 국가에 살고 있는 국민이 상대적으로 삶에서 더 행복감을 느끼고 높은 삶의 질을 경험하고 있다는 것을 국제기구에서 발표하는 공신력 있는 통계를 통해 확인할 수 있었다. 이제 사회복지야말로 인간의 가혹한 운명에 맞서 인간을 구원하는 성공적인 사회적 기획이자 인류의 위대한 정신유산이라고 자부해도 좋을 것이다.

이러한 사회복지는 어떻게 역사에 등장했을까? 그리고 사회복지는 급격한 사회 변동의 과정에서 어떠한 변화를 거쳐 현재에 이르렀을까? 모든 역사적 사건은 우연이 아니며 당대의 정치/경제/사회적 맥락 안에서 작용하는 다양한 이해관계와 힘들 간의 역동의 결과라는 점을 유념하면서 제도로서의 사회복지가 본격적으로 등장했던 19세기 전후 유럽사회로 잠시 시간여행을 떠나 보자.

제3절 사회복지의 형성과 역할

1. 사회복지의 등장과 변천

서구에서 사회복지의 태동에 결정적인 영향을 준 두 가지 거시사회적 요인은 18세기 후반부터 본격적으로 전개된 산업화와 민주화라고 할 수 있다. 산업화가 사회복지가 대응해야 할 빈곤, 실업, 퇴직, 산업재해 등 사회적 위험[05]을 발생시

05 사회적 위험이란 인간의 전 생애 과정에서 인간의 생존과 삶의 질(인간다운 삶)을 위협하는 사건(event)이라는 점에서 '위험(risk)'으로 명명되며, 그러한 위험이 사회구성원에게 누구에게나 발생하고 위험의 대부분이 사회라는 인간이 만든 문명화된 체제에서 기인하며 위험의 예방과 피해의 완화를 정치공동체(사회)의 주요한 책무로 여기고 실제적 노력을 기울인다는 점에서 '사회적(social)' 위험으로 호명된다. 모든 인류는 죽음이 예정된 유한한 생명이자 외부로부터 에너지원을 획득해야만 하는 생존할 수 있는 의존적 생명으로서 질병, 장애, 노화 등 생명활동과 에너지원 획득 능력을 위협하는 존재적 위험에 늘 처해왔으며, 동시에 문명의 변천 과정에 따라 존재적 위험의 양상이 변화하거나 이전 문명에서는 찾아보기 어려운 새로운 위험의 등장을 의미하는 사회발생적 위험에 처해왔다. 특히 인간의 가치를 생산수단(노동력)으로 환원한 체제라고 할 수 있는 산업사회의 출현과 본격화는 노동력의 상실이라는 측면에서 존재적 위험의 심도를 가중하였으며(예: 질병과 장애는 실존적 고통에 더해 노동력을 획득하고 유지

킨 근본 원인이었다면, 민주화는 이러한 사회적 위험에 직면하여 생존권을 위협받던 노동자계급이 선거권 획득, 친노동자 정당 결성 및 의회 진출이라는 일련의 정치 참여를 통해 사회복지 입법 및 제도 도입으로 사회적 위험의 해소 및 완화를 가능케 한 토대였다고 할 수 있다. 역사가 이영석(2017)은 산업화의 과정에서 자본가들로부터 이윤창출의 도구로 착취당하기만 했던 노동자가 어떠한 계기로 자본가에 맞선 대항세력이 되었는지를 다음과 같이 기술하고 있다.

> 19세기 유럽의 노동자들은 산업화에 따른 여러 가지 변화를 그들의 삶과 노동 속에서 겪었다. 빈곤, 실업, 저임금, 장시간 노동, 단순작업과 반복, 착취 등은 노동자들에게 공통의 경험으로 다가왔고, 그들은 그 경험을 통해 집단적 자의식과 정체성을 형성했으며 궁극적으로는 조직노동운동을 전개할 수 있었다.
>
> 출처: 이영석(2017). 삶으로서의 역사. pp.80-81.

이렇듯 산업화 초기에 자본의 절대적 우위 구조하에서 사회적 위험에 무방비 상태로 노출되었던 노동자계급은 대량생산체제 산업사회로 전환되면서 자신들의 확대된 정치적 영향력과 생산자이자 동시에 소비자라는 산업사회 내에서의 지위에 힘입어 사회적 위험에서 벗어날 수 있게 되었으며 지속적인 삶의 질 향상이 가능하게 되었다. 소위, 국가의 중재를 통한 자본과 노동의 힘의 균형이라는 황금결합 속에서 가능했던 이러한 노동자의 삶의 질 향상은 자동화의 시작과 성장에 비례하여 고용이 증가하지 않는 후기산업사회의 도래와 노동자계급의 약화된 정치적 영향력으로 인해 고용 불안, 임금 정체, 분배 악화 및 빈곤 증가 등으로 특징되는 새로운 사회적 위험에 직면하게 되었으며, 이러한 경향은 현재까지 이어지고 있다고 할 수 있다.

실업, 퇴직, 질병과 장애, 산업재해 등 산업화가 초래한 사회적 위험에 맞서

하는데 매우 불리한 요인으로 작용함으로써 빈곤 위험과 빈곤의 심도화를 높였다), 생산성 증대라는 산업사회의 절대적 지상과제에 따른 노동력 교체(퇴직) 및 산업재해, 구조적 경기침체에 따른 대규모 실업, 경쟁의 심화속에서 노동력의 고도화로 생존가능성을 높이려는 개인의 재생산전략에 따른 저출생과 고비용 양육 등 산업사회 내적 요인들에 따른 새로운 사회적 위험을 불러왔다.

노동자와 고용주, 국가의 공동위험부담을 원칙으로 하는 사회보험[06]을 핵심전략으로 설정한 복지국가의 전통적 대응은 본질적으로 시민의 풀타임 노동 참여를 전제로 하는 노동 중심의 복지체제라고 할 수 있다. 그러나 이는 자동화의 고도화로 인해 노동자의 소외가 가속화되는 현재의 산업적 경향 속에서 점차 그 유효성을 상실해가고 있다. 바로 이 점에서 노동 기반의 전통적 사회보장제도의 한계를 보완하고, 노동을 통한 인간의 생존 효용성이 점점 낮아지고 있는 후기 산업사회에서 개인의 정체성을 노동자가 아닌 보편적 권리를 지닌 시민으로 규정하고 이를 실현하는 새로운 사회적 구상이 등장하고 있다. 예를 들어 노동 참여 유무와 관계없이 모든 시민에게 조건 없이 주어지는 급여인 기본소득과 같은 새로운 복지제도의 도입을 둘러싼 사회적 논의와 실험이 주목받고 있다(이 부분은 8장 물질적 필요와 사회복지에서 자세히 다룬다).

2. 사회복지의 역할

그간 사회복지는 자본주의체제하에서 잉여가치의 배분을 둘러싼 자본가와 노동자의 갈등을 국가의 중재와 역할 확대를 통해 봉합하는 주요 수단이었으며, 동시에 복지급여에 의한 재분배를 통해 노동자와 시민의 상품구매력을 높임으로써 기업의 생산 확대와 고용 창출에 기여해 왔다. 무엇보다 불평등과 빈곤이 감

06 사회보험(social insurance)은 미래에 일어날 수도 있는 위험에 대비하여 현재 보험료를 납부함으로써 실제 위험이 발생했을 때 가입자들이 납부한 기금으로부터 위험에서 벗어날 수 있는 보호를 받게 되는 보험 원리는 동일하나, 보험을 국가가 운영하고 보험 가입이 의무라는 점에서 민간보험과 결정적인 차이가 있다. 일반적으로 사회보험은 대응하고자 하는 사회적 위험의 종류에 따라 공적연금, 의료보험, 실업보험, 산업재해보상보험 등으로 나뉘어 운영되며 노동자(시민)와 고용주 및 국가가 보험 재정을 공동분담하는 특징을 지닌다. 제도로서 사회보험의 도입은 소수의 빈민을 대상으로 억압적 보호라는 속성을 지닌 전근대적 사회복지에서 시민과 노동자를 대상으로 생존권의 보장과 사회적 위험의 예방이라는 근대적 사회복지로의 전환을 알리는 계기가 되었다. 1883년 독일이 세계 최초로 의료보험을 도입한 데 이어 산업재해보상보험(1884년)과 공적연금(1889)을 연이어 도입하자 영국, 미국 등 주요 국가들도 20세기 들어 속속 사회보험을 도입하였으며, 마침내 1942년에 이르러 베버리지가 사회보험을 근간으로 하는 현대 사회보장제도의 틀인 '사회보험 및 관련 서비스(일명 베버리지보고서)'를 발표하면서 현대 복지국가의 모형이 정립되기에 이르렀다.

소하였으며, 노동자를 비롯한 전체 시민의 삶의 질이 개선되는 찬란한 성과를 거두었다. 그러나 이러한 자본과 노동의 중재, 나아가 자본과 노동의 성장을 촉매했던 사회복지(복지국가)의 황금기는 너무나 짧았다.

기술 진보에 따른 자동화의 가속화와 오프쇼어링(off-shoring)[07] 전략으로 노동력 수요를 억제함으로써 자본의 이윤을 극대화하는 신자유주의적 경제질서의 전면화, 그리고 노동자보다 기업의 이해관계를 우선시하며 자기조절적 시장에 대한 과도한 믿음을 지닌 신우파의 집권으로 대변되는 정치적 보수화의 전 지구적 확산은 기업의 투자를 위축시키고 노동자의 근로의욕을 저하시킴으로써 시장의 활력을 저해하는 주범으로 복지국가를 지목하고 복지국가의 변화 혹은 수정을 요구하고 있다.

19세기 사회복지의 등장이 당대의 사회적 조건에서 가능했으며, 20세기에 전개된 사회복지의 확대(복지국가의 등장)와 축소(복지국가의 위기) 역시 시대적 상황에서 비롯되었다는 점을 고려할 때 사회복지가 앞으로도 계속해서 변화하리라는 것은 자명하다. 그럼에도 사회복지가 지켜내야 할, 시대를 초월하여 변하지 않을 사회복지의 역할은 있어야 하지 않을까? 사회복지의 본질적 역할로 다음의 세 가지를 꼽을 수 있다.

첫째, 비선택적 삶의 조건을 균등화하는 것이다. 인간 실존에 관한 논의에서 전술한 바와 같이 모든 인간은 자신이 선택하지 않은 시간과 공간, 타인과 능력이라는 삶의 조건에서 비롯되는 고통과 슬픔에 직면하는 존재이다. 빈곤한 시대에 태어났다거나 삶의 조건이 상대적으로 더 가혹하고 열악하다면 사회복지는 차등적 지원과 보상을 통해 삶의 조건을 균등화해야 할 것이다. 이는 공정한 출발 혹은 기회의 평등과 동일한 맥락의 대응이다.

둘째, 산업사회에서 배태된 사회적 위험을 해소 혹은 완화하는 것이다. 물질문명의 발전과 유지를 위한 기제로서 산업사회는 필수불가결하고 앞으로도 지속될 것이다. 그러므로 산업사회에서 비롯되는 실업, 퇴직, 산업재해, 질병과 사

07 기업이 비용 절감 등을 위해 생산이나 서비스 등 기업의 업무 일부를 비교적 인건비가 저렴한 해외로 이전하는 전략을 말한다(네이버 백과사전).

고, 장애, 사망 등의 오래된 사회적 위험과 비정규직, 저임금 등의 새로운 사회적 위험으로부터 노동자와 시민을 보호해 주는 사회복지의 역할은 노동시장과 일의 변화에 관계없이 지속되어야 할 것이다.

셋째, 삶의 전망과 계획의 토대를 제공하는 것이다. 전통적 복지가 결핍 혹은 필요를 채워주는 '욕구(needs)' 기반 복지에 초점을 맞췄다면, 최근에 들어서 중요성이 강조되고 있는 복지는 시민이 더 나은 미래를 꿈꾸고 준비할 수 있도록 기회와 각종 자원을 제공하는 '역량(capability)' 중심 복지이다. 이러한 관점에서 자신이 원하는 삶을 전망하고 이의 실현을 위한 준비를 가능케 하는 사회적 지원체제로서 복지의 역할은 지속되어야 할 것이다.

3. 사회복지(학)의 가능성과 그 가능성을 실현해 내는 사회복지사의 조건

최근 과학의 성취, 특히 자연세계의 본질과 변화를 탐구하는 물리학의 성취는 놀랍기 그지없다. 바야흐로 우리는 지구와 태양의 중력이 일치하는 우주공간에 거대망원경을 보내 135억년 전 초기 우주의 모습을 촬영한 사진을 손안의 휴대폰을 통해서 즉각적으로 볼 수 있는 시대에 살고 있다. 동시에 물질을 무한 줌인(zoom-in)하여 그것의 최소단위가 원자핵과 전자로 이루어져 있고 전자의 운동이 관찰 행위에 따라 파동 혹은 입자의 양태를 띤다는 기존의 신념체계로는 도저히 이해 불가능한 '이중성'을 증명해 내는 첨단과학의 시대에 우리는 살고 있다. 최전선의 자연과학이라고 할 수 있는 물리학은 물질의 기원, 본질과 변화, 운동을 탐구하는 학문으로서 물질로서 존재하는 모든 것의 원리를 해명하고자 하는 학문이라고 할 수 있다. 이렇듯 하루가 다르게 새로운 과학적 사실이 발견되고 그로 인해 우리가 살고 있는 세계의 원리가 한층 더 해명되고 있는 시대에, 어느 날 갑자기 나에게 혹은 내 가족과 이웃에게 찾아오는 고통과 상실의 원인과 의미를 우리는 해명하지 못한다. 이 상태는 분명 아이러니이다. 아마도 철학, 문학,

종교, 예술은 인간의 고통과 슬픔에 대한 해명의 가능성으로서 존재할 것이다.

그렇다면 자연세계/물질의 본질과 원리의 해명을 위한 가능성으로서 물리학이 존재하며, 인간이 경험하는 고통/슬픔의 원인과 의미를 해명하기 위한 가능성으로서 철학과 문학이 존재하는 것이라면, 사회복지학의 가능성은 무엇인가? 그것은 바로 고통과 상실을 유발하는 사회적 조건의 함수를 규명하고, 고통과 상실의 확률을 줄이기 위해 사회적 조건을 개선하며 고통과 상실에서 망연자실해 있는 어찌할 바를 모르는 자들을 위로하고 격려하며 필요를 채우는 해법을 제시하고 이를 실현케 하는 사회적 기획으로서의 가능성일 것이다.

이러한 사회복지학의 가능성이 실현되려면 인접학문의 종합과 응용이라는 특성을 지니고 있는 사회복지학의 학문적 토대에 대한 깊이 있는 이해가 선행되어야 한다. 사회복지학의 핵심 탐구 주제는 '재분배(원조)'라고 할 수 있으며, 구체적으로 재분배는 왜 필요하며, 누구를 대상으로 어떻게 재분배를 행하는가에 대한 이론의 정립과 실천적 방안을 연구하는 학문이라고 할 수 있다. 재분배의 관점에서 사회복지학과 여러 인접학문의 핵심 연구주제를 구분해 보면 다음 〈표 1-3〉과 같다.

표 1-3 | 재분배적 관점에서의 사회복지학과 다른 학문의 핵심 연구주제

핵심 연구주제(재분배의 다양한 맥락)	학문
재분배의 선행 현상으로서 부/재화의 생산분배시스템	경제학
재분배 방식의 결정기제로서 정치시스템	정치학
재분배 대상으로서 사회집단	사회학
재분배 관련 행위의 원천으로서 인간의 행동과 심리	심리학
재분배의 필요성 및 재분배 전략	사회복지학

이렇듯 재분배를 둘러싼 인간의 행위와 내적 동기, 그리고 집합적 행위로서 사회 현상을 탐구하는 인접학문에 대한 폭넓은 이해는 인간이 삶에서 맞닥뜨릴 수밖에 없는 고통과 상실의 사회적 맥락을 이해하고 그러한 상태에서 벗어나 존엄하고 행복한 삶을 살아갈 수 있도록 하기 위한 사회적 해법들을 제시하고 실천하는 데 풍부한 원천들을 제공해 줄 것이다. 이는 응용 사회과학 혹은 종합 사

회과학으로서 사회복지학의 고유한 특성이라고 할 수 있다.

재분배(원조)를 요구하는 사회적 맥락에 대한 총체적이고 입체적인 이해가 사회복지학의 가능성을 실현하기 위해 사회복지사가 지녀야 할 첫 번째 조건이라면, 재분배를 간절히 염원하는 사태, 다시 말해 고통과 슬픔에 놓인 타자에 대한 공감능력은 인간의 고통과 필요에 응답하는 사명을 지니고 있는 휴먼서비스 종사자로서 사회복지사가 갖추어야 할 두 번째 조건이다. 어찌 보면 현상/사태에 대한 이해(understanding)란 앎과 감수성을 포함하는 것이다. 고통에 대한 민감성과 공감 없이 어찌 안다고 할 수 있는가? 잘 알지 못하면 우리의 분노와 공감은 정확한 대상에 도달하지 못하여 엉뚱한 대상 혹은 피해자에게 분노하거나, 정작 공감이 필요한 자에게 무심할 수 있는 것이다. 정확한 대상을 향한 사랑과 분노[08], 공감 대상의 확장[09]이야말로 공감능력의 본질이다.

이제 도달하지 않은 사회복지학의 가능성과 비전에 한 걸음 더 나아가 보려고 한다. 사회복지학은 사회과학 중 시기적으로 가장 늦게 형성된 분과 학문이라는 점에서, 이로 인해 사회복지학 고유의 이론이 부족하고 현상에 대한 설명이 제한적이라는 점에서 다른 분과 학문에 비해 전통적 권위가 낮았다. 더불어 사회복지의 형성과 발전이라는 역사적 측면에서 볼 때, 사회복지는 자본주의 시장분배의 실패를 보완하는 경제체제의 부속품 또는 정치적 맥락과 결정에 의해 제도화되는 정치체제의 산출물(output)로 간주되어 왔다는 점에서 경제와 정치체제에 종속된 하위체제로 인식되어 왔던 것도 부인하기 어렵다. 분명히 자본주의는 빈곤으로부터 물질적 풍요를 가져왔고 대의민주주의는 억압으로부터 인간을 해방시켰다는 점에서 두 체제는 인류의 위대한 성취였다. 그러나 오늘의 세계는

---

08 예를 들어, 프랜차이즈 본사의 가맹점주에 대한 갑질이나 불법 혹은 비도덕적 행위가 언론에 알려지면서 소비자들의 불매운동으로 인해 가맹점주들이 피해를 입는 사건은 시민의 분노가 정확한 대상에게 도달하지 못한 경우일 수 있다. 이때의 정확한 분노의 대상은 프랜차이즈 본사를 포함하여 프랜차이즈 본사와 가맹점 간의 불공정 계약구조를 묵인하는 법률적 결함, 다른 OECD 국가들에 비해 유난히 높은 자영업 비중의 원인이 되는 불안정노동의 일상화와 취약한 사회안전망일 것이다.

09 학대피해아동과 발달장애아 가족 등 익숙한 대상에서 어느 날 맞은편 거리에 들어선 대형프랜차이즈카페를 마주한 작은 동네 카페 주인의 마음, 한때는 존재만으로 사랑을 받는 아이였고 미래에 대한 꿈을 키웠을 청년이었으나 이제는 약간의 산책에도 힘들어 공원 벤치에 앉아 있는 노인의 마음을 헤아리는 것은 공감 대상 확장의 한 예일 것이다.

위기이다. 전체 인류가 충분히 먹고 남을 만큼의 생산을 하고 있음에도 모든 국가에서 그리고 국제적으로도 심화되고 있는 경제적 불평등에 자본주의는 무기력하다. 인류가 그토록 타파를 염원해 왔던 소수의 특권과 다수의 피지배 체제는 오늘날 과연 극복되었는가? 장애인, 이주노동자, 난민, 성(性)소수자 등 사회적 소수자에 대한 억압과 차별이 여전하며, 정치적 신념이 다른 집단(개인)에 대한 존중과 타협은 실종된 채 상대방에 대한 일상화된 혐오가 심화되고 있는 지금, 대의민주주의는 호흡기에 의존한 채 숨만 겨우 쉬고 있다.

19세기 말 산업화와 민주화를 배경으로 등장하여 경제발전과 정치적 안정에 혁혁히 공을 세운 사회복지가 다시 한번 정치/경제/사회적 위기를 극복하는 새로운 도전에 나설 때이다. 과거로부터 현재까지의 사회복지가 자본주의와 대의민주주의를 '부양'해 왔다면(사회복지를 통해 시장에서의 분배를 보완하고, 사회복지가 정당의 주요 의제가 되게 함으로써 권력 획득을 목적으로 하는 정당이 국민(노동자)의 여론을 살피고 수용하도록 해왔다는 점에서), 이 시대가 기대하고 요구하는 사회복지의 역할은 자본주의와 대의민주주의를 '견인'하는 것이 아닐까? 세계의 해명과 인간의 해방을 추구하는 인문학과 사회과학이 도달하고자 하는 궁극의 미래는 모두가 존엄하고 행복한 삶을 살아가는 세계일 것이다. 이 장의 부제에서 밝힌 바와 같이 인간의 존엄과 행복한 삶을 위한 사회적 기획으로 특화된 사회복지는 이제 체제 선도자로서 작금의 총체적 위기를 극복하고 인류의 오랜 꿈이 실현되도록 하기 위해 개별 체제가 어떠한 역할을 수행해야 하는지를 밝히고 동시에 개별 체제의 수행을 촉진하며 체제 간 중재를 담당하는, 더 나은 미래를 향한 거시적 사회 기획으로 재정립되어야 할 것이다.

참고문헌

박이문 (2016). **인문학 전집 06: 죽음 앞의 삶, 삶 속의 인간**. 미다스북스(리틀미다스).
신형철 (2018). **슬픔을 공부하는 슬픔**. 한겨레출판사.
이영석 (2017). **삶으로서의 역사**. 아카넷.
통계청 국가통계포털(KOSIS) (2020). How's Life? 2020.
통계청 국가통계포털(KOSIS) (2022). 2022 World Happiness Report.

CHAPTER 02

사회복지의 개념

사회복지의 목적과 내용에 대한 사회적 이름 붙이기

CHAPTER 02

사회복지의 개념

사회복지의 목적과 내용에 대한 사회적 이름 붙이기

이 장은 사회복지의 개념을 다룬다. 사회복지의 개념이 무엇인지를 한 마디로 말한다면 "사회복지란 무엇인가?"라는 질문에 대한 일반적이고 보편적인 대답이라고 간략하게 정의할 수 있다. 이러한 사회복지 개념을 보다 쉽게 이해할 수 있는 하나의 방법으로 사회복지의 개념과 관련된 한 가지 구체적인 사례를 먼저 만나 보도록 하자.

어떤 사람이 행정기관을 찾아와 언론에서 홍보하고 있는 새로운 사회복지프로그램의 대상에 자신이 해당되는지를 문의하였다고 가정해 보자. 행정기관의 담당자는 문의한 사회복지프로그램의 내용과 그 사람의 상황과 관련 조건을 면밀히 검토한 후 그 사람이 프로그램이 제공하는 서비스의 대상인지 아닌지를 공식적으로 판정하여 알려주게 될 것이다. 이 경우 문의를 한 사람이 서비스 대상인지 아닌지의 여부를 판정하는 데 있어 가장 중요한 기준은 해당 서비스가 정확하게 무엇이며 어떠한 목적을 위하여 어떠한 내용으로 규정되어 있는지를 정확하게 확인하는 것이다.

이 상황에서 프로그램이 제공하려는 서비스의 목적, 내용, 조건을 공적으로 명확하게 규정한 서술(statement)이 바로 해당 프로그램의 개념(槪念, concept)이다. 물론 이 경우의 개념은 다양한 개념의 종류 가운데 공공기관의 정책과 관련된 법적 혹은 행정적 성격의 개념이다. 그런데 이러한 행정적 개념의 규정에 의해 본인이 사회복지프로그램의 서비스 대상이 되지 않는다는 것에 의문을 제기하는 사람들의 불만과 항의가 커지고 이러한 상황이 사회에서 공론화되면 아마도 행정기관의 공무원이나 담당자는 사회복지전문가들에게 해당 개념의 타당성 여부를 검토하여 달라고 의뢰할 수 있다.

이렇게 되면 문제의 행정적 개념은 이제 사회적 차원에서 진행되는 학술적 개념으로 다루어질 것이다. 법적, 행정적 차원이든 혹은 학술적 차원이든 문제의 초점이 되는 것은 해당 사회복지프로그램이 공적으로 어떻게 정의되고 규정되어 있는지 그리고 그 규정이 타당하고 적절한지의 여부가 될 것이다. 이와 같이 특정한 개념을 정의하고 확정하는 과정은 사회적 차원에서 공적으로 진행되는 논쟁에 다름 아니며 사회적으로 설정된 과정을 거쳐 문제의 사회복지프로그램의 개념은 재정립되어 사회에 다시 적용될 것이다.

우리는 이상의 짧은 사례를 통해 사회복지 개념이 의미하는 바와 기능 그리고 개념이 구성되는 과정에 대해 간략히 접할 수 있었다. 이러한 이해를 바탕으로 이 장에서는 사회복지의 개념을 보다 상세히 살펴본다. 먼저 사회복지 개념을 다루기 위한 예비적 작업으로 개념 자체에 대해 살펴본다. 구체적으로 개념이 정확하게 무엇이며 어떠한 역할과 기능을 담당하는 것인지 그리고 개념은 기본적으로 어떠한 한계와 문제를 가지고 있는지를 이해한다. 다음으로는 이러한 이해를 바탕으로 사회복지를 개념적으로 규정하고 활용하는 것이 사회복지를 연구하고 실천하는 데 있어 어떠한 역할을 하는 것인지 살펴보고 사회복지 개념과 관련된 다양한 논쟁과 해석을 통해 사회복지 개념이 가진 의의와 역할을 보다 분명히 이해한다. 마지막으로 현재 가장 일반적이고 대표적인 사회복지 개념들을 다양한 측면에서 소개하고 이를 사회복지와 유사한 여타의 개념들을 비교하여 살펴봄으로써 사회복지 개념에 대한 이해의 폭과 깊이를 확장한다.

제1절 개념의 의미와 역할

1. 개념의 의미

개념(槪念)이란 어떤 사물이나 현상에 대한 일반적 지식을 말한다. 여기서 일반적 지식이란 구체적이고 다양한 사실들에서 공통적인 특징을 뽑아내어 평균화하고 이를 종합해서 얻어진 일종의 추상적 관념이나 인식의 결과를 말한다. 개념의 성격이 추상적이라는 것의 의미는 개념이 구체적 사실이나 경험 그 자체가 아니라 이러한 경험에 근거하여 수행된 인간의 추론적 사고에 의해 정립된 하나의 관념이라는 뜻이다. 이러한 맥락에서 개념은 흔히 추상적 보편(abstractive universal)으로 규정된다(한대석, 2021: 533-534).

개념의 의미를 구체적인 사례를 들어 보다 자세히 살펴보도록 하자. 우리는 살아가면서 세상에는 무수히 많은 종류의 서로 다른 나무들이 존재하고 있음을 경험한다. 그리고 그 가운데 상당히 많은 나무들이 열매를 맺으며, 특히 인간이 먹을 수 있는 열매를 만들어 내는 나무들도 다양하게 존재하고 있다는 것도 경험적으로 알아차린다. 이때 우리는 우리가 경험하는 나무 가운데 인간에게 유용한 열매를 만들어 낸다는 공통적인 특성을 가진 나무들만을 골라내고 이들이 가진 특성을 평균화하고 종합하여 유실수(有實樹)라는 명칭을 추상해 낼 수 있다. 우리는 이와 같은 일련의 추론적 작업을 통해 유실수라는 새로운 개념을 세상에 만들어 낸 것이다.

이제 우리는 유실수라는 개념을 활용하여 편리하고 생산적인 삶을 살아갈 수 있다. 다른 사람들과 일상적 대화를 나누거나 독서를 하면서 혹은 영화를 감상하거나 경제활동을 하면서 유실수라는 단어를 사용한다. 혹시 이러한 개념을 명확히 알지 못할 경우 개념의 모음인 사전을 활용하여 유실수라는 개념의 정의를 쉽게 확인할 수 있다. 예를 들어, 누군가가 유실수 개념을 국어사전에 찾아본다면 사전은 유실수란 "유용한 열매가 열리는 나무이며 그 예로서 밤나무, 잣나무,

감나무, 대추나무 따위가 속한다."고 그 뜻을 친절하게 알려줄 것이다. 우리는 밤나무, 잣나무, 감나무, 대추나무가 모양이나 크기, 생장속도 등에 있어서는 다양한 차이를 보이지만 인간이 먹을 수 있는 열매를 만들어 낸다는 공통의 속성을 가지고 있으며 그러한 속성을 추상화하여 유실수라는 독특한 개념이 창출된 것을 충분히 이해하고 곧바로 이 개념을 활용하면서 사회 속에서 편리하게 살아갈 수 있다.

2. 개념의 역할

그렇다면 개념은 구체적으로 우리의 삶에 어떠한 기능과 역할을 수행하는 것일까? 앞서의 사례에서 볼 수 있듯이 우리는 유실수라는 개념을 만들어 냄으로써 나무에 대한 우리의 이해와 인식을 크게 확장할 수 있고, 이 개념을 통해 다른 사람과 대화와 토론을 할 수도 있으며 유실수에 대한 기록이나 책도 읽을 수 있고 학술활동이나 경제활동에서 이를 활용하여 우리의 삶을 더욱 풍요롭게 영위해 나갈 수 있다.

나아가 유실수와 연관된 다른 개념들, 예를 들어, 과일, 견과류 등의 개념에 대한 이해를 통해 우리의 인식을 더욱 확장할 수 있게 된다. 예를 들어, 인간에게 유용한 열매를 만들어 내는 나무를 통칭해서 유실수라고 개념 정의하고는 있지만, 이 중에서도 인간이 먹을 수 있는 열매를 생산하는 나무를 유실수와 따로 구별하여 과수(果樹)라고 명명하고 이를 전문적으로 키우는 공간을 과수원이라고 개념화할 수 있다. 즉 우리는 유실수와 과수라는 개념의 창조와 비교를 통해 나무에 대한 우리의 이해를 확장하는 동시에 이를 보다 세부적으로 명확하게 분류할 수 있다.

물론 우리가 사용하는 과수라는 개념은 세계 여러 지역에서 다양한 형태로 개념화될 수 있다. 예를 들어, 영어를 사용하는 지역에서는 우리가 사용하는 과수에 해당하는 개념을 fruit tree라는 명칭으로 사용한다. 만일 우리나라 사람과 영어를 사용하는 외국인이 과수라는 한국어와 fruit tree라는 영어가 동일한 개념이라는 것만 안다면 이를 사용하여 자유롭게 의사교환을 할 수 있다.

이 장에서 다루고자 하는 사회복지 개념도 이와 마찬가지이다. 우리는 현실세계에 존재하는 무수히 많은 사람, 제도, 정책, 조직, 직업, 활동 가운데 무엇인가 공통적인 특성이나 요소를 찾아내고 이를 추상화하고 일반화하여 '사회복지'라는 이름을 붙일 수 있다. 이 과정에서 사회복지라는 이름에 담고자 하는 공통적 특성이나 요소를 서술이나 명제의 형태로 분명하게 정의하면 사회복지는 하나의 개념이 된다.

예를 들어, 사회복지를 "개인과 사회 전체의 복지를 증진시키려는 모든 형태의 사회적 노력을 포함하며, 사회문제의 치료와 예방, 인적자원의 개발, 인간생활의 향상에 직접적인 관련을 갖는 일체의 시책과 정책을 포함하는 것"(Romanyshyn, 1971)이라고 정의할 경우 사회복지는 그와 같은 정의(定義)를 가진 하나의 개념이 된다. 따라서 개념과 개념 정의는 거의 동일한 뜻으로 사용해도 무방하다. 우리는 이제 이러한 사회복지라는 개념을 활용하여 사회에 존재하는 무수히 많은 존재들을 사회복지와 관련된 것과 사회복지와 관련되지 않은 것으로 구분하여 정리할 수도 있고, 다른 사람들과 사회복지 개념을 활용하여 생각이나 의도를 교환하거나 토론을 할 수도 있으며 사회복지 개념과 부합하는 무엇인가 새로운 것을 만들어 내거나 수정할 수도 있다.

이러한 맥락에서 볼 때 결국 개념이란 우리가 세상을 살아가면서 경험하는 극히 미묘하고 유동적이고 모호한 우리의 체험들이 사라지기 전에 이것을 인식할 수 있도록 붙잡아 주고 나아가 그 내용들의 의미를 다른 것들과 비교하여 보다 분명하게 드러나게 해 주는 매우 유용한 언어적 도구라고 볼 수 있다. 우리가 사용하는 개념이라는 단어에 해당하는 영어 단어인 concept의 핵심요소인 cept가 '붙잡다'라는 뜻을 가지고 있음을 볼 때 개념이 우리의 현실 경험을 붙잡아 그 의미를 분명하게 파악할 수 있게 해주는 역할을 한다는 것을 다시 한번 확인할 수 있다(이정우, 2002: 13).

3. 개념의 역동성

앞서 설명한 바와 같이 개념이 세상의 사물과 현상을 구분하여 이해할 수 있도록 해 주는 유용한 도구라고 해서 개념과 개념이 담고자 하는 현실이 정확히 부합하고 일치할 것이라고 막연히 기대해서는 안 된다. 물론 개념이 자신이 담고자 하는 사물이나 현상과 어느 정도 일치하거나 부합하는 것은 분명한 사실이지만 그 둘은 결코 완벽하게 동일한 것은 아니다. 만약 어떤 사람이 개념이 표현하고자 하는 현실세계의 본질이나 원리를 해당 개념이 정확하게 담고 있다고 생각한다면 그 사람은 개념과 이념(理念)을 혼동하고 있는 것이다.

이념은 개념과는 달리 실제의 역사적 맥락, 즉 각 시대의 구체적인 정치사회적 맥락을 초월하여 핵심적 의미의 내용이 변하지 않은 실재이다(나인호, 2011: 35). 이와는 달리 개념은 인간의 경험적 세계, 즉 역사적 · 사회적 맥락을 초월하는 단단한 실재가 아니라 구체적인 역사적 · 사회적 맥락 속에서 서로 다른 의미를 가진 채 서로 다른 기능을 수행하는 유연하고 유동적인 언어적 구성물이다(나인호, 2011: 38). 그러므로 개념을 사물의 본질을 정확하게 담을 수 있는 최선의 존재로 생각하는 사람은 그러한 개념을 통해 자신의 신념이나 이념을 추구하는 것이라고 볼 수 있다. 그러므로 개념을 통해 이념을 추구하는 것은 가능하겠지만 개념이 이념을 완벽하게 담기는 현실적으로 불가능하다고 보아야 한다. 이러한 점을 달리 표현하자면 개념과 현실은 서로 다른 존재이지만 둘 다 이념과는 달리 끊임없이 사람들의 해석활동을 통해 서로 수정되고 변화해 나간다는 것이다. 무엇보다 개념이 담으려는 구체적인 현상이나 사실이 시간의 흐름 속에서 지속적으로 변화해 나가기 때문에 당연히 그 현실을 담고자 하는 개념도 그에 맞추어 변화할 수밖에 없다.

그런데 개념을 논의할 때 반드시 유의해야 할 점은 개념이 현실을 담는다고 해서 개념이 현실을 수동적으로 반영하기만 하는 존재는 결코 아니라는 것이다. 개념이 일단 한번 만들어져 사회의 승인을 얻는 순간 개념은 현실을 분류하고 판단하는 규범적인 기능을 수행한다. 또한 개념은 다른 개념과의 연계를 통하거나 혹은 개념을 실천하는 사람들의 창의적인 사고를 통해 스스로 변화하고 발전하기도 한다.

이런 경우 개념은 현실을 변화시키고 창조하는 힘을 가지고 있다고 볼 수 있다. 다시 말해 개념과 현실은 서로 상호작용을 한다. 현실에서 개념이 만들어지지만 개념은 다시 그 현실을 규정하고 변화시킨다. 뿐만 아니라 개념은 현실을 통합시키기도 하고 분열시키기도 한다. 앞서 언급한 것처럼 개념은 합의되고 통일된 것이 아니라 인간들의 다양한 해석을 통해 정의되는 것이다. 그러므로 특정한 개념에 동의하는 집단과 동의하지 못한 집단 사이에 개념을 중심으로 통합과 분열이 발생할 수 있다. 이와 같이 개념은 언어적 실천행위를 통해 기존의 의미를 변형시키기도 하고 새로운 의미를 첨가하여 변화를 겪기도 한다. 이 과정에서 개념은 정치사회적 갈등과 투쟁이 벌어지는 구체적인 장소의 역할을 수행하면서 논쟁을 야기하고 그 과정에서 의미들이 추가되거나 사라지기도 하면서 사람들 사이에서 끊임없는 해석의 대상이 된다.

결론적으로 이야기하면 사람들은 개념을 활용하여 다양한 해석을 수행하면서 그 개념이 추구하는 이념을 발견하고자 노력하는 동시에 그 과정에서 새롭게 발견한 이념을 개념에 다시 담고자 노력한다고 볼 수 있다. 이와 같이 개념은 현실을 진단하고 안정화시키는 규범적인 측면을 가지면서도 동시에 변화된 사회를 반영하면서 현실에 영향을 미치는 적극적이고 역동적인 측면도 동시에 가지고 있음을 분명히 인식하여야 한다.

제2절 사회복지의 개념

1. 사회복지 개념의 기초적 논의

앞서 논의한 바와 같이 사람들의 일반적인 예상과는 달리 사회복지에 대한 단일하고 확정된 개념은 이 세상에 존재하지 않는다. 개념을 정의하는 다양한 주체들의 관점과 지향 그리고 이해관계에 따라 현실적으로 여러 가지 개념이 존재할 수 있다. 그럼에도 불구하고 사회복지 개념을 파악하는 가장 중요하면서도 손쉬운 접근법은 사회복지라는 단어 혹은 용어가 담고 있는 어의적(語義的) 의미를 파악해 보는 것이다. 왜냐하면 앞서 설명한 것처럼 개념이란 우리가 어떤 대상을 파악하여 이해하고 이를 통해 추구하려는 이념을 현실 언어로 담고자 하는 실천적 노력이기 때문이다. 따라서 사회복지라는 용어 속에 담긴 언어적 의미를 심층적으로 분석해 보는 것이야말로 사회복지 개념에 대한 가장 중요한 접근방법이 된다.

그런데 이러한 관점에서 사회복지라는 단어의 뜻을 파악하려고 시도하자마자 우리는 심각한 문제에 직면한다. 왜냐하면 현재 우리가 사용하는 사회복지라는 단어는 사회라는 명사와 복지라는 명사를 결합하여 사회복지라는 복합명사를 만든 것인데 이렇게 명사와 명사가 직접 결합되어 있을 경우 어떠한 명사가 상대적으로 중요하고 핵심적인 것인지 그리고 이들 사이의 관계와 아울러 이러한 복합명사의 진정한 의미를 분명하게 파악하기가 쉽지 않다.

이러한 문제를 해결하기 위해 우선적으로 우리가 사용하는 사회복지라는 용어의 기원을 살펴보면 사회복지는 원래부터 우리말이 아니라 영어단어인 social welfare의 번역어라는 것을 알 수 있다. 한국어로는 명사와 명사의 결합인 사회복지로 되어 있지만, 원래는 사회적이라는 형용사에 복지라는 명사가 결합된 것으로서 사회복지는 사실 사회적 복지를 의미하는 것임을 명확하게 알 수 있다.

결국 우리가 사회복지를 어원적으로 명확히 파악하고자 한다면 복지라는 명사와 사회적이라는 형용사가 각각 어떠한 뜻인지 그리고 이들이 결합한 사회적 복지가 정확히 무엇을 의미하는지를 탐구하는 것이 가장 적절한 방법이다.

2. 사회복지 개념 분석

1) 사회적 개념 분석

어의적으로 볼 때 사회복지는 사회적 복지에 해당하는 영어 social welfare의 번역어라는 것을 알 수 있었다. 따라서 사회복지라는 개념을 보다 명확하게 해석하기 위해서는 무엇보다 '사회적'과 '복지'를 분리하고 먼저 사회적이라는 것이 어떠한 의미인지를 심층적으로 살펴보아야 한다. 개념으로서의 사회복지를 논리적으로 살펴보면 우리가 관심을 가지고 있는 복지가 사회적인 것(the social)이라는 점이다. 달리 말해서 복지의 성격이나 특징 혹은 본질이 사회적이라는 뜻이다. 그렇다면 사회복지에서 복지를 규정하는 사회적인 것은 어떠한 내용과 함의를 가지고 있을까?

사회적이라는 형용사의 명사형인 사회(社會)는 동양사회에서는 원래 존재하던 단어가 아니라 서양의 society라는 단어를 표시하기 위해 새롭게 만들어진 단어이다. society라는 영어 단어를 한자어 사회라는 용어로 만들어 처음으로 사용한 것은 일본 메이지시대였다. 처음에 일본인들은 사회를 지금과 같이 '개인과 구별되는 전체적 집합체로서의 집단'이나 혹은 '근대적 시민사회'와 같은 개념으로 사용하기보다는 주로 개인과 개인 사이의 교제라는 의미로 사용하였다고 한다. 1875년 동양에서 영어인 society를 한자어 사회로 최초로 번역한 인물은 일본의 지식인 '모리 아리노리(森有禮)'라고 알려져 있다(야나부 아키라, 2011: 30). 사회는 기존에 일본에서 각각 별도로 사용되고 있던 용어인 사(社)와 회(會)를 결합하여 만든 용어이다. 원래 전통적으로 사나 회는 제사를 지내거나 친목을 도모하는 것과 같이 동일한 목적을 공유하는 사람들의 모임이나 결사를 주로 의미하는 것이었다. 이와 같이 원래 개별적인 소규모 모임이나 결사를 의미하는 사와 회를 결합하여 사회라는 새로운 용어를 만들어 동양사회에서는 존재하지 않았던 개인들의 집합체라는 뜻의 society의 본래 뜻을 담게 된 것이라고 볼 수 있다.

그렇다면 사회라는 명사의 형용사인 사회적이라는 것은 정확히 어떠한 내용을 의미하는 것일까? 일반적으로 사회적인 것은 기본적으로 선험적이고 경험적이며 동시에 실천적인 성격을 가지고 있다고 알려져 있다(김미정, 2013: 43-92). 사회적인 것의 이러한 성격을 차례로 살펴보기로 하자.

무엇인가가 사회적이라고 할 때 이것이 담고 있는 첫 번째 의미는 그 무엇이 개인적이거나 개별적인 것(the individual)이 아니라 사회적 관계의 집합적 산물이라는 것이다. 예를 들어, 사회적인 것에 대한 문제의식을 공유하는 사회학자들은 인간의 본질은 "각각의 개체 속에 내재하는 것이 아니라 사회적 관계들의 앙상블"이라고 주장한다. 예를 들어, 어떤 개인이 현재 가난할 경우 가난의 원인이 그 사람이 타고난 개인적 특성이나 이유에 의한 것이 아니라 그 사람이 속한 사회적 관계들에 의해 집합적으로 규정되고 만들어진 것이라는 의미이다. 이 경우 비록 가난이 특정한 개인에게 개별적으로 심각한 고통을 주고 있지만 그 고통과 고난의 관계적이고 집합적인 성격을 고려하게 되면 이를 사회적 가난이라고 명명할 수 있다.

이러한 맥락에서 본다면 현대사회에서 개인이 경험하는 수많은 문제들은 순수하게 개인적 차원의 문제이기보다는 문제의 원인이나 해결방법이 개인을 넘어 사회 전체의 상황이나 노력에 달려 있는 사회적 문제(social problems)일 가능성이 크다. 사회복지 개념과 많은 관련이 있는 개념들인 사회적 욕구(social need)나 사회적 위험(social risk) 역시 욕구나 위험이 개인에게 발생한다 하더라도 그 원인이나 해결방법이 욕구나 위험을 경험하는 개인차원의 문제가 아니라 사회적 차원의 집합적 성격을 가지고 있음을 의미한다고 볼 수 있다.

개인적인 것과 구별되는 집합적 존재로서 사회적인 것이 가지는 두 번째 의미는 사회적인 것은 선험적인 것(the a priori)이라는 것이다. 선험적이라는 것이 무슨 의미인가 하면 사회적인 것이 집합적으로 일단 한번 구성되고 나면 개인차원에서는 이러한 사회적인 것에 저항하기 힘들고 순응할 수밖에 없다는 뜻이다. 대표적인 사회적 존재인 언어라든지 관습이나 법률 등을 보면 사회적인 존재들이 가진 선험적인 성격을 분명히 이해할 수 있다. 이들은 개인들이 당연히 지켜야 할 대상으로 여겨지고 이것과 다른 방식으로 행동하거나 저항하는 것은 상당한 어려움을 감수해야 하며 심지어 사회로부터의 비난과 처벌이 대상이 된다.

예를 들어, 어떤 사람이 자신이 속한 사회에서 사용되고 있는 것과 다른 문법을 사용하여 이야기를 한다면 그는 자신의 의사를 전혀 전달할 수 없을 것이고 결국 그 사회에서 소외되거나 추방되고 말 것이다. 그러므로 선험적이라는 의미의 사회적인 것의 내용에는 해당 사회가 집단적으로 인정하고 용인하며 이를 벗어나는 것에는 처벌을 가한다는 규범적이고 억압적인 뜻이 분명하게 담겨 있다. 이러한 차원에서 사회적이라는 것의 의미는 사회에서 합법적인 것으로 인정하는(legitimate) 혹은 사회적으로 자격이 있는(deserving) 등의 용어와 같은 뜻을 담고 있다고 볼 수 있다.

개인차원에서 볼 때 무언가가 사회적이라는 뜻은 자신의 노력으로는 어쩔 수 없는 선험적이고 구조적인 것으로서 개인의 입장에서 볼 때 억압적이고 규율적인 성격을 가지고 있다는 의미이다. 앞서 자신이 사회복지서비스의 대상인지를 문의하는 사례에 비추어볼 때 사회에서 어떤 개인이나 집단이 사회복지서비스의 대상인지 아닌지의 여부는 그 개인의 의사에 관계없이 사회적으로 결정되는 것으로 개인은 이러한 규정에 따를 수밖에 없는 선험적이고 구조적인 것이다. 이러한 맥락에서 그 개인은 자신의 상황을 배제하는 방식으로 개념화된 사회복지프로그램을 보면서 사회적 대응이 상당히 억압적이고 강제적인 처사라고 부당하게 받아들일 수도 있다.

사회적인 것의 선험성과 대조적으로 구별되는 사회적인 것의 또다른 의미는 이것이 인간이 수행하는 실천 행위와 직접적으로 연관되어 있다는 것이다. 달리 말해 사회적인 것이 개인의 능력이나 의지와 구별되는 선험적이고 구조적인 것이라 해서 이것이 개인의 의지나 생활과는 완벽하게 구별되는 초월적이거나 이상적인 존재라는 뜻이 아니다. 사회적인 것이 인간을 규정하는 선험적인 성격이 있는 것은 사실이지만 이는 기본적으로 인간의 집단적 실천에 의해 이루어지고 수행되는 것이다. 그러므로 사회적인 것은 기본적으로 경험적이고 실천적인 본질을 가진 것이다.

앞서의 사례에서 보듯이 사회에서 개인이 경험하는 욕구와 위험이 개인의 능력이나 의지를 넘어서는 사회적 관계의 집합적 산물이라는 것을 다른 시각에서 본다면 그러한 문제의 해결 노력이나 실천 역시 오직 집합적이고 사회적인 인간의 의지와 노력에 의해서 구체적으로 이루어진다는 것이다. 그러므로 복지가 가진 사회적 성격에 비추어볼 때 복지는 기본적으로 실천적이고 경험적이며 당연히 이러한 실천과정에서 여러 이해집단 사이에서 실천의 성격과 목적을 둘러싸고 다양하고 격렬한 논쟁과 충돌이 발생할 수 있다. 앞서 개념이라는 것이 단순한 합의나 규정이 아니라 해석과 논쟁의 산물이라는 것은 바로 이러한 맥락의 의미이며 이것이 바로 실천적 의미에서의 사회적인 것이 가진 뜻이다. 사회적인 것의 성격이 실천적이라는 것은 결국 자신의 이념과 의지를 구현하고자 하는 다양한 집단들 사이의 권력관계나 이해관계의 다양한 충돌과 합의를 담고 있다는 의미이다.

2) 복지 개념 분석

사회복지를 구성하는 핵심개념으로 사회적인 것이 의미를 파악하는 것도 중요하지만 복지가 무엇인지를 파악하는 것이 보다 본질적이다. 사회적 복지를 의미하는 사회복지라는 용어에서 사회적인 것의 대상이 바로 복지이기 때문이다. 달리 표현하자면 사회적이라는 형용사가 규정하려는 핵심대상이 바로 복지이다.

복지는 복될 복(福)에 복될 지(祉)가 결합한 한자어로 복되다는 뜻이 반복된 단어이다. 글자의 형태는 다르지만 복과 지는 동일하게 복을 의미하는 단어로 사용되었다. 동아시아에서 널리 활용된 한자사전에 해당하는 「설문해자(說文解字)」에서도 지(祉)는 복(祉福也)이라고 언급되어 있다. 결국 복지는 복의 반복어이다. 조선시대에 편찬된 여러 문헌에서는 복(福)이 다양한 의미를 담고 있는 것으로 표현되고 있다. 주로 장수, 풍족함, 건강함, 덕을 즐겨 행하는 심성, 편안한 죽음 등을 의미하고 이외에도 하늘이 도움, 행운 등을 의미하는 것으로 알려져 있다(은희녕 · 박현식, 2021: 234). 한편 복에 비해 복과 지를 합친 '복지'는 상대적으로 빈번하게 사용되지는 않았지만 주로 장수와 풍요로움, 귀함, 덕행이나 선행, 평안이나 안녕 등의 의미로 사용되었다고 한다(은희녕 · 박현식, 2021: 234-236). 동아시아 지역뿐 아니라 우리 사회에서도 고유한 의미를 가지고 전통적으로 사용된 복지 개념이 당연히 존재할 수 있고 이러한 관심은 사회복지의 역사 혹은 개념사 분야에서 다루어져야 할 중요한 연구주제가 될 것이다. 한국의 전통적 복지 개념과 서구에서 전래된 복지 개념의 비교는 그 자체로도 흥미로운 연구과제이기도 하지만 한국 사회에 적절한 복지 개념을 모색하는 데 있어 중요한 토대가 될 것이다.

현재 우리가 사용하는 복지는 영어 welfare와 wellbeing의 한자 번역어이다. 기록에 의하면 대략 19세기를 전후해 복지가 welfare나 wellbeing의 번역으로 사용된 것으로 보인다. 영어 wellbeing을 복지로 최초로 번역한 사람은 일본인 나카무라 마사나오(中村正直, 1831–1891)라고 알려져 있고, 메이지시대 일본에서 발간된 영일사전에서도 welfare와 wellbeing이 안전, 건강, 행복, 안녕, 평안 등의 다양한 한자어로 번역 수록되어 있음을 발견할 수 있다. 이러한 사실을 통해 볼 때 welfare, wellbeing의 번역어로 복지를 사용하기 시작한 것은 서구와 접촉이 밀접해진 19세기 후반이며 당시 동아시아에서는 welfare나 wellbeing을 유교문화권에서 익숙한 개념인 복(福), 즉, 평안, 안녕, 강녕한 상태를 의미하는 단어로 이해하고 있었음을 알 수 있다(은희녕 · 박현식, 2021).

그런데 현재 복된 상태로 이해되는 welfare나 wellbeing이 담고 있는 본래의 뜻에는 단순히 인간이 느끼는 행복이나 복된 상태로 간주하기에는 보다 깊은 의미가 담겨 있다. welfare는 원래 어떤 대상과 관련된 상황이나 사건이 잘 진행되고 있는 것(get on; get through)을 의미한다(Button, 2019). 어원을 따져 보면 welfare는 farewell을 의미하는 중세시대의 영어 welfaren에서 연유하였는데 welfaren이 바로 무엇인가가 잘 행해지고 있는 상태(a state of doing well)를 말한다(Merriam–Webster Dictionary).

그렇다면 복지라는 개념은 크게 보면 행복이나 즐거움과 같은 특정한 상황이나 상태가 포함될 수도 있겠지만 기본적으로는 개인이나 집단 혹은 사회가 잘 살아가고 있는 상태 혹은 잘 지내거나 잘 되어가고 있는 상황을 의미한다고 볼 수 있다. 따라서 복지는 순간적 즐거움이나 특정한 욕구나 위험의 일시적 예방이나 만족이라기보다는 개별 인간이 사회 속에서 잘 살아가고 있는 상태를 의미하는 생애주기적인 차원을 가지고 있으며 동시에 한 인간의 좋은 삶과 관련된 총체적이고 다각적인 측면을 포함한다고 볼 수 있다.

Welfare를 이러한 차원에서 바라보게 되면 흔히 안녕(安寧)이라고 번역되어 복지와 동의어로 널리 사용되고 있는 wellbeing의 뜻도 보다 분명해진다. welfare가 인간이 잘 살아가고 있는 상태를 의미하는 것이라면 wellbeing은 그렇게 행복하게 살아가는 존재 혹은 주체의 잘 살아감을 의미한다고 볼 수 있다. 그러므로 wellbeing은 결코 일반적으로 우리가 알고 있는 것과 같은 건강과 관련된 감각적이거나 생리적 차원의 문제가 아니라 인간의 전체적인 살아감과 관련된 존재론적 차원의 질문이다. 웰빙(wellbeing)의 빙(being)이라는 것이 이미 존재(Being)에 대한 하나의 견해, 즉 어떠한 존재나 삶이 좋은(well) 존재나 삶인가라는 질문에 대한 고민이라는 점에서 복지는 본질적으로 존재론적 물음이며 인간본성 혹은 인간다움에 대한 질문이 될 수밖에 없다. 그러므로 이러한 인간의 삶에 대한 전체적 질문 속에 행복이나 쾌락이 포함됨을 의미한다(서동욱, 2005: 202).

복지의 어원인 welfare와 wellbeing의 본래 뜻을 살펴보게 되면 복지가 단순히 행복, 안녕, 만족 등으로 파악되기에는 담고 있는 의미가 깊고 넓은 개념이라는 것을 알 수 있다. 이 개념들로서 알 수 있는 것은 복지란 어떤 사회에서 특정한 존재가 가지고 있는 진정한 존재의미에 가깝다고 볼 수 있다. 한 인간이 어떤 사회 속에 태어나서 죽기까지 그 전 과정에서 인간으로서의 적절한 존재의미를 사회적으로 설정하는 것 그것이 바로 복지의 원래 뜻으로서의 wellbeing이자 welfare이다. 그러므로 복지는 결코 초월적인 것이거나 환상이나 상상의 대상이 아니다. 구체적으로 살아 있는 개별적인 인간들의 삶과 죽음의 의미에 대한 우리의 집단적 이해와 태도 그리고 실천 노력이라고 볼 수 있다.

3. 사회복지 개념의 다양성

사회적인 것과 복지에 대한 개념 분석을 기초로 하여 이제 사회복지(social

welfare)가 어떠한 정의를 담고 있는 개념인지를 살펴보자. 그런데 앞서 언급한 것처럼 개념은 사회적 현실을 단순히 반영하기만 하는 수동적 존재가 아니라 현실을 인식하고 해석하는 행위주체들의 의지와 가치도 반영한다. 달리 말해 개념은 현실을 해석하면서 지향하는 이념을 구현하고자 하는 실천행위인 것이다. 그러므로 개념은 사회 현실의 변화를 반영하면서도 이를 해석하고 의미를 부여하는 매우 역동적인 존재이다.

이러한 측면을 반영하듯 사회복지는 통일된 하나의 단일한 개념으로 존재하기보다는 지역이나 시대 혹은 주장하는 사람들에 따라 다양한 범위의 스펙트럼을 보인다. 따라서 사회복지가 무엇인가라는 질문에 대한 대답은 단일한 개념으로 존재하기보다는 지속적인 논쟁의 대상이 되는 매우 정치적인 성격을 가진 다양한 모습으로 존재한다(Thompson, 2015: 14). 여기서는 이와 같이 다양한 사회복지 개념과 관련된 몇 가지 중요한 측면을 간략히 살펴보도록 하자.

1) 잔여적 개념과 제도적 개념

사회복지를 앞서 살펴본 분석에 기초하여 사회적 차원에서의 바람직한 삶의 상태를 유지하는 것으로 개념 정의한다고 하더라도 현실에 대한 해석과 지향하는 이념에 근거하여 크게 잔여적 개념과 제도적 개념으로 구분할 수 있다(Wilensky & Lebeaux, 1965).

잔여적 개념(residual concept)의 사회복지는 복지를 구성하고 규정하는 사회적인 것, 즉 사회적 관계들에 대해 전통적이고 보수적인 입장을 취한다. 다시 말해 한 사회 속에서 개인이나 집단의 복지는 가족이나 시장, 시민사회조직 등과 같이 기존의 사회적 제도나 조직 그리고 관계들에 의해서 기본적으로 영위되어야 하는 것으로 본다. 따라서 만일 특수한 사정이나 경위로 이러한 사회의 기본 조직이나 관계의 기능이 원활하게 수행되지 못하는 예외적이고 특수적인 경우에만 임의적으로 시행되는 실천 행위만을 사회복지로 정의한다. 이러한 차원의 복지에 대한 개념은 복지가 기존의 사회제도나 조직이 수행하지 못하는 제한적이고 잔여적인 영역만을 담당하여야 한다는 차원에서 복지의 잔여적 개념으로 불린다.

만일 한 사회가 잔여적 복지 개념을 채택할 경우 복지는 매우 제한적이고 임시적인 조치로서 기존제도가 원활하지 못하거나 제도에서 탈락한 낙오자를 대상으로 이루어질 것이다. 따라서 이러한 복지의 기능을 다소 확대한다 하더라도 사회의 기존제도인 가족이나 시장, 시민사회조직이나 지역사회의 기능을 강화하거나 보완하는 차원에 한정될 것이다.

반면에 사회복지의 제도적 개념(institutional concept)은 위에서 설명한 잔여적 개념과는 달리 사회복지를 기존의 다른 사회적 제도나 조직과 마찬가지의 공식적이고 독립적인 제도로 간주한다. 그러므로 복지는 잔여적 개념처럼 기존의 제도를 보완하거나 잔여적 역할만을 담당하는 임시적인 존재가 아니라 이들과 구별되는 독립적인 기능과 역할을 가지면서 지속적인 위치를 담당한다. 사회복지의 제도적 개념에 담겨 있는 사회인식과 해석에는 핵가족과 시장 혹은 자연적으로 형성된 지역사회나 시민사회가 개인이나 집단의 복지를 안정적으로 담당하기에는 본질적이고 구조적으로 한계가 있다고 생각한다. 즉 잔여적 개념의 사회복지에서 상정하듯 사회는 기본적으로 충분하나 일시적으로 불안한 것이 아니라 본질적으로 사회복지의 달성에는 한계가 있다는 것이다. 따라서 이들과 구별되는 조직이나 실체로써 사회복지라는 것을 제도적으로 정립하지 않으면 사회복지라는 사회적 지향은 달성되지 못한다는 현실인식과 이념을 가지고 있다. 만일 한 사회가 제도적 개념의 사회복지를 채택할 경우 사회복지는 기존 사회제도의 한계와 역기능을 보완하는 기능과 아울러 새롭고 독자적인 영역의 구축과 개발에 이르기까지 매우 적극적이고 광범위한 영역의 활발한 실천활동으로 이어질 가능성이 크다.

2) 협의의 복지 개념과 광의의 복지 개념

사회복지를 잔여적 개념으로 혹은 제도적 개념으로 바라보는 것과는 또 다른 관점에서 사회복지의 개념화가 가능하다. 예를 들어, 사회복지를 제도적이고 지속적인 것으로 개념화하더라도 복지를 어느 정도의 범위로 설정하는가에 따라 협의의 복지 개념과 광의의 복지 개념으로 나누어질 수 있다. 왜냐하면 앞서 사회복지를 사회적으로 규정되고 유지되는 적절한 삶의 유지라고 할 때 적절한 삶에 해당하는 복지의 범위와 정도는 해당 사회의 이념이나 가치에 따라 전혀 달라지기 때문이다.

예를 들어, 사회적으로 적절한 삶의 유지에 필수적인 것을 최소소득의 유지라고 간주한다면 사회구성원들 가운데에서 사회적으로 정의한 최소수준의 소득을 갖지 못하는 사람들만을 대상으로 소득을 보장하거나 관련 서비스를 제공하는 것으로 복지를 한정할 것이다. 반면에 어떤 사회에서는 사회적으로 적절한 삶의 유지라는 사회복지의 개념을 보다 폭넓게 해석하여 최소수준의 소득을 넘어 적정 수준의 소득과 건강, 주택, 교육 및 적절한 삶의 유지에 필요한 사회적 서비스의 제공으로 확대하여 정의할 수 있다. 유럽의 선진복지국가에서는 사회복지의 개념을 더욱 확대하여 노동, 조세, 환경, 문화의 영역 역시 적절한 삶의 유지와 보존을 위한 사회적 노력에 포함하기도 한다.

이와 같이 사회복지는 복지의 범위와 정도에 따라 최소한의 소득보장에 한정하는 협의의 복지 개념에서 노동, 조세, 환경, 문화를 광범위하게 포함하는 광의의 사회복지에 이르기까지 다양할 수 있다. 예를 들어, 사회복지를 "개인과 사회 전체의 복지를 증진시키려는 모든 형태의 사회적 노력을 포함하여 사회문제의 치료와 예방, 인적자원의 개발, 인간생활이 향상에 직접적인 연관을 갖는 모든 정책적 노력을 포함한다"(Romanyshyin, 1971)라고 정의한다면 이는 대표적인 광의의 사회복지 개념이다.

3) 선별적 복지 개념과 보편적 복지 개념

앞서 살펴본 잔여적 복지 개념과 협의의 복지 개념은 자연스럽게 선별적 복지 개념과 친밀성을 가지게 된다. 선별적 복지는 기본적으로 복지의 대상을 전체 국민으로 설정하기보다는 국민 가운데 일부분만을 대상으로 하여 복지를 시행하는 것이다. 흔히 잔여적 복지를 선별적 복지와 동일하게 생각하는 경우가 있다.

예를 들어, 선별적 복지를 국민 가운데 적절한 삶을 유지하는 데 어려움을 겪는 대상들을 중심으로 선별적으로 복지를 제공하는 것으로 이해하는 것이다. 전통적으로 복지가 빈곤계층, 아동, 노인, 장애인 등의 사회적 약자에 한정하여 이들의 사회적 욕구에 근거한 경제적 지원을 주로 제공하였고, 관련된 사회적 노력이나 국가의 역할도 매우 제한적이었음을 고려할 때 선별적 복지와 잔여적 복지의 유사성은 매우 크다고 볼 수 있다. 하지만 근대 복지국가의 발전 역사를 보면 국가의 필요에 따라 군인이나 공무원, 교사 등과 같이 한 사회에서 삶을 유지하는 데 특별한 위험이 존재하지 않는 대상을 선별하여 복지정책을 실시한 사례가 다수 발견된다. 이 경우에 선별적 복지와 잔여적 복지는 서로 일치하지 않는다.

하지만 많은 경우 선별적 복지의 기본적 관점은 복지는 자선이나 배려의 산물이며 가족이나 시장 등과 같은 사회적 제도의 단점을 보완하는 기능에 한정하여 선별적으로 제공되어야 한다고 생각한다. 역사적으로 영국의 구빈법(poor law)과 같은 빈곤계급 대상의 원조가 대표적이고 근대국가의 사회복지제도 가운데에는 공공부조방식의 사회보장제도 등이 대표적인 선별적 개념에 의한 제도라고 볼 수 있다. 이러한 경우 선별적 복지는 잔여적 복지와 거의 동일하다고 볼 수 있다.

반면에 사회복지를 모든 사회 구성원이 가진 동등한 권리로 간주하고 사회나 국가는 이를 달성할 최대한의 의무를 가진 것으로 정의할 경우 복지는 사회구성원 모두를 대상으로 하여 생활의 모든 측면에서 복지서비스를 제공하는 보편적 복지 개념으로 정립된다. 예를 들어, 전체 국민이 강제적으로 가입하는 사회보험이나 각종 인적수당 등이 대표적인 보편적 복지 개념에 근거한 사회복지제도들이다. 당연히 보편적 복지제도는 앞서 논의한 제도적 복지 개념과 광의의 복지개념과 논리적인 친화성을 가질 수밖에 없다. 전체 국민을 대상으로 삶의 모든 측면에서 권리와 평등에 기초하여 국가와 사회의 최대한의 노력을 의미하는 것으로 사회복지를 개념화할 경우, 이는 보편적, 제도적, 광의의 복지 개념이라고 할 수 있을 것이다.

제3절 사회복지의 유사개념

사회복지 개념이 개념을 정의하는 주체가 가진 이념과 관점에 따라 매우 다양한 것과 마찬가지로 현실 사회에서는 사회복지와 유사하면서도 그 내용과 의미를 달리하는 여러 개념들이 존재하고 있다. 이 절에서는 이러한 개념들 가운데 가장 대표적인 것들인 사회사업(social work), 사회보장(social security), 사회복지서비스(social service)에 대해 보다 자세히 살펴본다. 이러한 과정을 통해 이들 개념들이 사회복지와 어떠한 관계인지를 파악하면서 사회복지에 대한 우리의 이해를 보다 심화해 보고자 한다.

1. 사회사업

현재 사회복지와 가장 많이 호환되어 사용되면서 사회복지와 혼동을 일으키는 개념은 사회사업이라고 번역되는 social work이다. 이 개념은 1900년 사이먼 패튼(Simon Patten)에 의해 처음 사용된 것으로 알려져 있다(Rengasamy, 2010; 권승, 2021: 66-67 재인용). 사회사업이 사회복지와 구별되는 가장 중요한 점은 사회복지가 사회사업보다 훨씬 광범위한 개념이라는 점이다. 사회복지는 사회사업을 포함하여 공공복지(public welfare), 여타 복지와 관련된 프로그램이나 활동을 아우르는 훨씬 폭넓은 개념으로 간주된다.

그러므로 사회사업은 사회복지의 형태 가운데 하나라고 파악하는 것이 일반적이다. 이는 과거 비전문가들에 의해 수행된 사회복지서비스를 보다 전문적으로 제공할 인력과 방법론의 필요에 의해 생겨난 전문직 중심의 활동을 의미하는 것으로 볼 수 있다. 이러한 차원에서 사회사업을 정의하는 가장 일반적인 방법은 사회사업을 사회복지사(social worker)가 수행하는 활동으로 보는 것이다(Thompson, 2015: 15-16). 전문직으로서 사회복지사의 역할과 실천현장의 토대가 확고히 구축되어 있는 미국의 사회복지사협회는 '사회사업이란 개인, 가족, 지역사회가 사회적 기능을 원활하게 수행할 수 있도록 그들의 능력을 향상시키거나 회복할 수 있도록 돕는 전문적 활동'으로 정의하고 있고, 사회복지사를 대표하는 세계적 조직인 국제사회복지사연맹(International Federation of Social Work) 역시 "사회사업은 사회 변화와 발전, 사회적 연대, 인간들의 임파워먼트와 자유를 향상시키고자 노력하는 실천기반의 전문직이자 분과학문"으로 정의하고 있다(IFSW, 2014). 이러한 면을 종합하여 볼 때 사회사업은 사회복지의 전체 체계 내에서 전문지식과 기술을 가진 사회복지사라는 전문가에 의해 수행되는 구체적인 실천활동이자 방법으로 볼 수 있다.

반면에 사회복지는 사회사업보다는 보다 광범위한 의미를 담고 있는 용어라고 볼 수 있다. 사회복지는 복지국가의 발달과 성숙과 함께 등장한 사회적 차원의 사회문제에 대한 사회 전체와 국가 차원의 제도적 대응이라고 볼 수 있다. 앞서 언급한 사회복지 개념의 차원 가운데 광범위한 차원의 사회복지 개념이 바로 이에 해당한다고 볼 수 있다. 예를 들어, 사회복지를 국민들의 복지에 기본적인 것으로 인정되는 사회적 욕구를 충족시키고 사회질서의 회복을 위해 제반급부를 확보하거나 강화하는 법률, 프로그램, 급여 및 서비스라고 정의할 경우(Friedlander & Apte, 1974), 이는 전문직의 구체적 실천활동으로서의 사회사업보다는 사회 전체의 제도적 집합적 노력인 사회복지를 의미하는 것이라고 볼 수 있다.

2. 사회보장

사회보장으로 번역되는 social security는 앞서 살펴본 사회사업보다는 시기적으로 보다 늦은 1935년에 공표된 미국의 사회보장법(social security acts)에 그 기원을 두고 있다. 1929년 대공황으로 인한 경제위기가 심각해지자 미국은 연방정부가 중심이 되어 포괄적인 소득보장계획안을 수립하였는데 이러한 정부법안의 명칭이 사회보장법으로 불리면서 사회보장이란 개념이 전 세계적으로 확산되게 된다.

일반적으로 사회보장은 질병, 실업, 사망, 노령, 재해 등 현대 자본주의 사회에서 사람들의 평안하고 안정된 삶에 가장 큰 위협이 되는 사회적 위험(social risks)에 대해 국가가 위험을 예방하고 회복하여 삶을 안전하게 보장한다는 의미를 담고 있지만 국가에 따라 사회보장에서 보장하고자 하는 사회적 위험의 종류와 범주는 상이할 수 있다. 하지만 사회보장은 일반적으로 사회사업이나 자원봉사활동과 같이 민간부문의 전문직에 의한 실천활동이나 자발적인 시민의 활동과는 구별하여 국가나 지방정부가 법률에 근거하여 강제적으로 수행하는 사회복지활동이라고 볼 수 있다. 대표적인 사회보장정책으로는 사회보험(social insurance), 공적부조(public assistance), 사회복지서비스(social welfare service) 등을 들 수 있다. 이러한 맥락에서 보면 사회보장은 현대사회에서 발생하는 사회적 위험에 대한 국가나 지방정부의 공적 대응 노력으로 한정될 수 있어 일반적으로 사회복지의 일부분으로 볼 수 있다.

그런데 우리나라에서 사회보장에 대한 법적 개념을 정의하고 있는 사회보장기본법에 의하면 '사회보장이란 출산, 양육, 실업, 노령, 장애, 질병, 빈곤 및 사망 등의 사회적 위험으로부터 모든 국민을 보호하고 국민의 삶의 질을 향상시키는 데 필요한 소득 · 서비스를 보장하는 사회보험, 공공부조, 사회서비스를 말한다'고 규정하고 있다(사회보장기본법 제3조 제1항). 그런데 여기서 사회서비스는 '국가 · 지방자치단체 및 민간부분의 도움이 필요한 모든 국민에게 복지, 보건의료, 교육, 주거, 문화, 환경 등의 분야에서 인간다운 생활을 보장하고 상담, 재활, 돌봄, 정보의 제공, 관련 시설의 이용, 역량 개발, 사회참여 지원 등을 통하여 국만의 삶의 질이 향상되도록 지원하는 제도를 말한다.'고 정의되어 있다(사회보장기본법 제3조 제4항). 그런데 이 정의에 의하면 사회보장에서 정의하는 사회서비스가 국가, 지방자치단체뿐 아니라 민간부분을 망라하여 모든 국민에게 인간다운 생활과 관련된 거의 모든 부분의 삶의 질을 보장하고 있어, 우리나라의 사회보장은 일반적으로 소득보장이나 의료보장을 중심으로 하는 공적 프로그램으로 한정하여 사회보장을 사회복지의 하위영역으로 규정하는 것에 비해 상대적으로 넓은 의미로 정의하고 있음을 알 수 있다.

3. 사회서비스

사회서비스(social service)는 기본적이고 보편적인 인간의 욕구를 해결하기 위한 서비스라고 정의할 수 있지만 국가별로 의미하는 바가 다르고 유사한 용어들도 많아 명료하게 정의하기는 힘들다(오정수 외, 2010: 22-23). 예를 들어, 영국의 경우, 사회서비스는 소득보장, 건강, 교육, 주택, 개별 사회서비스(personal social service)를 모두 포괄하고 있어 넓은 의미의 사회복지와 그 개념이 유사하다. 반면에 개별 사회서비스는 문제를 가진 개인이나 집단을 대상으로 이들의 특수한 욕구에 대응하는 대면적 서비스를 의미하는 것으로 좁은 의미의 사회복지에 가깝다.

현재 우리나라의 경우 사회서비스를 확충하여 보다 넓은 의미의 사회서비스 개념에 접근하고 있다고 볼 수 있다. 앞서 사회보장 개념을 다룰 때 언급한 것처럼 우리나라의 경우 사회서비스를 "국가 · 지방자치단체 및 민간부분의 도움이 필요한 모든 국민에게 복지, 보건의료, 교육, 주거, 문화, 환경 등의 분야에서 인간다운 생활을 보장하고 상담, 재활, 돌봄, 정보의 제공, 관련 시설의 이용, 역량 개발, 사회참여 지원 등을 통하여 국만의 삶의 질이 향상되도록 지원하는 제도를 말한다."고 정의하고 있어 모든 국민을 대상으로 인간다운 생활과 관련된 거의 모든 부분의 삶의 질을 보장하도록 폭 넓게 개념 정의하고 있음을 볼 수 있다.

4. 사회복지사업

우리나라의 경우 현실적으로 사회복지사업이라는 개념과 사회복지서비스라는 개념이 사용되고 있다. 이러한 개념들은 일반적인 학술개념이라기보다는 우리나라의 사회복지제도의 틀 안에서 제공되는 사업이나 서비스를 지칭하기 위한 법적 개념이라고 보는 것이 적절해 보인다. 우리나라 「사회복지사업법」 제2조 제1항을 보면 "사회복지사업이라 함은 다음의 법률에 의한 보호 · 선도 또는 복지에 관한 사업과 사회복지상담, 직업지원, 무료숙박, 지역사회복지, 의료복지, 재가복지, 사회복지관 운영, 정신질환자 및 한센병력자 사회복귀에 관한 사업 등 각종 복지사업과 이와 관련된 자원봉사활동 및 복지시설의 운영 또는 지원을 목적으로 하는 사업을 말한다."라고 정의하고 있다.

또한 동일한 법 제2조 제6항에서 "사회복지서비스라 함은 국가 · 지방자치단체 및 민간부분의 도움을 필요로 하는 모든 국민에게 「사회보장기본법」 제3조 제4항(복지, 보건의료, 교육, 고용, 주거, 문화, 환경 등)에 따른 사회서비스 중 사회복지사업을 통한 서비스를 제공하여 삶의 질이 향상되도록 제도적으로 지원하는 것을 말한다."라고 규정하고 있다. 그렇다면 한국에서 의미하는 사회복지서비스는 「사회복지사업법」의 규정에 의해 제공되는 사회서비스라고 볼 수 있으며 「사회복지사업법」에 명시된 사회복지사업과 관련된 법률의 범위와 내용을 보면 전통적인 의미의 개별 사회서비스보다 훨씬 광범위하다고 볼 수 있다. 예를 들어, 사회복지사업 관련 법률인 「아동복지법」, 「노인복지법」, 「장애인복지법」에서 제공하는 사업 및 서비스는 모두 사회복지사업과 사회복지서비스라고 정의할 수 있다.

사회복지사업이라는 용어는 사회복지와 관련된 우리나라의 법적 체계와 깊은 연관이 있어 보인다. 우리나라는 「헌법」 제10조에서 인간으로서의 존엄과 가치를 가지며 행복을 추구할 권리를 선언하고, 이어서 제34조에서 "모든 국민은 인간다운 생활을 할 권리를 가진다. 국가는 사회보장 및 사회복지의 증진에 노력할 의무를 진다."라고 규정하고 있다. 여기서 사회보장과 병렬적으로 제시된 사회복지는 광범위한 의미의 사회복지라기보다는 다소 좁은 의미의 사회복지에 가까워 보인다. 그리고 「헌법」에 규정된 사회보장을 구체적으로 실현하기 위해서는 「사회보장기본법」이 그리고 사회복지를 위해서는 「사회복지사업법」이 제정되었다고 볼 수 있다. 결국 사회복지사업이라는 용어는 우리나라의 법률체계의 조응과 관련된 법적 개념으로 보인다.

이상의 논의를 통해 살펴본 바와 같이 사회복지의 개념은 흔히 짐작하는 바와 같이 명확하게 확정된 분명한 정의의 형태로 존재하는 것은 아니다. 사회복지를 한 사회의 구성원들이 살아가면서 경험하는 다양한 위험과 문제들 그리고 그들이 생존하고 성장하는 과정에서 필요한 다양한 욕구들을 사회적으로 지원하고 해결하고자 하는 노력이라는 큰 틀에서 많은 사람들이 공감하는 것은 사실이다. 그리고 현대 사회는 이러한 문제를 해결하기 위해 사회복지사라는 전문직과 이들을 양성하는 교육기관을 사회적 제도로써 설치하여 운영한다. 다만 한 사회에서 구체적으로 어떠한 대상들을 어떠한 내용으로 어떻게 지원할 것인지 그리고 사회복지전문직을 어떻게 규정하고 어떠한 방식으로 양성할 것인지는 사회마다 시기마다 그리고 상황마다 다양하게 달라질 수 있다.

이와 같이 사회복지의 개념이 가진 구체적인 다양성은 바로 사회복지를 구상하고 추구하는 주체들이 가진 사회복지에 대한 이념이 상이하기 때문이다. 바람직한 사회복지에 대한 생각의 차이는 사회복지의 개념 차이를 가져온다고 볼 수 있다. 결국 사회복지 개념은 초월적으로 누군가에 의해 주어지는 것도 아니고 순수하게 과학적이거나 합리적인 계산의 산물도 아니다. 사회복지 개념은 사회복지가 무엇인지 그리고 어떠하여야 하는지를 둘러싸고 진행되는 다양한 이념과 가치 그리고 합리적 사고와 이해관계들이 역동적으로 결합된 산물로 간주하는 것이 적절하다.

참고문헌

권승 (2021). **사회복지학개론**. 박영스토리.

김미정 (2013). '사회적인 것'의 문제 설정에 대한 한 설명. **사회와 이론**, 22, 43–92.

나인호 (2011). **개념사란 무엇인가–역사와 언어의 새로운 만남**. 역사비평사.

서동욱 (2005). **일상의 모험**. 민음사.

오정수 외 (2020). **사회복지학개론**. 양서원.

은희녕 · 박현식 (2021). 개항기(1876–1910) 한국 '복지'개념의 변용. **비판사회정책**, 71, 229–252.

이정우 (2004). **개념–뿌리들**. 철학아카데미.

조흥식 외 (2020). **사회복지학 개론**. 창지사.

야나부 아키라(柳父章) (2012). **번역어의 성립**. 김옥희 역. 마음산책.

Friedlander, W., & Apte, R. (1974). *Introduction to Social Welfare*. Frentice Hall.

Rengasamy, S. (2010). History of Social Welfare/Social Work.
https://issuu.com/rengasamy/docs/history_of_social_welfare-social_work

Romanyshin, J. (1971). *Social Welfare: Charity to Justice*. Random House.

Thompson, N. (2015). *Understanding Social Work*. Oxford University Press.

Wilensky, H., & Lebeaux, C. (1965). *Industrial Society and Social Welfare*. Russel Sage Foundation.

CHAPTER 03

사회복지실천의 일반적 이해

사회복지의 목적으로 사회를 변화시키기 위한 의도적 · 계획적 활동으로서의 사회복지실천

CHAPTER 03

사회복지실천의 일반적 이해

사회복지의 목적으로 사회를 변화시키기 위한 의도적 · 계획적 활동으로서의 사회복지실천

이 장에서는 사회복지실천에 대해 이해하고자 한다. 왜 사회복지실천을 이해해야 할까? 대부분의 사회복지학과에서는 사회복지실천현장에서 문제와 욕구를 가진 클라이언트를 만나 그들의 문제해결 능력에 도움을 주고 삶의 질을 높이기 위한 다양한 활동을 수행하는 전문가인 사회복지실천가를 양성하는 교육과정을 가지고 있다. 즉 사회복지학과 교육과정은 사회복지실천현장에서 전문성을 가지고 일할 수 있는 사회복지실천가가 알아야 하는 사회복지실천의 다양한 분야를 학습하도록 설계되어 있다. 따라서 사회복지실천을 이해하는 것은 사회복지학을 이해하기 위한 첫걸음이면서 향후 학습자가 자신의 진로를 탐색하기 위한 기초지식을 배우는 것과 같다.

이제 실제 사회복지실천현장에서 흔히 만날 수 있는 사례를 살펴보자.

사례

35세 A씨는 초등학생(1학년), 유치원생을 자녀로 둔 여성이다. 3년 전에 이혼하고 혼자 아이들을 양육하고 있으며 비정규직으로 일하고 있다. 어느 날 밤늦게 경찰관 2명이 집으로 찾아와 이전에 사기 혐의로 고발을 당했는데 경찰서에서 조사할 것이 있다고 하면서 임의동행을 하였다. 갑자기 엄마가 경찰서에 가는 바람에 아이들 둘만 집에 남게 되었다.

A씨는 평소에 알고 지내던 집 근처 사회복지관 B 사회복지사에게 아이들을 잠시 봐 달라고 부탁을 했고 수소문한 끝에 지역아동센터를 운영하고 있는 C 목사에게 임시로 아이들 숙식을 제공하도록 의뢰하게 되었다.

이틀 후 경찰 조사 후 A씨가 구속되었다는 통보가 전달되어 아이들 보호에 대해 사회복지관이 중심이 되어 집중사례관리를 진행하게 될 필요가 생겼다. 이에 담당 사회복지사, C 목사, 학교 사회복지사, 변호사, 아동보호전문기관 사회복지사, 정신건강복지센터 정신건강사회복지사가 모이는 사례회의를 급하게 소집하게 되었다. 사례회의 결과, 아동보호를 위한 주거, 학습, 심리적 안정, 방과후 보호, 법률 자문 등을 위한 서비스를 각 영역의 전문가 및 지역사회 자원을 활용하여 A씨 가족에 대한 원조를 진행하기로 하였다.

위 사례는 사회복지관을 중심으로 위기에 처해 있는 가족을 대상으로 진행된 사례관리사업의 한 사례이다. 만일 위 사례의 가족에게 사회복지관의 사례관리 사업이 없었다면 어떤 결과를 맞이하게 될까? 아마 갑작스러운 보호자 부재로 인해 아동방임 상황은 지속될 것이고 지금보다 더 비극적인 결과를 낳을 수 있을 것이다. 그렇지만 위 사례와 같이 위기가족의 어려움을 해결하기 위해 '누군가'가 위기가족에게 필요한 것들을 찾고 자원을 연결하고 필요한 서비스를 제공함으로써 벌어지는 결과는 그 가족을 방치한 결과와 비교해 보면 천지 차이일 것이다. 이 장에서는 사회복지의 목적을 달성하기 위해 '누군가'의 '일'에 대해 알아보고자 한다. 이제 우리는 이것을 '사회복지실천'이라고 지칭하려고 한다.

사회복지실천을 이해하기 위해서는 우선 사회복지실천이 무엇인지 그리고 사회복지실천의 목적은 무엇인지를 알 필요가 있다. 또한 사회복지실천의 구성요소를 살펴볼 필요가 있는데 이 장에서는 실천의 기초로서의 관계, 사회복지실천가, 그리고 사회복지실천 대상(클라이언트)을 학습하고자 한다. 마지막으로 사회복지실천을 처음 학습하는 학습자들이 관심 있는 사회복지실천의 유형을 확인할 수 있는 간단한 자가진단 질문을 소개한다.

제1절 사회복지실천의 개념 및 목적

1. 사회복지실천의 개념

1) 사회복지실천의 사전적 · 학술적 정의

흔히 사회복지학은 실천학문이라고 하고, 이는 다른 학문들과 구분짓는 학문적 특수성이라고도 한다. 즉, 사회복지학은 순수학문의 영역으로 들어가기보다는 이론을 현실 세계에 적용하여 무엇인가를 변화시키려는 목적을 가진 학문이라는 뜻이다. 사회복지실천이 '사회복지'와 '실천'의 합성어라고 한다면 '사회복지'의 목표를 이루기 위한 '실천'으로 풀어볼 수 있다. 앞서 사회복지는 "복지국가의 발달과 성숙과 함께 등장한 사회적 차원의 사회문제에 대한 사회 전체와 국가 차원의 제도적 대응"이라고 정의하였다.[01] 실천의 사전적 정의는 '생각한 바를 실제로 행함'이다(네이버사전). 또 다른 철학적 정의는 "자연이나 사회를 변혁하는 의식적 · 계획적 활동의 전체"이다(다음사전). 사회복지의 의미와 실천의 철학적 의미를 합성해 본다면, 사회복지실천은 사회복지의 목적을 이루기 위하여 사회를 변화시키려는 의식적 · 계획적 활동으로 정의를 내릴 수 있다.

사회복지학자들이 규정하는 사회복지실천을 위한 정의를 보다 자세히 살펴보도록 하자. 미국사회복지사협회(NASW)에 따르면, 사회복지실천은 개인이나 가족, 집단, 지역사회가 필요한 사회적 기능을 회복하거나 향상시키며 이러한 목적에 적절한 사회적 조건을 만들어 나가도록 돕는 전문활동으로 정의된다(김태성 · 홍선미, 2006: 289 재인용). 한편, 유태균(2019)은 사회복지실천을 "사회복지전문인이 사회 및 사회구성원의 복지증진을 위해 행하는, 계획된 변화를 이끌어내는 노력"(p.19)으로 정의한다. 즉, 사회복지전문인 자신이 인식한 문제가 사회

01 제2장 사회복지의 개념 참조

복지를 증진하기 위하여 '해결해야 할 문제'라고 확신할 경우, 문제를 단순히 '인식'하는 차원에서 머무는 것이 아니라 '해결'하기 위한 전문적 노력을 의미한다(유태균, 2019: 20).

또한 엄명용 · 김성천 · 오혜경 · 윤혜미(2005)에 의하면, 사회복지실천활동은 "사회구성원 모두의 안녕상태를 지향하는 사회의 집합적, 조직적 노력"(p.24)으로 정의내린다. 또한 사회복지사가 사회복지서비스 대상자(client)를 직접 만나서 실천하는 '직접 실천'의 의미로 "사회복지사가 사회적 안녕상태를 이루기 위해 필요한 구체적 서비스들을 그 서비스가 요구되는 현장에서 실천에 옮기는 작업"(p.25)으로 좀 더 구체적으로 정의한다. 전자의 경우 사회복지 상태를 이루기 위한 국가, 사회 또는 단체의 조직적, 집합적 노력 모두를 포괄하기 때문에 사회복지행정 및 정책뿐만 아니라 주택, 교통, 환경, 치안과 같이 사회구성원의 일반적 복지증진활동까지 사회복지실천의 영역으로 포함된다.

또한 양옥경 · 김정진 · 서미경 · 김미옥 · 김소희(2018)에 의하면, "사회복지실천(social work practice)은 사람의 삶의 질 향상을 위해 개인, 소집단, 가족 또는 지역사회의 문제 및 욕구와 도전에 임파워먼트적(empowering) 문제해결 접근방법(problem-solving method)으로 개입하는 종합적(generic) 전문활동(professional activity)"(p.34)으로 정의된다. 이러한 정의는 사회 기능과 사회 정의를 포괄하는 임파워먼트 개념을 부각시킨 것으로 해석된다.

이상의 정의를 종합해 보면, 사회복지실천은 사회복지의 목적을 달성하기 위한 전문적 접근(방법론)으로 정의내릴 수 있다. 이러한 정의에는 다음과 같은 두 가지 특성을 포함하고 있다. 첫째, 사회복지실천의 목적은 개인, 가족, 집단, 지역사회뿐만 아니라 전 국민 및 국가에 이르기까지 사회복지 욕구를 가진 모든 사람 및 조직의 복지증진이라는 점이다. 즉 좁은 의미에서 사회복지의 영역을 넘어서는 다른 목적을 가진 활동(즉, 경제, 교육, 사법, 환경 등)과는 구별된다는 점이다. 둘째, 사회복지실천은 전문적 활동이기 때문에 실천의 주체는 사회복지사를 비롯한 사회복지전문가가 된다는 점이다. 이는 사회복지실천이 사회복지 전문지식과 관련 없는 타 분야의 전문가 혹은 비전문가의 활동과는 구별된다는 점이다.

한편, 사회복지실천의 영어단어인 Social Work Practice의 의미를 통해 사회복지실천의 정의를 살펴보고자 한다. 사회사업 혹은 소셜워크로 번역해 온 Social Work는 그동안 사회복지학에서 사회복지실천과 동의어로 여겨져 왔다. Social Work는 "인간관계에 대한 과학적 지식과 기술을 토대로 하여, 개인이나 집단이나 지역사회로 하여금 사회적 혹은 개인적 만족과 자립성을 갖도록 돕는 전문적 서비스"(Friedlander & Apte, 1980: 4; 김상균 외, 2001: 52 재인용)로 정의된다. 이러한 정의에는 사회복지 대상자의 '인간관계'에 일차적 초점을 두고 있다는 점과 과학적 지식과 기술을 토대로 하는 전문성이 강조되어 있다는 특성을 가지고 있다.[02] 하지만 현대에 이르러서는 사회복지실천을 Social Work보다는 Social Work Practice의 동의어로 적절한 것으로 인정되고 있다. 그 배경은 다음과 같다. 첫째, Social Work는 사회복지 대상자의 '인간관계'에 일차적 초점을 두고 있다 보니 지역사회, 조직, 전 국민 및 국가의 다양한 사회복지 욕구를 포괄하지 못하는 한계를 가진다. 나중에 설명하겠지만 Social Work는 흔히 미시적 접근에 한정되어 있다고 할 수 있다. 둘째, 사회복지실천은 사회복지전문가에 의한 전문적 활동이기 때문에 일반인들이 행하는 자선사업(charity)이나 박애사업(philanthropy)과는 구별된다는 의미가 담겨져 있다. Social Work는 우리말로 사회사업(社會事業)으로 번역되어 사용되어 왔다. 그런데 사회사업이란 단어는 1930년대부터 일본인들이 주로 자선사업 혹은 박애사업의 의미로 사용한 유래에 의해 사용되기 시작하여 일반인들이 사회사업을 전문적 활동으로 인식하기보다는 자선사업이나 박애사업으로 인식하는 경우가 많았다. 따라서 Social Work Practice는 Social Work보다는 대상 및 개입범위를 더 넓게 포괄하고 전문성을 강조하기 위한 사회복지실천의 의미를 포함하고 있다.

02 1900년대 초 미국 초기의 자선조직협회에서 봉사했으며 후에 Simmons College 사회사업대학 초대학장을 지낸 브라케트(Brackett)에 의해 Social Work는 훈련받은 사람에 의해서 책임성과 질서 있는 방법으로 사회적인 제반문제에 접근하는 '전문직'을 나타내는 의미를 내포하고 있다(김만두, 1999).

2) 사회복지실천의 유형적 개념

사회복지실천은 단일한 차원의 개념이 아니다. 일반적으로 사회복지실천의 개입수준에 따라 2~3개의 차원으로 나누어진다.

먼저 김태성 · 홍선미(2006: 290)에 따르면, 사회복지실천방법에 따라 거시적 개입과 미시적 개입으로 분류된다. 사회복지실천의 거시적 개입은 이웃, 지역사회, 공식적 조직과 전체 사회를 개입대상으로 하고, 조직, 지역사회, 사회의 변화를 통한 사회문제의 경감을 개입의 목표로 한다. 사회복지실천의 미시적 개입은 개인, 가족, 소집단을 개입대상으로 하고, 개입대상의 사회적 기능 향상을 개입의 목표로 한다. 같은 맥락으로 사회복지실천을 사회복지사들이 하는 업무를 중심으로 실천활동의 종류를 둘로 구분한다. 즉, 직접실천(direct practice)과 간접실천(indirect practice)으로 구분하는데, 전자는 대상자를 직접 만나 필요한 도움을 주는 방식으로 클라이언트와의 면접이나 상담을 주로 활용하는 반면, 후자는 대상자의 문제해결에 도움이 되는 자원연계나 환경적 개입을 하는 방식으로 개인을 도울 수 있는 사회적 지지체계나 복지서비스의 제공을 활성화하기 위한 활동들이 포함된다(김태성 · 홍선미, 2006: 292-293).

표 3-1 | 사회복지실천의 거시적 개입과 미시적 개입

구분	거시적 개입	미시적 개입
개입대상	이웃, 지역사회, 공식적 조직, 전체 사회	개인, 가족, 소집단
목표	조직, 지역사회, 사회의 변화를 통한 사회문제의 경감	개인, 가족, 소집단을 위한 사회 기능의 향상
변화전략	지역사회조직, 사회행동, 지역사회 조사와 계획, 사회정책 제안 및 수립	직접적인 상담과 교육, 위기개입, 클라이언트 옹호

출처: 김태성 · 홍선미 (2006). p.290의 〈표 8-1〉의 내용을 수정 보완함.

다른 한편, 사회복지실천의 체계 개입수준에 따라 미시적 수준(micro level), 중간적 수준(중범위적 수준, mezzo level), 거시적 수준(macro level)으로 구분된다

(엄명용 외, 2005). 미시적 수준의 사회복지실천은 개인 및 소집단을 대상으로 개인, 소집단 및 가족의 복지수준 향상을 일차적 목적으로 두고 있다. 대체로 개인, 소집단 및 가족의 문제해결 및 욕구충족에 초점을 두며 상담이나 개별적 개입의 방법을 활용한다(유태균, 2019). 중간적 수준의 사회복지실천은 구체적 개인 및 소집단보다는 특정한 욕구를 가진 인구집단을 대상으로 특정 인구집단 및 욕구집단(노인, 아동, 장애인, 빈곤집단, 지역사회 등)의 문제해결 및 욕구충족을 목적으로 한다(유태균, 2019). 대체로 대상 집단의 권익 옹호, 자원 개발 및 연계활동, 조직화, 전체 집단에 대한 개입이나 정책 제안 등의 방법을 활용한다. 거시적 수준의 사회복지실천은 절대 다수의 사회구성원 또는 사회 전체를 대상으로 하는 정책 · 제도 차원의 실천을 말한다(유태균, 2019).[03] 이 경우 국가나 사회의 복지정책 개발, 정책분석, 정책대안의 발굴 및 제시, 제안된 법안에 대한 분석 등의 방법을 활용한다(엄명용 외, 2005).

표 3-2 | 사회복지실천의 체계 개입수준

구분	주요 대상	목적	방법
미시적 수준	개인, 소집단, 가족	개인, 소집단 및 가족의 문제해결 및 욕구충족	상담, 사례관리, 가족상담 및 치료, 집단지도 등
중간적 수준 (중범위적 수준)	특정 인구집단 및 욕구집단(노인, 아동, 장애인, 빈곤집단, 지역사회 등)	특정 인구집단 및 욕구집단의 문제해결 및 욕구충족	권익 옹호, 자원 개발 및 연계활동, 조직화, 특정 집단에 대한 개입이나 정책 제안
거시적 수준	절대 다수의 사회구성원 또는 사회 전체	사회 구성원 모두의 복지 수준 증진	국가나 사회의 복지정책 개발, 정책분석, 정책대안의 발굴 및 제시, 제안된 법안에 대한 분석

출처: 유태균 (2019). pp.26–28의 내용을 수정 보완함.

03 유태균에 의하면, 거시적 수준의 사회복지실천을 '거시사회복지실천'으로 명명하고, "사회복지 전문가가 사회보장사업 수행체계 내의 한 주체로서 사회보장권이라는 추상적인 권리를 구체적인 급여로 전환하는 정책수행과정–법, 행정–재정–에 참여하여 펼치는 노력"으로 정의하고 있다(유태균, 2020: 17).

이 장의 서두에 소개한 사례로 돌아가 보자. 클라이언트 A와 두 자녀에게 닥쳐 있는 어려움은 미시적 수준의 사회복지실천으로 개입하는 사례이다. 특히 어머니가 부재한 상태의 두 자녀의 양육과 보호, 학습과 정신건강은 미시적 수준의 사회복지실천에서 주요하게 다루는 개별 클라이언트의 문제에 해당된다. 하지만 문제를 해결하는 방법에 있어서는 중간적 수준의 사회복지실천과 거시적 수준의 사회복지실천을 적용할 수 있다. 예를 들어, 해당 가족이 다시 회복될 수 있도록 사법기관에 주민들의 탄원서나 주거지 마련 및 생계유지를 위한 모금 활동이나 후원자 연계 등은 중간적 수준의 사회복지실천의 방법에 해당된다. 또한 이렇게 부모의 사법적 절차에 의해 아동방임의 위험에 처해 있는 아동들을 보호하기 위한 위탁가정제도를 활성화하기 위한 정책을 개발하거나 아동학대 예방을 위한 법령을 개 · 제정을 추진한다면 거시적 수준의 사회복지실천의 방법에 해당될 것이다. 이와 같이 하나의 사례에 대해서도 어떻게 접근하느냐에 따라 다양한 수준의 사회복지실천을 적용할 수 있다.

한편, 사회복지실천에 대한 오해 중 하나는 사회복지실천이 미시적 수준의 실천에 국한되어 있다는 점이다. 한국사회복지교육협의회에서 발간하는 「사회복지학교과목지침서」의 '사회복지실천론'의 목차를 살펴보면, 〈표 3-2〉에 나와 있는 것처럼 미시, 중간, 거시적 수준의 사회복지실천과 관련한 내용을 포괄하고 있음을 알 수 있다. 하지만 '사회복지사'의 개입활동에 초점을 두다 보니 사회복지실천론의 많은 부분은 사회복지사와 클라이언트가 만나 클라이언트의 문제해결을 위한 면접 및 상담과 관련한 실천이론 및 방법에 대한 내용으로 구성되어 있다. 즉 사회복지실천론의 내용은 미시적 수준의 사회복지실천에 치우쳐 있다. 또한 중간적 수준의 사회복지실천과 거시적 수준의 사회복지실천은 사회복지조사론, 지역사회복지론, 사회복지행정론, 사회복지정책론, 사회복지법제와 실천과 같은 교과목에서 다루어지다 보니 배우는 학생 입장에서 사회복지실천으로 인식하지 못하고 학습하게 된 결과를 낳게 되었다. 이와 관련한 학계의 합의의 어려움으로 인해 앞으로도 상당 기간 이러한 경향은 유지될 것으로 예상된다. 하지만 사회복지실천은 미시, 중간, 거시의 세 수준 모두를 포괄하는 개념이라는 점은 인지할 필요가 있다.

2. 유사개념

앞서 사회복지실천은 미시, 중간, 거시의 복합적 개념 특성을 가진다는 것을 이해하게 되었다. 하지만 전통적으로 사회복지실천은 social work의 동의어로 간주된 미시적 수준의 사회복지실천에 국한되어 이해되는 경향이 강했다. 그로 인해 몇 가지 유사개념과 혼동 혹은 혼용하여 사용되는 경우가 있었다. 사회복지실천의 개념을 명확히 이해하기 위해 몇 가지 유사개념을 살펴보고자 한다.

1) 임상사회사업

임상사회사업(clinical social work)은 미국에서 1960년대에 사회행동이 강하게 대두되면서 이에 대한 반발로 1970년대 이후 직접적 서비스 실천의 중요성을 주장하여 이의 발전을 도모하기 위해 직접적 사회복지실천을 강조하는 의미로 쓰이게 되었다(이철수 외, 2008). 임상(臨床)의 사전적 의미는 "환자를 진료하거나 의학을 연구하기 위하여 병상에 임하는 일"(네이버 국어사전)이다. 영어단어인 clinic의 고대 그리스어 어원으로 침대를 나타내는 'kline'에서 유래되어 '침대 옆에서(at the bedside)'라는 의미를 갖고 있다. 따라서 임상이라는 용어 자체는 근원적으로 의학분야에서 시작되었다. 이후 사회복지분야뿐만 아니라 심리학, 법학 등 다양한 분야에서 광범위하게 사용되고 있다(임상사회사업연구회 편, 1999).

따라서 임상사회사업은 사회복지사가 클라이언트를 직접 만나서 원조 서비스를 제공하는 사회복지실천의 하위 개념으로 볼 수 있다. 하지만 다양한 클라이언트의 문제에 대한 접근에 있어서 지나치게 직접실천에 치중되어 있고 용어 자체가 의학, 간호학 등에서 출발된 개념이어서 병리학적 관점, 의료 모델에 국한되어 있는 한계를 가진다. 하지만 도움을 필요로 하는 살아 있는 사람을 그 자신의 일상적인 삶 속에서 직접 관찰하고 옆에서 함께 도와주는 적극적 활동을 강조하고 있어 오히려 비낙인화와 정상화의 의미를 가진다는 주장도 있다(Swenson, 1995; 임상사회사업연구회 편, 1999 재인용). 현재로서는 다른 전문직과의 차별성 혹은 전문성을 강조할 때 '임상'이라는 용어를 사용하는 경우 외에는 잘 사용되지 않는다.

2) 상담

상담(相談, counseling)은 사회복지실천의 한 방법으로 많이 활용되고 있는 원조활동이다. 사전적 정의로는 "상담자가 도움을 필요로 하는 사람에게 전문적 지식과 기능을 가지고 클라이언트 자신과 환경에 대한 이해를 증진시키며, 합리적이고 현실적이며 효율적인 행동양식을 증진시키거나 의사결정을 내릴 수 있도록 원조하는 활동"을 의미한다(이철수 외, 2008). 상담자가 클라이언트와 면담을 통하여 주로 언어를 매개수단으로 하면서 신뢰감을 확립시키고 자유스러운 감정을 표현하게 하여 자기통찰을 높이도록 전개해 간다. 역시 상담은 클라이언트를 직접 만나 원조활동을 제공한다는 점에서 미시적 수준의 사회복지실천에서 많이 활용되고 있는 방법이어서 유사한 개념으로 혼동되고 있다. 하지만 사회복지실천은 상담 외에도 구체적 서비스의 제공, 사회 자원의 활용, 사회환경의 개선과 변혁을 도모하는 활동을 포함하고 있다(한국사회복지협의회, 1993).

3) 사례관리

사례관리(case management)란 "복합적인 문제를 가지고 있는 클라이언트를 대상으로 필요한 서비스를 체계적으로 연계하여 제공하는 실천방법"(엄명용 외, 2005: 329)이다. 사례관리는 다양한 문제를 복합적으로 가지고 있지만 활용 가능한 자원발굴의 어려움이 있거나 자원을 활용할 능력이 부족한 클라이언트들을 위해서 필요한 지원서비스이다.

전통적인 사회복지실천은 기관의 기능에 기초한 서비스와 프로그램에 클라이언트가 참여하는 원조활동이라면, 사례관리는 클라이언트의 욕구 중심으로 사회복지 기관을 벗어나 지역사회 내에서 폭넓은 서비스를 제공하며 다양한 자원을 연계시킴으로써 클라이언트의 복합적 욕구를 충족하려고 노력하는 통합적 서비스 제공방법이다. 흔히 사례관리는 개별실천(casework), 집단실천(groupwork), 지역사회조직(community organization)의 몇 가지 측면을 통합적으로 적용하는 사회복지실천의 한 구체적인 분야로 인정된다(엄명용 외, 2005). 덧붙여 사례관리는 기존의 사회복지실천방법 외에도 탈시설화에 대한 대처, 클라이언트 욕구의 다양화, 서비스 공급주체의 다양화, 사회복지 비용의 삭감 등과 관련된 문제들을 보다 효과적으로 해결하기 위해 개발된 사회복지실천의 새로운 분야로 평가되고 있다.

3. 사회복지실천의 목적

사회복지실천의 목적은 사회복지실천의 개념에서 밝혔듯이 사회 및 사회구성원의 복지증진이다. 핀커스와 미나한(Pincus & Minahan, 1973)은 사회복지실천의 목적이 개인과 가족, 지역사회의 성장과 안녕이 균형적으로 보장하는 것으로 설명하고 있다(김태성 · 홍선미, 2005 재인용). 이러한 목적을 보다 구체적으로 설명하면 네 가지 사회복지실천의 목적으로 나뉜다.

첫째, 사회복지실천은 클라이언트의 문제해결과 적응 능력을 향상시키는 목적을 가진다. 이는 미시적 수준의 사회복지실천의 과정에서 개인이나 소집단의 클라이언트가 가지는 문제 및 욕구 그리고 사회적 기능상의 어려움을 해결하기 위한 사회복지사의 접근과 관련 있다.

둘째, 사회복지실천은 자원이나 서비스, 기회를 제공하는 체계와 연결시키는 목적을 가진다. 이는 클라이언트를 둘러싼 환경이 가지는 자원을 동원하거나 환경체계에 개입하여 클라이언트의 문제해결을 도모하고자 한다. 또한 클라이언트 개인과 자원체계 사이의 물리적, 사회적 장애 등을 제거함으로써 클라이언트의 자원에 대한 접근성을 높이고자 한다. 한 예시로 사례관리의 방법을 통해 클라이언트의 복합적 욕구를 충족하기 위한 지역사회 자원을 동원하거나 연계하는 활동을 전개한다.

셋째, 사회복지실천은 자원이나 서비스 제공체계들의 기능을 증진시키는 목적을 가진다. 이는 사회복지기관이나 지역사회, 정부조직과 같은 체계에 개입하여 조직들 간의 의사소통을 촉진시키며 클라이언트에게 적합한 서비스를 효과적이며 효율적인 방식으로 전달하도록 조정하는 기능이 강조된다. 보통 간접실천을 통해 이루어지며 중간 수준의 사회복지실천에서 행해진다.

넷째, 사회복지실천은 사회정책의 개발과 개선에 기여하는 목적을 가진다. 사회복지전문가는 클라이언트의 삶의 질에 영향을 미치는 정책, 법 등이 적절한 프로그램과 서비스로 실행되도록 모니터링하고 새로운 정책 개발에 참여함으로써 거시적 차원의 변화를 촉진하고자 한다. 앞서 거시적 수준의 사회복지실천에서 행해지는 활동과 관련 있다.

결국 사회복지실천의 목적은 사회복지실천의 미시적, 중간적, 거시적 수준의 유형을 논의한 것과 같이 "누구의" 복지 증진에 초점을 두는지에 대해서는 각 사회복지실천의 대상 체계 수준에 따라 달라진다. 즉, 대상 체계 수준에 따른 사회복지실천의 목적은 각 주요 표적으로 하는 클라이언트 체계의 바람직한 변화를 만들기 위한 것이며 이를 위해 각각의 방법론을 활용하는 것이다.

4. 사회복지실천의 관점

사회복지실천에 대한 목적과 정의에 대한 본질에 대해 상당한 논쟁이 있어왔다. 이러한 논쟁은 사회복지실천에 대한 서로 다른 관점과 연관되어 있다. 페인(Payne, 1997)은 사회복지실천이론이 사회복지사의 실무에 도움이 된다고 주장하였다. 그는 사회복지실천의 업무와 당위성에 대한 지침을 제공한다고 보았고, 실제 실무에 있어서는 한 가지 '이론'에 집착하기보다는 여러 이론에서 오는 방법을 절충하고 선택하는 과정을 거친다고 하였다. 따라서 각 선택된 방법이 어떠한 이론, 즉 특정한 관점에 기반하고 있는지에 대해 정확한 이해가 필요하기 때문에 사회복지실천의 견해를 이해할 필요가 있다. 이 책에서는 페인(Payne, 1997)의 내용을 참고하여 3가지 관점을 제시한다.

① 반영적-치료적 관점(Reflexive-therapeutic views)

반영적-치료적 관점에서는 사회복지실천이 개인, 집단, 지역사회의 성장을 촉진하여 최선의 안녕 상태를 이루도록 돕는 활동이라고 본다. 도움을 필요로 하는 대상과의 상호작용 속에서 각자 가지고 있는 생각이 수정되며 이 과정을 통해 타인에게 영향을 미치게 된다. 이러한 방식을 통해 사람들은 그들 자신의 생각과 삶의 방식에 대해 주체적으로 될 수 있고 이를 통해 고통과 취약점을 극복함으로써 자신들이 가지고 있는 문제를 해결한다.

② 사회주의-집단주의 관점(Socialist-collectivist views)

이 관점에서는 사회복지실천은 사회 속에서 상호지지와 협동을 추구하여 억압당하고 취약한 집단으로 하여금 주체적 삶을 회복하도록 돕는 활동으로 정의된다. 사회구조 안에 내재되어 있는 불평등의 현실 속에서 사회복지사는 불평등한 상태에 있는 취약집단의 불평등적인 관계를 보다 평등적인 관계로 변화시키고자 노력하고 취약집단의 입장에서 기존의 사회질서에 대해 도전하도록 노력한다.

③ 개인주의-개량주의 관점(Individualist-reformist views)

이 관점에 의하면, 사회복지실천은 개인의 욕구를 충족시키고 복지서비스를 개선함으로써 사회구성원의 삶을 향상시키는 데 목적을 둔다. 개인과 지역사회의 성장을 통해 사회를 변화시켜 개인을 보다 평등하게 만들 수 있다고 본다. 대부분의 사회복지실천활동의 실제적 목표는 소규모의 개인적 변화에 초점을 두지만 실제적으로 사회적 변화로 확장되기는 어려운 관점을 지닌다.

이상의 3가지 관점들은 다른 관점에 대해 서로 비판적 입장을 가지기도 하지만 동시에 공통점을 가지고 있기도 하다. 예를 들어, 반영적-치료적 관점과 개인주의–개량주의 관점은 공통적으로 '개인'의 욕구와 문제에 초점을 두며 변화와 발전에 초점을 둔다. 하지만 개인에 초점을 두는 두 관점에서도 다음과 같이 인간에 대한 관점과 실천방식의 측면에서 서로 다른 특징을 가지고 있다. 먼저 두 관점은 인간에 대한 근본적 관점의 차이가 있다. 반영적–치료적 관점은 인간의 '내면'에 좀 더 초점을 두며 자아성찰, 자기성장 등 '자아'에 관심을 두고 있다. 또한 이 관점은 실존주의, 인본주의, 자아심리학 등과 맥을 같이 하고 있다. 반면 개인주의–개량주의 관점은 인간은 '욕구'를 가진 존재로 바라보고 있으며, 인간이 행복하기 위해서는 필요한 것을 채우는 것(즉 욕구에 맞는 서비스를 제공하는 것)이 중요하다고 본다. 둘째, 두 관점에는 실천방식(즉, 인간의 문제를 해결하는 방식)의 차이가 있다. 반영적–치료적 관점은 인간이 가지는 내면을 깊숙이 탐색하고 성찰하도록 유도하는 '상담'에 집중한다. 이는 20세기 초 프로이트의 정신분석의 내면의 역동을 밝히는 상담(치료)에 뿌리를 두고 있다. 이 관점의 주요 실천기술은 관계형성(라포 형성), 지지적 상담 등을 강조하는 개별 상담을 주로 활용한다. 반면 개인주의–개량주의 관점은 클라이언트의 '욕구'충족을 위한 서비스를 개발하고 제공하는 것에 초점을 둔다. 좋은 사회복지사란 클라이언트의 욕구를 과학적으로 파악하기 위한 (실천)기술을 갖춘 사회복지사로 여긴다. 또한 좋은 사회복지서비스란 클라이언트의 욕구에 적합한 서비스를 제공함으로써 클라이언트의 만족감을 경험하도록 하는 것이다. 인간의 내면에 덜 관심을 가지고 있기 때문에 행동수정 실천기법, 과제중심모델 등 클라이언트의 '행동' 변화 혹은 '단기적 해결'에 초점을 둔다.

제2절 사회복지실천의 구성요소

사회복지실천은 사회복지전문가에 의해 클라이언트 체계의 바람직한 변화를 만들기 위한 목적을 가진 전문적 활동으로 정의된다. 이 장에서는 이러한 정의의 관점을 기반으로 사회복지실천의 목적을 달성하기 위한 활동이 가지는 구성요소로서 관계, 사회복지사, 클라이언트에 대해 설명하고자 한다.

1. 실천의 기초로서의 관계

1) 사회복지실천에서의 관계의 의미

사회복지실천은 관계에서 시작된다. 관계는 사회복지사와 클라이언트 체계가 만나는 지점에서 어떠한 상호작용을 하느냐에 따라 사회복지실천의 목적 달성 여부가 달라진다. 여기서 관계를 좁게 해석하여 클라이언트를 개인으로만 한정함으로써 중간 및 거시체계 수준의 사회복지실천을 제외할 위험이 있다. 하지만 전통적으로 사회복지실천이 개인 클라이언트의 문제해결에 초점을 두는 미시적 사회복지실천의 전통이 강할 뿐만 아니라 사회복지사의 실천기술로서 관계에 대한 전문성은 개인뿐만 아니라 소집단, 가족, 조직, 지역사회 등 광범위하게 적용할 수 있는 특성을 가진다. 따라서 실천의 기초로서 관계를 다루고자 한다.

사회복지실천에서의 관계(relationship)는 사회복지사와 클라이언트 간에 혹은 사회자원들과의 상호작용을 가능하게 하는 통로 혹은 촉매제로서 클라이언트와 그를 둘러싸고 있는 환경과의 사이에서 보다 나은 적응을 가져오도록 개인의 능력과 지역사회 자원을 적절히 동원하고 활용할 수 있는 관계를 의미한다(Biestek, 1957; 엄명용 외, 2006: 197). 사회복지실천에서의 관계는 사회복지사라는 전문직의 원조활동을 위해 활용되는 특성을 가지고 클라이언트의 문제해결 및 적응이라는 목적을 가지고 있어서 특수하면서 전문적 관계를 의미한다. 따라서 이러한 전문적 관계는 자연스럽고 일상적인 일반적 인간관계와는 다르며 사회복지사의 실천기술에 의해 클라이언트 문제해결이라는 '의도적' 목적 달성을 최우선으로 한다. 즉 사회복지사는 태생적으로 관계를 잘하도록 재능을 가지고 있는 사람이 아니라 교육과 훈련을 통해 전문적 관계를 잘 할 수 있는 전문인으로 길러지는 사람인 것이다.

2) 전문적 관계의 기본 요소 및 기본 원칙

전문적 관계의 기본 요소는 타인에 대한 관심, 헌신과 의무, 수용, 감정이입, 권위와 권한, 진실성 등을 들 수 있다.[04]

첫째, 타인에 대한 관심은 클라이언트에게 일어난 일에 대해 진심어린 관심을 가지며, 이들의 감정에 대해 교류할 수 있어야 함을 의미한다.

둘째, 헌신과 의무는 원조 상황에서의 책임감을 의미한다. 사회복지사와 클라이언트 간의 관계에서 함께 관계의 목적을 이루기 위해 헌신을 다하려는 노력으로 인해 클라이언트는 안전하다는 느낌을 갖게 되며, 이에 따라 상호 신뢰를 형성하게 된다.

셋째, 수용은 클라이언트를 있는 그대로 받아들인다는 의미이다. 즉, 클라이언트의 능력과 가치를 존중하고 클라이언트가 스스로 자신의 문제에 책임을 가지고 행동할 수 있다는 믿음을 표현한다. 클라이언트를 수용하기 위해서는 먼저 클라이언트의 상황과 감정을 이해하려는 노력이 필요하다.

넷째, 감정이입은 사회복지사가 원조과정에서 자신의 관점을 유지하면서 클라이언트의 느낌과 경험에 몰입할 수 있는 능력을 말한다. 감정이입은 적극적 경청을 통해서 클라이언트의 경험과 느낌을 정확하게 이해하고 비언어적인 단서들에 대한 민감성을 갖고 관찰하는 능력을 의미한다.

다섯째, 권위는 클라이언트와 기관에 의해 사회복지사에게 위임된 권한을 말한다. 사회복지사는 클라이언트를 원조할 수 있는 전문성을 가진 지위에 있음으로써 사회복지실천 전반에 영향을 미친다. 도움을 필요로 하는 사람은 지식과 기술면에서 권위를 가진 사람을 찾게 되며, 이때 사회복지사가 클라이언트에게 그러한 권위를 가진 사람으로 인식되면 클라이언트에게 안전과 보호의 느낌을

04 전문적 관계의 기본 요소는 엄명용 외(2005)의 내용을 참고하였음.

주게 된다.

여섯째, 진실성은 클라이언트와의 관계에서 실제적이고 순수해질 수 있는 능력을 의미한다. 사회복지사는 자신에 대한 정직한 인식, 사회복지사와 클라이언트에게 동일한 의미로 작용하는 전문가의 역할, 기관의 절차 및 정책에 대한 지식, 그리고 타인에 대한 관심, 수용, 헌신 등 전문적 관계에서 요구되는 기본 요소들에 대한 내면화 등을 추구해야 한다.

한편, 사회복지실천에서 사회복지사와 클라이언트의 전문적 관계의 원칙은 〈표 3-3〉과 같이 7가지로 구분해 볼 수 있다(Biestek, 1957).[05]

표 3-3 | 사회복지실천 관계의 기본 원칙

관계의 기본 원칙	주요 내용
개별화 (individualization)	모든 클라이언트는 개별적인 욕구를 가진 존재로 개별화해야 한다.
의도적인 감정표현 (purposeful expression)	클라이언트가 감정을 자유롭게 표현하도록 해야 한다.
통제된 정서관여 (controlled emotional involvement)	클라이언트의 감정에 민감성과 이해로써 반응해야 한다.
수용 (acceptance)	클라이언트를 있는 그대로 인정하고 받아들여야 한다.
비심판적 태도 (non-judgemental attitude)	클라이언트를 심판하거나 비난하지 않아야 한다.
클라이언트의 자기결정 (client self-determination)	클라이언트의 자기결정을 최대한 존중해야 한다.
비밀보장 (confidentiality)	클라이언트의 비밀을 보장해야 한다.

출처: 엄명용 외 (2005). p.208의 〈표 6-1〉 참고.

05 좀 더 상세한 내용은 사회복지실천론 교재를 참고하기 바람.

2. 사회복지실천가로서의 사회복지사[06]

사회복지사는 사회복지실천을 전문적으로 수행하는 사람을 지칭한다. 앞에서 사회복지실천의 개념 정의에서 '사회복지전문가' 혹은 '사회복지전문인' 등으로 지칭하며 사회와 사회 구성원의 복지 증진을 위해 전문적 활동을 수행하는 사람이라는 점에서 사회복지실천에 있어서 필수적 요소이다. 일반적으로 사회복지사는 사회복지실천의 목적을 달성하기 위해 클라이언트와의 전문적 관계를 형성하고 다양한 실천활동을 수행하기 위하여 일정한 전문지식과 실천기술을 갖춘 원조 전문직을 의미한다. 이와 유사한 휴먼서비스 전문가들 가운데 사회복지사가 가지는 독특성은 사회적 기능에 초점을 두며, 클라이언트와 환경, 즉 인접환경뿐만 아니라 멀리 떨어진 환경에 이르기까지 보다 효과적으로 상호작용하도록 클라이언트를 돕는 데 있다. 특히 중간 및 거시적 수준의 사회복지실천처럼 사회의 복지 증진을 위한 다양한 체계에 대한 개입과 활동은 사회복지실천가로서 사회복지사의 역할과 활동 범위를 넓혀 다른 전문직과의 차별성을 부각시킨다.

3. 사회복지실천 대상(클라이언트)[07]

1) 사회복지실천 대상의 개념

일반적으로 사회복지학에서 사회복지실천의 대상을 클라이언트(client)라고 지칭한다. 영어 단어인 client의 사전적 정의는 변호사나 기타 전문직 혹은 기업의 전문서비스를 이용하는 사람 혹은 조직(a person or organization using the services of a lawyer or other professional person or company)이다(Oxford

06 사회복지사의 개념 및 전문성과 관련한 깊이 있는 논의는 이 책 13장을 참고하기 바람.
07 사회복지실천의 대상을 기반으로 하는 사회복지실천 분야 및 방법은 다음 장에 설명하고자 함.

Languages). 비슷한 단어로는 고객, 의뢰인, 내담자 등으로 번역 혹은 사용된다. 우리말로는 상담 등의 서비스를 받는 사람의 뜻으로 내담자로 혹은 서비스대상자로 번역하여 쓰인다. 사회복지학에서는 '클라이언트'라는 외래어를 그대로 쓰는 경우가 많다. 엄명용 외(2005)에 의하면, 클라이언트는 "개인과 환경 간의 상호작용 내용의 변화를 위해 조정을 필요로 하는 사람"(p.36)으로서 사회복지실천의 구성요소를 요약한 펄먼(Perlman, 1957)의 4-P 중 '사람(person)'에 해당된다. 하지만 이 책에서는 사회복지실천의 개념 정의에 맞춰 사회복지실천의 대상으로 개인뿐만 아니라 소집단, 가족, 조직, 지역사회 및 국가 전체로 광범위하게 규정한다.

2) 사회복지실천 대상의 성격

사회복지실천 대상을 어떻게 규정할 수 있는지에 대한 기준에 따라 크게 4개의 관점을 가진다(윤찬영, 2017: 207-209). 첫째, 사회복지실천 대상은 욕구의 소유자로 규정할 수 있다. 욕구는 인간에게 의식주를 비롯한 생존을 위한 기본적 조건이면서 인간으로서의 주체성을 실현하기 위한 고차원의 조건으로 작용한다. 이 관점에 의하면, 사회복지실천은 인간의 욕구를 충족하기 위한 사회적 노력의 실현방법으로 정의된다. 인간의 욕구충족은 복잡한 사회적 상황 속에서 개인의 노력으로만 실현되기 어렵기 때문에 국가와 사회가 실현해야 하는 책임을 가지게 된다. 이러한 의미에서 사회복지실천 대상은 스스로 인간적, 사회적 욕구를 충족할 수 없는 상황에 처해 있어 국가나 사회가 사회복지실천가의 원조활동을 통해 일정한 수준의 욕구를 충족할 수 있도록 도움을 받는 사람으로 규정된다.

둘째, 사회학의 기능주의적 관점으로 볼 때 사회복지실천 대상은 사회구조와 제도에 적응하지 못하거나 일탈행동을 하는 사람으로 규정할 수 있다. 즉, 사회구조는 문제가 없으나 결함을 가지고 있는 개인이 이에 적응하지 못하여 어려움에 빠지거나 사회에 위협이 되는 존재로 살아간다. 이때 사회복지실천은 이러한 사람들을 통제와 치료의 대상으로 규정하고 대상의 개인적 결함을 교정하기 위한 통제와 치료를 제공하는 방법을 활용한다.

셋째, 구조적 관점으로 볼 때 사회복지실천 대상은 권리의 주체로 인식하게 된다. 즉 사회복지실천 대상은 단순한 원조의 대상자가 아니라 국가와 사회의 일원으로서 국가와 사회에 대하여 무엇인가를 적극적으로 요구하고 보호를 받을 수 있는 지위에 있는 것이다. 특히 국민은 국가에 대해 일정한 세금납부를 비롯한 의무를 이행하기 때문에 국가가 자신의 욕구를 충족하고 자신의 생존과 재산을 보호하기 위한 구체적 정책과 서비스에 대한 자격을 가지는 것으로 간주한다.

넷째, 갈등론적 관점에서 사회복지실천 대상은 불합리하고 불평등한 사회구조 속에서 인간다운 생활에 위협을 받는 실재적 혹은 잠재적 희생자로 규정한다. 특히 자원의 희소성으로 인해 자본주의 시장경제체제 안에서 부익부 빈익빈으로 대변되는 유산계급과 무산계급의 갈등은 더욱 심화되고 이 과정에서 물질만능주의 노동력 및 소득의 감소 및 상실, 가족의 해체, 인간성 소외 등 인간에게 불가피하게 희생과 피해를 입게 되는 것이다. 따라서 사회복지실천은 이러한 사회구조의 희생자가 더 이상 발생하지 않고 줄여나가기 위한 사회정의를 실현하기 위해 사회구조의 불합리한 모순을 수정하기 위한 사회적 노력으로 정의된다.

3) 사회복지실천 대상의 주체성

한편 클라이언트는 사회복지사라는 전문가가 해결해야 할 문제를 가지고 있으며 사회복지사의 전문적 활동이라는 개입의 '대상'으로 간주된다. 대상은 누군가에 의해 서비스를 수동적으로 받는 사람의 의미를 가지다 보니 그 용어 자체에 수동적 특성을 가지게 된다. 예를 들어, 빈곤의 문제를 가진 사람으로서 공공부조 프로그램의 '대상'으로서 클라이언트를 규정하게 된다. 이때 클라이언트는 자신의 문제해결을 위해서 공공부조 프로그램을 선택할 수 있는 권한은 없으며, 그 서비스를 제공하고자 하는 주체의 결정에 의해 수혜를 받는 대상이 된다. 그래서 사회복지사는 서비스 제공자, 클라이언트는 서비스 대상자로 이분법적 구분을 하게 되고, 서비스를 일방적으로 제공하는 전문가로서의 사회복지사와의 관계에 있어서 클라이언트는 힘(power)의 열세에 있게 된다. 따라서 자연히 클라이언트는 서비스 대상자로서 수동적 입장에 있게 되는 것이다.

하지만 사회복지실천에 있어서 이렇게 클라이언트를 수동적으로만 보지 않는다. 사회복지사가 클라이언트를 만나 전문적 '관계' 형성에 들어갈 때 사회복지사에 대한 클라이언트의 신뢰감과 주체적인 참여는 매우 중요하다. 또한 사정과 개입 목표 설정, 실천의 전달과정에서 클라이언트가 가지고 있는 강점과 자원을 탐색하거나 적극적으로 활용하며 더 나아가 클라이언트 스스로 주체적으로 문제해결과정에 참여하도록 실천하는 것이 중요하다. 이는 다음과 같은 사회복지실천의 주요 특성에 근거한다.

첫째, 사회복지실천은 클라이언트 중심의 접근(client-centered approach)을 강조한다. 클라이언트 중심의 접근은 클라이언트를 인격체로 존중하고 사회복지실천의 과정에서 주체자로 참여시키는 클라이언트와 전문가 사이의 동반자로서의 인식을 강조한다(김태성 · 홍선미, 2006: 297). 이는 클라이언트가 갖는 욕구에 보다 반응적인 서비스 전달이 이루어지도록 클라이언트의 권리를 존중하고 전문가와의 긴밀한 상호관계를 이루어지도록 하는 것이다.

둘째, 사회복지실천은 강점기반의 개입활동으로 제공된다. 강점기반의 개입활동은 자신의 성장과 변화를 위한 클라이언트의 잠재력을 인정하고 스스로의 삶을 개척해 나가도록 사회복지사가 원조하는 활동을 의미한다. 클라이언트의 강점기반의 개입을 하기 위해서는 사회복지사는 동등한 관계에서 클라이언트의 입장을 공감하며 긍정적인 요소를 발견하고 스스로 개발하도록 원조하며 문제해결이나 자원동원을 위한 힘을 기르도록 돕는 일을 하게 된다(김태성 · 홍선미, 2006: 300).

부 록

나는 어떤 사회복지실천에 관심을 가지고 있는가? 다음의 질문에 대한 답변으로 본인이 관심 있는 분야에 대해 탐색해 보자.[08]

1. 나는...
   A. 상대방에 대한 지지를 잘 하며 경청하는 것을 잘 한다.
   B. 큰 아이디어에 대해 생각하기를 좋아하는 전략가이다.
   C. 헌신적 교사이며 문제해결자이다.
   D. 정치적 이슈에 대해 관심이 많고 다른 사람들과 이야기하는 것을 좋아한다.
   E. 소외된 사람들의 어려움을 비롯하여 지역사회에서 발생하는 이슈에 관심이 많다.

2. 나는...
   A. 개별 혹은 집단 상담 세팅에서 일하기를 원한다.
   B. 프로그램이나 기관의 행정 부서에서 일하기를 원한다.
   C. 강의실이나 연구소에서 일하기를 원한다.
   D. 지방자치단체나 정부에서 일하기를 원한다. (공무원으로 일하기를 원한다)
   E. 지역사회(국가/ 국제)에 기반한 기관에서 일하기를 원한다.

3. 나는...
   A. 클라이언트와 직접적으로 일하고 싶다.
   B. 프로그램이나 정책을 만들거나 운영하는 일을 하고 싶다.
   C. 조사를 수행하거나 타인을 교육하는 일을 하고 싶다.
   D. 개인이나, 기관, 입법 기관에 로비하는(설득하는) 일을 하고 싶다.
   E. 개인이나 지역사회의 권리를 위해 투쟁하는(싸우는) 일을 하고 싶다.

4. 나는...
   A. 도움을 필요로 하는 개인이나 집단과 함께 일하고 싶다.
   B. 프로그램 리더나 의사결정자와 함께 일하고 싶다.
   C. 학생, 교육자, 연구자와 함께 일하고 싶다.
   D. 정치인과 지역사회 지도자와 함께 일하고 싶다.
   E. 풀뿌리 조직이나 지역사회 지도자와 함께 일하고 싶다.

08 Rahman, M. (2000). Introduction to Social Work. https://www.researchgate.net/publication/343230491. pp.19–24.의 내용을 재구성하였음.

5. 나는...

A. 사람들이 어려움과 도전을 극복하도록 돕는 영향력을 만들고 싶다.
B. 삶을 향상시키는 프로그램과 정책을 개발하는 영향력을 만들고 싶다.
C. 사회복지실천이 수행되는 방법을 향상시키는 영향력을 만들고 싶다.
D. 정부로 하여금 모든 사람들을 위한 사회정의를 보장하도록 영향을 주는 영향력을 만들고 싶다.
E. 지역사회로 하여금 다른 사람들을 대표하거나 방어하도록 노력하는 영향력을 만들고 싶다.

위의 질문에서 학생들은 가장 많이 답한 선택은 무엇인가? 적어도 A에서 E까지 가장 많이 선택한 분야를 찾아서 본인에게 가장 적합한 사회복지실천의 분야를 탐색해 보기 바란다.

A : 임상사회복지 혹은 직접 서비스 제공

임상사회복지사 혹은 직접 서비스 제공자는 개인, 집단, 가족들을 대상으로 사회복지실천을 수행하며 그들로 하여금 도전이나 한계를 해결하도록 돕는 역할을 한다. 이러한 일들은 신체적, 정서적 문제에서 개인의 경력과 재정적 어려움들을 포함한다. 사회복지실천은 클라이언트의 환경 속에서 사정하고 서비스를 제공하는 일을 강조한다.

B : 사회복지행정 혹은 관리

행정가 혹은 관리자는 자신이 소속되어 있는 기관이나 조직 안에서 프로그램과 정책을 개발하는 책임을 가지고 있다. 이러한 사회복지실천은 다양한 선택에 대한 분석과 의사결정을 할 수 있는 기술과 그 중에서 가장 좋은 실천방안을 결정하는 기술을 필요로 한다. 또한 프로그램 혹은 정책의 시작과 종료를 전반적으로 이해할 수 있는 능력도 필요로 한다.

C : 교육 혹은 연구

교육자와 연구자는 사회복지실천을 수행하거나 다른 사람에게 교육하는 새로운 방법을 조사하고 개발한다. 연구자들은 인간 행동을 조사하고 과학적이고 체계적인 방식으로 문제해결 기술에 적용한다. 교육자들은 명확한 방식으로 정보를 제공할 수 있어야 한다.

D : 입법 혹은 정책결정

입법가 혹은 정책결정가로서, 직장에서부터 교정시설에 이르기까지 평등한 기회와 관련한 정책과 입법에 영향을 미침으로써 사회정의를 실현하는 데 도움을 준다. 정치에 대해 관심을 가져야 하며, 자신의 신념이 옳다고 생각하는 것에 대해 말할 수 있는 능력을 가져야 한다.

E : 지역사회 조직 혹은 옹호

지역사회 조직가 혹은 옹호자로서, 사람들에게 자극을 제공하고 사회 변화를 일으킬 수 있는 자원들을 동원한다. 지역사회 조직가들은 직접 서비스를 제공하거나 주민들의 삶을 향상시키기 위해 그들의 역량을 강화함으로써 개인이나 지역사회의 권리를 주장한다.

참고문헌

김만두 (1999). "전문사회복지 실천과 임상사회사업 실천의 관계 개념에 대한 논의", 임상사회사업연구회 편. **사회복지 실천과 임상사회사업**. 학문사.

김상균 · 최일섭 · 최성재 · 조흥식 · 김혜란 (2001). **사회복지개론**. 나남출판.

김태성 · 홍선미 (2006). **사회복지개론**. 청록출판사.

양옥경 · 김정진 · 서미경 · 김미옥 · 김소희 (2018). **사회복지실천론(5판)**. 나남출판.

엄명용 · 김성천 · 오혜경 · 윤혜미 (2005). **사회복지실천의 이해**(개정판). 학지사.

유태균 (2019). **사회복지학 연구를 위한 논리 · 비판적 사고**. 공동체.

유태균 (2020). **거시사회복지실천 입문편: 법, 행정, 재정의 이해**. 공동체.

윤찬영 (2017). **사회복지의 이해**(개정판). 정민사.

이철수 외 (2008). **사회복지학사전**. 비상.

임상사회사업연구회 편 (1999). **사회복지 실천과 임상사회사업**. 학문사.

한국사회복지협의회 (1993). **사회복지사전**. 한국사회복지협의회.

Biestek, F. P. (1957). *The Casework Relationship*. Chicago: Loyola University Press.

Friedlander, W. A. & Apte, R. (1980). *Introduction to Social Welfare*(5th eds.). Englewood Cliffs, N. J.: Prentice-Hall.

Perlman, H. H. (1957). *Social casework: A problem solving process*. Chicago: University of Chicago Press.

Payne, M. (1997). *Modern Social Work Theory*. Chicago, IL: Lyceum.

Pincus, A., & Minahan, A. (1973). *Social Work practice: Model and Method*. Itasca, IL: Peacock.

Swenson, C. R. (1995). "Clinical Social Work," In *Encylopedia of Social Work*(19th eds.), edited by R. L. Edward et al., Washington, D. C.: NASW Press.

Rahman, M. (2000). *Introduction to Social Work*. https://www.researchgate.net/publication/343230491

CHAPTER 04

사회복지실천방법 및 분야

클라이언트 체계의 특성과 욕구에 따른 다양한 실천방법에 대한 전문적 활용

CHAPTER 04

사회복지실천방법 및 분야

클라이언트 체계의 특성과 욕구에 따른 다양한 실천방법에 대한 전문적 활용

사회복지실천을 이해하기 위해서는 클라이언트 체계가 가지고 있는 특성과 욕구와 상관없이 공통적으로 활용하는 실천방법이 있다는 점을 알아야 한다. 예를 들어, 개인, 가족, 집단, 지역사회 등 어떠한 체계의 클라이언트와 상관없이 사회복지실천가와 클라이언트의 관계는 실천의 기초가 된다. 또한 각 클라이언트 체계에 대한 문제해결과정도 유사하다. 즉 사회복지사는 사회 혹은 클라이언트 문제를 발견하고 클라이언트가 가지고 있는 문제와 자원을 탐색하고 그에 기초하여 사회복지실천 개입계획을 수립한다. 그 후 그 계획에 따라 개입을 진행하고 종료되는 시점에 평가를 수행하는 일련의 과정을 거친다. 반면 각 클라이언트 체계의 특성과 욕구에 따라 적용되는 독특한 실천방법 및 분야도 있다는 점을 이해할 필요가 있다. 예를 들어, 방학 기간 동안 학교급식이 없어 부실한 영양상태에 있는 맞벌이 결식아동의 문제를 해결하기 위하여 개별 사회복지실천, 지역사회복지, 사회복지정책에서 접근하는 실천방법은 다르게 나타난다. 개인 수준의 사회복지실천에서는 해당 아동 및 가정을 발굴하고 국가나 지방자치단체에서 지급하는 아동급식카드 사용법을 알려줌으로써 방학 기간 동안 아동급식카드를 활용한 식사가 가능하도록 교육하고 상담한다. 지역사회복지에서는 지역의 저소득층 결식아동뿐만 아니라 맞벌이 자녀의 점심 식사를 제공하는 마을식당을 운영하기 위한 자원봉사자와 후원자를 모집하고 후원금을 모금하는 활동을 전개한다. 사회복지정책에서는 전국의 결식아동 실태를 파악하여 결식아동 급식비 인상에 따른 예산 확보와 필요한 경우 관련법의 제 · 개정을 통해 전국의 결식아동 문제를 해결하는 정책을 추진한다.

제3장 사회복지실천의 일반적 이해에서는 사회복지실천의 공통적 특성을 다루었다면 이 장에서는 다양한 사회복지실천 영역에서 독특성을 가지고 활용하고 있는 실천방법을 다루고자 한다. 구체적으로는 대상체계에 따른 실천방법, 적용지식 및 기술에 따른 실천방법, 사회복지실천 대상 특성에 따른 실천 분야, 직접 및 간접 사회복지실천현장에 따른 실천방법을 학습하고자 한다.

제1절 대상체계에 따른 실천방법

앞 장에서 사회복지실천은 대상체계 개입 수준에 따라 미시적 수준(micro level), 중간적 수준(mezzo level), 거시적 수준(macro level)으로 구분된다는 것을 학습하였다. 이 장에서는 각 수준을 좀더 세분화하여 개인 및 집단수준의 사회복지실천(미시적 수준), 지역사회복지(중간적 수준), 사회복지행정(중간적 수준), 사회복지조사(중간적 수준), 사회복지정책(거시적 수준)으로 설명하고자 한다.[01]

1. 개인 및 집단수준의 사회복지실천

전통적으로 전문 사회복지실천의 방법은 개별 사회사업(casework), 집단사회사업(groupwork), 지역사회조직(community organization)으로 3개의 분야로 구

01 각 영역의 세부적인 내용은 사회복지사 자격증을 취득하기 위한 필수 및 선택 교과목 중 사회복지실천론, 사회복지실천기술론, 지역사회복지론, 사회복지행정론, 사회복지조사론, 사회복지정책론의 내용을 참고하기 바람.

분되었다. 개별 사회사업은 개별 클라이언트와 사회복지사 간의 일대일 관계를 기반으로 개인이 사회에 적응할 수 있도록 돕는 것과 개인의 특수한 욕구를 충족하기 위한 사회서비스를 받도록 돕는 것에 초점을 둔다(Zastrow, 1989). 집단사회사업은 유사한 목표(욕구)를 가진 개별 구성원들을 하나의 집단으로 묶어 그 집단을 대상으로 사회복지사가 집단이라는 환경과 집단 내의 역동성을 활용해 구성원들의 개별 목표와 집단 공동목표를 이루기 위해 노력하는 실천방법이다(엄명용 외, 2005). 지역사회조직이란 "지역주민의 공통적인 욕구(needs)를 해결하기 위하여 지역사회 내의 물적 · 인적 · 정보 자원을 활용하여 지역사회 주민들의 욕구와 연계를 통하여 지역사회의 상부상조 활동이 일어나 지역사회가 활력있고 바람직한 방향으로 발전해 나가도록 조직화하는 활동"이라고 정의한다(김범수 · 신원우, 2019). 1970년대 이후 이 세 가지 실천방법은 하나의 통일된 실천가치, 실천지식, 실천목적 및 실천기술체계로 통합되는 통합방법론으로 발달하게 되었다. 이 장에서는 전통적 사회복지실천의 방법인 개별 사회사업과 집단사회사업을 묶어 미시적 수준의 사회복지실천의 동격으로 개인 및 집단수준의 사회복지실천으로, 지역사회조직은 지역사회복지의 욕구와 문제를 해결하기 위한 방법론을 추가하여 중간적 수준의 사회복지실천의 하나인 지역사회복지로 설명하고자 한다.

1) 개인수준의 사회복지실천

먼저 개인수준의 사회복지실천은 '환경 속의 개인(person in environment)'의 실천관점에 따라 클라이언트와 사회복지사간의 대면접촉을 통해 직접적으로 서비스를 제공하는 직접실천과 클라이언트 생활환경을 변화시키기 위한 자원연계, 중재, 옹호 등의 간접실천을 포함한 이중초점(dual focus)의 실천을 추구한다. 개인수준의 사회복지실천은 개인의 변화, 관계의 변화, 환경의 변화를 통합적으로 접근한다. 먼저 개인의 변화는 클라이언트의 정서의 문제를 다루어 개인상황에 대한 통제력을 회복하고 자존감을 유지하거나 환경에 대한 적응력을 높이게 돕는 활동을 포함한다. 관계의 변화는 개인이 속한 가족, 집단, 직장, 학교 등 미시적 환경체계 내에서 타인과의 의사소통이나 역할수행을 잘 하도록 문제해결을 지원하는 활동을 포함한다. 환경의 변화는 클라이언트의 적응과 문제해결 능력에 도움이 되는 자원연계와 같은 개입을 지원하거나 부당한 상황에 대한 옹호 및 중재와 같은 개입을 제공함으로써 돕는 활동을 포함한다.

개인수준의 사회복지실천은 일차적으로 치료적 면담을 우선하기 때문에 의사소통 중심의 전문적 상담방법을 많이 활용한다. 3장에서 설명한 실천의 기초로서의 전문적 관계의 기본 요소와 기본 원칙을 기반으로 클라이언트의 문제를 다룬다. 또한 사회복지사가 클라이언트의 문제해결에 적용하기 위하여 다양한 사회복지실천 모델을 활용한다. 주요한 실천 모델로는 클라이언트 중심 모델, 인지 · 행동 모델, 심리사회 모델, 과제중심 모델, 행동수정 모델, 임파워먼트 모델 등이 있다. 사회복지사는 클라이언트의 문제해결에 가장 적합할 것으로 판단되는 실천 모델의 인간 및 문제에 대한 정의, 주요한 실천기법 및 방법을 선택하거나 여러 실천 모델의 방법을 절충하여 실천과정을 수행한다. 따라서 사회복지사는 지식과 가치에 기초해 다양한 가능성 중에 최적의 선택을 해야 하며 선택된 기법을 효과적으로 활용할 수 있는 능력도 갖추어야 하기 때문에 사회복지실천론과 사회복지실천기술론을 통해 다양한 실천 모델에 대한 학습 및 연구가 선행되어야 한다. 그 중에서 대인관계의 핵심이 되는 의사소통기술과 면접기술은 매우 중요하다. 사회복지사가 많이 활용하는 의사소통 및 면접기술은 〈표 4-1〉과 같다.

표 4-1 | 사회복지실천의 의사소통 및 면접기술

개인	상호 교류
전문적 면접기술 • 참여관찰에 기초한 민속학적 면접기술 • 공감적 반응기술 • 관계형성 기술 • 강점증진 기술 • 역량강화 기술	클라이언트 중심 기술 • 문제해결 – 문제 확인 – 자료 수집 – 사정/목표 설정 – 계획/과업 정의 – 개입방법의 선택과 실행 – 평가 – 종결 • 사례관리 • 위기개입 • 가족유지 전문가 중심 기술 • 전문적 자아의 활용 기술 • 기초지식의 적용 기술 • 윤리적 의사결정 기술 • 전문적 기술(시간관리, 팀워크, 기록, 연구)

출처: Timberlake, Farber & Sabatino (2002); 최해경 (2009). p.144 재인용.

2) 집단수준의 사회복지실천

집단수준의 사회복지실천은 현재 많은 사회복지기관에서 널리 활용하고 있는 실천방법이다. 집단수준의 사회복지실천은 일반모임과 달리 구성원의 재활, 교육, 사회화, 성장 등을 돕는 의도적인 집단 경험과 목표지향적 활동을 포함한다. 앞서 개인수준의 사회복지실천과의 차별적인 특성으로는 집단수준의 사회복지실천은 개인이 아닌 집단활동의 참여를 통해 이루어지며, 문제해결과 레크리에이션 모두에 초점을 두고, 사회복지사가 구성원과 분리되어 있지 않은 상태에서 집단 안에서 구성원들과 함께 실천활동을 하는 특성을 가진다.

집단은 패펠과 로스만(Papell & Rothman, 1966)의 분류에 따라 사회적 목표 모델(social goals model), 치료 모델(remedial model), 상호작용 모델(reciprocal model)이 있다(김태성 · 홍선미, 2009 재인용). 먼저 사회적 목표 모델은 상호합의된 공동의 목표를 중심으로 사회 변화를 통해 집단의 관심과 노력을 기울임으로써 집단구성원의 공동목표를 달성하고자 한다. 대표적인 예로는 지역의 문제를 해결하기 위한 다양한 집단이나 주민자치회, 학교의 학부모회 등이 있다. 둘째, 치료 모델에서는 집단이 임상적 변화를 위한 도구로 활용된다. 부적응을 비롯한 다양한 문제를 갖고 있는 개인이 집단구성원과의 상호작용을 통하여 자기인식이나 사회적 기능 향상 등 의도된 변화를 경험하게 된다. 치료집단의 예로는 정신병원, 정신건강복지센터, 가족치료센터 등에서의 다양한 치료 목적의 집단 프로그램을 들 수 있다. 셋째, 상호작용 모델은 개인과 사회와의 관계를 중요시하며 집단의 과정 속에서 이루어지는 자기계발이나 자아성장을 강조한다. 대표적인 예로는 다양한 형태의 자조모임을 들 수 있다.

2. 지역사회복지

지역사회복지는 "전문 혹은 비전문인력이 지역사회 수준에 개입해 지역사회에 존재하는 각종 제도에 영향을 주고 지역사회의 문제를 예방하고 해결하고자 하는 일체의 사회적 노력"(최일섭, 1985: 25)으로 정의된다. 기존의 사회복지실천의 지역사회조직에서 지역을 중심으로 지역주민에게 직접적으로 서비스를 제공하는 영국의 지역복지서비스 개념이 결합되어 지역사회복지의 개념이 형성되었다고 할 수 있다(김범수 · 신원우, 2019).

지역사회복지에서 가장 많이 언급되는 학자는 로스만(J. Rothman)이다. 로스만(Rothman, 1995)에 의하면 전통적인 지역사회복지는 지역사회개발 모형, 사회계획/정책 모형, 사회행동 모형 등 3개의 실천모형으로 구분된다. 첫째, 지역사회개발(locality development) 모형은 지역사회의 변화를 가장 효과적으로 이룩하기 위해서는 지역사회에 거주하고 있는 주민들이 자발적으로 목표를 설정하고 실천행동에 참여하여야 한다는 전제에서 나온 지역사회복지의 가장 전형적인 형태의 모형이다. 또한 이 모형에서 지역주민들은 설정한 목표를 달성하기 위해서 개개인의 능력을 개발하여, 지역사회를 변화시켜 나가는 것을 말한다. 지역사회개발 모형의 대표적인 예로는 지역사회복지관의 주민조직화사업, 자원봉사조직, 성인교육 및 리더십 훈련 등이 있다. 둘째, 사회계획/정책(social planning/policy) 모형에서는 지역사회가 안고 있는 주택, 교통, 환경, 빈곤, 노인, 비행과 같은 다양한 사회문제를 해결하기 위해 지역주민의 참여보다는 각 분야의 전문가의 기술적(technical)인 문제해결과정을 강조하고 있다. 이 모형에서 전문가는 지역 문제의 원인과 실태를 과학적으로 분석하기 위하여 과학적 조사방법을 활용하고 그 결과에 근거하여 문제해결을 위한 합리적인 계획을 수립하고 그에 맞는 서비스를 개발하는 것에 초점을 둔다. 사회계획/정책 모형의 대표적인 예로는 공동모금기관이나 지역사회기관에서 추진하는 여러 가지 지역단위의 복지정책이나 지역사회보장의 방향을 결정하고 지역 특성의 사회복지사업을 추진하기 위하여 각 시 · 도, 시 · 군 · 구 단위에서 수립한 지역사회보장계획을 들 수 있다. 셋째, 사회행동(social action) 모형은 지역사회에서 억압받고 소외된 주민들이 사회정의와 정치적 공평성의 입장에서 사회 · 정치 · 경제적으로 보다 나은 서비스를 받을 수 있도록 지원해 주는 실천을 의미한다. 예를 들어, 여성해방 혹은 여권신장운동, 소비자보호운동, 노동조합운동, 환경보호운동, 복지권운동 등이 있다(김범수 · 신원우, 2019).[02]

한편, 지역사회복지 실천현장에서 많이 활용되고 있는 실천기술은 옹호기술, 연계기술, 조직화기술, 자원개발 및 동원기술, 임파워먼트 기술 등이 있다. 각 실천기술의 주요 개념은 〈표 4-2〉와 같다.

---

02 로스만의 지역사회복지 실천모형이 지나치게 단순하여 실제 지역사회복지 실천현장을 반영하지 못한다는 한계를 극복하고자 테일러와 로버츠(Taylor & Roberts, 1985)의 5모형(프로그램 개발 및 조정 모형, 계획 모형, 지역사회연계 모형, 지역사회개발 모형, 정치적 역량강화 모형)과 웨일과 갬블(Weil & Gamble, 1995)의 8모형(근린지역의 지역사회조직, 기능적인 지역사회조직, 지역사회의 사회 · 경제개발, 사회계획, 프로그램개발과 지역사회 연계, 정치 · 사회 행동, 연합, 사회운동) 등 세분화하는 연구가 진행되었다.

표 4-2 | 지역사회복지의 실천기술

실천기술	주요 개념
옹호(advocacy)기술	클라이언트의 이익 혹은 권리를 위해 싸우거나, 대변하거나, 방어하는 실천기술
연계기술	서비스의 중복을 방지하고 자원을 효율적으로 관리하기 위하여 정기적인 모임 및 회의를 통하여 서비스 계획을 공동으로 수립한 후 개별 기관들이 각각 서비스를 제공하는 실천기술
조직화(organizing)기술	클라이언트(체계)의 문제를 해결하기 위해 지역사회 내 필요로 하는 인력이나 서비스를 모으고 나아가 조직의 목표를 성취하도록 합당하게 운영해 나가는 실천기술
자원개발 및 동원기술	클라이언트의 문제해결이나 지역사회의 복지 향상을 위해 필요한 인적 자원 혹은 물적 자원을 발굴 및 개발하고 필요한 개인이나 조직에게 전달하는 실천기술
임파워먼트(empowerment) 기술	클라이언트의 잠재 역량 및 자원을 인정하고 클라이언트 스스로 삶을 결정할 수 있도록 권한이나 힘을 부여하는 실천기술

출처: 김범수 · 신원우 (2019). pp.169-184의 내용을 재구성함.

3. 사회복지행정

중간적 사회복지실천의 한 유형인 사회복지행정은 개인이 아닌 조직을 통해 사회복지실천을 수행하려는 실천방법이다. 사회복지행정의 개념은 협의와 광의의 개념으로 구분해 볼 수 있다. 먼저 협의의 개념으로는 사회복지행정을 사회복지실천 방법의 하나로 이해하려는 견해이다. 사회복지서비스 조직(즉, 사회복지기관)의 목표를 달성하기 위하여 조직 내 하위 조직 및 구성원을 통하여 서비스를 생산하거나 공급하려는 제반 활동을 포함한다. 반면 광의의 개념으로는 사회복지행정을 사회복지서비스가 클라이언트에게 전달되는 과정에 관한 총체적인 활동으로 이해하려는 견해이다. 특히 국가의 사회복지정책을 서비스로 전환하는 데 필요한 사회복지 분야의 총체적 활동으로 정의된다.

사회복지행정의 주요 분야로는 기획, 인사관리, 재정관리, 정보관리, 마케팅, 리더십, 평가 등이 있다(권중돈 외, 2019). 먼저 기획은 미래에 어떤 일을 어떻게 할 것인지를 결정하는 과정을 의미한다. 기획의 특성은 미래지향적, 과정지향적, 적응지향적 과정이라는 점이다. 인사관리는 직원을 채용하고 능력을 계발시켜서 근무의욕을 갖고 조직에 헌신할 수 있도록 동기를 부여하여 조직체를 운영하고, 목적 달성을 위해 인적 자원을 최대한 효율적으로 활용하려는 관리활동을 말한다. 재정관리는 조직이 목표 달성을 위해 필요한 재정자원을 합리적이고 계획적으로 동원하고 배분하고 효율적으로 사용하고 관리하는 과정이다. 정보관리는 정보관리시스템을 통하여 대량의 복잡한 정보를 신속히 효율적으로 활용하여 효과적 관리를 가능하게 하는 활동이다. 마케팅은 기업조직이 표적구매자들과의 상호 유익한 교환을 창조하고 촉진하며 또 유지하기 위해 고안된 프로그램에 관련된 활동을 계획 · 조정 · 통제하는 과정인데 사회복지서비스조직에서도 이용자 및 후원자 확보, 조직의 홍보 전략으로서 마케팅을 적극적으로 활용하고 있다. 리더십은 조직의 목표 달성을 위해 구성원이 스스로 참여하고 활동하도록 유도하는 지도자의 능력을 말한다. 평가는 하나의 프로그램이 거쳐야 하는 각 발달 과정에서 성취하게 되는 결과를 자원투입, 효과, 효율, 책무성, 이용자의 만족도 등을 기준으로 하여 체계적인 자료를 수집하고 분석하는 모든 행위를 의미한다.

4. 사회복지조사

사회복지조사는 사회복지학을 과학적 방식으로 체계화하는 연구방법론이다. 다른 한편, 사회복지조사는 사회복지실천의 전문적 영역에서 필요한 기본적 기초지식과 기술을 체계적으로 연구하고 이론을 정교화하는 데 필수적이다. 사회복지사는 전문가로서 검증된 이론과 방법을 통해 자신의 실천의 전문성을 높이고 연구 및 평가활동을 통해 전문직의 지식기반을 강화하는 데 목표를 둔 활동을 수행하게 된다(김태성 · 홍선미, 2009). 사회복지조사는 사회체계 및 사회체계 간의 관계에 관하여 논리적 가설을 설정하고, 자료를 수집하고 분석하고 해석하여 가설을 입증하는 연역적 방법 또는 사회현상을 관찰하고 분석하여 일정한 법칙을 찾아내는 귀납적 방법을 통해 사회복지실천을 과학적 학문으로 발전시킨다. 또한 사회복지조사는 다양한 수준의 사회복지실천에 대한 평가를 수행하는 데 필요한 지식과 기술을 제공함으로써 사회복지사로 하여금 자신의 개입 활동에 대한 정당성을 입증하고 클라이언트의 변화에 대한 객관적 자료를 제시한다.

5. 사회복지정책

거시적 사회복지실천의 대표적 유형은 사회복지정책이다. 사회복지정책은 사회적 취약계층을 포함하여 전 국민이 직면한 의료, 주거, 소득, 고용, 사회서비스 등과 관련된 사회적 문제를 해결하기 위해 중앙 및 지방정부가 책임지고 시행하는 일련의 계획, 원칙, 규칙, 지침을 의미한다(권중돈 외, 2019). 사회복지정책의 영역으로는 사회보장정책(국민연금, 고용보험, 산재보험, 국민기초생활보장제도 등), 의료보장정책(건강보험제도, 노인장기요양보험제도, 의료급여제도 등), 주거보장정책(취약계층 대상 공공임대주택제도), 고용보장정책(고용안정 및 직업능력개발사업, 장애인의무고용제도, 일-가정양립지원제도 등), 사회서비스정책(노인, 장애인, 아동 등에 대한 개별 혹은 사회적 서비스), 교육보장정책(특수교육제도, 통합교육제도 등), 조세정책(누진세 성격의 직접세를 통한 소득재분배 유도 등)이 있다(권중돈 외, 2019).

사회복지정책의 형성과정은 사회문제의 사회적 이슈화, 정책의제 형성, 정책대안 형성, 정책결정, 정책집행 및 정책평가로 진행된다(권중돈 외, 2019). 첫째, 사회복지정책은 사회문제에서 출발한다. 사회문제는 인간이 해결하고자 하는 욕구를 불러일으키는 불만족스러운 상태이지만 모든 사회문제가 사회복지정책으로 연결되는 것은 아니다. 따라서 문제가 사람들의 관심을 갖게 되는 이슈로 전환되는 과정에 기여하는 위기나 사건, 즉 이슈촉발장치와 특정 문제에 대해 대중의 관심을 일으키도록 유도하는 행위자로서 이슈제기자가 필수적이다. 둘째, 정책의제(agenda)는 다양한 사회문제 중에서 정부가 해결해야 할 공적인 정책문제로 채택된 것을 말한다. 따라서 앞서 이슈가 된 사회문제에 대해 정부가 공식적으로 해결하겠다고 표명한 정책의제로 확대되도록 하는 과정이 필요한 것이다. 셋째, 정책대안은 문제의 해결방법으로 주어진 목표의 달성을 위한 방법을 강구하고 비교 · 분석하는 과정이다. 즉, 정책문제의 정의와 상황에 대한 파악을 통해 정책목표를 수립하고 그 목표를 달성할 수 있는 대안들을 개발하여 비교 · 분석하는 과정을 거치게 된다. 넷째, 앞서 정책대안을 형성한 후 여러 정책대안 중에서 가장 바람직한 정책대안을 선택하는 결정과정을 거친다. 다섯째, 정책대안을 결정한 후 정책의 내용을 실현하고 구체화하는 정책집행과정을 거친다. 여섯째, 정책형성과정의 마지막 과정으로서 정책의 집행 결과가 처음 목표를 얼마나 효과적으로 달성했는지를 측정하는 정책평가의 과정을 거친다. 즉 정책결과가 처음 의도를 실현하였는지, 어떠한 파급효과를 야기하는지, 정책 집행과정에서 발생된 문제점과 개선점은 무엇인지를 체계적으로 조사 · 분석 및 판단하는 활동이다.

이상의 사회복지실천 분야는 미시, 중간, 거시의 대상체계의 차이에 따라 개입하는 사회복지실천의 방법과 기술을 각각 다르게 제시할 수 있다. 하지만 모든 사회복지실천의 하위 유형들은 대상체계가 처해 있는 문제에 대한 해결과정을 유사한 단계로 제시할 수 있다. 각 사회복지실천의 하위 유형과 학자에 따라 세밀한 단계의 명칭은 다를 수 있으나 대체로 〈표 4-3〉과 같이 정리할 수 있다.

표 4-3 | 사회복지실천의 과정

<table>
<tr><th>개인 및 집단수준의 사회복지실천</th><th>지역사회복지</th><th>사회복지행정</th><th>사회복지조사</th><th>사회복지정책</th></tr>
<tr><td>1. 접수 및 자료 수집</td><td>1. 지역사회에 대한 사정</td><td rowspan="3">1. 기획</td><td rowspan="2">1. 주제설정 및 문제제기</td><td>1. 사회문제의 사회적 이슈화</td></tr>
<tr><td>2. 사정</td><td>2. 지역사회의 복지욕구 파악</td><td>2. 정책의제 형성</td></tr>
<tr><td>3. 계획 수립</td><td>3. 실천계획 수립</td><td>2. 조사설계</td><td>3. 정책대안 형성
4. 정책결정</td></tr>
</table>

4. 개입	4. 실천계획의 실행	2. 조직 3. 인사 4. 지시 5. 조정 6. 보고 7. 재정	3. 자료수집 4. 자료분석	5. 정책집행
5. 종결 및 평가	5. 평가 및 재사정	8. 평가	5. 보고서 작성	6. 정책평가

제2절 적용지식과 기술에 따른 실천방법

사회복지실천은 실천대상의 문제를 어떤 지식과 기술을 적용하는지에 따라 일반주의 접근방법(generalist approach)과 전문주의 접근방법(specialist approach)으로 구분된다. 이 두 접근방법은 개인, 가족 및 집단 등 미시적 사회복지실천에 적용되며 중간 및 거시적 사회복지실천에는 잘 적용되지 않고 있다(김상균 외, 2001). 이는 마치 의학의 임상적 실천에서 일반의와 전문의의 실천에 비유할 수 있다.

1. 일반주의 접근방법

일반주의 접근방법은 "사회복지대상인 사회체계의 문제나 욕구를 사회체계론적 입장에서 이해하고 문제해결의 방법으로 여러 가지 실천모델을 사용하여 다양한 사회체계에 개입하는 방법"(김상균 외, 2001)으로 정의된다. 앞서 설명한 대로 전통적 사회복지실천의 세부 영역인 개별 사회사업, 집단사회사업, 지역사회조직이 통합된 실천방법으로 전개됨에 따라 일반주의 접근방법으로 발달하게 되었다. 사회체계이론에서는 문제의 원인을 체계 간의 상호작용 속에서 다양한 수준의 사회체계에 있을 수 있다고 가정하고 문제의 해결을 위해 다양한 사회체계에 대한 개입이 필요하고 그 과정에서 어떤 특정한 이론에 얽매이지 않고 상황에 따라 여러 가지 다양한 지식과 기술을 절충적으로 적용하는 것이 바람직하다고 본다. 일반주의 접근방법에서는 사회복지사가 갖고 있는 지식과 기술이 광범위한 영역에 걸쳐 사용되며 문제의 사정과 해결에 대한 개입이 보다 포괄적으로 수행된다. 따라서 일반주의 실천을 주로 수행하는 사회복지사는 다양성과 관련된 확고한 지식 기반과 함께 광범위한 기술들에 숙달되어야 하고 이 기술들을 자유자재로 사용할 수 있어야 한다(최해경, 2009). 대학에서의 사회복지학을 이수한 사회복지사들이 이러한 일반주의 접근방법을 활용하는 전문가로 인정된다.

2. 전문주의 접근방법

전문주의 접근방법은 어떤 특정한 이론적 관점이나 특별한 치료기법(예 : 가족치료, 정신분석요법, 미술치료 등)을 적용하거나, 특별한 대상에 국한하거나(정신장애인, 치매 노인, 행동문제를 보이는 아동 등), 특정한 문제(가정폭력, 정신장애, 학교부적응 등)에 한정하여 보다 깊이 있게 접근하는 방법을 의미한다(Morales & Sheafor, 2001; 김상균 외, 2001). 한 예로 아침에 늘 늦게 일어나서 학교에 지각하는 아동의 문제행동에 대해 행동수정이론을 적용하는 실천과 같이 특별한 클라이언트 유형(아동)의 특별한 문제(문제 행동)에 대해 특정한 치료기법(행동수정 이론)을 적용하는 접근방법을 들 수 있다. 전문주의 접근방법은 임상사회사업에서 주로 선호되는 접근방법으로 대학원 석사수준 이상 교육을 이수한 사회복지사들이 사회복지실천현장에서 활용하기를 원하는 경향이 있다. 다른 한편 우리나라의 경우 2018년 사회복지사업법 개정에 따라 정신건강사회복지사, 의료사회복지사, 학교사회복지사는 사회복지사 1급 자격증을 소지한 자 중에서 각 영역의 수련기관에서 1년 이상 수련에 참여하도록 규정되어 있어 특정 영역에서의 전문주의 접근방법을 수행하는 사회복지사 자격제도를 가지고 있다.

제3절 사회복지실천 대상 특성에 따른 실천 분야

사회복지실천 분야는 "사회복지실천활동이 이루어지는 전문영역"을 의미한다(김태성 · 홍선미, 2006). 또한 사회복지실천 분야는 사회복지사가 사회복지실천활동을 전개하는 구체적인 장소를 포함한다. 따라서 사회복지사는 주로 자신이 어느 "사회복지실천 분야"에서 일하고 있는지, 그 분야에서 어떠한 클라이언트를 만나고 일하고 있는지를 명확하게 이해하고 있어야 한다. 사회복지실천 분야는 주로 사회복지실천의 주요 대상(예: 아동, 노인, 장애인 등), 주요한 사회문제(예: 빈곤, 건강, 주거, 학대 등), 사회복지실천이 제공되고 있는 장소(예: 학교, 병원 등)에 따라 구분된다. 그 중에서 사회복지실천 대상은 생애주기에 따른 인구학적 특성, 다양한 유형의 사회 문제, 주로 사회복지시설로 불리는 장소의 특성에 의해 구분될 수 있다. 이 장에서는 사회복지실천의 주요 실천 대상으로 아동, 청소년, 여성 및 가족, 장애인, 노인을 중심으로 간략히 각각의 대상이 가지는 사회복지실천의 특성을 소개하고자 한다.[03]

1. 아동 사회복지실천

아동은 생애주기별로 가장 낮은 연령대에 속해 있으면서 성인이 되기 전 행복하고 안전하게 자랄 수 있도록 지원해야 하는 대상이다. 인간발달단계에서 보통 아동은 태어나면서부터 초등학교에 다니는 아동을 지칭한다. 이와 다른 기준으로는 일반적으로 아동의 범위를 정할 때에는 연령을 기준으로 정하게 되는데 국가, 학자, 지원 서비스 및 제도에 따라 상이하게 구분된다. 예를 들어, 우리나라 아동복지법에서는 아동을 18세 미만인 사람으로 규정하고 있고 국가의 아동복

03 각 실천분야와 관련한 상세한 내용은 아동복지론, 청소년복지론, 장애인복지론, 가족복지론, 학교사회복지론, 정신건강사회복지론, 노인복지론 등을 통해 학습하기 바란다.

지 지원의 대상으로 정하고 있다. 하지만 가정위탁보호의 경우 18세 이상이지만 고등학교에 재학 중인 아동이거나 보호연장 사유가 발생되어 일정 기간 동안 보호를 연장해야 하는 아동과 같이 개별 서비스의 대상이 되는 아동의 연령 기준은 아동복지법에 명시한 18세 미만의 기준을 넘어서는 경우가 있다. 이러한 연령 기준에 따른 아동 범위는 다음 절에서 설명하는 청소년기와 중복되는 범위가 존재한다.

한편 아동은 성인이 되기 전까지 자립할 수 없는 상태이어서 사회적 약자 혹은 보호의 대상으로 인식된다. 하지만 20세기 이후 모든 아동이 건강하고 건전한 개인으로 성장하도록 지원해야 하며 생존, 보호, 발달, 참여가 보장되는 권리의 주체로 인식되고 있다. 이와 관련한 사례로는 각 지방자치단체에서 규정하고 있는 '어린이 인권조례'나 '아동친화도시 조성' 등을 들 수 있다.

따라서 아동 사회복지실천은 자립하기까지 보호를 필요로 하는 아동으로서 원가정보호 혹은 가정보호가 어려울 경우 그와 유사한 환경에서 보호를 제공하고자 하는 실천활동을 포함하여 아동의 생존, 보호, 발달, 참여가 보장되도록 아동의 권리를 보장하도록 제공되는 실천활동 모두를 포함하고 있다. 또한 '아동'에게 직접적으로 지원하는 실천활동 외에 아동을 보호하거나 지원하는 보호자 혹은 가족, 학교, 조직과 같은 환경에게 간접적으로 지원하는 실천활동도 포함하고 있다.

아동 사회복지실천의 목표는 보호를 필요로 하는 아동뿐만 아니라 모든 아동이 건강하고 건전한 개인으로 성장하고 사회의 일원으로 자립하여 살아갈 수 있도록 지원하는 것이다. 특히 아동은 안정된 가족 혹은 그와 대체할 수 있는 환경 속에서 양육하도록 환경을 조성하고 지원하는 것이 중요하다. 이러한 맥락에서 아동 사회복지실천의 목표는 다음과 같이 제시할 수 있다(Liederman, 1995; 김상균 외, 2001).

첫째, 모든 아동을 보호하고, 아동의 안녕을 증진시켜야 한다.

둘째, 가족을 지원하고, 아동학대와 방임을 예방한다.

셋째, 가족의 욕구를 다룸으로써 가족의 안정을 증진시킨다.

넷째, 가족의 강점(strength)을 지원한다.

다섯째, 아동의 안전과 안녕을 확보하기 위해 필요한 경우에는 반드시 개입한다.

여섯째, 위탁보호(foster care)가 필요한 아동을 위해 다양한 위탁보호를 제공한다.

일곱째, 부적합한 주거, 빈곤, 약물남용, 의료보호의 부족 등 아동과 가족에게 부정적으로 영향을 미치는 사회조건을 변화시킨다.

대표적 아동 사회복지실천현장인 아동복지시설은 아동양육시설, 아동일시보호시설, 아동보호치료시설, 공동생활가정, 자립지원시설, 아동상담소 등이 있다. 사회복지실천 분야에서 일하는 사회복지사는 아동복지시설에서 아동 및 가족에 대한 보호, 상담, 양육지원, 자립지원, 학대예방 및 사후관리 등의 실천활동을 담당한다. 그 외 지방자치단체에서 학대를 경험한 아동들을 보호하기 위한 공무원으로서 아동보호전담요원이나 아동학대전담공무원들이 아동 사회복지실천활동을 담당한다.

2. 청소년 사회복지실천 및 학교사회복지실천

1) 청소년 사회복지실천

청소년기는 아동과 성인의 전환기적 특성을 가지고 있으면서 성인 이후 자립할 수 있도록 자아상을 확립하고 진로를 준비하는 시기이다. 인간발달단계에서 청소년은 부모로부터 분리되어 독립성과 자율성을 획득하려는 대상이면서 신체적, 인지적, 심리적, 사회적으로 발달이 왕성한 대상이다. 우리나라 청소년기본법에서는 청소년을 '9세 이상 24세 이하인 사람'으로 규정하고 있지만 아동의 범위와 중복되는 문제를 가지고 있다. 사회통념상 우리나라에서는 중 · 고등학교에 다니는 학생에 해당하는 '13세에서 18세까지'의 연령을 가진 사람을 청소년으로 분류한다.

청소년 사회복지실천은 요보호 청소년과 같은 특정한 집단에만 해당되는 것은 아니라 일반 청소년 및 청소년 생활에 영향을 미치는 가족, 학교, 지역사회 등 사회환경을 포함한다. 「청소년복지법」에 의하면, 청소년복지는 '청소년이 정상적인 삶을 누릴 수 있는 기본적인 여건을 조성하고, 조화롭게 성장 · 발달할 수 있도록 제공되는 사회적 · 경제적 지원'으로 규정되어 있다.

청소년 사회복지실천의 목적은 청소년이 정당한 대우와 권리를 가지고 보다 나은 삶을 살아가고 국가와 사회가 필요로 하는 건강하고 행복한 사회구성원으로 자랄 수 있도록 지원하는 것이다. 이러한 청소년 사회복지실천의 목표를 실현하기 위한 구체적인 목표는 다음과 같다.

첫째, 청소년의 건강한 성장과 사회화를 위하여 청소년 당사자와 가족, 학교, 지역사회를 지원하는 것이다. 특히 청소년 비행 및 문제를 미리 방지하기 위한 예방적 서비스로서 청소년에 대한 상담, 학업지원, 자립지원, 문화지원 등을 통해 청소년의 전반적인 사회화 과정을 지원한다.

둘째, 보호를 필요로 하는 청소년들이 사회의 보호 속에서 건강하게 성장할 수 있도록 지원한다. 이를 위해 소년소녀가장, 시설보호청소년, 가출청소년, 비행청소년 등에 대한 상담, 학업지원, 보호, 후원제도, 주거 및 자립지원을 제공한다.

셋째, 청소년의 바람직한 가치관 형성과 올바른 성장을 위한 사회적, 물리적 환경을 개선한다. 청소년기는 독립할 수 있는 시기 이전이므로 자아상 확립과 진로 확립을 위한 가족을 비롯한 사회적 환경에 대한 지원이 필요한 시기이다. 또한 청소년의 정신과 신체에 유해한 영향을 미치는 유해시설, 장소와 같은 물리적 환경의 개선과 청소년에 부정적 영향을 미치는 문화를 추방하기 위한 개선을 도모한다.

청소년 사회복지실천현장은 「청소년기본법」 제17조에 명시되어 있는 청소년 관련 시설로서 청소년활동시설(청소년수련관, 청소년야영장, 유스호스텔 등), 청소년보호시설(청소년유해환경으로부터 보호하고 피해청소년의 치료와 재활을 지원하는 시설), 청소년복지시설(청소년쉼터, 청소년자립지원관, 청소년치료재활센터, 청소년회복지원시설 등) 등이 있다. 그 외에 학교 밖 청소년지원센터(꿈드림), 이주배경청소년지원시설, 한부모청소년지원시설, 정서 · 행동장애 청소년 지원시설 등 특별 지원이 필요한 청소년을 대상으로 서비스를 제공하는 시설 등이 있다. 이러한 시설들은 제공되는 서비스의 전문성에 따라 사회복지사 외에 청소년지도사나 청소년상담사와 같은 전문가가 일하고 있다.

2) 학교사회복지실천

학교사회복지실천은 '학교에서 일어나는 학생의 문제들을 개인의 문제만이 아닌 개인을 둘러싼 환경과의 상호작용의 문제로 보고, 이러한 심리, 사회적 문제들을 학생-학교-가정-지역사회의 연계(방법)를 통해 예방하고 해결함은 물론, 모든 학생이 자신의 잠재력과 능력을 최대한 발휘할 수 있도록 최상의 교육환경과 공평한 교육기회를 제공함으로써, 궁극적으로 교육의 본질적인 목적을 달성하고, 학생복지를 실현(목적)할 수 있도록 도와주는 교육기능의 한 부분이며 사회복지의 전문분야'(한국학교사회복지사협회 홈페이지)이다. 여기서 통상 학교는 초 · 중 · 고등학교를 말한다. 따라서 주요 대상은 아동과 청소년을 포함한다고 할 수 있다. 학생들이 경험하는 문제들은 학생 개인뿐만 아니라 학생을 둘러싼 사회환경에서 생기기 때문에 이러한 문제해결을 위해 개인과 환경에 대한 사회복지실천이 필요한 것이다. 따라서 학교사회복지는 학생들의 어려움을 해결하기 위해 교사, 학부모, 지역사회유관기관(사회복지기관, 상담기관, 의료기관, 종교기관 등)의 다양한 전문가들과 협력하는 체계를 가지고 있다. 학교사회복지실천과 관련한 사업으로 교육복지우선지원사업(저소득층의 교육, 복지, 문화 수준을 높이기 위한 학습능력 증진, 문화체험, 심리정서발달 등을 제공하는 사업), 스타트사업(위스타트, 드림스타트 사업, 저소득층 아동들에게 복지, 교육, 건강 등 포괄적인 서비스를 제공하는 사업), We project 사업(학교, 교육청, 지역사회가 연계하여 학생들의 건강하고 즐거운 학교생활을 지원하는 다중의 통합지원서비스망 사업) 등이 있다.

학교사회복지실천을 담당하는 사회복지사는 '학교사회복지사'로 지칭한다. 2018년 사회복지사업법 개정에 따라 학교사회복지사는 1급 사회복지사로서 일정기간 수련을 이수한 전문가로서의 자격이 주어진다. 학교사회복지사가 제공하는 서비스로는 사례관리, 학생 클라이언트를 대상으로 하는 개별 및 집단 개입, 장애학생에 대한 서비스, 가정방문 및 학부모 면담을 통한 가정 개입, 학생복지 증진을 위한 지역사회 자원 개발 및 네트워크 구축과 학교의 지역사회 봉사 연계, 역기능적인 교육기관 및 환경의 규범이나 조건을 변화시키기 위한 입법 및 행정 영역에서의 옹호활동 등이 있다.

3. 여성 및 가족(다문화) 사회복지실천

1) 여성 사회복지실천

여성 사회복지실천은 모든 여성들이 한 사회의 구성원으로서 삶의 질을 영위할 수 있도록 성차별 없이 여성의 욕구나 문제를 해결하기 위한 공공 및 민간 차원에서 전개되는 사회복지실천을 의미한다. 인류 역사상 오랫동안 지속되어온 성역할과 가부장적 가치관에 의해 여전히 여성에 대한 성차별 및 사회적 불이익이 존재하고 있다. 이를 젠더(gender)[04] 관점에서 살펴보면, 경제활동에 있어서 남성과 여성의 성별 분업 및 여성 노동에 대한 불이익 문제, 정치제도에 있어서 상대적으로 적은 여성 정치인의 숫자와 영향력, 사회문제적 차원에서 성폭력과 가정폭력 등 사회 전반에 여성에 대한 차별과 불평등은 지속되고 있다. 이로 인해 발생되는 여성 개인이나 가족들이 경험하는 빈곤, 폭력, 가족해체, 노동 불평등, 노령화, 건강 취약성 등의 문제 및 욕구를 해결하기 위한 정책 및 서비스가 필요한 실정이다. 따라서 여성 사회복지실천은 모든 여성을 대상으로 성평등에 입각한 사회 전반의 성차별의 철폐와 각종 사회참여 확대를 위한 제도 및 정책

---

04 젠더(gender)란 사회문화적인 과정에서 형성된 남녀 간 차이를 의미하며, 각 성에 적합하다고 생각되는 행동과 특성을 포함한다. 이전에는 남성과 여성의 생물학적 차이를 나타내는 성별로서 sex를 지칭하였으나 성별 구분을 나타내는 보편적 용어로 젠더를 사용하고 있다(공미혜 · 성정현 · 이진숙, 2010).

변화와 관련한 사회복지실천을 포함하면서 동시에 다양한 문제를 경험하는 여성을 대상으로 상담, 보호, 재정지원, 교육, 주거지원, 취업지원, 건강지원 등의 사회복지실천을 포함한다.

여성 사회복지실천현장으로는 성평등 및 여성인권 보장을 위한 정부 및 민간의 조직(여성가족부, 보건복지부 등 정부부처 및 산하기관, 한국여성정책연구원, 여성인력개발센터 등), 한부모가족 지원조직(모자가족복지시설, 미혼모자가족복지시설, 한부모가족복지상담소 등), 가정폭력 및 성폭력 피해자 지원조직(가정폭력상담소, 성폭력상담소, 여성긴급전화 1366, 성폭력 피해자 통합지원센터(해바라기센터) 등), 성매매여성 지원조직(성매매피해상담소, 일반 및 청소년지원시설, 탈성매매 및 자활을 위한 지원센터 등) 등이 있다. 각 조직에서는 사회복지사뿐만 아니라 각종 상담을 제공하기 위한 상담원으로 심리학, 여성학, 아동학 등의 타 학문을 전공하거나 관련 자격증을 취득한 전문가가 활동하고 있다.

2) 가족 사회복지실천

가족은 아동, 청소년, 노인, 장애인 등 가족구성원에 대한 출산, 양육, 보호, 교육 등의 기능을 제공함으로써 가족구성원의 삶의 질에 직접적으로 영향을 미치는 환경이다. 다른 한편 가족 그 자체는 문제와 욕구를 가지고 있는 한 단위로서의 사회복지실천 대상이 된다. 따라서 가족 사회복지실천의 목표는 개별 가족구성원의 복지 증진을 위한 환경에 대한 개입의 초점으로 가족의 변화를 두기도 하지만 가족 전체가 경험하고 있는 문제와 욕구를 충족하기 위한 클라이언트에 대한 개입의 초점으로 가족 기능 강화와 문제해결 능력 제고를 도모한다. 전자의 경우 가족 사회복지실천은 다른 사회복지실천 대상에 대한 개입과 중복되어 있거나 밀접한 관련성을 가지게 된다. 예를 들어, 아동학대를 경험한 아동에 대한 보호를 제공하기 위하여 가족 내 피해 구성원과 가해 구성원에 대한 상담과 치료, 사례관리 등을 통하여 가족의 구조와 기능을 회복하고자 한다. 후자의 경우 가족 간 역기능적 의사소통 혹은 자녀에 대한 부모의 양육방식에서의 변화를 일으키기 위하여 가족 전체에 대한 상담과 치료 등의 서비스를 제공함으로써 가족관계를 개선하거나 가족해체를 예방하도록 돕는다. 하지만 개입의 대상으로서 가족 자체가 가지는 이중성 때문에 실제 사회복지실천현장에서는 이러한 구분 자체가 명확하지 않고 있다.

가족 사회복지실천의 특성을 살펴보면 다음과 같다(성정현 · 여지영 · 우국희 · 최승희, 2009).

첫째, 가족이 사회복지실천의 관심의 단위가 된다.

둘째, 가족과 전문가 간의 협력을 중요시한다.

셋째, 가족의 선택과 의사결정을 중시한다.

넷째, 가족의 강점을 주요하게 고려한다.

다섯째, 가족 사회복지실천은 문제를 제시한 구성원에게만 해당되는 것이 아니라 가족 모든 구성원에게 해당된다.

여섯째, 가족 사회복지실천은 가족의 독특성을 인정하여 개별화된 서비스를 제공한다.

일곱째, 민주적 과정과 성평등을 촉진시킨다.

가족 사회복지실천현장은 한부모가족 지원조직, 가정폭력상담소 및 쉼터와 같이 여성 사회복지실천현장과 중복되기도 하다. 또한 자녀의 양육과 돌봄, 일-가정 양립지원을 위한 지원조직(육아종합지원센터, 전국학부모지원센터 등), 이혼가족을 위한 양육비이행관리원, 가족상담 및 가족치료 전문기관, 건강가정지원센터, 다문화가족지원센터[05], 다누리콜센터(1577-1366) 등은 가족 전체를 대상으로 서비스를 제공하는 공공 및 민간의 실천현장이다. 이러한 기관에서도 많은 사회복지사가 서비스를 제공하고 있지만 그 외 다른 전문직(상담원, 건강가정사, 가족치료사, 아이돌보미, 요양보호사 등)들이 특정 욕구와 관련한 다양한 서비스 제공의 역할을 수행하고 있다.

---

05 건강가정지원센터와 다문화가족복지센터는 정부 정책의 방향에 의해 통합되어 운영하는 곳이 증가하고 있으며, 많은 통합조직에서는 '가족센터'로 명칭을 변경하고 있다.

4. 장애인 사회복지실천 및 정신건강사회복지실천

1) 장애인 사회복지실천

장애인 사회복지실천은 장애인에 대한 인간으로서의 존엄한 권리를 보장하고 사회적으로 동등한 대우를 받고 개인의 신체적, 심리적, 사회적, 지적 욕구를 충족하기 위한 제반 서비스를 제공하는 공공 및 민간의 사회복지실천을 의미한다. UN의 「국제장애인권리협약」 제1조에서 '장애인은 다양한 장벽과의 상호작용으로 다른 사람과 동등한 조건으로 완전하고 실질적인 사회참여를 저해하는 장기간의 신체적 · 정신적 · 지적 또는 감각적인 손상을 가진 사람을 포함한다'로 규정되어 있다(임종호 · 이영미 · 이은미, 2013). 또한 우리나라 「장애인복지법」 제2조에서는 '장애인이란 신체적 · 정신적 장애로 오랫동안 일상생활이나 사회생활에서 상당한 제약을 받는 자로서 대통령령이 정하는 장애의 종류 및 기준에 해당하는 자'로 규정되어 있다. 이 규정에 의해 우리나라 장애인복지는 장애인등록을 기준으로 시행되고 있으며 장애인구 통계뿐만 아니라 사회복지정책 및 서비스의 지원대상의 범위를 제한적으로 정하고 있다. 장애인복지법의 장애인등록 기준에 의해 신체적 장애와 정신적 장애로 구분되어 있으며 지체장애, 뇌병변장애, 신장장애, 뇌전증장애, 지적장애, 정신장애 등 모두 15개의 소분류된 장애 범주가 있다.

장애인 사회복지실천은 정상화(normalization), 탈시설화(deinstitutionalization), 사회통합, 자립생활의 원칙과 이념을 갖는다. 정상화는 장애인의 시설보호를 반대하고 생활 리듬과 패턴 측면에서 비장애인과의 그것과 동일하게 생활하도록 지원하는 이념을 말한다. 탈시설화는 대규모 수용시설의 비인도주의적 폐단을 개선하기 위하여 지역사회에 근거를 둔 가정 혹은 가정과 유사한 거주시설에서 지역사회 내 서비스를 받을 수 있도록 개선하기 위한 방안이다. 사회통합은 장애인과 비장애인의 분리 및 배제가 아닌 평등의 원칙에 입각하여 장애인이 지역사회 내에 존재하고 참여하면서 살아가도록 지원하는 이념이다. 마지막으로 자립생활은 기존의 재활 모델과는 달리 장애인 당사자가 스스로의 삶에 대한 선택권을 가지고 지역사회 내에서 주체적으로 살아가도록 보장해야 한다는 이념 및 실천전략이다.

이러한 원칙에 입각하여 장애인 사회복지실천현장은 장애인복지법에 의거한 장애인복지시설과 그 외의 장애인인권 및 인식개선을 위한 권익옹호 조직, 특수교육 관련 기관 등을 포함한다. 먼저 장애인복지시설로는 장애인거주시설(장애유형별 거주시설, 중증장애인 거주시설, 장애인 공동생활가정 등), 장애인 지역사회재활시설(장애인복지관, 주간보호시설, 생활이동지원센터, 수어통역센터, 점자도서관 등), 장애인 직업재활시설(장애인 보호작업장, 근로사업장, 직업적응훈련시설 등), 장애인생산품 판매시설, 장애인 의료시설 등이 있다. 장애인 권익옹호조직은 장애인인권센터, 장애학생 인권보호 지원센터 등 공공 및 민간조직에서 상담 및 일반인 인권교육, 옹호활동을 제공하고 있다. 특수교육 관련 기관은 특수학교, 초·중·고등교육기관의 특수학습 운영, 특수교육지원센터, 장애인평생교육기관 등이 있다. 장애인복지시설을 포함하여 장애인 사회복지실천현장에서 사회복지사뿐만 아니라 특수교사, 재활의학전문의, 물리치료사, 작업치료사, 직업재활상담사 등이 함께 상담, 교육, 재활, 치료, 권익보호, 주거지원, 자립지원 등의 서비스 제공의 역할을 수행한다.

2) 정신건강사회복지실천

정신건강사회복지실천은 정신질환이나 정신장애를 가지고 있는 사람 혹은 그 가능성을 지닌 사람들의 사회적 기능을 회복시키고 궁극적으로 삶의 질 향상을 목적으로 하는 사회복지실천을 의미한다. 정신건강사회복지실천의 일차적인 대상은 정신질환자 혹은 정신장애인이지만 이차적인 대상은 정신질환자의 가족 더 나아가 정신질환의 고위험 가능성을 가지고 있는 지역주민을 포함한다. 최근 우리나라에서 자살과 중독, 폭력의 문제가 심각해지면서 정신건강사회복지에 대한 관심도 증대하고 있어 정신건강사회복지실천의 필요성이 커지고 있다. 또한 정신질환 및 정신장애에 대한 사회적 편견으로 인해 정신질환자 및 정신장애인의 인권이 침해되거나 사회참여의 장벽이 존재하기 때문에 이들의 권익옹호를 위한 사회복지실천이 중요해지고 있다.

정신건강사회복지실천을 수행하고 있는 사회복지사를 '정신건강사회복지사'로 지칭한다. 정신건강사회복지사는 '정신질환의 예방과 정신질환자의 의료 및 사회복귀 등의 업무를 수행할 전문지식과 기술을 갖춘 인력'으로서 「정신건강증진 및 정신질환자 복지서비스 지원에 관한 법률(정신건강복지법)」과 「사회복지사업법」에 의해 1급 사회복지사 자격증을 소지하고 일정기간 수련기관에서 수련을 이수한 후 일정 자격을 갖춘 사회복지사로서 자격을 규정하고 있다.

정신건강사회복지실천현장으로는 정신건강증진 기관 및 시설(정신건강복지센터, 정신재활시설, 중독관리통합지원센터, 자살예방센터, 정신요양시설, 정신의료기관, 정신건강의학과 의원 등), 보건소, 트라우마센터, 치매안심센터, 한국도박문제관리센터, 보건복지부콜센터(129), 학생 정신건강지원센터, 교육부 교육청 · 교육지원청 Wee센터, 학생자활예방센터 등이 있다(한국정신건강사회복지사협회 홈페이지). 정신건강법에 의거해서 정신건강사회복지실천현장에서 정신건강사회복지사와 함께 일하는 전문가를 정신건강전문요원으로 지칭하는데, 정신건강임상심리사, 정신건강간호사, 정신건강작업치료사 등이 이에 해당된다. 이러한 기관에서 일하고 있는 정신건강사회복지사는 다른 정신건강전문요원과 동일한 공통업무뿐만 아니라 정신건강사회복지사 고유 업무 및 소속되어 있는 조직의 활동을 수행하고 있다. 정신건강사회복지사의 주요 업무로는 정신재활시설의 운영, 정신질환자등의 재활훈련, 생활훈련 및 직업훈련의 실시 및 지도, 정신질환자등과 그 가족의 권익보장을 위한 활동 지원, 진단 및 보호의 신청, 정신질환자등의 사회적응 및 재활을 위한 활동, 정신건강증진사업 등의 사업 수행 및 교육, 정신질환자 및 가족에 대한 사회복지서비스 지원에 대한 상담 및 안내, 일반인에 대한 정신장애인 인권 교육 및 정신질환 예방 교육, 정신장애인 인권 옹호활동 등이 있다.

5. 노인 사회복지실천

노인 사회복지실천은 노인이 인간다운 삶을 영위하기 위한 서비스를 제공하는 공공 및 민간의 사회복지실천을 말한다. 노인은 인간발달의 관점에서 생애주기에서 가장 늦은 시기에 해당되는 사람들이며 다른 생애주기 하위집단에 비해 신체적 · 심리적 · 사회적 욕구에 대한 개인차가 큰 대상이다. 「노인복지법」에 의거하여 연령 기준으로 노인을 65세 이상인 사람으로 규정하고 있으나, 인간의 평생수명이 연장되고 노인의 건강이 증진되면서 65세의 연령 기준을 상향해야 한다는 사회적 요구가 큰 상황이다. 또한 노인으로 살아가는 사람들이 계속적으로 증가함에 따라 노인의 빈곤, 질병, 고독, 역할상실, 노인치매, 노인학대, 노인자살 등 노인과 관련한 사회문제가 증가하고 있어 이에 대한 사회 전체의 변화 노력이 필요한 실정이다.

노인 사회복지실천의 원칙은 노인복지의 철학과 가치를 바탕으로 인권존중, 정상화, 통합화, 권리보장으로 제시할 수 있다(이근홍, 2021). 구체적인 내용은 다음과 같다.

첫째, 인권존중의 사상으로 노인은 인간으로서의 존엄성과 권리를 가지고 사회의 한 구성원으로서 가족 및 지역사회와 밀접한 상호작용하고 있는 존재로 존중될 수 있도록 지원되어야 한다.

둘째, 정상화의 이념으로 노인 사회복지실천에서는 사회적 기능상의 어려움을 갖고 있는 노인이 일상의 생활환경 속에서 정상적인 생활을 영위할 수 있도록 물리적, 사회적, 문화적 환경을 조성하도록 지원되어야 한다.

셋째, 통합화의 원리로서 노인이 다른 사회구성원과의 효과적인 상호작용을 촉진하고 지역사회 자원과의 연계와 서비스 통합을 통하여 노인의 욕구를 충족시키도록 지원하는 사회복지실천을 강조한다.

넷째, 권리보장의 원칙으로 노인 사회복지실천은 노인의 인권을 보장하고 사회참여를 촉진하고 잠재능력을 발휘할 수 있는 기회를 증진함으로써 사회구성원으로의 정당한 인권과 권리를 보장할 수 있어야 한다.

노인 사회복지실천현장은 「노인복지법」 제31조에 명기된 노인주거복지시설(양로시설, 노인공동생활가정, 노인복지주택), 노인의료복지시설(노인요양시설, 노인요양공동생활가정), 재가노인복지시설(방문요양서비스 기관, 주 · 야간보호서비스 기관, 단기보호서비스 기관, 재가노인지원서비스센터 등), 노인여가복지시설(노인복지관, 경로당, 노인교실 등), 노인보호전문기관(노인학대 예방 및 개입) 등을 포함하고 있다. 또한 노인인력개발기관, 노인일자리지원기관, 노인취업알선기관과 같이 노인일자리 및 취업을 지원하는 조직, 학대피해노인 전용쉼터, 노인 자원봉사 지원기관, 노인상담센터, 치매안심센터 등도 노인 사회복지실천현장에 포함된다. 이러한 기관에서 사회복지사들은 상담, 돌봄지원, 취업지원, 의료지원, 주거지원, 자원봉사 및 사회참여 지원, 학대피해 및 자살 예방 및 사후보호, 노인 권리옹호활동 등의 서비스를 제공하는 역할을 수행하고 있다.

제4절 직접 및 간접 사회복지실천현장에 따른 실천방법

1. 직접 사회복지실천현장에서의 실천방법

먼저 사회복지기관 · 시설은 1차적인 사회복지실천현장(primary setting)과 2차적인 사회복지실천현장(secondary setting), 그리고 3차적인 기관 · 협의회(council)로 나눌 수 있다(김범수 · 신원우, 2019).

표 4-4 | 사회복지실천현장의 분류

구분	직접 실천현장	간접 실천현장	
유형	1차적인 사회복지실천현장	2차적인 사회복지 실천현장	3차적인 사회복지 실천현장
기관 예시	• 일차적 기능 기관(1차 세팅) 사회복지관, 노인복지관, 장애인복지관, 그룹홈, 아동 · 노인 · 장애인복지시설(생활시설) 등 • 이차적 기능 기관(2차 세팅) 병원, 학교, 군, 산업체 등	사회복지관협회, 보육시설연합회, 아동복지시설연합회 등	한국사회복지협의회, 광역자치단체 사회복지협의회, 기초자치단체 사회복지협의회 등

1차적인 사회복지실천현장이란 일선에서 대상자들에게 직접적으로 사회복지서비스를 제공하는 기관 시설을 말한다. 즉, 지역사회복지관, 장애인복지관, 노인복지관, 아동 · 노인 · 장애인복지시설, 그룹홈, 정신건강복지센터, 지역자활센터 등의 서비스 기관 · 시설 등을 말한다. 1차적인 사회복지실천현장에서 이루어지는 실천방법은 앞서 미시적 사회복지실천(주로 개인 및 집단수준의 사회복지실천)을 주로 활용한다.

또한 1차적인 사회복지실천현장은 사회복지서비스를 일차적 기능으로 하는 기관과 이차적 기능으로 하는 기관으로 분류되기도 한다.[06] 일차적 기능으로 하는 기관의 예시로는 사회복지관, 노인복지관, 장애인복지관, 그룹홈, 아동 · 노인 · 장애인복지시설(생활시설) 등이다. 이러한 기관에서는 대체로 서비스를 제공하는 전문가 중 사회복지사의 비중이 높다. 반면 이차적 기능으로 하는 기관의 예시로는 병원, 학교, 군, 산업체 등 다양한 전문가가 함께 일하고 있거나 사회복지서비스가 부수적 역할로 제공되는 조직이 해당된다. 사회복지사는 이러한 기관에서 상대적으로 적은 인원이 속해 있으며 다른 전문직과 함께 팀의 일원으로서 사회복지 관련 역할을 수행한다.

06 일반적으로 일차적 기능의 기관을 1차 세팅, 이차적 기능의 기관을 2차 세팅으로 부른다.

2. 간접 사회복지실천현장에서의 실천방법

간접 사회복지실천현장은 2차적인 사회복지실천현장과 3차적인 사회복지실천현장으로 분류하고 있다(김범수 · 신원우, 2019). 2차적인 사회복지실천현장이란 아동, 장애인, 노인 등의 각종 협회(association), 연합회, 단체 등을 말한다. 대표적인 기관으로는 사회복지관협회, 보육시설연합회, 아동복지시설연합회 등이 예가 될 수 있다. 그리고 3차적인 사회복지실천현장이란 제1차적인 서비스 기관과 제2차적인 협회나 단체를 총괄한 협의회(council)를 말한다. 대표적인 기관으로는 한국사회복지협의회, 광역자치단체 사회복지협의회, 기초자치단체 사회복지협의회가 있다. 2차적인 사회복지실천현장과 3차적인 사회복지실천현장에서 이루어지는 사회복지실천방법은 지역사회복지, 사회복지행정, 사회복지조사, 사회복지정책 등 중간 및 거시적 사회복지실천을 활용한다.

참고문헌

감정기 · 백종만 · 김찬우 (2005). **지역사회복지론: 이론 · 기술 · 현장**. 나남출판.

공미혜 · 성정현 · 이진숙 (2010). **여성복지론**. 신정.

권중돈 · 조학래 · 윤경아 · 이윤화 · 이영미 · 손의성 · 오인근 · 김동기 (2019). **사회복지학개론(4판)**. 학지사.

김범수 · 신원우 (2019). **지역사회복지론(5판)**. 공동체.

김상균 · 최일섭 · 최성재 · 조흥식 · 김혜란 (2001). **사회복지개론**. 나남출판.

김태성 · 홍선미 (2006). **사회복지개론**. 청록출판사.

박태영 (2003). **지역사회복지론**. 현학사.

엄명용 · 김성천 · 오혜경 · 윤혜미 (2005). **사회복지실천의 이해**(개정판). 학지사.

이근홍 (2021). **노인복지론**. 지식공동체.

임종호 · 이영미 · 이은미 (2013). **장애인복지론**. 학지사.

성정현 · 여지영 · 우국희 · 최승희 (2009). **가족복지론**(개정판). 양서원.

최옥채 (1999). **사회복지실천론**. 인간과 복지.

최일섭 (1985). **지역사회복지론**. 서울대학교출판부.

최해경 (2009). **사회복지실천론**. 학지사.

학교사회복지사협회 홈페이지 https://www.kassw.or.kr/

한국정신건강사회복지사협회 홈페이지 https://kamhsw.or.kr/

Fook, J. (1993). ***Radical Casework: A Theory of Practice***. Allen & Unwin Pty Ltd.

Israel, B. A., Checkoway, B., Schulz, A., & Zimmerman, M. (1994). Health Education and Community Empowerment: Conceptualizing and Measuring Perceptions of Individual, Organizational, and Community Control. In M. Minker(Ed.), ***Community Organizing and Community Building for Health***. New Burnswick: Rutgers University Press.

Liederman, D. S. (1995). "Child Welfare Overview", ***Encyclopedia of Social Work***(19th eds.), Washington, DC: NASW, pp. 424-433.

Morales, A. T., & Sheafor, B. W. (2001). ***Social Work: A Profession of Many Faces***(9th eds.). Boston: Allyn and Bacon.

Papell, C., & Rothman, B. (1966). "Social Group Work Models". ***Journal of Education for Social Work***, 2(2), 66-77.

Rothman, J. (1995). Approaches to Community Intervention. In Jack Rothman et al. ***Strategies of Community Intervention***. Peacock.

Taylor, S. H., & Roberts, R. (1985). ***Theory and Practice of Community Social Work***. New York: Columbia University.

Timnerlake, E. M., Farber, M. Z., & Sabatino, C. S. (2002). ***The General Method of Social Work Practice: McMahon's Generalist Perspective***. Boston, MA: Pearson Allyn & Bacon.

Weil, M., & Gamble, D. (1995). "Community Practice Models", ***Encyclopedia of Social Work***. New York: NASW Press

Zastrow, C. (1989). ***The Practice of Social Work***. Pacific Grove, CA: Brooks/Cole Publishing Company.

CHAPTER 05

사회복지의 가치와 윤리

사회복지의 규범적 본성과 실천노력

CHAPTER 05

사회복지의 가치와 윤리

사회복지의 규범적 본성과 실천노력

이 장에서는 사회복지의 가치와 윤리를 다룬다. 우리는 사회복지가 현대사회의 대표적인 직업이자 학문이라는 것을 염두에 두면서 사회복지를 과학적이고 객관적이며 가치중립적인 것으로 간주하기 쉽다. 하지만 사회복지는 본질적으로 규범적인 속성을 지닌 것으로 사회복지의 목표와 실천행위는 무엇이 선하고 옳은 것인가라는 가치판단을 토대로 이루어진다. 그러므로 사회복지실천의 또 다른 핵심적인 요소인 이론과 기술 역시 사회복지가 지향하는 가치판단과 연관할 때에만 실질적인 의미를 가질 수 있다.

이 장에서는 이와 같은 사회복지의 규범성을 보다 분명히 이해하기 위해 우선적으로 규범성의 개념과 규범성의 내용을 구성하는 가치와 윤리에 대하여 학습한다. 그리고 이러한 학습에 기초하여 구체적인 사회복지실천에서 가치와 윤리가 어떠한 역할을 담당하며 구체적으로 어떻게 활용되는지를 파악한다. 사회복지를 전문적으로 수행하는 사회복지사는 실천과정에서 무엇이 가장 바람직한 실천대안인지를 모색하는 과정에서 무수히 많은 경쟁하는 가치들을 종합적으로 고려하여야 한다. 다시 말해 실천과정에서의 윤리적 갈등과 교착상태에 지속적으로 직면하게 되는 것이다. 그러므로 무엇보다 이 장에서 핵심적인 내용은 사회복지가 자신의 실천을 수행하는 과정에서 다양한 가치들을 선택하고 판정하는 윤리적 의사결정을 신중하게 반복할 수밖에 없으며, 이 과정에서 사회복지의 근본적인 목표와 임무를 지키려 노력한다는 점이다.

제1절 사회복지의 규범성

1. 사회복지와 규범성

전 세계적으로 대표적인 사회복지단체인 국제사회복지사연맹이 내린 사회복지의 정의에 의하면 사회복지는 실천기반의 전문직이자 분과학문이다(IFSW, 2014). 사회복지가 전문직이자 하나의 학문이라는 정의를 접하면서 일반 사람들이 쉽게 가질 수 있는 인상은 사회복지가 기본적으로 객관적 사실에 근거한 과학적이고 가치중립적인 직업이자 학문일 것이라는 점이다. 현재 사회복지사가 되기 위해서는 대학교육을 이수하거나 그와 상응하는 전문적인 교육을 받아야 한다는 점도 이러한 인상을 강화시키는 것 같다.

실제로 과학과 기술이 눈부시게 발달한 현대사회에서 하나의 분야가 전문직이자 학문으로 위치하기 위해서는 당연히 과학적이고 합리적이어야 한다는 짐작은 타당하고 당연해 보인다. 이러한 사회적 인식과 요구를 반영하듯 사회복지 내부에서도 현대사회와 같이 다양한 의견과 기호가 존재하는 다원적 사회에서 사회복지가 하나의 전문직으로 인정받기 위해서는 무엇보다 객관적이고 과학적이어야 하며, 특히 엄격하게 증거에 기반(evidence-based)하여 사회복지가 수행되어야 한다고 주장하기도 한다.

무엇보다 사회복지는 클라이언트라고 불리는 특정 개인이나 집단을 대상으로 이들에게 바람직한 결과를 낳기 위한 실천 활동을 수행하기 때문에 이를 위한 과학적이고 객관적인 논리와 실천전략 그리고 숙련된 기술을 갖추어야 하는 것은 당연하다. 만일 사회복지사가 과학적이고 객관적인 논리와 지식에 근거하지 않은 실천을 수행하여 의도한 결과를 제대로 달성하지 못한다면 결과적으로 그

실천은 비효과적인 실천이 되고 만다. 만일 비효과적 실천을 수행하여 사회복지 대상자들에게 아무런 변화를 가져다주지 못한다면 사회복지는 사회로부터 지지와 승인을 잃게 될 것이며 결국 사회적 비난의 대상으로 전락하거나 영원히 사라질 것이다. 이러한 맥락에서 국제사회복지사연맹이 제시하는 사회복지 정의에도 사회복지는 사회복지, 사회과학, 인문학의 제반 이론과 고유한 토착적 지식에 근거하여 인간과 구조에 개입하며 삶의 어려움을 다루고 복지를 향상시켜야 한다고 분명하게 언급하고 있다.

그러나 사회복지의 과학성에 대한 일반인들의 기대와 사회복지 내부에서의 관련된 노력에도 불구하고 사회복지는 본질적으로 규범적(normative) 존재이다. 사회복지가 규범적이라는 것의 의미는 사회복지의 정체성이나 존재의미가 객관적인 사실이나 과학적인 설명에 달려 있는 것이 아니라 근본적으로 올바른 것(the right)과 선한 것(the good)이 무엇인가라는 가치판단과 깊숙이 연관되어 있다는 것이다. 그러므로 앞서 언급한 바와 같이 사회복지사가 수행하는 실천행위가 어떠한 결과를 가져올 수 있느냐 없느냐 하는 논리적 타당성만으로 사회복지의 존재의미를 인정하는 것이 아니라 실천으로 구현될 결과와 함께 그러한 결과를 가능하게 한 행위 자체가 과연 올바르고 선한 것인가라는 판단과 깊이 연관되어 있다.

사회복지가 본질적으로 규범적이라는 의미를 보다 명확히 파악할 수 있도록 앞서 언급한 국제사회복지사연맹의 사회복지에 대한 정의를 다시 한번 자세히 살펴보도록 하자. 정의에 의하면 "사회복지는 사회 변화와 발전, 사회적 연대, 인간들의 임파워먼트와 자유를 향상시키고자 노력하는 실천기반의 전문직이자 분과학문이다. 사회정의, 인권, 집합적 책임, 그리고 다양성 존중은 사회복지의 핵심 원칙이다. 사회복지는 사회복지, 사회과학, 인문학의 제반이론과 고유한 지식에 근거하여 인간과 구조에 개입하며 삶의 어려움을 다루고 복지를 향상시킨다"(IFSW, 2014).

만약 어떤 사회복지사가 사회복지실천을 잘 수행하여 클라이언트들이 행복한 삶을 살 수 있도록 함으로써 사회적으로 인정을 받고자 한다면 무엇보다 이러한 정의에 충실한 사회복지실천을 하여야 할 것이다. 따라서 사회복지사가 해야 할 가장 우선적 과업은 이러한 사회복지의 정의가 의미하는 바가 무엇인지를 정확히 파악하고 이해하는 것일 것이다. 그런데 사회복지의 정의를 조금만 자세히 들여다보면 그 내용이 앞서 언급한 바와 같이 과학이나 합리성 혹은 객관적 증거에만 기초하여 파악하기 힘들다는 것을 금방 알 수 있다. 예를 들어, 정의의 첫 문장에 등장하는 사회 변화와 발전, 사회적 연대, 인간들의 임파워먼트와 자유가 정확히 무엇을 의미하는지를 파악하는 것이 생각보다 간단한 일이 아니다. 그리고 무엇보다 이러한 개념들이 기본적으로 개인이나 집단이 가진 주관적 지향과 의미를 담고 있어 객관화와 과학화가 쉽지 않다. 다시 말해 이러한 개념들은 인간의 지향과 선호를 반영하는 규범적인 것들로 쉽게 과학화나 표준화하기 힘든 속성을 가지고 있다.

사회복지의 원칙을 이야기하는 두 번째 문장은 과학적인 설명으로는 더더욱 파악하기 힘든 개념들이다. 정의에서 언급하는 사회정의, 인권, 집합적 책임, 그리고 다양성 존중이라는 핵심원칙은 그 자체가 인간이 추구하는 가치들의 대표적인 항목으로서 이를 정확히 이해하기 위해서는 깊은 수준의 규범적 이론과 판단을 필요로 한다. 정의의 마지막 문장인 “사회복지는 사회복지, 사회과학, 인문학의 제반이론과 고유한 지식에 근거하여 인간과 구조에 개입하며 삶의 어려움을 다루고 복지를 향상시킨다”를 보면서 제반이론과 지식은 앞서 제시한 원칙보다는 훨씬 과학적이고 객관적일 수 있겠다고 여길 수도 있겠지만, 이러한 지식이 결국 최종 목표로 설정하고 있는 복지 그 자체는 많은 사람들의 논쟁과 합의가 필요한 것으로 당연히 근본적으로 규범적인 개념이다.

결국 사회복지는 전문직이자 학문이라는 개념 정의에서 얼핏 느껴지는 바와 같이 과학성, 논리성, 객관성을 본질로 하고 있을 것이라는 인상과는 달리 오히려 과학적 접근으로는 온전히 파악하기 힘든 측면, 즉 무엇이 올바르고 착한 것인가라는 가치판단인 규범성과 직접적으로 연관되어 있다고 볼 수 있다.

2. 규범성과 가치

사회복지에서도 일찍부터 사회복지가 가진 규범성에 대해 인식하고 이에 대한 논의를 지속하여 왔다. 이를 반영하듯 사회복지학자들과 실천가들은 전통적으로 사회복지의 세 가지 토대로 가치(value)와 지식(knowledge), 그리고 기술(skill)을 제시하여 왔다(Thompson, 2015). 사회복지는 자신만의 고유한 지식과 기술을 소유하고 있고 이러한 지식과 기술이야말로 사회복지를 전문직으로 자리매김하는 중요한 토대이며 동시에 사회복지를 다른 전문직과 구별하는 중요한 근거이다. 특히 과학과 기술의 영향력이 점점 확대되는 현대사회에서 사회복지실천과정에서 지식과 기술이 차지하는 역할은 점점 더 중요해질 것은 당연하다.

하지만 많은 사회복지학자들과 실천가들은 사회복지를 다른 전문직과 가장 뚜렷하게 구별되게 만드는 핵심토대는 지식과 기술이 아니라 가치라고 주장한다(Clark, 2000). 달리 표현하면 사회복지의 고유한 지식과 기술이 사회복지가 전문직으로 인정받는 데 중요한 역할을 담당하고는 있지만, 이들이 스스로 독립적 지위를 차지한다기보다는 사회복지가 추구하는 가치와 부합할 경우에만 그 의미를 가질 수 있다는 것이다. 이러한 주장에 의하면 사회복지의 지식과 기술 그리고 가치는 서로 병렬적으로 연결되거나 상호연관된 것으로 보기보다는 가치토대 위에 지식과 기술이 위치하는 위계적 모습으로 보는 것이 보다 적절해 보인다(이봉주 외, 2016).

앞서도 잠깐 언급한 바와 같이 사회복지가 가진 이러한 가치지향적 특성은 사회복지의 실천성으로부터 직접 도출되는 것이다. 사회복지는 흔히 실천학문 혹은 응용학문이라고 불리는데, 이는 사회복지가 여타의 사회과학과는 달리 실천을 가장 중요한 지향점으로 생각한다는 것을 의미한다. 사회복지는 사회현상을 객관적으로 개념화하고 설명하는 것을 목적으로 하는 다른 사회과학과는 달리 최종적으로 사회와 구성원들을 대상으로 특정한 변화를 추구한다. 앞서 사회복지의 정의에서 살펴본 것처럼 사회복지는 실천행위를 통해 바람직한 모습이나 상태를 변화의 목표로 지향하고 있는데 이를 한 마디로 요약하면 다름 아니라

복지(welfare)라고 할 수 있다. 이 경우 바람직한 모습으로 사회복지가 지향하는 상태가 지식과 기술의 토대로서 논의하고 있는 가치(value)인 것이다. 인간은 개인적 혹은 집단적으로 자신들이 바람직하다고 생각하는 상태로 자신들이나 자신들이 속한 사회가 변화하기를 바라는데 이와 같은 바람직한 목표로서의 사회복지의 가치가 결집된 것이 바로 복지이다.

결국 사회복지가 사회와 사회의 구성원들을 위한 바람직한 변화를 추구하는 한 사회복지는 영원히 가치지향적일 수밖에 없고 따라서 사회복지는 규범적인 존재이어야 한다. 그러므로 사회복지에 대한 가장 적절한 개념 정의는 사회복지가 대표적인 가치지향적 전문직이자 분과학문이라는 것이다.

제2절 사회복지와 가치

1. 가치와 윤리

1) 가치의 정의와 분류

우리는 사회복지가 실천을 통해 달성하려는 바람직한 상태가 복지이며 이것은 다름 아니라 인간이 지향하는 가치라는 것을 알 수 있었다. 그렇다면 사회복지의 최종 목표인 가치는 구체적으로 무엇을 의미하며 어떠한 기능과 역할을 수행하는 것일까? 값을 뜻하는 한자어 가(價)와 역시 값을 뜻하는 한자어 치(値)로 이루어진 단어인 가치는 원래 '가치 있는 것(to be of worth)', '유행하는 것(to prevail)'을 의미하는 라틴어인 valere에 기원을 두고 있다. 현재 사용하고 있는 가치 개념은 크게 두 가지의 의미를 가지고 있다.

하나는 사실(fact)과 구별되는 것으로 인간이 일상에서 경험하는 방법으로는 알아차릴 수 없는 추상적인 것이라는 형식적인 의미이고, 다른 하나는 악(evil)과 반대되는 의미에서 좋은 것(the good) 또는 소중한 것(the valuable)이라는 내용상의 의미이다(Pojman, 2002: 62). 이러한 맥락에서 미루어 볼 때 가치란 한 사회에서 좋은 것 혹은 소중한 것이라고 평가되는 것으로 경험적 사실과는 구별된다고 볼 수 있다.

인간이 중요하게 생각하며 지키고자 하는 것이 가치라면 결국 가치와 관련된 가장 중요한 문제는 무엇이 가치 있는 것인지 그리고 그러한 가치판단이 단순히 주관적인 선호가 아니라 많은 사람들이 공감하고 인정할 수 있는 타당성을 가진 것인지의 여부이다. 가치를 탐구하는 연구자들은 이 두 가지 문제를 해결하기 위해 많은 노력을 기울여 왔다.

가치를 보다 분명하게 이해하려는 가장 기본적인 노력은 가치를 인간의 삶의 다양한 측면과 관련하여 분류해 보는 것이다. 예를 들어, 가치를 육체적 가치, 경제적 가치, 도덕적 가치, 정치적 가치, 종교적 가치, 지적 가치, 심미적 가치 등으로 분류하여 이들 사이의 차이를 구분해 보는 것이다. 하지만 이러한 노력은 가치의 종류와 차이에 대해서 많은 정보를 알려주지만 이 가운데 과연 무엇이 중요한 것인지에 대한 판단을 돕지는 못한다.

이러한 맥락에서 가치 가운데 상대적인 중요성과 우위를 구분해 보고자 하는 노력들이 시도되었고 그러한 노력 가운데 대표적인 것은 가치들을 내재적 가치와 도구적인 가치로 구분하는 것이다. 내재적 가치(intrinsic value)란 그 자체가 인간에게 기쁨과 선을 가져다주는 가치들이고, 도구적 가치(instrumental value)란 내재적 가치를 구현하기 위한 수단으로 활용되는 가치이다. 당연히 내재적 가치가 도구적 가치보다는 더 중요하고 우위에 있다고 볼 수 있다. 그렇지만 가치를 이렇게 구분하더라도 과연 구체적으로 어떠한 가치가 내재적인 가치인지는 또 다시 판단의 대상이 될 수밖에 없다. 결국 어떠한 노력을 하더라도 인간의 삶이 기본적으로 다양하고 사회가 점점 더 개인의 가치와 선호를 강조하는 상황에서 가치와 관련된 논의는 기본적으로 복잡하고 논쟁적일 수밖에 없다.

2) 가치와 윤리

규범에 대한 논의에서 가치에 못지않게 많이 언급되는 개념이 윤리이다. 그러므로 윤리를 전문적으로 다루는 학문인 윤리학은 규범영역의 대표적 학문으로 인정된다. 그러면 가치와 윤리 혹은 윤리학은 서로 어떠한 관계이며 사회복지에는 또 어떠한 의미가 있을까?

일반적으로 윤리학(ethics)은 도덕적 가치판단(moral value judgement)의 내용과 근거를 탐구하는 학문으로 알려져 있다. 달리 말해 윤리학의 과제는 도덕적 가치판단의 구조를 밝히려는 것인데 이때 도덕적 가치판단의 구조를 밝힌다는 것은 도덕적 판단과 선택의 내용 그리고 판단과 선택의 기준에 관하여 탐구하고 분석한다는 것을 의미한다(Sahakian, 1986: 1–2). 윤리학의 개념에 의하면 도덕적 가치야말로 윤리가 다루어야 할 가장 중요한 기초개념이자 재료라고 볼 수 있다. 규범적 판단의 출발이자 재료인 가치들이 무엇인지를 밝히고 이러한 가치들의 관계를 체계적으로 파악하려는 노력이 바로 윤리학인 것이다.

그러므로 가치와 윤리의 관계를 보다 분명히 이해하려 한다면 먼저 도덕적 가치가 무엇을 의미하며 도덕적 가치판단은 어떻게 이루어지는지에 대해 자세히 살펴보아야 한다. 앞서 우리는 윤리를 도덕적 가치판단으로 정의하였다. 그렇다면 먼저 윤리와 도덕이 각각 무엇을 의미하며 그들의 관계는 어떠한지에 대하여 살펴보기로 하자.

윤리 또는 윤리학이라고 번역되는 영어단어 ethics는 원래 그리스어 ἦθος(ethos)와 ἔθος(ēthos)에서 유래하였다. ethos는 개인적 습관이나 사회적 풍습을 의미하며 ēthos는 인간의 품성이나 성격을 뜻한다. 결국 두 단어가 가지고 있는 공통의미는 습관이나 관습에 의해 형성된 인간의 품성과 태도라고 볼 수 있다. 그런데 ethics는 두 가지 의미로 사용된다. 첫째는 개인과 사회의 관습이나 습관 혹은 품성을 의미하는 것으로 사용할 수 있고, 둘째로는 첫째 의미에 대한 비판적 연구, 즉 학문의 의미로 사용될 수 있다. 그러므로 우리가 사회복지윤리(social work ethics)라고 할 때 이 개념은 사회복지사가 전문직으로 갖추어야 할 윤리를 의미할 수도 있고 사회복지윤리를 연구하는 학문인 사회복지윤리학으로 볼 수도 있다. 외래어인 ethics를 동양 문화권에 소개하며 윤리(倫理)로 번역한 사람은 현대 일본철학의 창시자인 이노우에 데쓰지로(井上哲次郎, 1856~1944)라고 알려져 있다.

그렇다면 흔히 동일한 의미로 사용되는 도덕과 윤리는 어떻게 다르며 어떤 관계일까? 도덕으로 번역되는 영단어 moral의 어원은 라틴어 morale인데 이는 라틴어 mos(복수는 mores)에서 파생된 것이다(Singer, 1994: 5). 그런데 이 mos가 바로 그리스어 ethos와 ēthos의 라틴어 번역어이다. 그러므로 영어 moral과 ethics는 어원만 달리할 뿐 내용과 의미는 동일한 것으로 사용하여도 무방하다.

결국 사회복지의 규범성을 이해하고 그러한 규범성의 핵심이 되는 가치가 차지하는 역할을 보다 분명히 이해하기 위해서는 도덕적 가치가 무엇인지에 대해 분명하게 파악할 필요가 있다. 도덕적 가치가 무엇인지를 미국의 대표적 윤리학자인 포이만(Louis P. Pojman)의 논의를 통해 보다 심층적으로 살펴보자.

포이만은 도덕적인 것의 의미를 구체적 행위를 사례로 명확하게 확정한다(Pojman, 2002: 9-10). 그에 의하면 올바른 행위란 그렇게 행동하는 것이 사회적으로 허용됨(permissible)을 의미한다. 그리고 사회에서 허용되는 행위란 적극적으로 반드시 그렇게 해야 하는 의무적(obligatory) 행위와 소극적으로 그렇게 행동하는 것이 올바르지 않은 것은 아닌 행위, 즉 허용된다는 의미의 임의적(optional) 행위로 나누어진다. 그러니까 임의적 행동은 의무적 행동은 아니지만 그렇다고 부도덕하거나 반도덕적인 것으로 금지되는 행위는 아닌 행위이다.

임의적 행동에는 다시 도덕중립적(neutral) 행위와 초과의무적(supererogatory) 행위가 있다(Rawls, 1971). 도덕중립적 행위는 도덕과 무관한 것으로 아예 도덕적 판단의 범주에 해당하지 않는 행위이고 초과의무적 행위란 도덕적 속성을 담고 있어 수행하였을 경우 도덕적 칭송과 찬사를 받지만 그렇다고 사회가 의무로써 엄격하게 강제하기는 힘든 행위를 말한다. 예를 들어, 강물에 빠진 사람을 뛰어 들어 구조한 경우 많은 칭찬을 받겠지만 막상 그렇게 행동하지 않았다고 해서 그 사람에게 강한 도덕적 비난을 하기는 힘들다.

포이만의 논의를 활용하면 도덕적인 것의 내용을 보다 분명하게 확정할 수 있다. 도덕적인 것의 범주에는 도덕적인 것과 반도덕적인 것이 속한다. 다시 말해 사회에서 허용되는 행위 가운데 의무적 행위는 하고 허용되지 않는 행위는 하지 않는 것이 도덕적(moral) 행위이고, 반대로 의무적 행위를 하지 않거나 허용되지 않는 행위를 하는 것은 반도덕적(immoral) 행위라 볼 수 있다. 그리고 임의적 행위는 사회에서 허용되지만 도덕적 판단과는 무관한(non-moral) 행위라 볼 수 있다.

도덕과 관련된 것들을 판단할 때 주의해야 할 점이 있다. 그것은 이러한 도덕적 구분이 절대적으로 확정된 개념은 아니라는 것이다. 어떠한 행위나 태도를 도덕, 비도덕, 반도덕으로 분류하는 방식 자체는 어느 정도 보편화가 되겠지만 이 범주에 해당하는 구체적 기준이나 행위의 종류와 범위는 시대와 장소에 따라 다양하게 변할 수 있다. 또 한 가지 주의할 점은 도덕과 무관한 행위에 대해 도덕적 판단을 내려서는 안 된다는 것이다. 흔히 사회에서 도덕과 무관한 비도덕적인 행위를 마치 반도덕적인 행위로 간주하는 경우가 있는데 이 경우 이러한 판단행위 자체가 바로 반도덕적인 것이다. 예를 들어, 개인의 성적 취향이나 원하는 가족의 형태와 같은 개인적 선호로 취급될 수 있는 행위를 반도덕적인 행위로 간주하여 사회적으로 비난하는 경우 이는 본질적으로 반도덕적인 행위라고 볼 수 있다. 이상에서 논의한 도덕에 대한 개념 구분을 도식적으로 표현하면 〈그림 5-1〉과 같다.

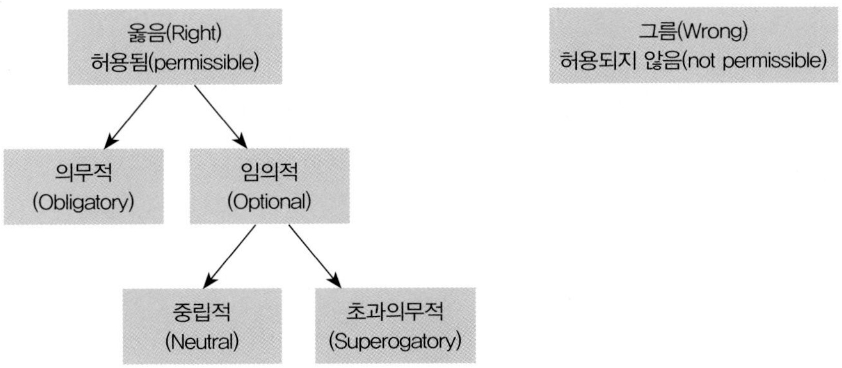

그림 5-1 | 도덕적 행위의 유형

출처: Pojman (2002). p.10.

2. 전문직 윤리와 핵심가치

1) 사회복지와 전문직 윤리

가치와 윤리가 사회에서 개인이나 집단의 태도와 행위를 결정하는 데 매우 중요한 역할을 한다는 것은 분명하다. 사람들은 자신들이 믿고 추구하는 가치에 근거하여 목표를 결정하며 그러한 가치를 달성하기 위해 살아간다. 그런데 문제는 이러한 가치들이 다양하고 무엇보다 이들 사이에 상대적인 중요성이나 위계를 정하기도 쉽지 않다는 것이다. 이와 같이 가치가 다양하고 이들 사이에 특별한 위계질서가 명백하게 존재하지 않는다는 기본 입장을 흔히 가치상대주의(value relativism) 혹은 가치다원주의(value pluralism)라고 한다. 이러한 맥락에서 볼 때 가치와 윤리 논의의 핵심은 무엇이 가치 있는 것이고 그 중에서 어떠한 것이 보다 본질적인 가치인가라는 것임은 앞서 언급한 바 있다.

이러한 상황은 사회복지에서도 예외가 아니다. 실천과정에서 사회복지사 역시 다양한 가치들과 직면하는데 그 중 대표적인 것들이 바로 개인적 가치, 전문직 가치, 사회적 가치, 클라이언트 가치이다. 이러한 가치들 각각에 대한 이해와 더불어 이들 사이의 관계에 대해 깊이 이해하는 것이야말로 바람직한 사회복지실천에 있어 매우 중요하다.

사회복지사가 실천현장에서 무엇보다 가장 먼저 직면하는 가치는 전문직 가치(professional ethics)이다. 전문직 가치란 어떠한 직업이 사회에서 전문직으로 인정받는 과정에서 자신만의 독특한 사명과 실천의 본질로서 추구하는 가치로서 전문직 활동의 평가와 책임소재의 근거가 된다. 물론 전문직 가치를 사회가 법률로 강제하는 것은 아니다. 전문직 가치는 해당 전문직이 자율적으로 이러한 가치를 지향하고 준수할 것을 전문직 구성원들에게 요구하는 것으로 전문직 구성원들에게만 준수의 의무가 주어지고 이를 위반할 경우 제재가 따르게 된다. 또 다른 중요한 측면은 전문직이 스스로 이러한 규정과 원칙을 만들고 준수한다는 것을 사회 전체에 선언하여 자신들의 사회적 책무성을 스스로 밝힘으로써 자신들이 사회에서 의미 있는 전문직임을 알리는 데 있다. 이러한 배경에서 변호사, 의사, 간호사, 교사 등 현대사회의 대표적인 전문직 집단은 모두 자신만의 전문직 가치를 가지고 있으며 이러한 가치들은 자기들의 윤리적 지향을 정리한 윤리강령(code of ethics)에 명확하게 제시되어 있다.

전문직 역시 사회 속에서 활동하는 직업이기에 당연히 전문직이 속한 사회적 가치(social value)에 영향을 받고 이를 반영한다. 사회에서 결코 받아들일 수 없는 가치를 지향하는 전문직은 아예 존립할 수 없을 것이다. 예를 들어, 자신들만의 고유한 전통과 가치를 공고하게 견지하는 범죄집단이 아무리 자신들의 내적 가치에 충실하다 하더라도 사회 속에서 결코 하나의 고유한 전문직으로 인정될 수는 없다.

하지만 앞서 언급한 것처럼 사회적 가치들 역시 단일하지 않고 다양하며 이들 가운데 주류적 가치도 있고 상대적으로 사회적 지지가 적은 가치도 있을 수 있다. 사회복지 역시 역사적으로 볼 때 언제나 한 사회가 추구하는 주류가치를 단순히 반영하거나 추구해 온 것은 아니다. 오히려 사회복지는 역사적으로 현대사회가 추구하는 자본주의와 대의제 민주주의의 가치와는 다소 이질적인 가치를 추구해 온 것이 사실이다. 예를 들어, 사회복지사는 효율성이나 다수결이라는 현대사회의 주류가치와는 구별되는 방식으로 중요한 실천의 결정을 내리기도 한다. 그리고 사회의 주류가치를 따른다 하더라도 어떠한 가치를 보다 중요하게 생각하는가에 있어서는 사회적 다수의 입장이나 의견과는 다를 수 있다. 결국 사회복지의 전문직 가치는 사회적 가치와의 조화와 갈등이라는 매우 역동적인 입장에 처할 수밖에 없다.

한 사회의 전문가라고 하더라도 사회복지사는 개인적으로 자신만의 가치를 가질 수 있다. 사회복지사 역시 직업인이기에 앞서 한 사람의 주체적 인격체이기 때문이다. 이러한 개인적 가치는 주로 사회복지사 본인의 개인적 체험과 의미부여를 통해 형성되는 것으로, 자신이 선택한 직업인으로서 준수하여야 할 전문직 가치와 조화를 이룰 수도 있으나 충돌할 경우도 있다. 특히 매우 흔한 가치충돌은 자신의 종교적 가치와 자신이 근무하는 직장의 가치가 일치하는 않을 경우 발생한다.

사회복지사가 직면하는 가치 가운데 전문직 가치와 더불어 가장 중요한 것이 바로 클라이언트가 지향하는 가치이다. 흔히 클라이언트 가치(client value)라고 불리는 이러한 가치는 실천현장에서 사회복지의 전문직 가치와 서로 충돌할 경우 매우 큰 윤리적 갈등을 야기하게 된다. 특히 그동안 수동적으로 사회복지사가 수행하는 전문직 실천의 대상으로만 간주되던 클라이언트의 자유와 자율성이 강조되고 사회복지실천과정에서 작동할 수 있는 권력적 억압이나 차별에 대한 반성이 부각됨에 따라 하나의 인격체로서 클라이언트가 가진 가치의 중요성은 점점 강화되고 있다.

따라서 사회복지사가 추구하는 전문직 가치와 클라이언트 가치의 자율성을 어떻게 조화시킬 것인가의 문제는 앞서 언급한 사회적 가치와 전문직 가치의 충돌과 더불어 현재 사회복지의 가치 논쟁에 있어 가장 중요한 문제 가운데 하나이다. 이후 살펴보겠지만 사회복지사가 추구하는 전문직의 가치가 클라이언트의 개인적 가치가 충돌하는 경우 어떻게 사회복지사가 적절한 윤리적 의사결정을 내려야 할지의 문제는 사회복지사의 윤리적 실천과정에서 매우 중요한 쟁점 가운데 하나이다.

2) 사회복지에서 가치의 역할

그렇다면 사회복지에서 가치는 구체적으로 어떠한 역할과 기능을 수행하고 있을까? 사회복지의 전문직 가치가 사회복지에서 수행하는 역할은 크게 다음과 같다(Reamer, 1999: 9-13).

첫째, 가치는 사회복지의 기본적인 임무와 목표를 제시한다. 사회복지가 발전해온 역사적 과정을 살펴보면 사회복지가 추구하고자 하는 활동과 역할은 사회복지가 지향하는 가치와 매우 밀접한 관계를 맺어왔다. 앞서 언급한 바와 같이 사회복지의 최종 목표인 복지야말로 사회복지가 추구하는 최종적이자 궁극적인 가치이다. 뿐만 아니라 한 사회에서 받아들여지고 있는 많은 가치들 가운데 사회복지가 자신의 전문직 가치로 받아들인 것들은 사회복지가 자신의 사명으로 지향한다는 것을 의미한다. 그러므로 사회복지가 추구하는 가치를 살펴보면 사회복지가 어떠한 임무와 목표를 가지고 있는지를 곧바로 파악할 수 있다.

둘째, 사회복지의 가치는 사회복지사 혹은 사회복지조직이 한 사회 속에서 어떠한 개인이나 집단과 어떠한 관계를 맺어야 하는지를 분명하게 알려준다. 사회복지사는 자신들이 추구하는 전문직 가치에 근거하여 특정한 개인이나 집단을 클라이언트로 받아들이고 그들과 전문적 관계를 형성한다. 그리고 그러한 관계를 형성하는 과정에서 어떠한 입장과 태도를 견지하여야 할지도 사회복지의 가치가 방향을 인도한다. 사회복지의 최종 목표가 가치인 것과 마찬가지로 이러한 목표를 달성하는 과정에서 맺는 전문직 관계나 관련된 전략이나 기술 역시 사회복지가 지향하는 가치와 부합하여야 한다.

셋째, 사회복지의 가치는 사회복지사가 실천현장에서 선택할 수 있는 다양한 실천의 대안들 가운데 어떠한 것이 가장 바람직한 실천방법인지를 결정하는 과정에서 직접적인 영향을 미친다. 특정한 상황에 놓인 클라이언트의 문제를 해결하고 욕구를 충족시킬 수 있는 실천대안은 여러 가지가 있을 수 있다. 무엇보다 이러한 대안들의 선택은 사회복지사와 클라이언트가 어떠한 가치를 추구하느냐에 따라 크게 달라질 것이다. 이 경우 사회복지의 가치는 사회복지실천대안의 선택에 있어 매우 중요한 도구의 역할을 한다.

넷째, 사회복지의 가치는 사회복지사가 실천을 수행하는 과정에서 직면하는 다양한 윤리적 교착상태와 갈등을 해결하는 과정에서 활용할 수 있는 중요한 이론적 자원의 역할을 한다. 앞서 언급한 바와 같이 사회복지사 실천을 수행하는 과정에서 직면하는 윤리적 갈등이나 교착상태는 기본적으로 사회복지가 추구하여야 할 다양한 가치들의 충돌이나 갈등이다. 따라서 사회복지사가 추구하여야 할 가치들의 우선순위와 위계질서에 대한 충분한 논의가 이루어질 경우 이러한 문제는 쉽게 해결할 수 있다. 이와 같이 실천과정에서 충돌하는 윤리적 갈등이나 충돌을 해결하고자 하는 노력이 바로 윤리적 의사결정론으로서 그 핵심은 사회복지의 가치들 사이에 우선순위를 정하는 윤리적 원칙을 수립하는 것이다.

이와 같이 가치는 사회복지의 규범적 성격을 정확하게 대변하듯 사회복지의 사명과 임무에서부터 구체적인 관계들의 설정 그리고 사회복지사가 내리는 실천의 방향과 내용을 결정하는 것에 이르는 전 과정에서 매우 중요한 역할을 수행하고 있다.

3) 사회복지의 핵심가치

기본적으로 사람들이 중요하다고 여기고 추구하는 가치가 다양하다 보니 수많은 가치 가운데 어떠한 가치가 보다 중요하고 본질적인가 하는 논의는 가치 논의의 가장 중요한 쟁점이다. 다양한 가치들 가운데 어떠한 것이 보다 중요하고 근본적인 가치인가에 대한 사회적인 논의는 사회복지학자들로 하여금 사회복지의 핵심가치(core values)를 선정하고자 하는 노력을 하게 만들었다.

사회복지의 핵심가치는 사회복지전문직의 본질을 포함하고 있으며 전문직의 정체성과 방향을 제시하는 보다 근본적이고 내재적인 가치라고 간주되었다. 핵심가치에 대한 사회복지학자들의 논의는 4가지 범주에서 14개의 핵심가치를 제시한 레비(Levy)의 연구에서부터 최소한의 분배정의라는 한 가지 핵심가치를 제시한 웨이크필드(Wakefield)의 연구에 이르기까지 매우 다양하다(김기덕, 2022: 173-175).

현재 사회복지전문직에서는 적절한 숫자라고 생각하는 정도의 핵심가치를 선정하고 제시함으로써 자신들의 지향하는 사회복지의 방향과 목적을 사회에 선명하게 드러내고 있다. 예를 들어, 미국의 사회복지사들은 윤리강령을 통해 자신들이 추구하는 핵심가치로 서비스(service), 사회정의(social Justice), 인간존엄성과 가치(Dignity and Worth of the Person), 인간관계의 중요성(Importance of Human Relationship), 충실(Integrity), 그리고 능력(competence)을 제시한다. 그리고 각각의 핵심가치에 윤리적 원칙을 설정하여 핵심가치의 내용과 방향을 보다 분명히 하고 있다. 예를 들어, 핵심가치 가운데 '서비스'에 해당하는 윤리적 원칙은 "사회복지사의 궁극적 목표는 도움을 필요로 하는 사람들을 돕고 사회적 문제들에 대응하는 것이다"이며, 또 다른 핵심가치인 '사회정의'를 구체화하는 윤리적 원칙은 "사회복지사는 사회적 불의와 대결하여야 한다"이고, 인간존엄성과 가치에 해당하는 윤리적 원칙은 "사회복지사는 타고난 인간의 존엄성과 가치를 존중하여야 한다"이다. 그리고 인간관계의 중요성에 대한 원칙은 "사회복지사는 인간관계의 중요성을 인식하여야 한다"이고 '충실'이라는 핵심가치에 해당하는 윤리적 원칙은 "사회복지사는 신뢰받을 수 있게 행동하여야 한다"이며 마지막 핵심가치인 '능력'의 윤리적 원칙은 "사회복지사는 자신의 능력 범위 내에서 실천활동을 하여야 하며 자신의 전문직 기술을 개발하고 향상시켜야 한다"이다(NASW, 1976).

최근 개정된 한국사회복지사 윤리강령에서도 사회복지사의 전문직 사명을 구현하기 위한 노력의 일환으로 핵심가치를 분명히 밝히고 있다. 한국사회복지사 윤리강령이 제시하는 핵심가치는 인간존엄성과 사회정의 두 가지이다. 그리고 각각의 핵심가치에 대해 윤리적 원칙들을 제시하고 있다(한국사회복지사협회, 2023).

제3절 사회복지의 윤리적 의사결정

1. 윤리적 갈등과 사회복지윤리의 구성요소

지금까지 우리는 사회복지가 규범적 본성을 가지고 있고 규범적 본성의 핵심은 도덕적 가치이며 이러한 도덕적 가치에 대한 체계적인 논의가 윤리라는 것을 살펴보았다. 그리고 사회복지가 추구하는 가치와 윤리는 사회복지의 존재의미와 사명을 분명히 하는 동시에 구체적인 사회복지실천의 올바른 태도와 방법의 지침 역할을 수행한다는 것도 알 수 있었다. 그런데 앞서 언급한 것처럼 현대사회가 기본적으로 가치다원주의 사회이고 개인이 추구하는 가치도 다양하기 때문에 우리는 언제나 의사결정과정에서 가치가 충돌하는 가치갈등(value conflict) 혹은 교착상태(dead-lock)를 경험하게 된다. 이와 같이 사람들이 지향하는 가치들이 다양하게 충돌하고 경합하는 상황에서 적절한 도덕적 가치판단과 선택에서 어려움을 겪고 있는 상태를 윤리적 갈등(ethical conflict)이라 하고, 이를 해결하려는 체계적 노력을 윤리적 의사결정(ethical decision-making)이라고 한다.

따라서 사회복지사가 자신이 직면한 실천 상황에서 규범적 본성을 정확히 파악하고 이와 관련된 가치판단을 명확히 하여 적절한 윤리적 의사결정을 내리기 위해서는 기본적으로 사회복지 가치의 핵심적 요소들로 구성된 분석틀(framework)이 존재하여야 한다. 예를 들어, 실천과정에서 윤리적 갈등에 봉착한 사회복지사는 자신이 처한 상황을 사회복지윤리의 분석틀을 이용하여 해석하면서 적절한 실천대안을 모색할 수 있다. 앞서 설명한 사회복지윤리의 역할 중 특히 사회복지의 윤리적 의사결정에 있어 사회복지윤리 분석틀의 존재 여부는 필수적이다.

사회복지윤리 분석틀은 사회복지가 지향하는 다양한 가치들 가운데에서 가장 핵심적인 내용들이 기본 토대가 되고, 이러한 핵심가치들이 보다 현실적인 모습으로 표현된 원칙들과 표준들의 구조화된 체계로 구성된다. 물론 가치와 원칙들은 사회의 변화에 따라 그 종류와 내용이 달라질 수 있을 것이며 그때마다 사회복지의 핵심가치와 주요 원칙들의 종류와 내용 역시 다양하게 변해 나갈 것이다. 그렇지만 가치와 원칙들이 변화한다고 하더라도 기본적인 분석틀의 구조는 상당부분 안정되게 유지될 것으로 기대된다.

현재 사회복지사가 수행하는 윤리적 의사결정의 핵심요소이자 윤리적 판단의 기준으로 제시되는 것은 '개인 존중과 개별적 서비스 윤리(individualism and the ethic of personal service)', '온정적 개입주의(paternalistic intervention)', '공적 책임성의 윤리(the ethic of public responsibility)'이다. 이러한 세 가지 핵심 구성요소가 구체적으로 어떠한 가치를 담고 있으며, 어떠한 규범적 판단의 내용과 의미를 가지고 있는지를 보다 자세히 살펴보기로 하자(오정수 외, 2022: 87-91).

1) 개인존중과 개별적 서비스 윤리

사회복지윤리를 구성하는 첫 번째 요소는 개인존중과 개별적 서비스의 윤리이다. 이는 사회복지의 근본가치는 클라이언트를 하나의 인간으로 존중하고 이들의 고유성과 개별성을 최대한 반영하여 서비스를 제공해야 한다는 것이다. 개인에 대한 존중은 클라이언트를 사회의 평균적 개인이 아니라 한 명 한 명이 가진 개성과 소질을 소중하게 여기면서 이들이 추구하는 고유한 삶의 방식을 존중하고 행복을 구현할 수 있도록 지원한다는 것을 의미한다. 사회복지는 클라이언트들이 자신만의 고유한 행복을 추구하는 과정에서 필요한 욕구를 충족시키고 걸림돌이 될 수 있는 사회적 문제나 위험을 해결하고 예방하기 위한 적절한 서비스를 제공하는 것이 책무가 된다.

앞서 논의한 것처럼 사회복지윤리의 구성요소들은 구성요소의 규범적 근거이자 지향인 도덕적 가치들을 담고 있다. 그렇다면 개인에 대한 존중과 개별적 서비스의 윤리라는 구성요소가 담고 있는 가치는 무엇일까? 개인에 대한 존중과 개별적 서비스 윤리가 근거하고 있는 핵심가치는 자유(freedom)와 자율(autonomy)이다. 이는 한 사람의 인간으로서 가진 개인의 본래적 가치는 그 무엇보다 존중되어야 되며 그 무엇에 의해서도 침범되어서도 안 되며 무엇을 위한 도구로 사용되어서도 안 된다는 것을 의미한다. 그리고 인간은 이러한 자유에 근거하여 자신과 관련된 문제들을 스스로 결정하고 판단할 수 있어야 하면 이러한 결정들은 타인과 사회에 의해 절대적으로 존중되어야 한다는 것을 의미한다.

핵심가치에 근거하여 구성된 사회복지윤리의 구성요소들은 보다 구체적인 윤리 원칙으로 구현됨으로써 사회복지실천의 윤리적 의사결정과 실천적 활동의 지침으로 활용된다. 사회복지윤리의 첫째 구성요소인 개인존중과 개별 서비스윤리는 자유와 자율이라는 가치에 근거하여 정립되고 다양한 사회복지윤리 원칙으로 드러난다. 자유와 자율에 근거한 사회복지윤리의 대표적인 원칙들로는 클라이언트의 자기의사결정의 원칙, 비밀보장의 원칙, 클라이언트의 사생활 존중의 원칙, 고지에 입각한 동의, 정보특권의 사용 등을 들 수 있다.

2) 온정적 개입주의

사회복지윤리의 두 번째 구성요소는 온정적 개입주의이다. 온정적 개입주의는 현대사회에서 사회복지가 전문직으로 공식화되기 이전부터 존재하여 왔던 인간 공동체의 가장 오래되고 기본적인 관습이다. 온정주의는 기본적으로 인간이 다른 인간에게 느끼는 애틋하고 측은한 마음, 즉 공감과 동정의 감정과 정서에 근거를 두고 있다. 인간이 인간에게 느끼는 이러한 동정심과 측은한 마음은 자선(charity)과 자비(mercy)의 실천활동으로 드러났고 나아가 자신보다 열악한 처지에 있는 사람에게 적극적으로 도움을 주어야 한다는 선행의 의무(the duty of beneficience)로 자연스럽게 이어진다. 이러한 맥락에서 볼 때 사회복지윤리의 두 번째 구성요소인 온정적 개입주의는 자선과 자비, 선행이라는 핵심가치들에 근거하여 구성되었다고 볼 수 있다. 그러므로 도움을 필요로 하는 고통스러운 타인에 대한 자선과 자비 그리고 선행이라는 인류의 보편적인 가치가 사회복지윤리의 구성요소로 드러난 형태를 온정적 개입주의라고 볼 수 있다.

온정적 개입주의라는 명칭에서 볼 수 있듯이 사회복지사는 클라이언트의 삶에 있어 무조건적인 개입을 한다는 의미는 아니다. 앞서 개인존중과 개별 서비스의 윤리 원칙에서 확인할 수 있듯 인간 개개인은 고유한 자유와 자율의 가치적 존재이다. 이러한 기본적인 생각에 기초하여 온정적 개입주의는 일반적으로 "누군가의 개입으로 인하여 자유와 자율성을 억압당하는 사람 자신의 복지, 행복, 욕구, 이익, 가치 등을 배타적으로 위한다는 것을 근거로만 정당화될 수 있는 개인의 자유로운 행위에 대한 간섭"으로 정의된다(Dworkin, 1971: 108). 다시 말해 타인에 대한 온정적 개입이 윤리적으로 허용되는 유일한 근거는 바로 그 개입이 당사자의 행복과 이익만을 위한다는 조건이다. 만일 개입의 근거가 개입하는 주체나 사회의 행복과 이익에만 관련된다면 이러한 개입이 아무리 좋은 결과를 낳는다 하더라도 엄격한 의미에서 온정적 개입인 것은 아니다.

온정적 개입주의가 근거하고 있는 또 하나의 윤리적 규범은 개입하는 주체가 개입을 당하는 대상에 비해 상대적으로 역량의 측면에서 우위에 있다는 것이다. 이는 온정주의(paternalism)라는 용어의 개념 정의에서 당연히 파생되는 것이다.

만일 개입의 필요 여부를 판단하는 데 있어 개입하고자 하는 주체가 개입을 당하는 주체보다 역량 차원에서 우위에 있지 않다면 개입의 정당성은 곧바로 상실될 것이다. 예를 들어, 앞서 우리는 미국사회복지사 윤리강령이 핵심가치 중 하나로 역량(competence)을 분명하게 언급하고 있는 것을 보았다. 사회복지사가 가진 전문적 역량이야말로 클라이언트 혹은 일반시민들의 의사에 반해 사회복지사가 일정 정도의 자유재량을 가지고 개입할 수 있는 윤리적 근거를 제공한다. 이러한 사회복지사의 개입으로 클라이언트가 일시적으로 자유와 자율성을 상실하더라도 장기적으로는 자율성의 증진과 행복의 향상이 이루어질 것이라는 확신 역시 사회복지사의 역량에서 도출되는 것이다.

3) 공적 책임성의 윤리

사회복지윤리의 세 번째 구성요소는 공적 책임성의 윤리이다. 사회복지는 여타 전문직에 비해 특히 개인의 행복과 더불어 사회 전체의 복지에 대해서도 중요한 가치를 두어 왔다. 이러한 관심은 사회복지로 하여금 직접적인 실천의 대상인 클라이언트의 행복을 추구하는 동시에 제3자, 가족, 지역사회 혹은 전체 사회의 행복과 권익이라는 사회의 공적 측면에 대해서도 충분한 책임감을 가져야 한다는 인식으로 이어졌다.

공적 책임성의 규범적 근거가 되는 가치는 바로 평등(equality)과 사회정의(social justice)이다. 다시 말해 사회복지사가 자신의 클라이언트만의 행복과 권익을 배타적으로 추구하는 활동은 정의롭지 못하며 평등의 가치에도 위배된다는 것이다. 자신이 선택한 행위로 인하여 타인이 위해를 당하는 행위는 도덕적으로 정당하지 못하고 정의롭지 못하다는 주장은 윤리이론에서는 매우 일반적이며, 타인의 이익을 고려하지 않고 자신의 이익만을 추구하는 것 역시 도덕적으로 정당성이 없다는 주장 또한 널리 받아들여진다(Gewirth, 1978). 자신의 행복만큼 타인의 행복도 똑같이 중요하며, 타인의 행복을 무시하고 자신만의 행복을 추구하는 것은 정의롭지 못하다는 가치판단이 바로 사회복지윤리의 구성요소로서 공적 책임성 윤리가 근거하는 가치토대가 된다.

사회복지가 공적 책임을 중요한 윤리적 구성요소로 간주하고 있다는 것은 사회복지의 가치와 관련된 여러 곳에서 확인할 수 있다. 미국사회복지사 윤리강령의 전문에는 사회복지의 기본적 사명에 공적 책임성의 원칙이 자리하고 있음이 곳곳에서 발견된다. 먼저 핵심가치 가운데 인간의 존엄성과 가치를 강조하면서 클라이언트와 사회 전반에 대해 이중적인 책임을 인식해야 한다고 제시하고 있고, 개인, 가족집단, 조직 및 지역사회의 복리를 위해 노력하여야 한다고 선언한다. 나아가 사회복지사의 실천의 표준을 제시하는 영역에서도 사회복지사는 사회 전체의 일반적인 복지(general welfare)를 향상시키는 데 노력하여야 한다고 제시하고 있으며, 사회복지사가 클라이언트의 자유와 자율성과 관련된 원칙을 추구하는 과정에서 제 3자와 공공의 이익을 침해해서는 안 된다는 규정이 자주 등장하고 있다.

한국의 사회복지윤리강령에도 공적 책임성에 대한 강조는 분명하게 나타나 있다. 먼저 전문에서 클라이언트, 동료, 기관뿐 아니라 지역사회 및 전체 사회와 관련된 사회복지사의 행위와 활동에 대한 윤리기준을 선언하고 있으며 사회복지사의 윤리기준에도 사회복지사는 사회정의 실현과 클라이언트의 복지 증진에 헌신하며 이를 위한 환경 조성을 국가와 사회에 요구해야 한다고 분명하게 밝히고 있다.

2. 사회복지윤리 분석틀

1) 사회복지윤리 분석틀

앞서 설명한 사회복지윤리를 구성하는 세 가지 요소들은 서로 결합하여 하나의 체계를 이루고 사회복지사는 이를 활용하여 사회복지실천현장의 구체적인 상황에 적절한 윤리적 의사결정과 대안선정을 수행한다. 각각의 구성요소들은 자신만의 핵심가치들에 근거하면서 윤리적 원칙들(ethical principles)로 구체화되고 이러한 원칙들은 구체적인 상황에서 지침으로 활용될 실천표준(practical standards)으로 정립되어 사회복지의 소명을 밝힐 뿐 아니라 실천현장의 윤리적 문제들을 해결하는 지침으로 작용한다.

예를 들어, 사회복지윤리의 분석틀을 구성하는 요소 가운데 개인존중은 자유와 자율이라는 핵심가치에 근거하고 있으며 이러한 핵심가치는 자기의사결정, 비밀보장, 사생활존중, 고지에 입각한 동의, 정보특권 등의 원칙으로 보다 구체적으로 구현된다. 그리고 사회복지사의 윤리적 책임의 내용들을 상세히 제시하고 있는 사회복지사 윤리강령을 보면 자유와 자율에 기반한 각각의 원칙들이 구체적으로 적용되는 상황과 관련하여 이를 해석하고 활용할 수 있는 다양한 실천표준들이 자세하게 제시되어 있다.

온정적 개입주의와 공적 책임성의 윤리라는 구성요소 역시 동일한 방식으로 체계화되어 사회복지윤리의 분석틀을 구성하게 된다. 이들 원칙 역시 각각의 핵심가치에 근거하여 윤리적 원칙으로 구체화되고 사회복지사 윤리강령에서 각각의 가치와 원칙들이 적용될 구체적 상황과 관련된 표준들이 자세히 제시된다. 그리고 이러한 세 가지 요소들은 각각 별개로 작동하는 것이 아니라 사회복지사의 의사결정 전체에 걸쳐 동시에 작용하게 된다. 이상의 내용들을 도식으로 표현하면 [그림 5-2]와 같다.

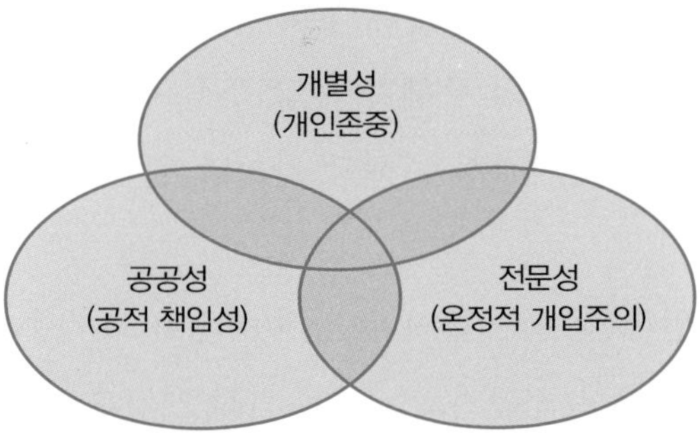

그림 5-2 | 사회복지윤리 분석틀

사회복지윤리 분석틀을 이해하고 활용할 때 반드시 염두에 두어야 할 것이 몇 가지 있다. 먼저 이러한 분석틀을 구성하는 핵심가치와 그로부터 파생된 윤리원칙들과 윤리표준들은 어떠한 상황에서도 반드시 준수하여야 하는 절대적 가치나 원칙들이 아니라는 점이다. 달리 표현하면 이 가치와 원칙들은 개별적으로는 모두 각각의 도덕적 가치를 지니고 있어 규범적 타당성을 충분히 가지고 있고 사람들로 하여금 준수를 요청할 수 있는 속성을 가진 것이기는 하지만 이 가치와 원칙은 상황에 따라 실현이 제한되거나 준수가 강제되지 않을 수 있는 조건부(prima facie) 가치와 원칙들이다.

사회복지윤리의 분석틀을 구성하는 요소들이 사회복지가 추구하여야 할 가치로서 확고한 위치를 차지하고 있으면서도 이러한 조건부 가치라는 제한을 가질 수 밖에 없는 이유는 분석틀을 구성하는 세 가지 요소가 본질적으로 서로 경쟁하거나 상충되는 측면을 가지고 있기 때문이다. 이러한 상황이 바로 앞서 언급한 윤리적 갈등 상황이다. 이는 기본적으로 가치다원주의에서 비롯되는 것으로 사회복지사가 규범적으로 추구하고 준수하여야 할 가치가 하나가 아니라 여러 가지이며, 이들이 서로 경합하거나 충돌하는 상황이 언제든지 만들어질 수 있기 때문이다.

이러한 점은 사회복지윤리의 구성요소와 분석틀을 보여주는 [그림 5-2]를 보면 시각적으로 분명하게 알 수 있다. 그림에서 보는 바와 같이 사회복지윤리를 구성하는 세 가지 구성요소들은 개별적으로 따로 존재하는 것이 아니라 서로 중첩되어 있다. 그러므로 세 가지 구성요소 가운데 한 부분이 커지게 되면 당연히 다른 구성요소의 부분이 축소될 수밖에 없다. 여기서 구성요소 중 한 부분이 커진다는 것은 윤리적 의사결정의 주체가 해당 구성요소를 다른 구성요소에 비하여 중요하게 생각하면서 의사결정을 해당 가치와 원칙을 중심으로 내린다는 것이다.

예를 들어, 앞서 언급한 바와 같이 윤리적 구성요소 가운데 개인존중이 지향하는 가치인 자유와 자율은 전문가의 온정주의적 개입으로 발생하는 클라이언트의 자유의 제한과 본질적으로 충돌한다. 또한 사회복지윤리 분석틀에서 공적 책임성을 강조할 경우 추구되는 가치인 평등과 사회정의는 개인존중이 지향하는 가치인 자유와 자율과 언제든지 충돌할 수 있다. 실제로 우리는 사회적 정의를 달성한다는 명분으로 개인의 자유와 자율이 축소되는 경우를 자주 목격하였다.

만일 전문가의 역량에 근거하여 클라이언트의 삶에 개입하는 온정주의적 개입의 여지가 커진다면 자연스럽게 클라이언트의 자유과 자율이 차지하는 부분은 축소될 수밖에 없고 상황에 따라 공공성의 책무 역시 제한될 수밖에 없다. 결국 사회복지윤리 분석틀에 대한 논의의 핵심은 이러한 윤리의 구성요소들이 서로 충돌될 수밖에 없으며 어떠한 절차와 원칙으로 이러한 충돌을 해결할 것인가를 체계적으로 모색하는 것이며 이러한 논의가 바로 윤리적 의사결정론이다.

2) 사회복지윤리의 구성요소 간의 긴장과 충돌

사회복지사가 실천을 수행하는 과정에서 현실적으로 직면하는 가장 큰 과제는 주어진 실천 사례에 가장 적절한 윤리적 의사결정을 하는 것이고 그 과정에서 사회복지가 추구하는 가치의 충돌을 어떻게 극복하는가의 문제이다. 그래서 여기서는 앞서 사회복지윤리의 분석틀을 소개하는 과정에서 간단히 언급하였던 세 가지 구성요소의 충돌의 문제를 보다 자세히 살펴보고자 한다. 현대사회에서 주류가치로서 가장 강조되는 개인의 자유와 자율이다. 그러한 맥락에서 개인의 자율성 존중이 전문가의 온정적 개입주의 및 공공복지와 일으키는 갈등의 본질과 그 해결방안을 간략하게 모색해 보기로 한다(김기덕, 2002: 195-220).

(1) 개인의 자율성 존중과 전문가의 온정적 개입주의 간의 긴장

사회복지사가 실천현장에서 직면하는 윤리적 갈등은 본래적으로는 가치들 간의 갈등이지만 현실적으로는 가치에서 파생된 원칙들 간의 충돌로 구체화된다. 그러므로 가치와 연관된 다양한 원칙들 가운데 특정한 사례에서 구체적으로 드러나는 원칙이 윤리적 충돌과 갈등상황을 주두하게 된다. 예를 들어, 개인의 자유와 자율성에 대한 존중이라는 보편적 가치가 사회복지 영역에서 윤리적 원칙으로 구현된 대표적인 사례가 바로 '클라이언트의 자기의사결정원칙(the principle of client self-determinations)'이다(Biestek, 1957: 19). 이 원칙은 클라이언트는 자신과 관련된 문제를 스스로 결정하려는 욕구와 권리를 천부적으로 가지고 있으며 사회복지사는 실천과정에서 이를 최대한 존중하여야 한다는 것을 천명하고 있다. 따라서 사회복지사는 실천의 전 과정에서 클라이언트 자기의사결정이 가능하도록 의사결정과 관련된 모든 정보와 실천대안을 거짓 없이 제공하여야 하며 이러한 의사결정과정에 어떠한 압력이나 영향력도 클라이언트에게 행사되어서는 안 된다(Abramson, 1983: 48). 이러한 과정에서 고지된 정보라든지 사생활보장과 같은 원칙들이 동시에 준용되기도 한다.

그런데 윤리적으로 쟁점이 되는 것은 사회복지라는 전문직 관계의 본질과 이의 구현으로서의 실천과정에서 클라이언트의 자기의사결정의 원칙을 필연적으로 제한하거나 침해할 수밖에 없다는 사실이다. 이는 사회복지전문직의 윤리적 구성요소 가운데 또 다른 하나인 전문가의 온정적 개입주의가 클라이언트의 자유와 자율성에 대한 침해의 소지를 가진 도덕적 원칙이기 때문이다. 자선과 자비 혹은 선행이라는 도덕적 가치에 근거한 온정적 개입의 원칙은 클라이언트라는 개인의 삶에 구체적으로 관여함을 의미한다. 타인에 대한 선행이라는 도덕적 가치에 근거하여 '클라이언트에게 서비스를 제공하여 그들의 복지를 향상시키는 것을' 핵심가치로 삼고 있는 사회복지의 실천활동은 필연적으로 클라이언트의 의사결정과 관련하여 일정 정도 지시적인 형태를 취한다(Rothman et al., 1996). 만일 클라이언트 개인이나 가족이 사회복지사의 온정적 개입 자체를 거부하거나 개입과정에서 사회복지사가 선택하는 실천대안에 동의하지 않을 경우 사회복지사는 심각한 윤리적 갈등과 교착상태에 직면할 수밖에 없다.

그런데 이러한 전문가의 온정적 개입이 정당화되는 규범적인 근거는 전문가에 의한 클라이언트의 자유가 일시적으로 제한되더라도 장기적으로 볼 때 이러한 제한이 보다 큰 자유와 자율성 획득에 도움이 될 수 있다는 것이며 이는 전문가의 개입이 클라이언트의 권익과 행복을 증진시킬 뿐만 아니라 전문가의 역량에 근거하여 적절하게 판단되었다는 것을 조건으로 하여 수행된다. 예를 들어, 클라이언트가 미성년자이거나 의사결정능력이 심각하게 약화된 경우 혹은 본인이나 가족에 의해 전문가의 개입이 위임된 경우에는 사회복지사의 개입에 대한 도덕적 정당성은 보다 더 커질 수밖에 없을 것이다(Schwartz, 1988). 따라서 사회복지사는 자신의 실천과정에서 클라이언트의 자기의사결정과 전문가의 온정주의적 개입이라는 두 가지 실천원칙의 충돌을 적절히 이해하고 이를 해결하기 위해 노력하여야 한다. 무엇보다도 클라이언트의 자기의사결정의 원칙이 제한될 수 있는 근거와 상황에 대한 분명한 기준이 마련되는 것이 중요할 것이다.

(2) 개인의 자율성 존중과 공공복지의 충돌

클라이언트 개인의 자유와 자율성 존중이라는 가치에서 파생된 원칙으로서 사회복지사가 준수하여야 할 또 다른 윤리적 원칙이 바로 '클라이언트 비밀보장(client's confidentiality)의 원칙'이다(Bok, 1983). 본성적으로 자율적인 존재인 인간은 당연히 고유한 사생활을 누릴 수 있는 자격과 권리를 가지며 이러한 권리는 자신만의 생각이나 계획 그리고 비밀 등을 스스로 통제해 나갈 수 있을 때 완전해지기 때문에 당연히 사회복지사는 이러한 클라이언트의 권리를 존중하고 보호하여야 한다. 클라이언트가 자신의 삶을 자율적으로 영위하기 위해서는 자신과 관련된 모든 정보를 자신이 스스로 통제하고 관련된 결정을 내려야 하며 이러한 내용은 본인이 공개를 원치 않을 경우 기본적으로 개인의 것으로 보존되어야 한다.

뿐만 아니라 사회복지사가 비밀보장의 원칙 준수와 관련하여 클라이언트와 맺는 전문적 계약은 도덕적 가치를 넘어 하나의 사회적 규칙으로서 사회복지사에게는 당연히 준수의 의무가 발생하며 이를 어길 경우 단순한 도덕적 비난을 넘어 법적 책임을 면할 수 없다. 그리고 클라이언트의 입장에서 볼 때 자신과 관련된 정보에 대해 완벽하게 비밀이 보장된다는 확신이 있을 때 사회복지사에 대한 신뢰가 높아질 것이며 이러한 신뢰를 바탕으로 했을 경우 전문직 실천의 성과 역시 당연히 높아질 것이다. 이러한 측면에서 미국의 사회복지사 윤리강령에서는 사회복지전문직의 핵심가치 가운데 하나로 사회복지사는 클라이언트에게 신뢰를 받을 수 있도록 행동하여야 한다는 것을 주요 내용으로 하는 '충실(integrity)'을 제시하고 있다(NASW, 1996).

그런데 클라이언트의 자유와 자율성이라는 윤리적 가치에 근거한 비밀보장의 원칙 역시 사회복지전문직 실천공간에서는 일정 정도 그 보장이 제한될 수밖에 없으며 비밀보장의 원칙에 가장 직접적인 갈등을 일으키는 구성요소가 바로 공공성의 원칙이다. 공공성의 원칙은 정의와 평등이라는 가치에서 파생된다. 예를 들어, 클라이언트의 자유와 자기의사결정을 추구하더라도 이러한 행위가 선의의 제 3자나 사회 전체에 해악을 가져올 경우에도 이를 무시하고 클라이언트의 자유만을 배타적으로 추진할 도덕적 정당성의 근거는 부족하기 때문이다. 왜냐하면 기본적으로 정당한 이유 없이 타인에게 위해를 가하여 고통을 야기하는 행위 자체가 도덕적으로 비난받을 수밖에 없고, 타인의 이익을 침해하면서 자신의 이익을 배타적으로 추구하는 것은 평등, 형평, 혹은 보편성이라는 차원에서도 전혀 정의롭지 않기 때문이다(Gewirth, 1978: 135). 그러므로 사회복지사는 자신의 클라이언트를 자유와 자율을 보호하기 위한 행위가 사회적 정의나 평등을 위반하지 않는지 종합적으로 판단하여야 하며 이러한 판단에 활용할 수 있는 적절한 기준을 마련하여야 한다.

참고문헌

김기덕 (2022). **사회복지윤리학**. 나눔의집

오정수 · 유채영 · 김기덕 · 홍백의 · 황보람 (2022). **사회복지윤리와 철학**. 학지사.

이봉주 · 김기덕 · 유태균 (2015). "한국 사회복지교육, 무엇을 지향하고 가르칠 것인가?", **한국사회복지교육: 현황, 과제 그리고 대안**. 신정.

한국사회복지사협회 (2023). 윤리강령 https://www.welfare.net/welfare/cm/cntnts/cntntsView.do?mi=1036&cntntsId=1044

Abramson, M. (1983). "A Mode for Organizing and Ethical Analysis of the Discharge Planning Process. *Social Work In Health Care, 6*, 33–42.

Biestek, F. (1957). ***The Casework relationship***. Loyola University Press.

Bok, S. (1983). The Limit of Confidentiality. ***The Hastings Center Report, 13***, 24–31.

Clark, C. (2000). ***Social Work Ethics: Politics, Principles and Practice***. Palgrave.

Dworkin, G. (1971). ***"Paternailism". in Morality and Law***. Richard Wasserstrom. Wadsworth.

Gewirth, A. (1978). ***Reason and Morality***. Univ. of Chicago Press.

IFSW. (2014). www.ifse.org

Leiby, L. (1985). "Moral Foundations of Social Welfare and Social Work: A Historical View", ***Social Work***, 30, 323–330.

NASW. (1996). Code of Ethics. Authors.

Pojman, L. (2002). ***Ethics: Discovering Right & Wrong***. Wadsworth.

Rawls, J. (1971). ***Theory of Justice***. Harvard University Press.

Reamer, F. (1999). ***Social Work Values and Ethics***. Columbia University Press.

Ross, W. (1930). ***The Right and Good***. Clarendon.

Rothman, J. et al. (1996). "Client Self-Determination and Professional Intervention: Striking a Balance", *Social Work, 41*, 396–404.

Sahakian, W. (1986). **윤리학의 이론과 역사**. 송휘칠 · 황경식 역. 박영사.

Singer, P. (1994). ***Ethics***. Oxford University Press.

Thompson, M. (2015). ***Understanding Social Work: preparing for Social Work***. Palgrave.

CHAPTER 06

사회복지와 인권

클라이언트의 인권지킴이, 사회복지사

CHAPTER 06

사회복지와 인권

클라이언트의 인권지킴이, 사회복지사

인권은 사회복지학, 교육학, 법학, 정치학, 철학 등 대부분의 학문분야에서 관심을 갖고 있는 매우 소중하고 가치 있는 용어라고 할 수 있다. 인권은 한자로 '人權', 영어로는 'Human Rights', 모두 '인간의 권리'라는 뜻이다. 하지만 인권을 단순히 '인간의 권리'라고 설명하고 이해하기에는 부족한 부분이 많다. 따라서 '인권이 무엇인가?'에 대한 질문에 답을 얻을 수 있어야 인권에 관한 이해에 도달할 수 있을 것이다. 한편 사회복지와 인권의 관계는 어떻게 될까? 복지를 실현하는 전문가 혹은 인권을 지키는 전문가라는 단어를 생각해 보면, 복지와 인권은 같은 의미로 이해되기도 한다. 하지만 복지와 인권은 엄연히 다른 이야기이다. 왜냐하면 복지를 지향한다는 것과 인권을 지향한다는 것을 자세하게 들여다보면 전혀 다른 이야기이기 때문이다. 이 장에서는 사회복지와 인권에 대한 다양한 이야기를 하고자 한다. 이를 위해 인권이 무엇인가에 대해 먼저 살펴본다. 이후 이러한 인권에 대한 이해를 바탕으로 사회복지와 인권의 관계가 어떻게 되며, 사회복지사가 왜 인권에 대한 이해를 해야 하는지에 대해 논의하고자 한다.

제1절 인권의 이해

1. 인권의 개념

1) 인권이란 무엇인가?

인권이란 무엇인가? 인권에 관한 논의를 시작하면서 가장 기본적인 질문을 던져 보자. 인권(人權)은 사람을 뜻하는 인(人)자와 권세와 권리를 뜻하는 권(權)자를 붙여서 만든 말이다. 이때 권(權)자는 일종의 접미사 역할을 하는 것으로, 어떤 단어의 뒤에 붙여서 그 단어에 따르는 권리나 자격을 의미하는데, 결국 인권이란 '사람의 권리'를 줄인 말이라고 할 수 있다. 이러한 인권은 영어의 'human rights'를 번역한 것으로 1789년 프랑스대혁명 이후로 사용[01]되기 시작했다. 우리나라를 비롯하여 중국, 일본 등에서는 모두 인권이라는 단어를 사용하고 있으며, 영어, 프랑스어뿐만 아니라 독일어, 스페인어 등 어느 나라 말로 표현해도 '사람+권리'라고 되어 있다.[02]

인권이라는 말은 제2차 세계대전 이후 유엔(UN)이 설립되고, 이후 1948년 유엔총회를 통해 「세계인권선언(Universal Declaration of Human Rights: UDHR)」이 선포되면서 중요한 개념으로 등장하였다. 인권의 의미를 사전적으로 보면 "인간이 인간답게 존재하기 위한 보편적이고 절대적인 인간의 권리이자 인간으로서 당연히 누려야 할 인간답게 살 권리"이다. 또 "인간이 태어날 때부터 갖고 있는, 인간이기 때문에 빼앗겨서는 안 되는 권리"를 의미한다. 인간은 누구나 태어나면서부터 성별, 국적, 인종 등에 관계없이 존중을 받으며 인간답게 살아갈 권리,

---

01 프랑스혁명의 결과물로 1789년 8월, 입법의회가 공포한 선언인 '인간과 시민의 권리 선언(Déclaration Des Droits de l'Homme et du Citoyen)'의 'Des Droits de l'Homme'를 영어로 번역하면 "The rights of man' 즉 '인간의 권리'라는 뜻이다.

02 독일어 : Menschenrechte, 스페인어 : Los Derechos Humanos

즉 인권을 가진다. 이러한 인권은 다른 사람이 함부로 빼앗을 수도 없고 다른 사람에게 넘겨줄 수도 없는 개인의 권리이며, 자연적으로 주어지는 권리라고 할 수 있다. 이러한 인권은 인간이 존중받으며 인간답게 살아가기 위해서 반드시 필요한 것이다. 또한 단순히 누군가로부터 모욕이나 무시, 혹은 차별을 받지 않아야 하는 소극적인 차원과 함께 인간이 행복하게 살아가기 위해 꼭 필요한 것, 적극적인 차원에서도 필요하다고 할 수 있다. 즉 우리의 삶의 목적이 행복한 삶이라면 이러한 목적 달성을 위해서 매우 중요한 것이다. 한편 유엔에서 정의한 인권의 의미는 다음과 같다.

> 인권은 그가 어디에 살든 관계없이 각 개인에게 부여된 일련의 권리를 말한다. 인권은 일반적으로 '모든 인간이 본질적으로 그리고 선천적으로 갖고 있는 권리로서 그것이 보장되지 않으면 인간답게 살아갈 수 없는 모든 권리를 의미한다. 인권과 기본적 자유는 개인이 완전하게 발전할 수 있는 기회를 제공하며 인간으로서의 자질, 지적 능력, 재능, 의식 등을 활용할 수 있게 하고 우리의 영적 혹은 기타의 욕구들을 충족시켜 준다.'
>
> 출처: United Nations (1987); 엘리자베스 라이커트 (2008). p.14 재인용.

이러한 유엔의 정의를 토대로 보면, 인권은 단순히 '인간의 권리'를 넘어서 '인간답게 살기 위해서 반드시 필요한 모든 권리'라고 할 수 있다. 예를 들어, 모든 인간이 존엄한 삶을 살아가기 위해서 기본적인 욕구(needs)가 보장되어야 한다. 즉, 우리 사회에서 살아가는 사람들의 삶이 기본적인 생활수준 이하로 떨어지는 것을 막아주는 역할을 하는 것이 바로 인권이다. 이때의 인권은 인간답게 살 권리, 즉 사람다움을 실현하는 권리가 된다. 결국 인권은 우리가 지향해야 할 '가치'이면서 동시에 존엄한 삶이라는 궁극적인 목적에 이르는 '수단'의 역할을 한다고 할 수 있다.[03]

03 한편 인권은 수단이 아니라 그 자체가 목적이라고도 할 수 있다. 우리가 사람답게 사는 것은 궁극적인 목적이지 무언가를 더 이루려는 수단이 아니라고도 할 수 있기 때문이다.

2) 권리와 의무로의 인권

앞서 인권은 모든 사람이 사람답게 살기 위해서 필요한 것들을 권리로 보장받은 것이라고 하였다. 인권에서 이야기하는 권리는 어떤 대가를 치르거나 비용을 지불하고 얻는 것이 아니다. 이는 인권을 누리기 위해서 일정한 자격을 얻어야 하는 것이 아니며, 단지 인간이라는 이유로 당연히 누리는 권리를 의미한다고 할 수 있다.

그렇다면 권리란 무엇일까? 권리란 누군가에 대해서 무언가를 보장해 달라고 주장할 수 있는 근거를 의미한다. 예를 들어, 철수가 영희에게 돈을 빌렸다고 하면, 영희는 철수에게 정해진 날짜까지 빌려간 돈을 갚으라고 주장할 수 있는 권리를 갖게 된다, 즉 영희는 '철수에게 돈을 빌려 주었기 때문에' 권리가 생겼다고 할 수 있다. 누군가에게 권리가 있다면 다른 누군가에게는 반드시 의무가 존재하게 된다. 위 예에서 보면 철수는 영희에게 정해진 날짜에 돈을 갚아야 할 '의무'를 가지게 되었다고 할 수 있다. 이런 의미에서 권리의 반대말은 의무이며, 누군가의 인권에는 그 사람의 권리와 함께 이러한 인권을 지키기 위한 다른 사람의 의무가 존재한다고 할 수 있다.

인권에서 '권리와 의무'를 이야기할 때는 주로 국민과 국가의 권리와 의무를 규정하게 된다. 우리나라 「헌법」 제2장 '국민의 권리와 의무'에서는 가장 먼저 제10조를 다음과 같이 규정하고 있다.

> **제10조** 모든 국민은 인간으로서의 존엄과 가치를 가지며, 행복을 추구할 권리를 가진다. 국가는 개인이 가지는 불가침의 기본적 인권을 확인하고 이를 보장할 의무를 진다.

즉, 모든 국민은 행복을 추구할 권리를 가지며 국가는 국민의 인권을 보장할 의무를 진다고 「헌법」에 명시되어 있는 것이다. 이것이 바로 국가가 존재하는 이유이다. 국민과 국가는 서로 권리와 의무의 관계로 연결되어 있으며, 국가는 권리의 주체인 국민, 즉 개인의 인권을 보장하는 가장 중요한 의무의 주체라고 할 수 있다.

그러나 최근까지 의무의 주체인 국가가 국민의 권리를 보장하지 않거나 매우 소극적으로 보장하는 경우가 종종 발생하였다. 이에 개인의 자유를 침해하려는 국가에 맞서서 개인의 자유를 지키는 역할을 하는 것이 인권이라고 여겨왔던 것이다. 또한 국가가 국민에 대해서 갖고 있는 의무를 국민 개개인의 인권을 지키기 위해 국가가 무엇인가를 해야 하는 적극적 의무가 아니라 단순하게 부당한 간섭을 하지 않아야 하는 소극적 의무만이 부과되어 있다고 여겨왔다. 그러나 개인의 자유를 보호하는 것이 국가의 소극적 의무라면, 평등을 보호하는 것이 국가의 적극적 의무이다. 그리고 이러한 두 가지 의무는 국가가 반드시 해야만 하는 것이라고 할 수 있다. 여기에 국민의 권리와 국가의 의무가 있다고 할 수 있다.

2. 인권의 내용과 구분

1948년 공포된 「세계인권선언」에서는 모든 사람이 지니고 있으며 누구도 빼앗을 수 없는 권리와 자유 30가지가 명시되어 있다. 여기에는 고문을 받지 않을 권리, 표현의 자유, 교육을 받을 권리, 비호를 받을 권리[04] 등과 생명권, 자유권, 사생활권과 같은 '시민적 · 정치적 권리'와 사회보장을 받을 권리, 건강권, 적절한 주거지에서 살 권리 등의 '경제적 · 사회적 · 문화적 권리' 등이 포함되어 있다. 「세계인권선언」이 유엔에서 공포된 이후, 지난 70여 년 동안 유엔을 비롯한 국제기구는 인권보장과 관련된 여러 가지 국제 규약 혹은 협약을 발표하였다. 이를 토대로 인권을 내용에 따라 구분하면 크게 시민적 · 정치적 권리(자유권), 경제적 · 사회적 · 문화적 권리(평등권/사회권)로 구분할 수 있다(배화옥 · 심창학 · 김미옥 · 양영자, 2015; 양옥경, 2017).[05]

04 인종, 신념, 종교 등의 이유로 박해를 받는 경우 타국에 피난처를 구할 권리를 의미한다.

05 한편 프랑스 법학자 바작(K. Vasak)이 1979년에 시대의 흐름에 따라 단계적으로 정리한 인권세대론에

1) 시민적 · 정치적 권리(자유권)

인권의 첫 번째 영역은 자유권이다. 이는 시민적 · 정치적 영역의 권리로 개인을 중심으로 하고 있으며, 시민권이라 불리기도 한다. 시민적 영역의 권리는 일정한 생활영역을 국가나 타인의 간섭으로부터 보호받는 권리, 즉 국가가 개인의 삶에 간섭하지 않아야 할 의무가 있음을 의미하며, 정치적 영역의 권리는 정치적 공동체의 구성원으로서 국가 업무에 참여하고 국가 업무를 통제하는 권리를 말한다. 구체적으로는 선거권, 참정권, 언론의 자유, 결사의 자유, 공정한 재판의 권리, 법 앞에서의 평등권, 시민권, 사생활 보호권, 자기표현의 권리, 종교의 자유 등을 포함하고 있다. 구속 및 인신매매로부터의 보호, 구금 및 고문에서의 보호, 안전할 권리, 차별로부터 자유로울 권리, 협박이나 괴롭힘, 고문 · 압력으로부터 자유로울 권리 등도 포함하고 있다(양옥경, 2017). 한편 배화옥 등(2015)은 시민적 · 정치적 영역의 인권 목록으로 생명권, 인격적 존재로 대우받을 권리, 평등권, 신체의 자유, 거주 · 이전의 자유, 사상과 표현 · 집회와 결사의 자유, 사생활 및 가족생활을 존중받을 권리, 정치활동을 할 권리, 권리를 구제받을 권리, 재산권 등을 제시하고 있다. 이러한 인권은 국가의 적극적인 활동을 통해 실현되어야 하는 '적극적 권리'라기보다는 빼앗기지 않도록 보호되어야 하는 권리라는 의미로 '소극적 권리'로 이해된다. 또 자연스러운 자연의 법칙과 같은 것이라는 의미에서 '자연권'이라고 불리기도 한다.

2) 경제적 · 사회적 · 문화적 권리(평등권/사회권)

인권의 두 번째 영역은 평등권이다. 이는 경제적 · 사회적 · 문화적 영역의 인권으로, 국가가 적극적으로 실현해 줄 것을 요구하는 성격의 권리이다. 이 평등

의해서 다음과 같이 분류되기도 한다. 여기에서는 인권을 시민적 · 정치적 권리 중심의 1세대 인권(자유권), 경제 · 사회 · 문화적 권리 중심의 2세대 인권(사회권), 집단적 권리로서 환경권, 발전권 및 평화권 등 3세대 인권(연대권)으로 구분하였다(윤찬영, 2022: 73).

권은 사회권이라고도 불리는데, 개인이 인간으로서 잠재력을 최대한 실현하기 위해 사회로부터 제공되는 각종 서비스를 받는다는 의미라고 할 수 있다. 구체적으로는 취업할 권리, 적정 임금을 받을 권리, 주거권, 적절한 음식과 의복을 가질 권리, 교육받을 권리, 적합한 의료보호를 받을 권리, 사회보장권, 혹은 사회복지권, 여가를 즐길 권리 등이 포함된다. 한편 배화옥 등(2015)은 적절한 생활수준을 영위할 권리, 근로권, 단결권과 파업권 등 노동조합에 대한 권리를 '경제적 영역의 인권'으로, 사회보장과 사회보험에 관한 권리, 가정의 보호 및 지원에 관한 권리, 아동보호에 관한 권리, 가능한 최상의 신체 및 정신건강을 영위할 권리를 '사회적 영역의 권리'로, 그리고 교육받을 권리, 문화에 대한 권리, 소수자 권리를 '문화적 권리'로 제시하고 있다. 이러한 인권은 '적극적 권리'로 여겨진다. 즉 단순히 권리를 국가가 '보호'하는 것이 아니라 국가에서 제공하는 다양한 형태의 사회보장제도 등을 통해 이 같은 권리가 달성될 수 있도록 하여야 한다는 의미이다.

3. 인권의 속성

지금까지 인권의 개념과 내용에 대해서 살펴보았다. 이제 인권에 대한 이해의 마지막 단계로 인권의 속성에 대해서 살펴보고자 한다. 앞서 살펴본 것처럼 인권(a human right)은 여러 가지 인권들(human rights)로 구성된다. 따라서 여러 가지 인권 중 어느 하나의 인권만 보장되고 다른 인권들은 보장되지 않는 사회가 있다면 이 사회는 인권보장이 이루어지는 사회라고 할 수 없을 것이다.[06] 왜냐하면 인권은 개별적으로 나누어서 볼 수 없는 속성이 있기 때문이다. 이러한 인권의 속성에 대한 규정들을 살펴보면 다음과 같다.

이준일(2018: 7-8)은 인권의 본질적인 속성으로 보편성(universality), 도덕성

06 예를 들어, '사회보험 등 사회보장에 대한 권리'는 보장받지만, '정치참여 등의 참정권과 자유권'이 무시되는 사회가 있다면 이 사회는 인권을 보장받지 못하는 사회라고 할 수 있다.

(morality), 근본성(fundamentality), 추상성(abstracity), 우월성(priority) 등 다섯 가지를 제시[07]하였으며, 윤찬영(2022)은 절대적 가치로 인권을 보는 절대성, 인간이면 누구나 인권의 주체가 된다는 보편성, 영구적·항구적으로 인정된다는 항구성, 그리고 개개인 각자에게 소유되며, 어느 누구에게도 양도할 수도 없고, 다른 사람이 빼앗을 수 없는 불가양성(불가침성) 등 4가지를 인권의 속성으로 제시하였다(윤찬영, 2022). 한편 배화옥 등(2015)은 보편적이며 양도 불가능한 속성, 상호의존적이며 불가분한 속성, 그리고 평등하며 비차별적인 속성 등 3가지를 인권의 속성으로 제시하고 있다. 여기에서는 배화옥 등(2015)이 제시한 3가지 속성을 중심으로 살펴보고자 한다.

1) 보편적이며 양도 불가능한 속성(universal and inalienable)

인권의 속성으로 첫 번째로 들 수 있는 것은 보편성이다. 즉 인권은 모든 인간이 누구나 향유할 수 있는 권리, 보편적 권리(universal rights)라고 할 수 있다. 이는 국적, 부(富), 권력, 인종, 성별, 장애유무, 종교 등 인간을 둘러싼 다른 어떠한 조건과 상관없이 누구에게나 인권이 보장되어야 하며, 누구에게나 동일한 잣대로 적용된다는 것을 의미한다(Reichert, 2008: 16-17; 양옥경, 2017: 142-146).

이러한 '보편성'은 누구나 자신의 신분이나 처한 상황, 정치적 성향이나 개인

---

07 이준일(2018)이 제시한 인권의 속성은 다음과 같다. 첫째, 인권은 '모든 인간이 누구나 향유할 수 있는 권리', 즉 보편적 권리(universal rights)이다. 즉 국적, 부(富), 권력, 인종, 성별, 장애유무, 종교 등 인간을 둘러싼 다른 어떠한 조건과 상관없이 누구에게나 인권이 보장되어야 함을 의미한다. 둘째, '인권은 어떠한 시대와 공간에서도 인정되어야만 하는 권리'라는 점에서 보편적 효력이 인정되는 도덕적 권리(moral rights)이다. 따라서 특정한 시대나 특정한 국가 또는 지역 등에서만 제한적으로 효력이 인정되는 권리는 인권이라고 부를 수 없다. 셋째, 인권은 '모든 인간에게 필수적으로 요구되는 권리'라는 점에서 '근본적 권리(fundamental rights)', 또는 '기본적 권리(basic rights)'이다. 따라서 인권은 다른 권리를 포기하더라도 이 권리는 포기할 수 없는 가장 기초적인 권리를 의미한다. 넷째, 인권은 의미내용의 경계가 대단히 불확정적인 '추상적 권리(abstract rights)'이다. 앞서 인권이 보편적이고, 도덕적이고 근본적인 권리라고 하였다. 즉 모든 사람에게, 시대와 공간을 뛰어 넘어서 반드시 인정되어야 하는 권리는 구체적일 수 없고 추상적일 수밖에 없는 것이다. 이에 인권은 구체적 권리가 되기 위해서 의미내용의 경계가 확장될 필요가 있다. 다섯째, 인권은 '실정법보다 우선한다'는 점에서 '우월적 권리(priory rights)'이다. 이것은 실정법과 인권이 충돌하는 경우에 인권이 실정법을 판단하는 기준이 된다는 뜻이다.

적 취향, 그가 살고 있는 지역 및 상태 등과 상관없이 동일한 권리를 가져야 하고 동일하게 대해져야 한다는 의미로, 일반성 또는 공통성이라고도 할 수 있다. 우리나라 「헌법」은 제10조에서 '모든 국민은 인간으로서의 존엄과 가치를 가지며, 행복을 추구할 권리를 가진다.'는 조항을 제시하고 있는데, 여기서 '모든 국민'이 바로 보편성의 원칙을 제시하고 있는 것이라고 할 수 있다. 만일 모든 사람이 아니라 일부 사람들에게만 권리가 보장된다면 그것은 인권이 아니라 '특권'이라고 불려야 할 것이다. 따라서 인권에서 보편성은 가장 중요한 원칙이고 잣대라고 할 수 있다.

또 인권은 적절한 영양, 편히 쉴 주거, 신체를 보호할 의복 등 기본적인 의식주를 포함한다. 물론 어떤 국가는 가장 기본적인 인권조차 제공할 수 있는 자원이 충분하지 못할 수도 있다. 그럼에도 균형 잡힌 영양을 포함하는 의식주는 전 세계적으로 공통되는 기본 인권의 필수적인 요소이므로 정부는 이와 같은 권리를 충족시킬 수 있는 체계를 갖추어야 한다. 그것이 인권을 지키는 길이다(Reichert, 2011: 5-7; 양옥경, 2017: 144 재인용).

한편 이러한 보편성은 특정한 문화, 법률, 정책, 도덕과 기타 제도 등과 충돌할 수 있다. 특히 문화적 다양성과 자기결정권 등 기존의 사회복지실천 원리와 보편성의 개념 사이에 다소간의 거리감을 느낄 수도 있다. 또 모든 인간이라고 했지만, 대한민국 국민과 외국인이 우리나라 내에서 실제로 누리는 인권의 정도는 다르다. 장애인과 비장애인이 누리는 인권의 정도 역시 실제로는 다르다고 할 수 있다. 그러나 보편성이란 모든 사람이 다 똑같다는 것을 의미하는 것이 아니며, 모든 사람들에게 동일한 방식으로 적용되어야 한다는 것을 의미하는 것도 아니다. 여기에는 개인과 개별 집단 간의 모든 형태의 다양성과 차이점을 인정하는 것이 포함된다. 즉 모든 개인과 집단에게 그들의 존재에 맞는 기본적인 권리를 보장하는 것이지, 모든 사람이 동일한 형태로 인권이 존재해야 한다는 의미는 아니다.

그러나 이러한 다양성과 차이점을 인정한다는 것에 대해서 오해하지 말아야 한다. 만일 각기 다른 차이를 명분삼아 사람들을 배제하고 차별하기 시작한다면 결국 모든 사람의 인권이 침해당할 것이기 때문이다. 이러한 보편성의 연장선상에서 인권은 다른 사람이 대신 누리거나 다른 사람에게 양도할 수 없는 성격, 즉 양도 불가능한 성격을 지닌다고 할 수 있다.

2) 불가분하며 상호의존적인 속성(indivisible and interdependent)

보편성의 속성과 함께 또 다른 중요한 인권의 속성은 불가분성이다. 불가분성은 선별적으로 어떤 인권을 더 중요하게 취급해서는 안 된다는 것이며 인권을 나누어서 생각할 수 없다는 의미, 즉 전체가 하나를 이루고 있으며 각 부분들을 따로 떼어내서는 안 된다는 것을 의미한다. 우리는 앞서 자유권과 평등권(사회권)으로 나누어서 인권을 살펴보았다. 이는 「국제인권규약」에서 인권을 시민적 · 정치적 권리, 경제적 · 사회적 · 문화적 권리 등으로 나눈 구분에 따라서 인권을 분류한 것이다. 그러나 이는 인권의 주요 내용을 설명하고, 강조하기 위해서 구분한 분류라고 할 수 있다. 왜냐하면 인권은 나눌 수 없는 성격, 즉 불가분성을 가지고 있기 때문이다. 앞에서 어느 하나의 인권만 보장되고, 다른 인권들은 보장되지 않는 사회는 인권이 보장되지 않는 사회라고 하는 이유가 바로 여기에 있다.

예를 들어, 자유롭게 이동할 수 있는 권리인 이동권은 일반적으로 자유권에 속하는 권리이다. 그러나 자유롭게 이동한다는 것은 어디로 어떠한 이유로 이동하는가와 함께 논의되어야 한다. 즉 학교에 교육받으러 간다면 교육권의 일부가 되고, 직장에 일하러 간다면 노동권의 일부가 될 수 있는 것이다. 그러나 학교에 가서 교육을 받거나 직장에 가서 노동을 하는 것, 즉 교육권과 노동권은 일반적으로 사회권으로 분류되는 권리이다. 이러한 것을 생각하면 결국 자유권과 사회권의 권리들은 서로 밀접하게 연관되어 있다고 할 수 있다. 왜냐하면 자유권이 전제되지 않으면 사회권 보장이 불가능한 경우가 많고, 사회권이 보장되지 않으면 실질적인 자유권 행사는 어렵기 때문이다. 또 자유로운 이동이 불편한 장애인들, 그리고 교통이 불편한 시골마을에 사는 사람들에게 이동권은 자유권보다는 사회권에 가깝다고 할 수 있다. 왜냐하면 국가가 이들에게 '마음대로 이동해도 좋다'고 말만 한다고 해서 이러한 권리가 충분하게 보장되지 않기 때문이다.

가난한 사람들이 모여 사는 조그마한 시골마을에는 국가 또는 지방자치단체가 나서서 버스회사가 버스노선을 운행할 수 있도록 적자를 보전해 주는 등의 정책을 만들 필요가 있으며, 이동이 불편한 장애인을 위해서는 저상버스 도입 등의 지원이 필요하기 때문이다.

정치활동에 참여할 권리인 투표권, 즉 투표할 권리는 정치적 권리, 자유권의 하나로 이해되고 있으며, 일반적으로 이렇게 구분되고 있다. 그러나 시각장애인, 글을 모르는 문맹인 등은 일반적인 투표용지로는 투표를 할 수 없다. 이에 이들이 투표할 수 있도록 별도의 투표용지를 만드는 등 적극적인 조치가 추가로 필요한 상황이다. 즉 '차별받지 않고 모두가 동등하게 투표할 권리'는 사회권적인 특성이 함께 있는 것이다.

공평하게 교육받을 권리인 교육권은 일반적으로 사회권으로 분류된다. 그러나 교육권은 사회권이기도 하지만 동시에 자유권이라고 할 수 있다. 왜냐하면 어디서나 똑같이 정해진 교육을 받는 것 대신에, 각자가 원하는 교육을 자유롭게 선택할 권리 또한 교육을 받을 권리, 교육권의 중요한 부분을 차지하기 때문이다.

이러한 이동권, 교육권, 노동권 등 인권의 다양한 예들은 모든 사람들에게 필요하며, 이중에서 어느 하나만 부족해도 문제가 발생하게 된다. 예를 들어, 장애를 가진 사람의 소득이 보장되었다고 해서 인권이 보장되었다고 말할 수는 없다. 이와 함께 자유롭게 움직일 수 있는 이동권, 그리고 교육권과 노동권이 모두 보장되어야 비로소 인권이 보장되었다고 할 수 있다. 결국 우리 주변에서 인권과 관계되지 않은 것은 하나도 없다. 또 모든 인권은 나눌 수 없는 것, 모두 이어진 하나의 권리로 볼 수 있다.

인권은 말 그대로 인간의 권리이다. 이때 인간이라는 의미는 '사회속의 사람'이라는 의미이다. 인간은 일정한 사회적 관계와 다른 사람과의 관계 속에서 존재하는 구체적인 개인이다. 따라서 나의 권리는 다른 사람의 권리와 긴밀하게 연결되어 있다. 그러므로 인권을 논의할 때는 반드시 나의 권리와 다른 사람의 권리를 함께 생각해야 한다. 또 상호의존성은 나의 권리와 마찬가지로 다른 사람의 권리도 보장해 주어야 한다는 의미이기도 하다. 앞서 권리에는 의무가 따른다고 했는데, 자신의 권리를 누리는 것과 동시에 다른 사람의 권리를 존중하고 지켜주어야 하는 의무가 함께 있다는 것이다. 우리나라 「헌법」 제37조 제2항에는 '국민의 모든 자유와 권리는 국가안전보장 · 질서유지 또는 공공복리를 위하여 필요한 경우에 한하여 법률로써 제한할 수 있으며, 제한하는 경우에도 자유와 권리의 본질적인 내용을 침해할 수 없다.'고 규정하고 있다. 이는 국민의 모든 자유와 권리는 본질적으로는 제한되지 않지만, '다른 사람의 권리를 침해하는 경우'에는 부득이하게 제한할 수 있다는 의미로, 인권의 상호의존적 성격을 명확하게 하고 있는 조항이라고 할 수 있다.

3) 평등하며 비차별적인 속성(equal and non-discriminatory)

인권은 평등하며 비차별적인 속성을 가지고 있다. 여기서 평등은 모든 것을 같게 대우하는 것을 의미하는 것이 아니라, 같은 것은 같게, 즉, 동등하게, 다른 것은 다르게 대우하는 것을 의미한다. 예를 들어, 같은 직장에서 동일한 일을 하는데 남성과 여성, 비장애인과 장애인, 내국인과 외국인의 급여가 다르다면 이는 차별대우로써 평등에 위배된다고 할 수 있다. 또한 기회 및 조건의 평등 역시 중요하다. 이러한 관점에서 여성 혹은 장애인 차별에 대한 적극적 조치의 실행은 매우 중요하다고 할 수 있다(배화옥 외, 2015: 35).

제2절 사회복지와 인권의 관계

1. 사회복지 대 인권

사회복지와 인권의 관계는 어떻게 될까? 흔히 사회복지사는 사회복지의 대상이 되는 클라이언트의 복지를 실현하는 전문가이면서, 클라이언트의 인권을 지키는 전문가라고도 이야기한다. 여기에 비추어 보면, 복지와 인권은 거의 같은 의미가 된다. 하지만, 복지를 지향한다는 것과 인권을 지향한다는 것이 같은 것처럼 보여도 조금은 다른 의미라고 할 수 있다.

앞서 살펴본 것처럼 인권은 크게 자유권과 사회권으로 구분할 수 있다. 이 중에서 우리가 인권이라고 할 때 우선적으로 떠올리게 되는 것은 자유권적 인권의 개념이다. 즉 고문, 학대, 강제수용, 강제노역, 탄압 등 국가를 중심으로 한 권력의 억압과 통제에 맞서서 투쟁하는 것이 곧 인권을 수호하는 것으로 인식되는 것이다. 이에 따라 이러한 억압과 통제가 없는 삶, 즉 자유권을 충분히 보장받는 삶을 인권적인 삶, 인권이 존중되는 삶으로 인식하게 된다. 한편 사회복지는 근로권, 주거권, 교육권 등의 사회권 영역을 중심으로 설명하게 된다. 이러한 사회권을 사회복지의 중요한 영역으로 인식하다 보니 모든 사람의 보편적인 인권보다는 장애인, 여성, 아동, 노인, 외국인 노동자, 빈민 등 특수한 집단에 속한 사람들의 권리로서 인식하는 경향이 컸다(윤찬영, 2022: 72-74). 이러한 예를 통해서 생각해 보면 인권의 큰 영역 안에 사회복지가 속한다고 할 수 있다.

2. 갈등관계에 놓이기도 하는 인권과 사회복지

이와 같이 인권과 복지가 밀접하고 상호 우호적인 관계에 있는 것 같지만, 현실에서는 그렇지 않은 경우도 있다. 아니 갈등하고 충돌하기도 한다.

우리나라의 장애인 거주시설을 둘러싼 논란을 복지적 관점과 인권적 관점으로 살펴보자. 우리나라의 사회복지실천은 한국전쟁 이후 전쟁고아를 대상으로 하는 아동양육시설을 중심으로 시작되었다. 이후 시간이 지나서 아동들이 성인이 되었을 때 비장애인들은 시설 밖으로 나가게 되었으며, 결국 장애인, 그중에서도 중증의 장애인들이 주로 시설에 남게 되었다. 이러한 시대적인 상황과 요청에 따라 장애인을 안전하게 보호하기 위하여 아동양육시설이 장애인거주시설로 변화되었으며, 여기에 맞는 법규와 제도가 만들어지게 되었다.[08] 이와 같이 장애인 거주시설은 우리나라를 비롯한 많은 국가에서 오랫동안 시행되어온 대표적인 사회복지서비스의 한 유형이다. 그러나 인권의 관점에서 볼 때 이러한 거주시설 중심의 복지는 반(反)인권적인 억압과 통제라고도 할 수 있다. 다수의 사람들이 한정된 공간에서 함께 생활하다 보니 학대 등의 인권침해가 끊임없이 발생했던 것도 사실이다. 이러한 이유로 '장애인 탈시설[09]'은 장애인의 인권과 관련하여 매우 시급하고 중요한 쟁점으로 부각되고 있다. 또 사회복지의 관점과 입장에서도 장애인들이 거주시설에서 나오는 것은 '자립지원'이라는 장애인복지정책과 실천의 개혁적 대안이기도 한다.

그러나 이러한 '장애인 탈시설'이라는 쟁점을 놓고 인권운동계와 사회복지계의 입장이 충돌하는 양상이 여러 곳에서 나타나고 있다. 장애인의 선택권과 자기결정권을 침해하는 것이라는 관점에서 보면 거주시설 중심의 사회복지서비스는 장애인의 인권을 침해하는 것으로 볼 수 있다. 그러나 모든 장애인이 거주시설이 아닌 자신의 집에서 생활하려면 집근처 지역사회 내에 다양한 이해당사자와의 관계 형성과 인프라 지원 등이 반드시 이루어져야 한다. 이러한 지원이 지역사회 내에서 충분하게 제공되지 않은 상황에서 모든 시설을 폐쇄하고 탈시설을 주장하는 것은 또 다른 폭력이라고 할 수 있다. 지역사회의 다양한 조건들이 충족되지 못한다면 장애인의 인권을 보장하기 위해서 추진한다는 탈시설이 오히려 장애인의 인권을 침해하는 상황이 될 수 있는 것이다. 이러한 논란 속에서 인권지향이 가지고 있는 반복지적 측면, 즉 '장애인을 위험한 환경에 방치할 수 있다'는 의견과 복지지향이 가지고 있는 반인권적 측면, 즉 '장애인을 거주시설에 입소시키는 것 자체가 반인권적이다'라는 의견이 서로 부딪치며 교차하는 것이다. 이렇게 '인권'과 '복지'는 매우 밀접하고 친밀한 관계를 보이면서도 동시에

08 우리나라의 오래된 장애인거주시설 중 다수가 1970년대에 아동양육시설에서 시설 유형을 변경한 것을 통해서 이러한 사실을 확인할 수 있다.

09 '탈시설'이라는 용어에 대해서도 인권운동계와 사회복지계의 의견이 충돌하기도 한다. 인권운동계에서는 시설에서 나오는 것이 중요하다는 의미에서 '탈시설'이라는 용어 사용을 강력하게 주장하지만, 일부 사회복지계에서는 '탈시설'이라는 용어가 '모든 시설은 나쁘다'는 일종의 낙인을 씌울 수 있기 때문에, '지역사회 자립지원', '지역사회중심 거주지원' 등 중립적인 단어를 사용할 것을 주장하고 있다.

부정적으로 부딪치기도 하는 것이다(윤찬영, 2022: 84-95).

이러한 사례는 사회복지실천의 다른 영역에서도 쉽게 찾아볼 수 있다. 아래의 노숙인 사례를 살펴보자.

사례

어느 추운 겨울날 서울역 밖에서 노숙하는 노숙인이 있다고 가정해 보자. 오늘 밤 매우 추운 상황이어서 지금 밖에 있게 되면 매우 위험한 상황에 처하게 될 가능성이 있다. 이 경우 사회복지사는 본인의 동의를 받아서 노숙인을 안전한 휴식공간으로 이동하도록 제안할 수 있을 것이다. 물론 이러한 제안을 받아들여서 노숙인이 이동하게 되면 문제가 없다. 그러나 노숙인이 이러한 휴식공간으로의 이동과 시설 이용을 거부하고 있는 상황이다.

이때 사회복지사는 어떠한 선택을 하여야 할 것인가? 그리고 어떠한 선택을 하는 것이 옳은 선택이 될 것인가? 이와 같이 사회복지실천현장에서는 '자기결정과 온정주의 사이에서의 갈등문제' 등 인권과 복지가 충돌할 가능성이 매우 크다고 할 수 있다.

공공부조의 대표적인 제도인 '국민기초생활보장제도'에서도 복지와 인권의 충돌지점은 쉽게 찾을 수 있다. 공공부조제도의 운영을 위해서는 수급권자의 자산조사가 필수적으로 필요하게 되며, 이러한 자산조사과정에서 수급권자는 자신이 얼마나 이 제도에 부합한 가난한 사람인지를 증명하는 절차와 기준을 통과해야 한다. 이러한 신청부터 수급자 선정까지 '국민기초생활보장제도'의 시행과정을 인권적인 차원으로 살펴보면 반(反)인권적이라고 할 수 있다. 가난한 자의 생존권을 보장하고 보호함으로써 가난한 자의 인권(생존권)에 기여하는 복지제도이지만 시행과정에서 가난을 입증하고 확인하는 절차 때문에 사생활에 대한 권리, 자유권, 명예권 등의 인권을 침해하는 결과를 가져오는 것이다(윤찬영, 2022: 91-93). 장애인에게 제공되는 대표적인 사회서비스인 '장애인활동지원제도'에서도 동일한 문제가 발생한다. 장애인들이 이 서비스를 받기 위해서는 자신이 얼마나 이 서비스를 필요로 하는지, 즉 자신의 장애가 심하고, 얼마나 생활하는 데 어려운지를 입증하고 확인하는 절차가 반드시 필요하다. 여기에는 결국 장애인의 인권침해적인 요소가 다수 있을 수밖에 없는 것이다.

3. 인권적 사회복지실천

사회복지실천은 클라이언트의 욕구에 초점을 두고 발전해 왔다. 클라이언트의 욕구에 기반을 둔 실천과 이를 위해 클라이언트의 욕구를 조사(needs assessment)하는 것으로 사회복지사의 업무는 시작된다고 해도 틀린 말이 아니다. 그러나 이러한 욕구중심의 실천은 앞에서 살펴본 것처럼 클라이언트의 인권을 등한시하고, 경우에 따라서는 인권을 침해하는 문제가 발생했다고 할 수 있다. 클라이언트의 욕구에 초점을 둔다는 것은 클라이언트를 '개별화된 인간'으로 본다는 장점이 있지만, 동시에 클라이언트의 욕구에 관심을 기울이기 위해 클라이언트의 '문제'와 그 '문제의 개선'에만 초점을 두었다는 것을 의미한다. 여기에서 인권적 사회복지실천에 관심을 기울여야 하는 의미를 찾을 수 있다. '인권적 사회복지실천'이란 욕구를 가진 클라이언트를 문제가 있는 사람으로 보는 것이 아니라 그와 같은 욕구로 표현되는 권리를 가진 사람으로 보는 것이다. 또 이러한 과정은 클라이언트가 인간으로서의 존엄성을 유지하도록 하는 것으로 자율적 결정의 주체임을 인정하는 것이다(양옥경, 2017: 218).[10]

짐 아이프(J. Ife)는 이러한 이용자에 대한 새로운 접근방법, 즉 권리기반 접근방법(rights-based approach)을 제시하면서 기존의 전통적인 접근방법인 욕구기반 접근방법(needs-based approach)과 구분하여 부르고 있다(Ife, 2001; 2006; 배

10 한편 인권적 사회복지실천의 비슷한 말로 윤리적 실천이라는 말이 있다. 인권은 큰 틀에서 사회복지실천이 근본적인 방향을 제시한다면 윤리는 주어진 상황에서의 사회복지사 개인이 취할 실천의 방향과 지혜를 제시해 준다. 그러므로 윤리는 사회복지사를 위한 것으로 사회복지사가 클라이언트와 함께 일할 때 클라이언트의 인권을 지키고 보장해 주기 위한 실천지침이라고 할 수 있다(양옥경, 2017: 219).

화옥 외, 2015: 71-73 재인용). 그는 권리중심의 사회복지관점(rights-based perspective)은 사회복지사들이 이미 하고 있는 것이지만, 많은 사회복지서비스는 욕구중심 접근(needs-based approach)을 기본으로 하기 때문에 권리중심의 관점(rights-based perspective)과 차별성이 있다고 보았다. 그는 사회복지서비스는 욕구사정(need assessment)에 의해서가 아니라 클라이언트의 권리이기 때문에 제공되어야 하는 것임을 강조한다. 또 이러한 권리는 인권규약과 조약, 전통 등으로부터 나오게 되는데, 이 관점에서 보면 문제의 원인은 개인이 아니라 개인의 권리를 보장하지 못하는 시스템에 있다. 따라서 사회복지실천에서도 적극적인 옹호나 권리 실현을 위해 제도 개선 촉구, 연대 등의 활동이 특히 강조된다. 이는 인권실천에서 사회복지사가 장애인의 '참여'를 높일 수 있는 '협력적 관계'를 통해 그들이 '수동적 시민권'에서 '적극적 시민권'의 위치로 이동하도록 돕는 가교 역할을 하는 것과도 일맥상통한다(Kim, 2010; 김미옥 · 김경희, 2011 재인용). 이러한 인권적 사회복지실천의 예로 장애아동에 대한 권리기반 접근방법을 살펴보면 다음과 같다.

1. 장애아동의 권리(예: 아동권리협약 기준)와 이에 상응하는 부모, 형제, 가족의 책임 확인
2. 가족의 권리(예: 부모의 근로할 권리, 의미) 확인
3. 1. 2를 바탕으로 제공이 필요한 서비스 계획·마련, 권리의 적정화
4. 협력적 관계, 개인적 비난 및 이기주의 기피

출처: Ife (2006). p.39의 관련 내용에서 발췌; 배화옥 외 (2015). p.73 재인용

한편 장애인 거주시설에서의 인권적 사회복지실천의 모습과 이러한 인권관점에 기초한 사회복지실천의 성과는 다음과 같이 제시할 수 있다.

■ **인권적 사회복지실천의 모습**

1. 조직차원에서의 인권관점에 기초한 사회복지실천 경험
   - 장애인인권보장 규정 제정에 의한 실천적 권리 기준 마련
   - 장애인인권보장위원회 구성과 지속적인 활동

2. 종사자차원에서의 인권관점에 기초한 사회복지실천 경험
  - 나와 너는 똑같은 권리를 가진 사람임을 떠올리며 실천함
  - 시설의 틀을 넘어서 개별성과 선택권을 존중함
  - 인권관점에 부합하는 쪽으로 모든 것을 변화시켜 나감

■ **인권관점에 기초한 사회복지실천의 성과**
- 장애인 이용자의 참여 증진
- 종사자 스스로에 대한 변화 인식
- 인권관점에 기초한 사회복지실천의 질적 향상

출처: 김미옥 · 김경희 (2011)의 관련 내용에서 발췌 및 정리

그렇다면 왜 이러한 인권관점에 기반을 둔 사회복지가 필요할까? 여기에는 다양한 이유가 있지만, 무엇보다 사회복지의 대상이 되는 클라이언트가 인권에 취약한 집단으로 차별에 직면하는 경우가 대부분이기 때문이다.

우리 사회에서 여성들은 남성과 유사한 권리나 혜택을 여전히 누리지 못하고 있다. 즉 정치적 · 경제적 권력을 여성들에 비해 남성들이 더 많이 가지고 있다. 이러한 남성에 의한 권력 독점, 특히 정치적 권력 독점은 특정 이슈에 대하여 여성들의 관점을 배제하는 경향이 있고, 이는 많은 경우 차별적 결과를 초래하고 있다.

아동 역시 여성과는 다른 이유로 인권 분야에서의 관심, 즉 아동의 권리를 보호하기 위하여 우리 사회의 각별한 관심이 필요한 상황이다. 노인과 장애인 역시 인권취약집단이라고 할 수 있다. 나이가 들수록 이전에 비해 차별과 착취를 받기 쉬운 상황에 처하게 되며, 신체적 · 정신적 장애를 가진 사람 역시, 비장애인이 중심인 우리 사회에서 차별받거나 활동이 제한되는 등의 어려움에 처하게 된다. 이외에도 성소수자, 문화적 · 민족적 · 종교적 소수자 등도 모두 인권에 취약한 상황이다.

물론 우리나라를 비롯한 많은 국가들이 이러한 취약집단의 인권 이슈를 다루고 이를 해결하기 위한 다양한 법규를 제정해 왔다. 하지만 이 법규들은 특정 상황에서 발생하는 인권 문제만을 다루고 있을 뿐 사회적 약자 집단의 인권 문제

에 대하여 포괄적으로 다루고 있지 않다. 이에 많은 차별 행위들이 법적 제재 없이 지속되고 있는 상황이다. 예를 들어, 「장애인차별금지법」 등 취약집단의 차별을 금지하는 법이 제정 · 시행되고 있지만, 어려움은 여전히 없어지지 않고 있다. 이에 사회복지사는 주류집단의 권력에 맞서서 여성, 노인, 아동, 장애인 등 취약집단에 속한 사람들의 인권을 보호하고 차별에 대응하기 위해서는 새로운 접근 방식들이 필요한 상황이다. 이러한 이유로 차별과 다른 인권 침해를 인정하고 받아들이는 모든 구조들을 변화시킬 수 있는 수단인 인권 원칙, 즉 인권관점에 기반을 둔 사회복지실천의 필요성이 있다고 할 것이다.

4. 인권관점과 사회복지

인권관점에서 사회복지를 바라볼 때 고려하여야 할 것은 여러 가지가 있다. 이 중에서 가장 중요한 것은 클라이언트의 자기결정, 그리고 사회적 배제가 아닌 사회적 포함이라고 할 수 있다. 이에 대해서 살펴보면 다음과 같다.

1) 자기결정

자기결정(self-determination)은 사회복지실천의 원칙 중 가장 먼저 제시되는 것으로 매우 익숙한 용어이다. 사회복지실천에서 자기결정권이란 클라이언트가 도움을 받는 과정 전체에서 어떤 결정을 내려야 하는 순간에 그 결정의 권한을 존중해 준다는 것을 의미하는데, 사회복지사는 클라이언트가 최상의 조건에서 최상의 결정을 내릴 수 있도록 클라이언트와 함께(with client) 일해야 한다(양옥경, 2017: 31-32). 이러한 인권관점에서의 자기결정권은 「세계인권선언」에 잘 나타나 있다. 「세계인권선언」 제22조에는 '모든 사람은 자신의 존엄성과 인격의 자유로운 발전에 반드시 필요한 경제적 · 사회적 · 문화적 권리를 실현할 자격이 있다.'고 규정하고 있는데, 이는 '자신의 삶에 있어서 선택의 자유를 누릴 권리'를 말한다.

사회복지사들은 자기결정문제에 직면할 때가 많다. 미국의 사회복지사 윤리강령에는 '사회복지사는 클라이언트의 자기결정권을 존중하고 증진시키며 자신의 목표를 확인하고 명확히 하려는 클라이언트를 도와준다.'고 규정하고 있으며, 우리나라의 사회복지사 윤리강령 역시 '사회복지사는 사회복지실천과정에서 클라이언트의 자기결정을 존중하고, 클라이언트를 사회복지실천의 주체로 인식하여 클라이언트가 자기결정권을 최대한 행사할 수 있도록 돕는다.'고 규정하고 있다. 이는 클라이언트가 사회적으로 책임 있는 자기결정을 내리는 데 사회복지사가 도와야 한다는 의미이다. 즉 사회복지사들은 클라이언트의 삶의 질을 높이기 위해서 노력한다. 이를 위해 자신의 삶을 선택하는 자유의 보장과 접근에 대한 지원, 적절한 선택에 대한 정보 제공 등을 촉진하는 것이 필요하다고 할 수 있다(엘리자베스 라이커트, 2008: 280).

2) 사회적 배제와 사회적 포함

인권과 밀접하게 연관된 사회복지 개념의 하나는 사회적 배제(social exclusion)이다. 사전적 의미에서 배제란 어떤 대상으로의 진입을 막거나 그 대상과의 교류를 막는 일이다. 사회적 배제라는 용어가 처음 사용된 프랑스에서 초기에는 사회적 배제가 사회보험체계의 보호를 받지 못하는 집단, 즉 사회적 보호망밖에 위치하여 행정적으로 배제된 집단을 의미하는 개념으로 사용되었다. 그러나 점차 그 범위가 넓어져 장애인, 고용보험 미가입 노동자, 일탈청소년, 소외된 개인, 실업(특히 장기실업)을 포함하는 개념으로 확대되었고, 후에는 기본적 권리에 대한 인식의 결여, 또는 그 권리를 실현하는 데 필요한 정치적 · 법적 제도에 대한 접근의 결여를 의미하는 것으로 이해되었다(Hills et al., 2002; 강신욱 · 김안나 · 박능후 · 김은희 · 유진영, 2005 재인용).

터너(Turner, 1986)에 따르면 사회적 배제란 사회 · 경제 · 정치활동 및 그 참여과정 속에서 특정 집단이나 개인이 사회의 희소자원에 접근할 수 없거나 혹은 그 분배가 공정하게 이루어지지 않은 경우를 말한다(황혜인 · 김연희 · 이희선,

2018). 즉, 주류사회에서 단절되어 삶의 다양한 영역에서의 참여와 권력을 획득할 수 있는 기회가 제한되는 것을 의미하는 것(이웅 · 손다진, 2022)이다. 앞서 살펴본 것처럼 인권의 목표는 모든 인간에게 정치적 · 경제적 · 사회적 · 문화적 권리를 부여함으로써 소외된 개인과 집단들에게 사회에 참여할 수 있도록 보장하는 것이다. 이러한 관점으로 보면 사회적 배제는 이러한 인권의 전제를 반대로 침해하는 것이라고 할 수 있다.

특히 사회적 배제는 집단 간 경계를 강화하고, 사회적으로 배제된 집단에 대한 부정적인 관점을 강화하는 등 이들에 대한 배제를 재생산하고 강화한다는 점에서 그 심각성이 있다. 또 이러한 사회적 배제는 결국 인간존엄성에 대한 차별로 이어진다(Sibley, 1998; 신유리 외, 2013 재인용; 조임영, 2011; 이웅 · 손다진, 2022 재인용). 따라서 사회복지사들은 클라이언트를 비롯한 많은 사람들의 인권증진에 매진함으로써 사회적 배제가 아닌 사회적 포함(social inclusion), 즉 클라이언트가 사회구성원으로 다양한 삶의 영역에 완전히 참여하기 위한 기회 · 권리 · 자원 등을 온전히 가질 수 있도록 노력하여야 한다.

5. 사회복지사의 사명

'사회복지사의 주요한 사명(primary mission)은 인간의 안녕(well-being)을 향상시키고 모든 사람들의 기본적인 욕구를 충족시키고자 하는 것이다. 특히 취약하고, 억압받으며, 빈곤 속에 살고 있는 사람들의 욕구와 임파워먼트(empowerment)에 특별히 관심을 기울인다.'

The primary mission of the social work profession is to enhance human well-being and help meet the basic human needs of all people, with particular attention to the needs and empowerment of people who are vulnerable, oppressed, and living in poverty.

이는 미국의 사회복지사 윤리강령의 전문(Preamble)에서 가장 먼저 제시되는 부분이다. 윤리강령 속 사회복지사의 사명에는 '인권'이라는 단어를 직접적으로 언급하고 있지는 않다. 그러나 미국 윤리강령의 모든 규정들은 사회복지사들이 클라이언트의 인권을 충족시키는 방향으로 일하도록 촉구하고 있다.

한편 2023년 4월 11일에 개정된 우리나라의 '사회복지사 윤리강령'을 보면, '윤리강령의 가치와 원칙'으로 다음과 같은 인간존엄성의 존중에 대한 자세를 강조하고 있다.

사회복지사 윤리강령 가치와 원칙

사회복지사는 인간존엄성과 사회정의라는 사회복지의 핵심가치에 기반을 두고 사회복지 전문직의 사명을 다하기 위해 노력해야 한다.

이는 인간존엄성의 존중이 사회복지사의 최우선의 과제라는 것으로, 인권이 사회복지업무의 가장 중요한 역할이라는 것을 의미하는 것이라고 할 수 있다. 그러나 인권을 일상생활에 적용하고자 할 때 다음과 같은 여러 가지 장애물들이 나타날 수 있다.

"인권이 사회복지사의 업무라면 인권을 사회복지실천에 적용하려고 할 때 사회복지사는 어디에서 시작하여야 할 것인가? 또한 사회복지사들은 어떻게 인권에 관한 방향을 잡아야 할 것인가?"

여기에는 무엇보다 윤리강령을 통해서 인권의 개념을 이해하는 것이 필요하다고 할 수 있다. 윤리강령에서는 〈사회복지사의 윤리기준〉의 한 가지로 사회복지실천을 하는 사회복지사들이 부딪히는 다양한 상황 속에서 인간존엄성을 존중하고 사회정의를 실현하도록 '전문가로서의 자세'를 다음과 같이 제시하고 있다.

사회복지사의 윤리기준

Ⅰ. 기본적 윤리기준

1. 전문가로서의 자세

1) 인간존엄성 존중

가. 사회복지사는 모든 인간의 존엄, 자유, 평등을 위해 헌신해야 하며, 사회적 약자를 옹호하고 대변하는 일을 주도해야 한다.

나. 사회복지사는 모든 인간의 고유한 존엄성과 가치를 인정하고 존중하며, 이를 기반으로 사회복지를 실천한다.

다. 사회복지사는 클라이언트의 성, 연령, 정신·신체적 장애, 경제적 지위, 정치적 신념, 종교, 인종, 국적, 결혼상태, 임신 또는 출산, 가족 형태 또는 가족 상황, 성적 지향, 젠더 정체성, 기타 개인적 선호·특징·조건·지위 등을 이유로 차별을 하지 않는다.

라. 사회복지사는 다양한 문화의 강점을 인식하고 존중하며, 문화적 역량을 바탕으로 사회복지를 실천한다.

마. 사회복지사는 문화적으로 민감한 실천을 제공하기 위해, 사회복지실천과정에서 자신의 개인적·사회적·문화적·정치적·종교적 가치, 신념과 편견이 클라이언트와 동료 사회복지사에게 미칠 수 있는 영향을 고려하여 자기인식을 증진시키기 위해 힘쓴다.

이와 같이 사회복지사의 주된 역할은 개인들과 집단들 사이의 불평등을 개선하는 일에 집중되어 왔으며, 자원의 불평등한 배분이나 차별에 관심을 기울여 왔다. 이에 사회복지사의 핵심 가치는 사회복지사 윤리강령의 한 부분이 되고 있다(NASW, 1996). 또 사회복지사들은 취약계층이나 복지를 필요로 하는 이들을 지원하는 데 초점을 두고, 이러한 문제에 개입하기 위한 다양한 방법들을 개발하고 발전시켜 왔다. 따라서 사회복지사의 활동들은 인권 분야와 밀접하게 관련되어 있다고 할 수 있다.

결국 사회복지사들은 인권에 대한 이해를 바탕으로 서비스를 제공하는 전문가라고 할 수 있다. 또한 사회복지학이야말로 우리 사회에서 인권을 최고로 강조하는 전문분야라고 할 수 있다. 따라서 인권에 대한 이해와 필요성을 바탕으로 일을 할 때, 사회복지사들이 인권분야에 최우선적으로 종사하는 사람으로 인식될 수 있을 것이다.

참고문헌

강신욱 · 김안나 · 박능후 · 김은희 · 유진영 (2005). 사회적 배제의 지표개발 및 적용방안 연구. 한국보건사회연구원.

김미옥 · 김경희 (2011). 인권관점에 기초한 사회복지시설천 경험에 관한 질적 사례연구: 장애인거주시설의 종사자 경험을 중심을. **한국사회복지학, 63**, 29-55.

배화옥 · 심창학 · 김미옥 · 양영자 (2015). **인권과 사회복지**. 나남출판.

양옥경 (2017). **사회복지윤리와 인권**. 공동체.

윤찬영 (2022). **인권 · 복지론**. 신정.

엘리자베스 라이커트 (2008). **사회복지와 인권**. 국가인권위원회 사회복지연구회 역. 인간과복지.

이웅 · 손다진 (2022). '장애문제의 주요 개념 비판 및 대안 모색: 인정개념으로의 패러다임 전환을 위하여'. **2022년 한국사회복지학회 자료집**.

이준일 (2018). **인권법: 사회적 이슈와 인권**(제7판). 홍문사.

황혜인 · 김연희 · 이희선 (2018). 사회적 배제가 삶의 만족도에 미치는 영향 및 임파워먼트의 매개효과분석. **한국공공관리학보, 32**(2), 105-132.

Hills, J. J., & Le Grand, D. (2002). Piachaud, ***Understanding Social Exclusion***. Oxford Univ Prss.

Reichert, Elizabeth (2003). ***Social work and Human Rights: A Foundation for Policy and Practice***(2nd ed.). N.Y.: Columbia University Press.

Turner, B. (1986). **시민권과 자본주의**. 서용석 · 박철현 역. 일신사.

United Nations (1987). ***Human Rights: Questions and Answers***. New York: UN.

CHAPTER 07

사회복지 이론과 관점

사회복지 지식과 기술의 기초

CHAPTER 07

사회복지 이론과 관점

사회복지 지식과 기술의 기초

이론(theory)은 인간의 감각으로 경험하는 현상 또는 사실(fact)을 설명하는 데 사용되는 개념적 해석틀을 의미한다. 사람들은 소득과 자산의 증가에 비례하여 자신의 삶에 만족할까? 어떤 사람들이 자신의 직업과 가정생활을 균형 있게 병행할까? 이러한 질문에 대하여 사람들은 권위, 전통, 상식, 사회매체, 개인적 경험에 의존하여 답을 구하곤 한다. 그러나 과학적 지식에 의존할 때 좀 더 많은 사람들에게 신뢰를 얻고 타당하다고 평가되는 대답을 구할 수 있다. 가령 소득과 자산은 일정 범위 내에서만 사람들의 삶의 만족도에 긍정적으로 영향을 미친다는 답을 제시할 때, 권위, 전통, 상식, 사회매체가 아니라 과학적 지식을 얻는 과정을 거쳐 답을 제시할 때 보다 많은 사람들에게 신뢰성과 타당성을 인정받을 수 있다. 이때 무수히 반복된 과정을 거쳐 현상 또는 사실들을 잘 설명한다고 판명된 추상적 해석틀을 이론이라고 한다. 이 장에서는 사회복지학에서 이론과 관점의 중요성을 살펴본 후, 환경 속의 개인, 인간발달, 사회문화를 이해하는 데 도움이 되는 이론과 관점을 살펴본다.

제1절 이론과 관점의 이해

1. 이론과 관점의 개념

이론은 일반적으로 개념과 진술로 구성된다. 개념(concept)이란 현상이나 사실의 의미를 관념적으로 구성한 지적 또는 상징적 표현물이며, 진술(statement)은 개념들 간의 묶음체이다(김경동 · 이온죽 · 김여진, 2009). 이론을 구성하는 진술은 한 개념을 기술하는 실재적 진술과 개념들 간의 관계를 기술하는 관계적 진술, 그리고 어떤 조건과 더불어 개념들 간의 관계를 기술하는 이론적 진술로 나뉜다. 이론적 진술이란 법칙, 공리, 명제, 가설, 경험적 일반화로 다시 나뉜다. 여기에서 주의할 점은 이론과 이론적 진술은 엄연히 차이가 있다는 점이다. 즉 법칙, 공리, 명제, 가설, 경험적 일반화에 해당하는 이론적 진술과 이들을 모두 아우르는 상위 범주의 이론은 차이가 있다는 점이다. 일반적으로 법칙, 공리, 명제, 가설 순으로 추상수준이 높다(김경동 · 이온죽 · 김여진, 2009).

관점(point of view)은 일반적으로 현상 또는 사실을 바라보거나 생각할 때 취하게 되는 특정한 태도 또는 방식을 뜻한다. 인지과학 또는 인식론에 의하면 사람들은 자신에게 이미 어느 정도 확립된 지식체계를 바탕으로 주어진 상황에 적절한 행동을 취하기 위해 필요한 판단을 내리고 행동한다. 이때 이미 어느 정도 확립된 지식체계는 일종의 관점으로 작용한다. 즉 무엇인가를 안다는 것은 특정한 관점에서 출반한다(김경동 · 이온죽 · 김여진, 2009). 사회과학 연구는 대체로 실증주의적 관점, 해석적 관점, 비판적 관점을 채택한다. 실증주의적 관점은 사회현상을 자연현상과 마찬가지로 간주하고, 사회현상의 법칙을 발견하고자 하는 태도 또는 방식이다. 해석적 관점은 사회현상을 자연현상과 달리 주관적 의식, 상호주관적 의미 해석과 상황 규정 등 사회현상의 의미를 해석하고자 하는 태도나 방식이다. 비판적 관점은 사회현상의 표면적 법칙 발견 또는 의미 해석에서 벗어나 그 기저에 있는 사회 구성물들의 물질적 기초적 토대의 변화를 지향하는

데 중점을 둔 태도나 방식이다(김경동 · 이온죽 · 김여진, 2009).

2. 사회복지 이론과 관점의 중요성

이론이 사회현상을 설명하는 데 필요한 해석틀이라면 관점은 사회현상을 이해하거나 해석 또는 변화시키려는 사고의 태도와 방식이다. 저소득계층과 중상위 소득계층 아동의 체중과 학업성취도에는 차이가 있는가? 차이가 있다면 그 이유는 무엇인가? 전쟁 또는 기후재난은 계층 간 아동들의 체중과 학업성취도의 격차를 심화시키는가? 이러한 질문에 대하여 이론과 관점은 권위, 전통, 상식, 사회적 매체, 개인적 경험에서 벗어나 과학적 절차를 통해 믿을 수 있고 정확한 대답을 구하는 절차의 출발선이라 하겠다. 가령 근거하고 있는 이론이나 관점에 따라 저소득층 아동들의 과체중과 낮은 학업성취도에 대하여 그 원인을 찾으려는 노력은 아동 개인의 유전적 기질과 개인적 성향에서 찾는다거나, 양육자의 무관심 또는 방치에 가까운 양육태도에서 찾는다거나, 저소득층 아동들의 양질의 식사 및 교육환경으로부터의 배제에서 찾으려는 것으로 다양하게 시도될 수 있다. 이와 같이 이론과 관점은 사회복지학을 공부하거나 연구하는 사람들에게 자신의 주장을 뒷받침하는 근거를 마련하는 데 중요한 출발점이 된다.

3. 사회복지 이론과 관점의 분류

사회복지에서 주로 다루는 이론과 관점은 대부분 인간과 사회, 그리고 각각의 관계적 · 구조적 측면과 발달적 · 동태적 측면이다. 이는 각각 환경 속의 개인 차원, 인체 생물학 또는 인간발달 차원, 사회문화적 차원, 사회 변화에 해당한다.

첫째, 일명 '환경 속의 개인(person in the environment: PIE)' 차원에 해당하는

이론과 관점들은 개인에 초점을 두되 이를 둘러싼 다양한 사회환경들과의 관계적, 구조적 측면을 다루는 특징을 갖는다. 대표적으로 체계이론, 생태이론, 교차성이론, 강점관점이 이에 해당한다. 일례로 놀이터와 고당분 식품에 대한 규제조치가 있는 지역의 아동들이 그렇지 않은 지역의 아동보다 비교적 적절한 체중을 유지하는 현상을 이해하고 해석하는 노력을 들 수 있다.

둘째, 인간발달 차원에 해당하는 이론과 관점은 개인의 신체적, 심리적, 사회적 발달 측면을 다루는 특징을 갖는다. 생물학, 정신역동이론, 인지발달이론, 인본주의 및 실존주의 관점, 생애과정 관점이 이에 해당한다. 일례로 고령기 여성의 과체중 원인을 질병의 증상, 유아기에 경험한 무의식적 억압이나 생애 전반에 걸쳐 학습된 식습관, 또는 생애과정을 걸쳐 축적된 생애사의 결과로 설명하려는 노력을 들 수 있다.

셋째, 사회문화적 차원에 해당하는 이론과 관점은 인간사회의 관계적 · 구조적 측면을 다루는 특징을 갖는다. 계층 또는 계급 간의 관계와 구조를 다루는 고전적 사회학 이론에 속하는 기능주의이론, 갈등이론, 상징적 상호작용이론과, 젠더 간 · 문화 간 관계와 구조를 다루는 여성주의이론과 문화적 관점에 이에 해당한다. 일례로 과체중을 치료 또는 예방하는 데 기능적인 식품산업과 의료산업은 경제발전과 사회 유지에 합목적적이라는 설명이나, 외모에 대한 사회적 의미가 계층, 계급, 젠더, 문화에 따라 차이가 있음을 설명하려는 노력을 들 수 있다.

넷째, 사회변동 차원에 해당하는 이론과 관점은 인간사회의 구조적 변동 측면을 다루는 특징을 갖는다. 인종주의, 권력자원이론, 집합행동이론, 전략적 행동장이론, 지역사회조직이론이 이에 해당한다. 일례로 과체중으로 인한 차별과 억압의 사회적 심각성과 이를 변화시킬 수 있는 노력에 관한 해석틀과 사고의 방식을 들 수 있다.

제2절 환경 속의 개인 차원

1. 일반체계이론과 사회체계이론

일반체계이론은 1940년대 독일의 생물학자 루드비히 폰 버틀란피(Ludwig von Bertalanffy)에 의해 발전하였다. 그의 논문「물리학적 체계로 간주되는 유기체」의 핵심은 유기체로서의 체계는 균형상태를 유지하다가 환경조건 및 그 영향상태에 의하여 균형이 깨질 수 있으나 자기규제 능력에 의해 다시 자신의 안정상태를 유지한다는 것이다(이윤재, 2018). 이때 환경으로부터 물질을 계속 유입 또는 유출시키면서 자신의 안정상태를 유지하는 유기체를 '개방체계'로, 환경과 격리된 유기체를 '폐쇄체계'로 개념화하였고, 당시 물리학의 '폐쇄체계' 위주의 전개방식에 새로운 시각을 제공하였다는 점에서 의의가 있다. 자연과학 이외에도 경제학과 사회과학 등에 광범위하게 영향을 미친 버틀란피의 사고는 1969년 출판된『일반체계이론』에서 총괄적으로 알 수 있다(이윤재, 2018).

버틀란피의 일반체계이론의 핵심은 전체를 구성하는 부분들 간의 상호작용은 부분들뿐만 아니라 부분들 간의 관계와 전체 모두에 영향을 미친다는 설명이다. 이는 당시 팽배하던 기계론적 사고관과 다른 시각이다. 부분들 간의 상호작용을 인정하지 않고 전체를 부분들의 합으로 설명할 수 있다고 본 당시 사고와는 달리, 버틀란피의 일반체계이론은 부분들 간의 상호작용으로 인하여 전체는 부분들의 합만으로 설명할 수 없다는 점을 강조하였다.

사회체계이론은 1970년대 독일의 사회학제 니클라스 루만(Niklas Luhman)에 의해 한 단계 발전하였다. 미국의 사회학자 탤콧 파슨스(Talcott Parsons)의 유명한 전제인 '사회는 기능적으로 분화된 체계로 구성'을 부분적으로 수용하면서 동시에 남미의 생물학자 마투라나(H. Maturana)와 바렐라(F. Varela)의 진화론적 견해의 영향을 받아 '자동생산(Autopoiesis)' 개념을 발전시켰다(김종길, 1993; 김태근, 2017). 즉, 부분체계들이 상위 구조를 유지하는 데 기능적으로 작용한다는 파

스스의 정태적 · 경직적인 체계 개념과는 달리, 루만은 체계들이 지속적으로 환경에 반응하고 안정적이기보다는 불확실성이 증가된다는 점을 강조하였다(김태근, 2017).

루만의 사회체계이론을 요약하면 다음과 같다. 첫째, 개인들은 인격체계로서 서로 상호침투(interpenetration)한다. 이때 각각의 인격체계들은 서로 자신의 심리체계의 의미를 의사소통하면서 상호침투하는 동시에 '사회체계'에 참여한다. 둘째, 사회체계는 부분체계들 간의 의사소통을 통하여 계속 분화한다(김태근, 2017). 셋째, 각 체계들이 서로 지나치게 결합되어 있는 경우 구조적 선택과정에 의해 보다 단순하게 결합되는데, 서로 팽팽하게 계속 상치하는 경우 그 사회체계는 복합성의 상태에 있다. 넷째, 사회체계는 부분체계들이 의미 있게 연결되어 있는 '구조화된 관계 구조'인 반면, 이에 속하지 않고 통제 불가능한 영역을 환경이라 한다. 즉, 한 체계들 간의 관계는 다른 체계들의 환경의 복잡성을 필연적으로 증가시킬 수밖에 없다. 다섯째, 체계와 체계 간의 경계와 체계와 환경 간의 경계는 체계들 간의 의사소통에 의해 나타난다. 즉 체계 내적 의사소통과 체계 간 의사소통에 의해 복합성이 해소되지 못하는 조건이 나타날 때 체계 간의 경계와 체계와 환경 간의 경계가 존재한다고 볼 수 있다.

2. 교차성이론

교차성이론은 1991년 흑인 법학자 킴벌리 크렌쇼(Kimberle W. Crenshaw)와 흑인 여성주의 학자 패트리샤 콜린스(Patricia H. Collins)가 각각 '교차로'와 '매트릭스' 용어를 사용하면서 점차 발전하였다(홍찬숙, 2019). 교차성이론은 실증주의적 관점, 구성주의적 또는 탈구조주의적 관점, 구조주의적 관점 등 다양한 관점을 수용하여 확장되어왔다. 공통점으로는 현대사회의 다중적 불평등 또는 복잡한 불평등 현상을 설명하고자 교차성 개념을 활용한다는 점이다.

구성주의적 관점의 교차성이론에서 교차성 개념은 개인이나 집단을 억압하고 차별하는 체계를 구성하는 사회범주들 간의 복잡성을 의미한다. '인종, 계급, 젠더 섹슈얼리티, 민족, 시민권, 장애 유무, 나이 등' 그 자체의 본질 또는 속성이 아니라 이러한 범주들을 사회적으로 구성하는 권력체계들에 의하여 개인이나 집단이 소수자 정체성을 부여받고 억압의 대상이 되는 현상을 설명한다(박미선, 2017). 특히 유럽의 교차성이론가들은 교차성 개념이 단순히 속성들의 '더하기'로 인한 가중된 차별과 억압이 아니라, 교차성 자체가 별도의 사회적 구성과정임을 강조한다(홍찬숙, 2019). 구조주의적 관점에서는 복잡한 체계로서 교차성 개념을 설명한다(홍찬숙, 2019). 교차성이라는 복잡계는 "계급뿐만 아니라 젠더와 인종 관계에 의해 동시적으로 구성되는" 사회현상이며 역사적으로 복잡한 교차성은 계급, 인종, 젠더를 공동구성하는 제도들로 나타난다고 설명한다(홍찬숙, 2019). 이밖에 양자역학의 파동운동방식의 특징인 '회절'현상을 빗대어 교차성 개념을 설명하려는 시도가 있다. 즉, 틈을 통과할 때 입자와 달리 직선으로 통과하지 않고 휘어져서 간섭무늬를 만들며 통과하는 현상이 이분법적인 불평등 범주의 복잡한 배후 맥락과 유사하다는 주장을 들 수 있다(홍찬숙, 2019). 교차성 이론은 20세기 이후 유럽연합의 불평등 대응정책의 방향을 바꾸는 데 영향을 미쳤다(홍찬숙, 2019).

3. 강점관점

강점관점은 1980년대부터 찰스 랩(Charles A. Rapp), W. 설리반(W. Patrick Sullivan), 그리고 데니스 샐리비(Dennis Saleeby)에 의해 전개된 관점이다(박선영, 2011). 개인의 결핍과 병리를 중심에 두고 이를 전문가의 개입에 의하여 고치려는 문제중심적 관점에서 벗어나, 개인 당사자를 중심에 두고 당사자 스스로 자신의 자율성과 행위 주체로서의 기능을 기반으로 환경의 강점을 활용할 수 있도록 지원하는 역할이 중요함을 강조한다. 문제 중심의 관점이 갖는 두 가지 한계, 즉 개인 당사자에 대한 도덕적 판단의 문제와 개인의 결핍과 병리의 원인과 결과의 진단과 개입에 대한 기계적 · 단선적 인식의 문제 극복을 목적으로 한다(박선영, 2011).

강점관점의 주요 내용을 살펴보면 다음과 같다. 첫째, 미국 사회복지실천의 초기 역사에서 나타난 인보관운동의 철학을 계승하여, 개인의 성장 잠재력과 강점에 대한 신뢰를 바탕으로 개인 당사자가 스스로 자신의 역량을 활용하도록 지원하는 것을 기본 원리로 한다. 둘째, 개인 당사자는 자신의 결핍과 병리에 대한 도덕적 책임을 지는 존재가 아니라 스스로의 삶에 주체적 전문가로서 어려운 상황에 대면할 때 탄력적으로 대응할 수 있는 잠재력을 지닌 존재이다. 셋째, 개인 당사자가 대면하는 상황에 대한 인식은 실증주의적 과학관에 기초하기 보다는 구성주의 또는 해석주의, 포스트모더니즘, 비판적 이론에 기초한다. 넷째, 사회복지사의 역할은 당사자가 자신의 강점뿐만 아니라 환경의 강점과 자신의 강점의 상호 연관성을 살리도록 지원하는 것임을 강조한다(박선영, 2011).

제3절 인간발달 차원

1. 인지발달이론

인지발달이론은 인간이 감각기관으로부터 받아들인 정보들을 해석하고 저장하였다가 다시 기억해 내고 사고하며 문제를 해결하는 데 활용하는 사고과정에 관한 이론이다(송지성 · 이성애, 2012). 20세기 장 피아제(Jean Piaget)와 레프 비고츠키(Lev Vygotsky), 알버트 반두라(Albert Bandura)에 의해 발전하였다. 이들 모두 아동의 인지발달과정에 관심을 두었으나, 각각 차이점을 갖는다. 피아제는 인간의 아동기 학습과정은 외부 세계와의 상호작용이 전제되지만 아동기 내적 측면을 강조한 반면, 비고츠키는 문화의 전달자로서의 성인과의 교류에 대한 아동기 특성의 중요성을 강조하였다. 반두라는 타인의 관찰과 모방을 강조하는 사회학습이론에서 사회적 상호작용으로부터의 학습을 중요시하는 사회인지이론으로 확장시켰다.

피아제의 인지발달이론의 주요 내용을 살펴보면 다음과 같다. 첫째, 아동의 지적 성장은 유기체로서의 개별 아동과 환경의 상호작용에 의해 점차 진행되는 과정이다. 둘째, 아동기에는 일정한 순서에 따라 단계적으로 지적 성숙이 이루어지는데, 이는 유전적으로 결정되었다는 의미가 아니라 점차 그 영역이 확대된다는 것을 의미한다. 셋째, 각 발달단계는 0~2세까지의 감각운동기(seonsori-motor stage), 2~7세의 전조작기(preoperation stage), 7~11세의 구체적 조작기(concrete operational stage), 11세~성인기의 형식적 조작기(formal operational stage)로 이루어졌다(송지성 · 이성애, 2012).

비고츠키의 인지발달이론은 아동기에 이루어지는 개인들 간의 상호작용에서 사회, 문화, 역사의 영향을 강조하였다. 그는 인간의 정신 과정을 감각, 반응적 주의집중, 자발적 기억, 감각-동작지능 등에 해당하는 초등정신기능(lower mental functioning)과 지적 활동을 유발하는 언어와 문화적 도구로 매개된 지각, 의도된 주의집중, 의도된 기억, 논리적 사고 등이 해당되는 고등정신기능(higher mental functioning)으로 설명하였다. 이 중 고등정신기능은 인간만이 가지고 있는 지적 기능으로서 사회적 · 문화적 맥락에 의해 영향을 받는데, 근접발달지대(zone of proximal development)와 비계설정 또는 인지안내발판(scaffolding)의 개념을 통하여 사회적 · 문화적 맥락이 인지발달에 영향을 미치는 과정을 설명하였다(송지성 · 이성애, 2012).

반두라의 사회학습이론의 주요 내용을 살펴보면 다음과 같다. 아동의 행동은 모델의 행동 자체와 모델의 수행결과, 즉 모델에게 나타나는 대리강화, 대리처벌, 기대와 처벌 등의 결과를 학습하며 형성된다는 점이다. 여기에 정보를 조직하기 위해 사용되는 인지과정에 대한 설명이 추가된다. 반두라는 이후 인간의 사고와 행동에 사회적 영향의 중요성을 인정하고 동시에 인지적 과정에 좀 더 관심을 기울이면서 자신의 이론을 '사회인지이론'으로 명명하였다(손영진, 2012). 반두라의 사회인지이론은 인간의 인지과정에서의 적극적 측면을 강조한다. 인간은 내면으로부터만 동기화되거나 외부환경으로부터만 조절되지 않는다. 스스로 미리 예측하거나 자기조절을 할 수 있는 역량을 가진 적극적 존재라는 것이다. 특히 자기 자신이 특정 행동을 성공적으로 수행할 수 있다고 믿는 자기효능감(self-efficacy)이 인간의 학습에 대한 동기화과정과 자기조절과정에 중요한 영향을 미친다고 강조하였다(손영진, 2019).

사회인지이론은 행동주의적 측면, 즉 모델링과 대리강화도 포함한다. 그러나 사회인지이론의 핵심 개념은 인지적 측면의 자기효능감 개념과 기대 개념이라 하겠다. 예측, 집중, 이해, 기대, 기억 등의 인지과정에서 자기효능감은 필수적이고, 기대가 인지를 동기화한다. 즉 행동주의적 측면에서의 자극-반응의 관계가 아니라 자극-반응에 대한 기대라는 인지적 측면을 강조하였다. 개인(person)의 자기효능감과 기대와 인지과정, 행동(behavior), 그리고 환경(environment)의 관계를 설명하면서, 반두라는 개인, 행동, 환경과의 상호작용에 대하여 삼중상호인과작용(triadic reciproal causation)의 모델을 제시하였다(손영진, 2012).

2. 인본주의 관점

인본적(humanistic) 또는 인간 중심(person-centered) 관점은 20세기 전반기 이후 심리학자 칼 로저스(Carl Rogers)와 매슬로(Abraham Maslow)에 의해 심리상담 및 치료에 반영된 관점이다. 로저스는 인간 스스로 자신의 유기체로서의 존재성을 실현해 나가려는 경향을 '실현경향성(actualizing tendency)'이라 명명하였다. 그리고 인간은 가능한 최고의 수준으로 성장하려는 경향이 있음을 강조하였다. 또한 로저스는 사회로부터 존중받을 때 자기실현이 가능함을 강조하였다. 자신이 지각하는 주변으로부터의 '무조건적 긍정적 존중(unconditional positive regard)'을 통하여 인간은 "자신의 조건 때문이 아니라 자기(self) 자체로 존중받는 경험을 함으로써" 자신을 있는 그대로 수용하고 자신의 잠재력을 탐색하며 실현경향성을 추구해 간다고 강조한다(윤효정 · 주은선, 2020).

로저스의 인간 중심 관점을 요약하면 '건강하게 충분히 기능하는 인간'에 대한 신념이라 하겠다. 인간은 '건강한 삶' 또는 '충분히 기능하는 인간'을 실현할 수 있는 잠재력이 있다는 점이다. 그리고 건강한 삶이란 다음의 네 가지 특징을 갖는 방향으로 자유롭게 선택하여 움직이는 과정이다. 첫째, 선입견 없이 자신과 타인의 경험에 대해 개방적인 태도를 갖는 것이다. 이러한 태도는 과거의 경험에 비추어 새로운 상황을 왜곡하는 대신 새로운 문제들을 현실적으로 다룰 수 있게 한다. 둘째, 현재에 충실히 주의를 기울이는 태도이다. 이러한 태도는 자신의 경험에 대해 긍정적으로 평가하고 자신에 대해 긍정적으로 평가할 수 있게 한다. 셋째, 자신의 유기체로서의 자생력을 믿는 태도이다. 이러한 태도는 외부로부터의 공격과 비난에 대한 반응 양식을 제공하며 자신의 결정에 책임을 갖게 한다. 외부의 권위나 주변의 시선으로부터 자유롭게 주체적으로 변화에 대처할 수 있게 한다. 넷째, 자신의 주체적인 기준에 의해 선택이나 결정, 판단이나 평가를 내리려는 태도이다. 자신의 전체가 인정받을 때 인간은 자신에게 만족하고 자신을 진정으로 실현할 수 있다.

매슬로의 인본주의 관점도 로저스와 마찬가지로 자기실현을 강조하였다. 그는 인간이 자신의 최상의 가능성을 실현하기 위해 무엇이 필요한지 스스로 알 수 있는데 명상 등의 내면을 탐구하는 행동과 도덕적 · 윤리적 행동을 통해 가능하다고 강조하였다.

매슬로의 인본주의 관점을 요약하면 다음과 같다. 첫째, 인간 본성이 기본적으로 선하며 상상보다 더 높은 수준에 있고, 그 이상으로 계속 성장하고 발전하며 인생에서 여러 고통과 좌절, 결핍은 인간의 내적 선한 본성을 촉진시킬 수 있다. 둘째, 그러나 인간은 "퇴행 경향, 성장에 대한 공포의 경향, 자아실현의 실패에의 경향"도 있는데, 자기를 발견하고 성장하려는 경향과 긴장관계에 있다. 셋째, 인간은 자신의 잠재력을 실현할 권리와 능력이 있다. 넷째, 자기실현의 동기는 결핍동기들이 단계적으로 충분히 충족될 때 부여된다고 설명하는데, 결핍동기는 생리적 욕구, 안전과 인정의 욕구, 사랑과 소속의 욕구, 자기존경 욕구가 순서대로 충분히 충족되어야 하지만 반드시 그렇지 않을 수 있음도 인정하였다. 넷째, 결핍의 욕구가 충분히 충족될 때 인간은 자기실현의 욕구 또는 성장동기, 즉 "잠재적인 자기 자신을 실현하려는 경향 또는 인간이 점점 더 특이해지고 그가 될 수 있는 모든 것이 되려는 욕망"의 단계에 이르게 된다.

3. 실존주의 관점

실존주의 관점의 심리상담은 1940년대 제2차 세계대전 이후 급격한 불안과 혼돈의 시기에 인간 존재 자체와 불안에 관심을 갖는 유럽의 심리학자와 정신의학자에 의해 실존주의적 상담에 반영된 관점이다. 실존주의 관점의 심리상담은 19세기 초반 쇠렌 키르케고르(Sören Kierkegaard), 20세기 칼 야스퍼스(Karl Jaspers), 마르틴 하이데거(Martin Heidegger), 장 사르트르(Jean P. Sartre) 등 실존의 의미와 현존재의 개념에 관심을 갖는 실존주의 철학자들에 바탕을 둔다. 시간의 흐름에 따라 역사적으로 나타나는 현상 또는 현존재의 의미를 해석하고 한계적 상황에서의 실존(existence), 즉 고유한 자기 자신의 존재에 대한 인식과 태도에 대한 관심이 실존주의적 관점의 특징이다(김대동, 2005).

실존주의적 관점은 루드비히 빈스방거(Ludwig Binswanger), 메다드 보스(Medard Boss), 빅터 프랭클(Viktor Frankl)에 의해 출발하였다. 이들은 많은 사람들이 삶과 존재의 무의미함 또는 '실존적 공허함'을 겪고 있으며, 이는 '사회적 질병'이라 할 수 있는데, 삶과 존재의 의미와 목적을 스스로 찾도록 하는 것이 실존주의 관점의 상담 목표라 하였다(김대동, 2005). 이밖에 미국의 실존주의 관점 상담가로는 롤로 메이(Rollo May)와 어빈 얄롬(Irvin Yalom)을 들 수 있다(김대동, 2005).

실존주의 관점의 주요 내용을 살펴보면 다음과 같다. 첫째, 인간은 계속해서 변화하고 그 의미가 발견되는 존재임을 이해하고 시간적 · 공간적 맥락에서 '인간을 인간다운 존재'로 만드는 조건을 이해하는 것을 기본으로 한다. 둘째, 인간은 계속해서 자기인식의 노력을 기울여야 하며 이를 바탕으로 한 선택과 행동의 자유에 따르는 결과에 책임을 져야 하는 존재임을 이해하는 것이 중요하다. 셋째, 인간은 끊임없이 자신의 정체성과 사회적 관계의 의미를 추구하는 존재이며 삶의 목적과 의미를 계속해서 만들어 가거나 찾아가야 하는 존재임을 이해하는 것이 중요하다. 넷째, 인간의 삶에서 불안은 생존의 불가결한 조건임을 이해하고 이를 건설적인 형태 또는 창조적인 계기로 작용할 수 있도록 자신의 존재의 의미나 목적을 스스로 발견하도록 한다(김대동, 2005).

4. 생애과정 관점

생애과정 관점은 1964년 레너드 캐인(Leonard D. Cain)의 「생애과정과 사회구조」라는 논문에서 본격적으로 체계화되었다. 캐인의 생애과정 관점은 1959년 라이트 밀즈(C. Wright Mills)가 발표하여 사회학에 커대란 영향을 미친 『사회학적 상상력』의 핵심 주장, 즉 개인의 생애는 그 사회의 역사적 맥락과 시간적 흐름에 의해 영향을 받는다는 주장을 계승하면서, 동시에 그의 독특한 개념인 '연령지위(age status)'를 접목하였다고 볼 수 있다(문혜진, 2010). 즉 개인은 사회적 · 문화적 맥락에 따라 출생에서 죽음까지의 사회적 경로(social pathyway)를 사회화하는데, 그 과정에서 개인들은 다시 연령지위를 획득하거나 이동하면서 서열화된다는 것이다. 특히 '연령지위체계'라는 개념을 통하여 캐인은 개인이 그 사회의 사회문화적 제도에 내재되어 있는 연령 구조의 구성원이라는 사실을 강조하였다(문혜진, 2010).

생애과정 관점의 주요 내용을 살펴보면 다음과 같다. 첫째, 개인의 이전 단계의 비교적 객관적이고 사실적인 사건과 조건의 경험이 이후 단계의 생애성과에 영향을 미친다는 전제하에 성인기 또는 은퇴기의 생애성과를 설명하려는 노력이 이에 해당한다. 다른 한편 생애과정을 사회구성적 또는 해석적으로 인식한다는 전제하에, 개인의 생애경로 또는 생애궤적이 그 사회의 정형화된 연령 역할에 의해 구조화 또는 조직화되는 과정을 해석하고, 특히 교육, 노동, 은퇴의 세 가지 측면들 간의 관련성을 해석하려는 노력 역시 이에 해당한다. 둘째, 연령은 생물학적 · 심리적 발달과 동년배 또는 코호트, 그리고 세대 멤버십 등 개인 생애의 다차원적 측면을 나타나는 중요한 지표로 활용된다. 이때 코호트의 개념은 역사적 경험 또는 조건이 동일한 연령대의 생애과정의 구조화를 동질화하는 특징을 가진다는 점을 부각하는 반면, 세대 개념은 한 개인이 속한 친족관계의 구조에 의해 결정되는 점을 부각하는 차이점을 갖는다. 셋째, 생애과정 관점은 이행(transition), 배열(sequence), 궤적(trajectory)의 개념들을 중요하게 활용한다. 먼저 이행의 개념은 사건과 사건 사이의 불연속성을 시기, 순서, 기간(span)으로 드러내는 것을 말한다. 배열의 개념은 일정한 기간 내에 발생한 이행들 간의 순서를 의미한다. 궤적의 개념은 다수의 이행들과 이행들을 포함하는 포괄적 개념으로, 생애에서의 교육과 노동 측면 이외에도 가족과 건강 측면의 궤적에 대해서도 다룰 수 있는데, 이때 각 궤적 간의 관계성 역시 중요하게 다루어진다(문혜진, 2010).

제4절 사회문화적 차원

1. 기능주의이론

기능주의이론은 사회를 살아 있는 유기체에 비유한 오귀스트 콩트(Auguste Comte)와 허버트 스펜서(Herbert Spencer), 그리고 에밀 뒤르켐(Émile Durkheim)과 20세기 미국의 탤컷 파슨스(Talcott Parsons)와 로버트 머튼(Robert Merton)에 의해 사회를 설명하는 주요 이론 중 하나이다. 특히 뒤르켐은 사회학이 더 이상 철학의 영역이 아니라 새로운 과학이라 할 정도로 사회현상에 대한 자연과학적 해석틀을 중요시하였다, 이후 뒤르켐은 인간 행위에 커다란 영향을 미치는 제도 또는 규칙을 사회학의 중요한 영역이라고 강조하였다.

사회 개념과 관련하여 뒤르켐은 사회 변화 속에서도 집단을 결속시키고 질서를 유지하게 하는 기제로서 사회적 · 도덕적 연대라는 개념에 관심을 기울였다.

그리고 개인이 사회 안에 통합되고 그 사회의 가치와 관습을 받아들일 때 결속이 유지될 수 있음을 주장하였다. 특히 사회가 낮은 분업구조에서는 기계적 연대로 유지될 수 있으나 점차 분업 정도가 높아지면 그 사회는 새로운 종류의 연대로 유지될 수 있는데, 이때 유기적 연대의 개념을 도입하였다.

파슨스는 1920년대 말 유럽과 미국의 경제적 혼란기를 거치면서 사회통합과 질서유지에 관심을 기울였다. '경제적인 것'과 '사회적인 것'에 대한 관심으로 시작하여 사회 개념을 정립하고자 하였던 파슨스는 기능주의이론을 보다 정교하게 발전시키는 과정에서 체계이론, 역동적 분화이론, 사회통합이론 등 다양한 개념작업들을 수행하였다(박치현, 2015). 무엇보다도 이전의 학자들과는 달리 파슨스는 사회현상에 대하여 그 원인과 기능을 분명히 구분하는 데 몰두하였다. 파슨스는 각각의 행위체계들은 전체의 유지와 통합 측면에 비추어볼 때 적응(adaptation), 목적 성취(goal-attainment), 통합(integration), 패턴 유지(pattern maintenance) 또는 잠재성(latency)의 기능을 가짐을 주장하였다(박치현, 2015). 예를 들자면 경제체계는 적응기능을, 정치체계는 목적성취기능을, 공동체체계는 통합기능을, 문화체계는 패턴 유지 또는 정체성 유지기능을 수행한다는 것이다. 후기 파슨스의 사상에서는 여기에 덧붙여 자원 요구의 정당성, 정치적 결정, 사회적 합의, 가치 있는 결사체에의 헌신기능이 추가되었다(박치현, 2015).

머튼은 사회 행위가 명시적 기능과 암묵적 기능을 수행한다는 점과 순기능 측면과 역기능 측면을 동시에 가질 수 있음을 설명하였다.

파슨스와 머튼의 기능 개념을 계승하여 발전한 기능주의이론은 전체의 유지와 생존에 각각의 부분들이 얼마나 순기능적이거나 역기능적인지로 설명하려는 시도에서 그 한계를 찾을 수 있다. 즉, 원인과 기능을 구분하지 못하고 부분 고유의 목적과 전체의 목적을 혼동하는 한계를 들 수 있다.

2. 갈등이론

갈등이론은 19세기 칼 마르크스(Karl Marx)의 계급 간의 갈등에 대한 관심으로부터 많은 영향을 받았다. 마르크스는 당시 유럽에서의 급격한 산업 변화와 그로 인한 불평등의 심화현상에 주목하고 그로 인한 사회질서의 변동을 설명하고자 하였다. 그는 우선 노동자계급과 자본가계급의 관계에 대해 설명하는데, 노동자계급은 토지를 경작하던 농민들이 산업화로 인해 도시로 이주하여 자신의 노동력을 판매하고 도시생활과 공장생활을 경험하며 '노동자 의식'을 공유하게 된 집단을 의미한다. 자본가계급은 기계와 같이 생산수단을 소유한 집단을 의미한다. 마르크스는 두 계급 간의 갈등 또는 투쟁이 자본주의 사회의 핵심 질서라고 설명한다. 비록 임금과 노동의 교환을 통하여 두 계급이 얼핏 상호 의존한다고 볼 수 있으나 매우 불평등한 관계임을 설명한다. 자본가계급은 노동자계급을 통제하고 노동자의 생산물을 전유한다. 이 과정에서 양 집단의 갈등과 불평등은 점차 심화된다.

마르크스의 계급갈등 개념에 영향을 받은 갈등이론의 주요 내용을 살펴보면 다음과 같다. 첫째, 사회의 변동은 사회집단 간의 갈등과 분열로 인해 추동된다. 둘째, 특히 사회집단 간의 권력과 이익의 불평등한 분배는 구조적이며, 유리한 집단과 불리한 집단 간의 자원과 이익 분배구조를 둘러싼 긴장과 갈등은 그 사회에 언제나 잠재되어 있다. 셋째, 사회 갈등과 불평등은 계급뿐만 아니라 젠더, 민족, 종교, 문화, 국가 간에도 발생한다. 넷째, 사회구조에 내재되어 있는 다양한 갈등과 투쟁관계에 대한 갈등이론은 권력자원이론 또는 자원동원이론 등 사회변동이론과 밀접한 관련이 있는데, 전자는 갈등관계의 원인과 현상에 대한 내용이라면 후자는 갈등관계의 결과 또는 조정으로서의 변동과정에 대한 내용이라 하겠다.

3. 상징적 상호작용이론

상징적 상호작용이론은 1930년대 미국의 사회철학자인 조지 허버트 미드(George Herbert Mead)에 의해 발전하였다. 미드는 '집합의식의 산물'로서의 사회가 개인의 행위에 영향을 미친다는 19세기 프랑스 철학자 에밀 뒤르켐의 영향을 받았다. 개인의 외부에 있는 집합적 사고 혹은 행위가 개인을 구속할 뿐만 아니라 실제 개인의 개성(personality)를 구성한다는 뒤르켐의 영향을 받은 미드는 저서 『정신(mind), 자아(self), 사회(society)』에서 개인은 타인과의 상호작용의 산물임을 주장하였다(이홍균, 2010).

미드의 상징적 상호작용이론의 주요 내용을 살펴보면 다음과 같다. 첫째, 개인의 사회적 경험은 "공동체의 반응을 고려하고 그에 적응하는 과정"(이홍균, 2010)이다. 둘째, 인간은 언어 등의 상징을 통해 타인의 시선을 내면화하여 자신의 개별성을 구성한다. 셋째, 인간은 상징으로 구성된 사회 속에서 서로 상징적 상호작용을 통해 의미를 공유하고 의존하여 살아간다.

한편, 1960년대 미국의 사회학자 어빙 고프만(Irving Goffman)은 상징적 상호작용이론을 사회 속 비주류집단에 접목하여 '스티그마(stigma)' 개념을 정의하였다. 고대 그리스어에 어원을 둔 스티그마 개념은 당시 "노예, 범죄자, 반역자, 특별히 공공장소에서 배제되어야 할 사람" 등 칼이나 불로 만든 상처의 표식을 통해 도덕적으로 문제가 있는 사람들을 표시하는 수단을 의미하였다(김경준, 2010). 고프만은 고대의 스티그마 개념이 현대에 와서 재개념화된다고 주장한다. 그는 사회적 규범에 의해 일탈, 손상, 결점, 실패의 상징으로 규정될 만한 사람들을 규정짓는 '사회적 정체성'으로 스티그마 개념을 재해석하는데, 중요한 것은 일탈, 손상, 결점, 실패 그 속성이 아니라, 특별한 사회적 맥락에서 그 속성들이 구성되는 것임을 강조하였다(김경준, 2010). 즉 특별한 사회적 맥락에서 어떤 사회적 현상이 집합식 또는 집합사고 및 행위에 의하여 일탈, 손상, 결점, 실패로 구성되고, 그 결과로 특정 개인과 집단은 스티그마화되는 것이다. 이후 스티그마 개념은 여러 학자에 의해서 "사회적 맥락 안에서 가치저하된 사회적 정체성을 전달하는 객관적인 속성 또는 특징을 소유한다고 믿을 때" 생긴다는 점이 강조되었다. 즉, 스티그마화된 집단은 그 사회의 상징적 상호작용의 산물인 것이다(김경준, 2010).

제5절 사회 변화 차원

1. 권력자원이론

권력자원이론은 발테르 코르피(Walter Korpi)를 중심으로 사회행위자 집단들 간의 역동적 관계와 그로 인한 사회제도의 변화를 설명하는 이론가들에 의해 발전하였다. 코르피에 따르면 권력자원(power resource) 개념은 "한 사회 내에서 어떤 행위자가 다른 행위자를 보상하거나 처벌할 수 있는 능력을 제공하는" 자원을 의미한다(김영순, 2017). 민주적 자본주의 체제에서 자산을 지닌 집단 또는 유산집단(haves)의 권력자원은 생산수단이고, 자산을 갖지 못한 집단 또는 무산집단(have-nots)의 권력자원은 민주주의적 제도에서 가능한 조직화 규모와 밀도로 대개 노동조합이 이에 해당한다. 민주주의 정치체제에서 무산집단은 노조와 사회민주주의 정당이 권력자원의 대표적 원천이다. 노동조합의 조직률과 중앙집중성, 사회민주주의 정당과 좌파 정당의 의회 내 의석수, 그리고 의회민주주의 체제일 경우 사회민주주의 정당과 좌파 정당의 집권기간은 무산집단의 권력자원을 잘 보여준다. 노동조합과 사회민주주의 정당이 강력할 때 사회정책이 변화되고 사회집단 간 관계가 변화된다는 내용이 코르피 주장의 핵심이다(김영순, 2017).

코르피의 뒤를 이어 에블린 후버(Evelyne Huber)와 존 스티븐스(John Stephens), 요스타 에스핑-앤더슨(Gøsta Esping-Andersen) 등에 의해 권력자원이론은 노동조합과 중간계급 간의 연합과 동맹에 관한 관심으로 이어지면서 보다 정교해졌다(김영순, 2017). 중간계급은 사회정책과 사회관계의 변동에 대해 구조적으로 미온적인 특성을 가진다. 자본주의사회에서 노동자집단은 일차적으로 시장에서 그들의 시장임금을 분배받고 이차적으로 복지국가에서 그들의 사회임금을 재분배받는다. 이러한 메커니즘에서 노동자집단은 그들의 사회임금의 재분배에 절실한 반면, 중간계급은 상대적으로 그다지 절실하지 않을 수밖에 없다. 게다가 중간계급 내부의 이질성으로 인하여 응집력도 약하다. 이때 노동자집단과 사회민주주의 정당이 중간계급과 연합과 동맹에 성공할 수 있는 근거는 노동자집단과 사회민주주의 정당의 사회임금의 재분배라는 헤게모니의 권력자원은 동원할 수 있기 때문이라고 설명한다(김영순, 2017).

권력자원이론에서 주요하게 다루는 노동조합과 사회민주주의 정당 이외에도 사회적 재분배를 지지하는 신사회운동조직들에 대한 관심이 계속 증대되었다. 알렉산더 힉스(Alexander Hicks)와 호야 미즈라(Hoja Misra)는 권력자원의 형태를 세 가지로 정교하게 확대 설명하였다. 정치적 · 선거적 동원, 내적 응집력, 합의적 리더십 등에 기반을 둔 집합행동자원(collective action resources), 공식적 제도와 정치적 지지에 기반을 둔 공식적 제도적 자원(formal institutional power resources), 재정적 자원(financial resources)에 대한 관심은 역사적으로 높은 노조조직률, 중앙집권적 노조 의사결정체계, 강한 사회민주주의 정당의 국가를 제외한 사회의 변동에 대해 이론적 도구를 제공하는 의의를 지닌다(김영순, 2017). 이외에 국가 또는 정당지도자 등의 행위자의 효과적인 전략이 공식적 · 제도적 자원은 물론 전체 권력자원구조를 변동시킬 수 있음을 강조하는 권력행동이론(power-centered action theory)을 들 수 있다(고원, 2019).

아나 리코(Ana Rico)는 집합행동자원, 공식적 제도적 자원, 재정적 자원에 지식기반 권력자원(knowledge-based power resources)을 추가하고, 집합행동자원에 대하여 다시 세 가지 유형으로 세분화하였다. 다양한 정치집단들이 각각 내부적으로 만들어내는 응집력, 다른 정치적 사회적 행위자로부터 받는 지지 또는 연합형성 능력, 그리고 대중으로부터의 지지로 구분하였다(김영순, 2017). 미코의 지식기반 권력자원 개념은 기존의 자원개념이 조직이나 제도에 기반을 둔 경성자원(hard power resource)에 초점을 두었던 것에 비해 탈산업사회에서 유효한 연성자원(soft power resource)으로서의 의의를 가진다 하겠다(김영순, 2017).

개인의 사회행동(social action) 참여 동원을 집합행동자원으로 생각해볼 수 있다. 개인이 주체적으로 사고하여 공동의 이익에 부합하는 집합적 행동에의 참여를 독려하는 것도 권력자원동원에 해당된다. 그리고 개인은 특정 사회행동에 대해 갖는 가치나 이념을 개인의 정치적 정향(political orientation)과 연관시켜서 참여를 결정한다는 일종의 정치심리적 요인이 작용한다는 점에 주목할 필요가 있다. 이념과 정당일체감, 사회적 신뢰, 시민기본권, 시민책무감 등이 개인이 갖는 정치 정향에 속한다.

2. 집합행동이론

집합행동이론(collective action theory)은 1960년대 미국의 정치학자이자 경제학자인 맨슈어 올슨(Mancur Olson)에 의해 발전되었다. 그는 집합행동에서 발견되는 무임승차의 문제를 다루었다. 그에 의하면 집단의 규모가 작은 경우 무임승차행위 또는 비협조적 행위는 쉽게 사회구성원들에 의해 문제시되고, 이에 대한 사회의 압력으로 인해 무임승차행위는 지속되지 않는다. 특히 소규모 집단에서는 자신의 지분율이 매우 높은 권력자에 의해 무임승차행위는 사라진다. 그리고 집단의 경우에 대해서는 다음의 조건이 충족될 때 무임승차행위가 사라지고 자발적 집합행동이 가능하다고 설명하였다.

첫째, 소규모 집단 간의 연합 형성을 통해 대규모 집단의 무임승차행위는 해결될 수 있다. 대규모 집단을 소규모 집단으로 분화하여 그들간의 계층적 연합을 형성한다면, 소규모 집단의 자발적 참여의 집합행동은 대규모 집단으로 이어진다. 둘째, 선택적 인센티브의 제공을 통해 대규모 집단의 무임승차행위는 해결될 수 있다. 집합재 제공을 위한 비용을 실제로 부담한 구성원에게만 편익을 제공하는 긍정적 인센티브와 부담을 회피한 구성원에게는 강제나 처벌을 가하는 부정적 인센티브를 말한다. 이러한 선택적 인센티브는 일종의 사유재가 되기 때문에 무임승차의 문제를 해결할 수 있다.

이후 여러 학자들에 의해 집합행동의 무임승차 문제에 대한 해결방안이 제시되었다. 정치인은 집합재의 이해관계에 매우 관심이 높다는 점을 주목한 와그너(Wagner)가 대표적이다. 와그너에 의하면 정치인은 자신의 득표 최대화를 위하여 투표권자 집단 내의 무임승차 행위를 해결하도록 노력하여야 하는데 이때 선택적 인센티브를 활용한다면 무임승차행위가 해결될 수 있다.

한편 집합행동에 대해 게임이론 관점에서 살펴본다면, '죄수의 딜레마(prisoner's dilemma)' 측면에서 볼 때, 집합재 제공에서 무임승차행위를 하려는 구성원은 배신(defect)의 전략을 채택한 결과 이익집단을 형성하지 못하는 결과에 이르는 결과에 해당한다. 현실은 일회성 게임이 아니라 반복성 게임에 해당되므로, 상호주의(tit-for-tat) 전략이 채택된다면, 외부에서의 인센티브가 없이도 경기자들이 자발적으로 협조 전략을 채택하게 된다고 볼 수 있다.

3. 전략적 행동장이론

전략적 행동장이론(Theory of Strategic Fields)은 닐 플리그스타인(Neil Fligstein)과 더그 맥애덤(Doug McAdam)의 다양한 사회운동 사례분석을 통해 발전하였다. 그리고 핵심 개념인 장(field) 개념은 게슈탈트 심리학부터 사회이론, 문화이론, 제도와 조직이론에 이르기까지 다양한 학문영역에서 꾸준히 전승되었다(신진욱 · 정보영, 2022). 장 개념은 개인, 집단, 조직을 분석단위로 하는 미시적 연구가 아닌, 중범위 수준과 거시적 수준에서의 사회현상 간의 관계를 분석하는 데 활용된다. 그리고 각 장을 구성하는 행위자들의 행동과 상호작용이 그 장을 변형시키는 측면과 반대로 그 장이 행위자들의 행동과 상호작용에 영향을 미치는 측면을 동시에 관심을 둔다(신진욱 · 정보영, 2022).

전략적 행동장이론의 기본 아이디어는 칼 폴라니(Karl Polanyi)가 처음 사용하고 마크 그래노베터(Mark Granovetter)에 의해 확장된 배태성 또는 착근성

(embeddedness) 개념을 계승하였다(조주현, 2019). 즉 한 사회의 변동의 계기는 그 사회구조에 착근되었다는 점이다. 플리그스타인과 맥애덤에 의하면 사회 행위자들은 각각의 전략적 행동장들을 드나들 수 있는 전문 능력이 있다. 각 장의 기득권집단과 도전자집단은 협력, 협상관계로 정치적 동맹이 형성이 되면 그 장의 질서는 유지되지만, 도전자집단의 권력이 증대하면 경쟁이 일어나고 그 장의 구조적 변동이 발생한다(신진욱 · 정보영, 2022). 그리고 사회는 이러한 전략적 행동장들의 상호관계에 의해 변화한다. 행동장들은 각각의 개별 행동장에서 정치, 경제, 사회적 자원을 독점하고 있는 기득권집단과 그들에 대항하는 도전자집단 간의 상호 응전을 통해 변화한다. 그리고 각 행위장에서 이루어지는 두 집단 간의 전략적 행동과 그로 인한 행동장의 변화는 체계적인 연관성을 갖는다(조주현, 2019).

플리그스타인과 맥애덤에 의하면 사회 구성원들은 각각 다양한 행동장에 속한다. 그리고 각각의 행동장이 요구하는 능력 또는 기술을 습득하게 된다. 그러나 각 행위자들은 각자 독특하게 참여하고 있는 행동장 속에서의 생활경험을 통해 각자 독특한 역량과 기술의 집합을 갖게 된다. 그리고 각각 다른 행동장에서 습득한 능력과 기술들이 서로 영향을 받아 그 개인을 형성하고 그러한 개인들은 각각의 행위장에서 서로에게 영향을 미침으로써 결국 각각의 행동장들은 서로 영향을 받아 변화하게 된다. 이러한 논리적 전개에 따른 장(field) 개념은 피에르 부르디외(Pierre Bourdieu) 등의 사회실천이론가들에서 연원을 두었다(조주현, 2019).

전략적 행동장이론의 맥락에서 실천이론(practice theory)은 사회가 다양한 사회적 실천 구조로 이루어졌으며 사회적 실천 구조는 다양한 상징들의 구조를 의미한다. 사회적 실천 구조는 그 사회를 지속시키는 기제인데, 가령 특정 조직 또는 구조 내에서의 문화적 습관이 이에 해당한다. 시장, 언어, 법, 도덕, 과학기술, 정부제도들은 바로 그 사회 구성원들의 실천에 의해 지속적으로 작동한다. 이때 다양한 사회적 실천은 그 구성원들의 규범적 판단으로 유지되거나 변화된다는 점이 중요하다. 또한 각 사회적 실천은 다시 각 개인들의 규범적 판단의 기준이 되는 성찰과정에 영향을 미침으로써 각 개인의 가치판단에 영향을 미친다. 그런데 일부 소수의 사회적 실천들은 다시 핵심 사회적 실천들을 변화시킬 수 있는 계기를 갖는다. 소수의 사회적 실천들은 그 사회 구성원들이 공유하는 합리성 기준에 의해 일시적 유행에 그치기도 하고 안정적 변화로 이어지기도 한다(조주현, 2019).

소수의 사회적 실천이 합리성 기준에 의해 핵심 사회적 실천으로 변동되는 과정은 행위성 개념과 합리적 선택 또는 경제적 행동 개념에 의해 더욱 확장된다. 규범적 가치판단은 "사회적 실천에 참여하는 행위자들이 자신을 포함한 구성원들의 행위에 대해, 그 행위가 속한 사회적 실천에서 암묵적으로 가정하고 있다고 각자가 추정하는 기준에서 보았을 때 그 행위가 적절한지 부적절한지에 대한 판단"을 의미한다(조주현, 2019). 가치판단과정은 언어적 실천을 통해서 나타나는데, 말하자면 그 정당성을 끊임없이 묻고 답하는 것을 말한다. 그 정당성에 대한 질문과 대답이 서로 일치하지 않고 분화될 때 그 사회의 핵심 사회적 실천은 신뢰를 잃고 설득력을 잃으며 그 핵심성을 잃게 되어 사회는 변화한다(조주현, 2019).

참고문헌

고원 (2019). "권력행동이론의 관점에서 본 사회개혁의 성과 결정 요인-박근혜 정부 시기 노동시장구조개선의 사례". **시민과세계**, 193-221.

김경동 · 이온죽 · 김여진 (2009). **사회조사연구방법: 사회연구의 논리와 기법**(개정판). 전영사.

김경준 (2010). "사회적 스티그마의 청소년에 대한 영향과 대응". **한국청소년연구, 21**(3): 5-31.

김대동 (2005). 실존주의 상담에서의 죽음의 의미와 상담 교육적 기능에 관한 연구. 연세대학교 대학원 박사학위논문.

김영순 (2017). 청년 노동조합운동의 복지의제와 복지국가 전망: 청년유니온과 알바노조를 중심으로". **한국정치학회보, 51**(1), 233-259.

김종길 (1993). 니클라스 루만(N. Luhmann)의 일반 체계이론: '복합성'을 극복하고자 하는 시도. **한국사회학, 27**(SUM), 25-51.

김태근 (2017). 체계이론과 행위자이론의 재구성으로 본 한국 사회의 근대적 개인의 부재와 근대성 재고. **사회와이론**, 127–170.

문혜진 (2010). 생애과정 관점에 대한 고찰과 적용: 성인으로의 이행과정에 대한 탐색적 분석. **사회복지연구**, 41(3), 349–378.

박미선 (2018). 미국 흑인 페미니스트 오드리 로드의 교차성 이론과 감정 연구. **미국학**, 41(1), 33–63.

박선영 (2011). 강점관점 사회복지실천 모델에 대한 시론적 연구: 성인 클라이언트를 중심으로. **한국사회과학연구**, 30(1), 89–113.

박치현 (2015). 탈콧 파슨스(Talcott Parsons) 사회학에서 '사회(society)' 개념의 재구성. 서울대학교 대학원 박사학위논문.

송지성 · 이성애 (2012). 인지발달적 상호작용이 유아 디자인교육에 미치는 영향: 피아제(Jean Piaget)와 비고츠키(Lev S. Vygotsky)의 인지발달이론을 중심으로. **한국디자인문화학회지**, 18(3), 215–227.

신진욱 · 정보영 (2022). "한국 시민사회의 확장, 위기, 혁신의 삼중과정–전략적 행위장 이론에 기초한 구조변동 분석". **시민과세계**, 40, 97–140.

윤효정 · 주은선 (2020). 한국판 무조건적 긍정적 자기존중 척도의 타당화 연구. **한국콘텐츠학회논문지**, 20(9), 577–588.

이홍균 (2010). 사회 압력으로서 일반화된 타자들의 사회 기대. **사회와이론**, 16, 47–78.

조주현 (2019). 논쟁 중인 한국의 여성운동: 전략적 행동장이론과 실천이론의 관점에서. **경제와사회**, 123, 110–154.

홍찬숙 (2019). 교차성 논의의 이론화 및 방법론적 쟁점: 사회학적 수용 및 유럽에서의 수용을 중심으로. **젠더와 문화**, 12(1), 7–39.

CHAPTER 08

물질적 필요와 사회복지

생존에 필요한 재화의 공급, 변하지 않을 사회복지의 사명

CHAPTER 08

물질적 필요와 사회복지

생존에 필요한 재화의 공급, 변하지 않을 사회복지의 사명

인간은 유기체인 몸을 가진 존재이다. 더욱이 몸의 활동(대사, 성장 또는 번식)에 필요한 에너지를 스스로 만들어 살아가는 유기체(식물)가 아니라 외부로부터 에너지를 확보하여 육체에 투입해야만 살 수 있는 유기체(동물)라는 점에서, 인간에게 에너지 공급원인 음식은 생존을 위한 필수 요소이다. 또한 인간은 일정한 온도를 유지해야만 살 수 있는 항온동물로서 외부 온도 변화에도 체온을 유지시켜 주는 의복을 반드시 필요로 한다. 물론 의복은 타인과 관계를 맺고 살아가는 사회적 존재인 인간의 체면 유지를 위해서도 절대적으로 필요하다. 동시에 캄캄한 밤에 외부의 위험으로부터 육체를 보호해 주며 내일의 활동을 위한 에너지를 축적할 수 있는 공간으로서 집 역시 인간에게 없어서는 안 될 재화이다. 또한 각종 이동수단과 통신수단은 어떠한가? 생활공간의 지리적 범위가 날로 확대되는 현대인들에게 이동과 커뮤니케이션을 가능케 해주는 재화의 부재는 사회적 고립과 단절을 의미한다. 지금까지 언급한 의식주와 이동 · 통신수단은 인간의 생존에 필요한 매우 기초적인 재화일 뿐이며, 인간다운 삶, 행복한 삶 또는 자기실현까지 확대한다면 필요한 재화의 목록과 양은 더욱 늘어날 것이다.

이렇듯 인간의 생존과 인간다운 삶, 그리고 자기실현에 필요한 모든 재화의 종류와 양을 '물질적 필요(material necessity)'라고 부를 수 있을 것이다. 이 장에서는 인류가 물질적 필요를 어떻게 충족해왔는지 물질적 필요 충족의 제도로서 경제의 역사를 간략하게 살펴보면서 동시에 물질적 필요 충족의 실패 혹은 물질적 결핍 상태를 의미하는 빈곤의 시대별 변천사를 살펴볼 것이다. 이어서 인류사적 관점에서 이전과는 비교할 수 없는 물질적 풍요의 시대에 여전히 세계 도처에 존재하는 물질적 필요의 결핍 상태(빈곤)는 왜 발생하는지, 원조의 대상을 구별하는 객관적 기준으로서 물질적 필요 결핍의 상태는 어떻게 측정할 수 있는지, 그리고 생존에 필요한 물질적 필요의 충족을 국민의 기본권으로 설정하여 이를 보장하는 것을 국가의 기본 책무로 설정한 현대 국가에서는 어떠한 수단과 방법을 통해 물질적 필요 결핍 상태에 있는 사람들을 지원하고 있는지 등을 살펴볼 것이다.

제1절 물질적 필요 충족의 역사

1. 물질적 필요 충족의 사회제도로서 경제의 역사

물질적 필요의 충족은 한 개인이 생존하고 최저 수준 이상의 인간다운 삶을 살며, 꿈의 성취를 위해 미래를 계획하고 준비하는 데 반드시 있어야 할 요건일 뿐만 아니라, 출산과 양육을 통해 사회가 존속되고 유지되도록 하는 사회적 재생산의 기본 전제이기도 하다. 인류가 개인과 사회의 유지와 재생산에 필요한 물질(재화와 서비스)을 안정적으로 공급하기 위해 고안한 사회적 협력 장치라고 할 수 있는 경제체제는 생산, 분배, 소비의 경제활동[01]을 조직화하여 개인과 사

01 경제활동이란 생활에 필요한 재화와 서비스를 얻기 위해 생산하고, 분배하고, 소비하는 활동을 말한다. 공부를 하기 위해서는 책이 있어야 하고, 몸이 아플 때는 타인의 간호가 필요하듯이, 인간이 살아가기 위해서는 다양한 재화와 서비스가 필요하다. 때문에 인간은 생활에 필요한 재화와 서비스를 스스로 만들거나, 타인으로부터 구입한다. 이러한 경제활동은 인간의 필요에 따라 이루어지는 행위이므로 경제활동의 주체는 경제활동에 참여하는 개인 또는 집단이며, 경제활동의 대상이 되는 상품인 재화와 서비스가 경제활동의 객체다. 현대경제에서의 경제주체는 주로 소비를 담당하는 가계와 생산을 담당하는 기

회의 물질적 필요를 충족시킨다.

인류가 출현한 이래로 생존과 재생산을 위한 물질적 필요 충족은 인간이 해결해야 하는 가장 큰 도전이자 사회문제였으며, 시대별로 각기 당대의 생산기술과 사회체제를 기반으로 경제활동을 조직화하여 물질적 필요를 공급해 왔다. 먼저 수렵, 어로, 채집 등 자연적 소산의 직접적 획득이라는 특징을 갖는 원시시대로부터 농경과 목축이 시작되고 잉여생산물의 교환을 위한 시장과 사회적 분업이 발생했던 농경사회를 지나 토지(장원)를 기반으로 신분에 따른 사회적 역할이 공고히 유지되었던 중세시대까지는 크게 보아 자급자족의 경제체제라고 할 수 있다. 이 시기에 생산을 담당했던 주체는 주로 노예, 평민, 농노 등 하층 계급이었으며 생산된 재화와 서비스를 배분하는 절대적 권한을 갖는 경제주체는 국가(왕)로서 신분제를 기반으로 매우 불평등한 차등적 분배를 시행하였다.

중세 후기에 도시 및 상공업의 발달과 상품 화폐경제의 발달로 장원이 붕괴되고, 시민혁명을 통한 절대왕정의 타파로 초래된 상공업자의 지위 향상과 경제활동의 자유는 18세기 중엽 영국에서 시작된 산업혁명과 맞물리면서 대량생산, 공업 중심 사회, 자본가와 노동자계층 출현 등으로 특징되는 시장경제체제가 성립되었다. 농업 기반의 전통경제체제에서는 토지가 가장 중요한 생산수단이었던 반면, 공업 중심의 시장경제체제에서는 자본이 핵심 생산수단이 되면서 자본주의 경제체제가 본격화되었다. 자본가의 자유로운 이윤 추구 허용과 함께 근대과학의 눈부신 발전은 과학의 성과를 산업기술로 전환하는 촉매제 역할을 하였으며 그 결과 생산량은 비약적으로 증가하였다. 시장경제체제에서 배분은 자본가와 노동자 간 자유로운 의사결정과 경쟁에 기반한 시장경제원리에 의해 이루어졌으며, 국가는 생산에 참여하지 못해 생존에 필요한 재화와 서비스를 충분히 확보하지 못한 사람들에게 조세를 재원으로 최저수준의 물질을 공급하는 재분배 기구로서 역할을 수행하였다.

요약하자면, 재화의 생산은 수렵채집에서 농경과 목축, 이어서 상업과 공업으

업, 공공서비스를 제공하는 정부, 그리고 세계화 시대에 그 중요성이 증대되고 있는 해외로 분류해 볼 수 있다(KDI경제정보센터, https://eiec.kdi.re.kr).

로 지배적 생산방식이 달라지는 변화를 보였으며, 생산된 재화의 분배는 신분제 하에서 국가(왕)의 주도로 불평등한 배분이 이루어지다가 자본주의체제 확립 이후에는 자본가와 노동자의 자유로운 계약에 기초하되, 국가의 적극적 개입을 허용하는 방식으로 변화되었다고 할 수 있다. 이렇듯 고대에서 현대에 이르기까지 생산과 분배의 핵심 주체가 연대기적으로 변화되어 왔다고 본 것과 다르게 하일브로너와 밀버그(2010)는 생산과 분배가 고대로부터 지금까지 전통, 명령, 시장이라는 세 가지 방식의 조합으로 일관되게 이루어져 왔다고 주장하였다.

인류는 오직 세 가지 방식으로 생산과 분배의 문제를 해결해 왔다: 전통, 명령, 시장

한 사회가 존속하기 위해서는 물질적 조달과 사회의 재생산이라는 '경제적 문제'를 해결할 수 있는 방식이 필요했다. 우리가 지금 살고 있는 자본주의라는 경제 체제는 이러한 생산과 분배의 문제를 풀기 위한 인류의 오랜 노력에 있어서 독특한 단계의 위치를 차지하고 있다. 그러나 그동안 역사적으로 존재했던 사회들을 전부 돌아보아도, 인류가 생산과 분배를 성공적으로 해결할 수 있었던 방식은 오로지 세 가지(혹은 그 세 가지의 조합)밖에 없었다. 전통에 의해 운영되는 경제, 명령에 의해 운영되는 경제, 시장에 의해 운영되는 경제가 바로 그것이다.

전통의 방식이란, 아주 먼 옛날에 발명되어 오랜 역사 속에서 시행착오를 거치면서 관습과 신앙이라는 강력한 힘으로 유지되어온 여러 절차들에 기초하여 생산과 분배를 조직하는 방식이다. 칼라하리 사막의 부시맨들의 삶의 방식에서부터 오늘날 중산층 가정의 아이들이 사무직을 선호하는 경향까지, 이 방식은 세계에서 가장 오래되고 또 아주 최근까지 압도적으로 지배적이었던 방식이다. 그런데 이 매커니즘은 경제문제에 있어 정태적이며 보수적이다. 전통은 그 본질상 변화를 억제하기 때문에 이 경우 경제문제를 해결할 수는 있지만 경제적 진보는 포기해야 했다.

경제적 존속의 문제를 해결하는 두 번째 방식은 권위적인 명령이다. 우리는 이러한 사례를 이집트와 로마, 중국의 거대한 고대 건축물들에서, 남북전쟁 이전의 미국 노예 경제에서, 그리고 소비에트연방의 계획 경제에서 발견할 수 있다. 뿐만 아니라 자본주의 체제에서도 명령 방식은 '조세'라는 완곡한 방식으로 살아있다. 전통방식과 달리, 명령의 방식은 본질적으로 경제적 변화를 억제하지 않는다. 오히려 어떤 사회가 스스로에게 경제적 변화를 강제하는 가장 강력한 도구가 바로 명령이다. 전통방식을 사회적, 경제적 변화를 저지하는 거대한 제동 장치에 비유한다면, 경제적 명령이라는 방식은 변화를 재촉하는 거대한 박차에 비유할 수 있다.

마지막으로 시장의 방식이 있다. 우리에게 너무 익숙해서 그런 생각조차 들지 않겠지만, 시장은 사회로 하여금 전통이나 명령에는 최소한만큼만 의지하면서도 그 스스로의 필요를 조달하는 실로 놀라운 모습을 보여준다. 애덤 스미스가 갈파한대로, 시장 체제는 혼란과 무질서는커녕 자기 조정 메커니즘을 갖춘 실로 가장 질서정연한 방식이었던 것이다. 그러나 현대 경제사는 시장

체제가 그렇게 완벽하거나 완결적이지 않았음을 보여주는 사례들로 가득하다. 시장의 작동으로 인해 우리는 오늘날 여러 가지 문제를 겪게 되는데, 이것이 바로 경제학이 주요하게 다루는 문제들이다.

출처: 로버트 L. 하일브로너, 윌리엄 밀버그 (2010). 자본주의, 어디서 와서 어디로 가는가. 홍기빈 역. 미지북스.

2. 빈곤의 역사

인간이 생존하고 인간다운 삶을 유지하며 미래를 계획하고 준비하는 데 필요한 재화와 서비스의 종류와 양은 농경사회에서 산업사회로 전환하면서 점점 증가해왔다. 따라서 물질적 필요의 미충족 혹은 물질적 결핍 상태를 의미하는 빈곤 역시 각 시대의 생산량 혹은 부(wealth)의 수준 그리고 빈곤에 대한 사회적 인식에 따라 시대마다 다르게 규정되었다. 이는 시대를 초월하여 빈곤에 대한 절대적인 의미를 규정할 수 없다는 것으로서, 빈곤이 사회현상을 반영하는 사회구성적 개념임을 방증하는 것이다.

수렵과 채집 위주의 경제활동으로 생산량이 극히 적었던 원시시대에는 대부분의 사람들이 유기체로서 생존에 필요한 최소한의 물질적 충족마저 이루기 힘든 궁핍한 상황에 살았다. 즉, 거의 모든 사람들이 빈곤상태에 처한 보편적, 일상적 빈곤의 시대였다. 농경사회에 접어들면서 도구의 발달과 생산력의 증대에 힘입어 공동체의 물질적 필요를 충족시키고 남은 잉여가 창출되었는데, 이는 공동체에 사적 소유의 개념과 잉여생산물의 관리와 교환을 담당하는 계층의 출현을 가져왔다. 생산력 증대에 따른 사적 소유의 진전과 계급적 불평등(신분제)이 나타나면서 이후로 빈곤은 신분제에서 늘 가장 낮은 신분에 해당하는 계층, 즉 생산을 담당하나 분배는 가장 적게 받는 계층에게서 주로 발생하는 지엽적이고 예외적인 문제가 되었다. 농경사회 이후 각 시대별로 생산을 담당해 온 노예, 평민, 농노, 노동자 계층은 물질적 필요 충족의 측면에서 비슷한 모습을 보였는데, 즉 생산에 참여한 대가로 물질적 재화를 직접 분배받거나 혹은 교환수단인 화폐를 얻고 이를 시장에서 필요한 재화와 서비스를 구입하는 것이었다. 그러나 이들 생산 담당 계층 중 생산에 참여할 수 있는 노동력을 갖지 못한 자들(노인, 장애인, 아동 등)과 생산에 참여할 수 있는 기회를 얻지 못한 자들(실업자)이 필연적으로 생겨날 수밖에 없는데 결국 빈곤은 이들의 몫이었다. 이렇듯 빈곤은 역사적으로 사회적 지위(신분 또는 계급)와 밀접하게 관련되어 있으며, 또한 사회적 지위는 그것을 유지하는 데 필요한 생계수단의 보유를 전제로 한다. 그러므로 생계수단을 잃는다는 것은 일차적으로 사회적 지위의 상실을 의미했다.

역사적으로 볼 때, 한 집단의 경제적 풍요는 다른 집단의 희생을 바탕으로 이루어진 경우가 많았다. 고대 그리스의 철학과 민주주의, 그리고 로마 시민의 사치와 여유가 현대인의 눈에도 경이롭게 비치는 것이 사실이지만, 실상은 이 모든 것들이 전체 인구의 3분의 1을 넘는 노예라는 생산활동 전담인구가 있었기에 가능한 것이었다. 도시를 중심으로 한 상업사회에서 농경사회로, 거기에서 또 산업사회로 서양의 경제구조가 전환되었지만 역사 발전에 따른 수혜자와 피해자는 늘 있게 마련이었다(허구생, 2003).

역사적으로 늘 존재했던 빈민에 대한 주류 사회의 태도는 어떠했을까? 시대를 초월한 빈민에 대한 지배적인 태도는 경멸과 공포, 동정으로 요약할 수 있을 것이다. 빈곤에 대하여 영적 가치를 부여했던 중세에도 빈민에 대한 경멸적이고 때로는 적대적이기조차 했던 집단적 태도는 끈질기게 지속되었다. 사회 일각에서는 빈곤을 깨끗하고 가치 있는 삶으로 간주하는 청빈의 이상이 추구되고 자선의 의무가 강조되었지만 빈민에 대한 뿌리 깊은 경멸적 태도를 없애지는 못했던 것이다(허구생, 2003). 한편 농경사회의 속성상 정주의 경향이 강했던 사회적 풍토에서 이례적인 현상이었던 빈민들의 높은 이동성은 불온한 루머를 확산시켜 치안을 교란하고 반정부세력에 이용당할 수 있다는 정치적 우려를 낳았고, 빈민들을 잠재적 범죄집단 및 전염병의 온상으로 여겼던 사회의 부정적인 인식은 빈민들에 대한 공포의 정서를 유발하여 결과적으로 빈민을 낙인화하고 억압하는 빈민 정책을 형성하는 주요한 동기가 되었다. 이후 근대 산업사회로 접어들면서 저임금과 실업 등 열악한 노동조건과 경기침체로 인해 빈곤이 불가피하게 발생한다는 인식이 확산되기도 하였으나 빈민에 대한 사회의 부정적인 태도는 여전히 공고했다.

경멸과 공포 등 빈민에 대한 부정적인 태도와 전혀 다른 사회적 태도로서 역사적으로 이어져 온 것은 빈민들의 곤궁한 삶에 대한 심리적 공감이라고 할 수 있는 동정 혹은 연민이었다. 인류의 정신 유산이라고 할 수 있는 종교와 철학 등의 지적 전통은 이러한 긍정적인 태도의 바탕이었다. 최고의 도덕률로서 양심의 의무를 중시한 윤리학과 유학의 인(仁) 사상, 그리고 이웃에 대한 자비와 사랑을 신앙인의 절대적 규범으로 강조했던 불교와 기독교의 교리는 빈민에 대한 동정을 넘어 자선 및 구제로 이어지는 심리적 배경이 되었다.

서양의 경우에는 특히 기독교적 전통이 강하게 영향을 미쳤다고 볼 수 있는데, 빈민들과 더불어 자발적인 빈곤을 받아들였던 예수의 삶이 기독교인들의 모델로 자리잡으면서 자선의 태도가 확산되었고, 중세에 이르러 자선의 의무가 체계적으로 강조되고 자선이 구원의 수단으로 강조되면서 가진 자의 사회적 의무로 인식되기에 이르렀다. 종교개혁 이후 합리적이고 세속적인 사회 질서가 자리잡고 영국 등지에서 정부가 주도하는 강제적이고 법적인 빈민구제 시스템이 구축된 뒤에도 사회복지라는 공적 자선제도의 사각지대를 담당하는 자발적인 행위로서의 사적 자선의 전통은 현재까지도 이어지고 있다(허구생, 2003).

제2절 빈곤의 정의와 측정 및 빈곤의 원인

1. 빈곤의 정의

이 책에서는 인간의 생존과 인간다운 삶의 영위, 그리고 자기실현을 위해 반드시 있어야 할 전제로 물질적 필요를 개념화하였다. 더불어 이러한 물질적 필요 충족의 실패, 즉 물질적 필요가 충족되지 못한 상태를 빈곤으로 명명할 수 있다고 하였는데, 이는 소득을 중심으로 한 전통적 빈곤 개념에 가까운 것이다. 그러나 모든 사회현상은 한 사회의 정치, 경제, 문화적 맥락 안에서 다르게 의미화된다는 사회구성주의적 관점에 따라 최근 들어 빈곤은 물질적 필요의 미충족을 넘어서 폭넓게 확장되고 있다.

세계은행은 빈곤을 '안녕(well-being)의 확연한 결핍'이라고 정의했다. 이 간결한 언급은 시작점이지만 무엇이 안녕함을 구성하는 것인지에 대한 질문을 제기한다. 좋은 건강을 유지하는 능력인가, 좋은 교육을 받는 것인가 또는 충분한 음식을 갖는 것인가? 상대적으로 부유한 발전된 사회들에서 이러한 것들을 즐기는 것은 그럴 만한 자원이 있다는 것을 의미하며, 대부분 소득에 의해 측정된다. 역으로, '빈곤하다'는 것 또는 '확연한 결핍' 상태에 있다는 것은 충분한 소득 또는 그러한 자원을 갖지 못했다는 것을 의미한다(앤서니 기든스 · 필립 서튼, 2018).

빈곤의 정의와 관련한 최근의 논의를 살펴보면 소득 측정만으로는 삶의 질의 다양한 측면을 적절하게 포착할 수 없기에, 물질적 필요 충족의 자원인 소득 외에 주거, 고용, 문화/여가 등 개인의 삶을 구성하는 필수 영역에서의 필요 충족을 위한 자원 혹은 기회 수준까지 포괄하는 '사회적 배제' 및 '역량' 등의 대안적 빈곤 개념이 중요하게 다루어지고 있다.

20세 후반에 유럽에서 본격적으로 논의되기 시작한 사회적 배제(social exclusion) 개념은 소득 중심의 전통적 빈곤 개념이 현대인의 삶의 다양한 측면을 제대로 반영할 수 없다는 비판으로 등장하였다. 사회적 배제란 사회에 대한 개인들의 온전한 참여가 봉쇄되는 방식을 일컫는 것으로서, 일반적으로 다음의 네 가지 차원에서 배제되는 것을 의미한다. 첫째는 빈곤 또는 적절한 소득이나 자원으로부터의 배제, 둘째는 노동시장에서의 배제, 셋째는 서비스에서의 배제, 넷째는 사회적 관계로부터의 배제이다(Gordon et al., 2000). 사회적 배제 개념에서는 결과적 상태를 나타내는 빈곤 개념과 달리 빈곤화(impoverishment)에 이르는 역동적 과정을 강조한다. 예를 들어, 장애가 있는 한 개인이 경험하는 교육훈련, 노동시장, 교통수단 및 건축환경, 보건의료서비스 등에 대한 접근 기회의 부족, 즉 다차원적 영역의 사회적 배제가 복합적으로 영향을 미쳐 빈곤상태에 진입하게 하고 이후에는 빈곤을 벗어나지 못하는 만성적인 빈곤 상태에서 최종적으로 주류 사회에서 배제되는 역동적 과정을 사회적 배제 개념으로 포착할 수 있다.

또한 사회적 배제의 다양한 측면은 모국을 떠나 정착지를 찾는 난민들에게서 잘 드러난다. 난민은 노동시장에 대한 장벽, 자기 자신을 지원할 연결망의 빈약 또는 부재, 복지국가의 안전망을 획득하는 데서 겪는 극도의 어려움, 빈곤에 직면한 아동, 학교 체계 내에서의 주변화라는 문제들과 마주한다. 이러한 사례는 또한 사회적 배제가 자연스럽거나 불가피한 것이 아니며, 이를 해결하기 위해 정부, 개인, 공동체가 할 수 있는 일이 있다는 것을 시사한다(앤서니 기든스 · 필립 서튼, 2018).

센(A. Sen)과 누스바움(M. Nussbaum)이 정립한 역량접근법(capability approach)에 따르면, 역량이란 한 개인이 가치 있다고 생각하는 것들(스스로 선택한 삶의 목표)을 성취할 수 있는 상태를 의미한다. 구체적으로 역량은 '개인의 내적으로 준비된 정도(교육훈련 등을 통해 충분히 계발된 상태)'와 목표 달성의 토대가 되는 '외부로부터의 기회(민주주의, 경제발전, 인권 등 정치경제사회시스템)'라는 두 요소가 결합된 상태이다(누스바움, 2015). 이러한 관점에서 볼 때 빈곤은 단순히 소득 결핍이 아니라 기본 역량의 결핍이며,[02] 또한 빈곤은 자신이 원하는 삶을 선택하고 추구할 수 있는 역량의 결핍이라는 의미에서 자유의 결핍이기도 하다(이상호, 2016). 센(2013)은 사람들의 역량을 증대시키는 것이 곧 자유의 확장이고 이것이 바로 경제발전의 요체임을 주장한다.

소득이나 부의 극대화를 우리의 기본적인 목표로 삼는 것은 부적절하다. 아리스토텔레스가 지적했듯이 이것은 "단지 유용한 것일 뿐이며 다른 것을 위한 도구"이기 때문이다. 같은 이유로 경제성장 자체를 목적으로 다룰 수 없다. 발전이란 우리가 영위하는 삶과 우리가 향유하는 자유를 증진시키는 것과 관련되어야만 한다. 우리가 소중히 여기는 자유의 확장은 우리의 삶을 더욱

02 누스바움(2015)은 자신의 책 「역량의 창조」에서 10대 핵심 역량으로 생명(Life), 신체 건강((Bodily health), 신체적 통합(Bodily integrity), 감각/상상력/사고(Senses, Imagination, and Thought), 감정(Emotions), 실천이성(Practical Reason), 관계(Affiliation), 인간 이외의 종(Other species), 놀이(Play), 자신의 환경에 대한 통제(Control over one's environment)를 제시했다.

풍요롭게 하며 장애를 줄일 뿐만 아니라, 우리 자신의 의지를 실현하는 한편 우리가 살아가는 세계와 상호작용하며 영향을 끼침으로써 우리가 더 완전한 사회적 인간이 되도록 한다.

출처: 아마티야르 센 (2013). p.57.

다시 말하자면, 빈곤이나 불평등은 소득이나 재화, 혹은 효용이 아니라 가치 있는 여러 가지 삶 사이에서 선택할 수 있는 자유의 관점에서 평가되어야 한다는 것이다. 이러한 관점에서 볼 때 소득은 양질의 삶을 위한 하나의 수단에 불과하다(조흥식 외, 2015).

2. 빈곤의 측정

앞서 빈곤을 개념화하는 데 있어서 전통적 기준인 소득이 아닌 효용이나 역량, 사회적 배제 등의 대안적 개념을 소개하고 이들의 유용성을 언급하였으나 빈곤의 측정과 관련해서는 오랜 기간 사용되어 객관성과 타당성을 갖고 있다고 볼 수 있는 소득 기준의 빈곤 측정 방법을 위주로 소개하고자 한다.

소득을 기준으로 빈곤 측정을 하기 위해서는 우선 소득의 정의부터 명확히 할 필요가 있다. 소득은 가구(household)와 같은 일정 단위 조직에서 공유되기 때문에, 개인이 소득 측정의 단위가 될 수 없다. 사회조사에서 소득을 측정하는 기본 단위로는 일반적으로 가구가 이용된다. 가구소득은 시장소득(market income), 총소득(gross income), 가처분소득(disposable income) 등으로 측정될 수 있다. 시장소득에는 우선 가구주, 배우자, 기타 가구원의 근로소득(wage and salary income)과 자영자소득(self-employment income), 재산소득(property income), 기타 사적소득이 포함된다. 총소득은 시장소득에 공적연금, 실업급여 등의 공적이전(public transfers)을 더한 소득이다. 가처분소득은 총소득에서 세금과 사회보험 기여금을 제외한 것이다. 일반적으로 이 가처분현금소득을 가구소득으로 정의한다(Atkinson, Rainwater & Smeeding, 1995; 조흥식 외, 2015 재인용).

소득 기준의 빈곤은 소득이 인간의 물질적 필요 충족에 필요한 재화와 서비스를 구매할 수 있는 수준에 미치지 못하는 상태로 정의할 수 있다. 이러한 빈곤은 주관적(subjective) 빈곤과 객관적(objective) 빈곤으로 구분하여 측정할 수 있다. 주관적 빈곤은 적절한 생활수준을 유지하는 데 필요한 최저한의 소득에 대한 개인의 평가에 근거하여 결정되는데, 이는 한 개인이 처한 경제 상황은 그 자신이 스스로 가장 잘 알고 있다는 신념에 기반한 측정 방식이다.[03]

객관적 빈곤은 상대빈곤과 절대빈곤의 두 가지로 측정될 수 있다. 상대빈곤에서는 빈곤 여부를 정하는 기준이 해당 사회의 경제적 수준에 따라 달라진다. 여기서 해당 사회의 생활수준은 일반적으로 각 사회의 중위소득(median income)이 된다. 그리고 빈곤 여부를 나누는 상대빈곤선은 중위소득의 일정 퍼센트(통상적으로 50%나 60%, 혹은 40%)로 정한다.[04] 상대빈곤은 그 사회의 소득불평등 정도로부터 직접적 영향을 받는다. 한 개인의 빈곤 여부가 그 사회의 다른 사람들과의 소득격차에 따라 정해지기 때문이다(조흥식 외, 2015).

절대적 빈곤은 최저생활이라는 관념에 근거를 두고 있다. 최저생활이란 육체적 건강을 유지하기 위해 충족되어야 할 기본적 조건을 의미한다. 이러한 근본적인 요건들, 즉 충분한 음식, 주거 그리고 의복 등이 부족한 사람들은 절대적 빈곤 속에 살고 있다고 말할 수 있다. 많은 학자들은 절대적 빈곤의 보편적 기준을 확정하는 것이 가능하다는 생각을 받아들이지 않는다. 그들은 결핍을 특정 사회의 전반적인 생활수준과 연관짓는 상대적 빈곤의 개념을 사용하는 것이 더 적절하다고 주장한다. 인간적 필요란 어디에서나 동일한 것이 아니며 한 사회 내에서도, 사회들 간에도 모두 다르다. 한 사회에서는 필수적인 재화들이 다른 사회에서는 사치재로 여겨질 수 있다(앤서니 기든스 외, 2018). 절대빈곤 여부를

03 주관적 빈곤선 측정을 위한 설문조사의 질문은 평가 방식에 따라 두 가지로 구분되는데, 제3자 평가인 경우에는 "우리 사회에서 네 식구가 그럭저럭 살아가는데 어느 정도의 돈이 필요하다고 생각하십니까?"라는 설문을 통해서 이루어지며, 본인 평가인 경우에는 "본인 가족이 근근이 살아가기 위한 최소한도의 소득이 얼마입니까?"라는 설문을 통해서 이루어진다(문진영, 2015).

04 유럽연합(EU)에서는 중위소득의 특정 퍼센트 이하를 빈곤선이 아니라 빈곤상태로 떨어질 위험에 있는 '빈곤위험선'으로 정의한다. 반면에 상대빈곤선은 직접세와 주거비 지출을 제한 후의 가구소득이 중위소득 가구의 60% 이하로 정의해 왔다(앤서니 기든스 · 필립 서튼, 2018).

나누는 기준선이 되는 절대빈곤선의 대표적 예로는 미국 정부의 빈곤선을 들 수 있다. 미국에서는 1965년에 건강에 필수적인 최저 영양기준과 다른 필수적 지출을 충족시키는 수준으로 빈곤선을 산출하였고, 이후로는 매년 빈곤선이 동일한 수준의 실질가치를 유지할 수 있도록 소비자물가상승률을 감안하여 빈곤선 액수를 조정하였다. 우리나라의 최저생계비 또한 절대빈곤 개념을 반영하고 있다(조흥식 외, 2015).

정리하자면, 결코 시대와 공간을 초월하여 빈곤 여부를 구분할 수 있는 절대적이고 객관적인 기준은 없다는 것이며, 절대적 빈곤의 개념은 상대적 빈곤보다 '덜 상대적인' 개념으로 이해하는 것이 타당할 것이다.

이제 소득을 기준으로 한 실제적인 빈곤 측정 방법을 살펴보자. 빈곤 측정의 간단한 지표로는 빈곤율(poverty rate)이 있다. 절대적이든, 상대적이든 어떤 기준을 정해서 기준 이하의 사람 수를 세어서 전체 인구로 나누면 나오는 숫자다. 가장 간단하기 때문에 일반적으로 가장 많이 쓰이는 지표다. 하지만 이 지표는 중요한 한계를 지니고 있다. 빈곤 기준 이하의 사람들이 얼마나 가난한지, 또 어떤 분포를 이루고 있는지 보여주지 못한다. 이 지표를 개선하는 것이 정책의 가장 중요한 목표라면 빈곤선 바로 밑에 있는 사람들의 소득을 늘려서 기준선을 넘도록 하면 된다. 심지어 더 가난한 사람들의 소득을 이 사람들에게 재분배해도 빈곤율은 낮아질 것이다. 그래서 나온 지표가 빈곤갭(poverty gap)이다. 이 지표는 모든 사람의 실제 빈곤과 기준선의 차이를 합해서 총인구로 나눈 것이다. 즉 가난한 사람들이 빈곤선으로부터 얼마나 멀리 떨어져 있는지를 합한 수치이다. 이 수치는 곧 가난한 사람들을 모두 기준선 위로 올리는 데 드는 비용이기도 하다(정태인, 2013).

최근에는 사회적 배제 개념을 활용하여 소득 외에 다른 기준을 추가하여 보다 폭넓게 빈곤을 측정하고자 하는 노력도 지속되고 있다. 유럽연합이 채택한 방법은 '빈곤 또는 사회적 배제의 위험에 처한 비율(at risk of poverty or social exclusion rate: AROPE)'로 알려져 있다. 이것은 세 가지 측정들을 수반한다. (소득)빈곤에 처한 사람, 물질적 결핍 상태에 있는 사람, 매우 낮은 '노동 강도'의 가구에서 살아가는 사람들이다. 여기서 빈곤의 위험 측정법은 가처분소득이 국가의 중위소득의 60% 이하인 개인들을 지시한다. 이것은 '빈곤'을 측정하는 것이 아니라, 중위값에 비해 낮은 소득을 가진 사람들을 빈곤 상태로 떨어질 '위험에 처한' 것으로 본다는 것에 주목할 필요가 있다. 물질적 결핍은 세탁기, TV 또는 자동차와 같은 상품을 위해 지불할 능력이 없다는 것, 주거비 또는 공과금이나 예상치 못한 지출을 처리할 수 없는 무능력을 가리킨다. 낮은 노동 강도는 가구 구성원이 집합적으로 노동할 수 있는 시간이 그들에게 주어진 일 년 동안 가능했던 노동 시간의 5분의 1이 되지 못함을 뜻한다(앤서니 기든스 · 필립 서튼, 2018).

빈곤 측정과 관련한 또 다른 관심사는 시간에 따른 빈곤의 변화이다. 빈곤에 진입한 사람이 얼마나 오랫동안 빈곤 상태에 머무르는지, 빈곤한 사람들 중에서 빈곤을 벗어나는 사람은 얼마나 되는지에 관한 정보는 한 시점에서 측정한 빈곤율만으로는 알 수 없다. 이때 빈곤층, 중산층, 상류층 등 각 계층에 속한 개인이나 집단이 다른 소득 계층으로 옮겨가는 것을 의미하는 '사회 이동성(social mobility)'은 빈곤의 동태를 파악하는 데 있어서 매우 유용한 개념이다.

사회 이동성 연구에는 크게 두 가지 방법이 있다. 첫째 한 사람의 경력을 추적해 그가 살면서 얼마나 상승 또는 하강 이동했는지 살펴보는 방법이다. 이것을 세대 내 이동(intragenerational mobility)이라고 한다. 이와 달리 자녀들이 자신의 부모나 조부모와 같은 종류의 직업에 종사하는 경우가 얼마나 되는지 살펴볼 수도 있다. 이와 같이 여러 세대에 걸친 이동을 세대 간 이동(intergenerational mobility)이라고 한다(앤서니 기든스 · 필립 서튼, 2018).

빈곤층의 이동성을 추적한 다수의 연구들은 빈곤은 한 번 진입하면 벗어나기 힘들 뿐만 아니라 부모 세대의 빈곤이 자녀 세대에게 대물림되는 경향이 매우 강하다는 것을 보여주고 있다. 즉 빈곤층의 경우 세대 내 이동성과 세대 간 이동성이 동시에 매우 낮은 특징을 보였다.

3. 빈곤의 원인

빈곤의 원인은 무엇인가? 빈곤의 원인에 대한 설명은 크게 두 가지로 분류할 수 있다. 빈곤의 책임이 가난한 개인 자신에게 있다는 이론과 빈곤이 사회의 구조적 힘에 의해 생산되고 재생산된다는 이론이 그것이다. 경합하는 이 두 가지 접근법은 각각 '희생자 비난하기'와 '체계 비난하기' 이론으로 불리기도 한다. 여기서는 순서대로 간략히 검토해 볼 것이다.

가난한 사람들 스스로가 자신의 불리한 지위에 책임이 있다고 간주하는 사회적 태도에는 오랜 역사가 있다. 19세기 구빈원같이 빈곤에 대처하려는 초기의 시도는 빈곤이 개인의 부적응이나 병약함의 결과라는 믿음에 근거했다. 빈곤층은 기술 부족, 도덕적 또는 육체적 취약성, 동기 결여, 평균 이하의 능력 등으로 말미암아 사회에서 성공할 수 없다는 것이다. 다시 말해, 성공할 만한 사람들은 성공하고, 능력이 부족한 사람들은 실패하기 마련이라는 말이다. '승자'와 '패자'의 존재는 어쩔 수 없는 현실로 여겨졌다.

빈곤을 원천적으로 개인의 실패로 설명하는 방식은 20세기 중반 동안 입지를 잃었지만 1970년대와 1980년대에는 부흥기를 즐겼다. 미국의 사회학자 찰스 머레이(Charles Murray)는 이러한 관점을 파급력 있게 제시했다. 머레이는 자신의 빈곤에 대해 스스로 책임져야 하는 하위계급이 태동하고 있다고 주장했다. 이 집단은 노동시장에 참여하기보다 정부의 복지 제공에 의지하는 사람들의 의존문화(dependency culture)의 일부를 이룬다. 그는 복지 국가의 성장이 이러한 하위문화를 만들어 냈으며, 이것이 개인의 야망과 자조 능력을 잠식했다고 주장했다. 간략히 말해 안전망을 제공하려 했던 복지가 노동의 동기를 침식시킨다는 것이다.

빈곤에 대한 두 번째 관점은 개인이 극복하기 어려운 빈곤의 조건을 창출해 내는 거대한 사회적 과정을 강조한다. 사회계급 지위, 젠더, 민족 집단, 직업 지위 같은 사회 내 구조적 힘이 자원 배분 방식을 결정한다는 것이다. 이러한 관점에서 보면 빈곤층에게 야망이 없어 보이는 것, 즉 흔히 '의존 문화'로 간주되는 것은 사실 막막한 상황의 원인이 아니라 그 결과다(앤서니 기든스 · 필립 서튼, 2018).

빈곤이 사회의 구조적 힘에 의해서 발생한다는 관점은 특히 1970년대 이후의 경제적 재구조화(신자유주의화) 경향과 연결시킬 때 강한 설득력을 갖는다. 즉 1973년 석유파동 이후 저성장, 만성적인 실업, 인플레이션으로 대표되는 구조적 경제침체의 징후가 나타나면서 선진국 기업은 생산 비용을 줄이기 위해 노동력이 싸고 노동조합이 약한 다른 지역으로 제조업 공장을 이전하였는데, 이로 인해 선진국 노동자들의 협상 지위가 심각하게 약해졌고 고용의 안정성도 크게 저하되는 결과가 초래되었다. 이 과정에서 대규모로 출현한 불안정 노동자들의 존재야말로 빈곤이 사회의 구조적 힘에 의해서 발생하는 것임을 강력히 시사한다.

구조와 행위는 불가피하게 얽혀 있으며, 개인은 그들이 전적으로 만들어 낼 수 없는 사회적 맥락 속에서 결정과 선택을 내린다. 빈곤을 만들어 내는 인간 행위자와 사회구조의 상호작용을 파악하려면 이러한 '맥락 속의 결정'을 이해해야 한다(앤서니 기든스 · 필립 서튼, 2018).

제3절 누가 빈곤층인가

모든 사람이 생존과 인간다운 삶, 자기실현을 위해 일을 할 의지가 있다는 전제하에, 빈곤에 처할 위험의 가능성은 모든 사람에게 동일하다고 할 수 있는가? 빈곤 실태와 관련한 각종의 통계는 특정 계층에게서 빈곤이 더 만연해 있으며 빈곤의 심도가 더 깊다는 것을 보여준다. 일반적으로 비정규직으로 대표되는 불안정노동자가 정규직 노동자보다 빈곤하며, 여성이 남성보다, 장애인이 비장애인보다 더 빈곤한 것으로 나타난다. 또한 아동과 노인이 성인에 비해 빈곤할 확률이 높으며, 이주노동자가 비이주노동자보다 빈곤할 확률이 더 높게 나타난다. 이러한 결과는 일할 수 있는 기회와 일에 대한 보상이 모든 사람에게 동등하게 주어지지 않으며, 권력을 갖지 못한 특정 인구학적 집단의 경우 노동의 참여와 보상에서 불균등한 처우를 받고 있음을 여실히 드러내고 있다. 빈곤이 권력을 갖지 못한 자들에게 집중되는 이러한 현상이 바로 빈곤의 불평등성이다. 이하에서는 빈곤할 위험이 큰 집단으로 포착되는 불안정노동자, 아동, 여성, 노인, 장애인의 빈곤 실태에 대해 간략히 살펴보고자 한다.

1. 불안정 노동자

열심히 일하지만 빈곤에서 벗어나기 힘든 근로빈곤층 또는 불안정노동자를 일컫는 프레카리아트(precariat)[05]는 노동력이 더 싼 국가로 제조업 공장이 대거 이전하는 지구경제화와 자동화 등 생산기술의 발달로 인한 노동 수요의 감소, 그리고 기업의 투자를 촉진하기 위해 노동유연성을 강조하는 신자유주의 체제가 본격화되는 과정에서 대규모로 출현하였다. 이들 불안정 노동자들은 언제 일을 그만둘지 모르는 만성적인 고용 불안 속에서 저숙련 · 저임금 노동을 전전하게 되는데, 프레카리아트라는 용어를 세계적으로 유행시킨 가이 스탠딩은 이들을 다음과 같이 묘사한다.

> 불안정한 직업들을 전전하면서 불안한 노동 생애를 날마다 보내고 있는 프레카리아트는 전 세계적으로 수십억 명에 이른다. 대부분은 '도시 유목민'처럼 자신들이 어디로 가는지, 미래에 어디에 있을지도 모른 채 살아간다. 이들은 정체성도 없고, 일정한 직업도 없고, 자기 인생의 미래를 설계하지도 못한다. 프레카리아트는 일자리를 갖고 있어도 사내 복지 혜택을 거의 받지 못하며, 국가가 제공하는 공적연금 복지도 제한적으로만 받는다. 이들은 미래에 대한 희망 없이 비정규직으로 서비스 섹터를 전전하며 살아간다."
>
> 출처: 한겨레 (2010.9.1). 21세기 위험계급 '프레카리아트'. [Focus] 가이 스탠딩 교수 인터뷰. 이코노미 인사이트 5호.

05 이 용어는 마르크스의 노동계급을 뜻하는 '프롤레타리아트(proletariat)'와 많은 노동자 집단에 증가하는 위태롭고 '불안정한(precarious)' 상황으로부터 만들어진 조어이다(앤서니 기든스 · 필립 서튼, 2018).

2. 아동과 여성

아동빈곤이란 성인빈곤이나 노인빈곤과는 구분되는 개념으로 보통 18세 미만의 아동으로 빈곤한 가족에 속해 있는 경우를 말한다. 아동빈곤은 아동을 양육하는 가족의 빈곤이라고 할 수 있다. 아동들은 피부양자이고 다른 연령층에 비해서 사회정책적인 관심을 덜 받기 때문에 빈곤할 확률이 높은데, 이를 '빈곤의 아동화(juvenilization of poverty)'라고 한다(김미숙 외, 2007).

플랫(Platt)은 "아동들은 그저 더 높은 빈곤 위험에 직면하는 것이 아니라, 그것이 오래 지속될 때 그것이 부정적인 결과에 특히 더 취약하다. 효과는 (성인기에 이르기까지) 장기적으로 나타나고, 또한 삶의 초기에 나타난다"는 자신의 주장을 유지한다. 예를 들어, 빈곤 속에 사는 아동들은 그렇지 않은 아동들에 비해 건강이 나쁜 경향이 있다. 그들은 출생 시 체중이 적고, 교통사고로 죽거나 다치고(왜냐하면 거리를 활보할 가능성이 높고, 거주지 인근에 안전한 놀이 구역이나 정원이 있을 가능성이 낮기 때문이다), 약물 남용이나 자해로 고통을 겪고, 자살을 시도할 가능성이 더 높다. 빈곤한 아동들은 다른 아동들에 비해 학업 성취도가 떨어질 수 있으며, 더 빈곤한 성인이 될 가능성이 높다(앤서니 기든스 · 필립 서튼 외, 2018).

한편 여성은 남성보다 빈곤층이 될 가능성이 더 높다. 그 원인은 복합적이지만 여성 빈곤은 종종 '남성 가장 가구'에 초점을 둔 연구에 가려져 있다. 한 가지 중요한 요소는 가정 안팎의 성별 분업이다. 가사노동과 아동 및 친척들을 돌보는 책임은 여전히 압도적으로 여성들이 지고 있다. 이는 여성들이 집 밖에서 일하고자 하는 의욕이나 능력에 중요한 영향을 끼친다. 이로 인해 여성들은 남성들에 비해 시간제로 고용되는 경우가 훨씬 많으며, 그 결과 적은 소득을 얻게 된다(앤서니 기든스 · 필립 서튼, 2018).

3. 노인과 장애인

노인이 빈곤한 이유는 무엇보다 정년에 따른 퇴직으로 인해 근로소득이 급감하기 때문이다. 만일 공적연금제도가 일찍 도입된 국가에서 오랜 기간 동안 보험료를 납부했던 사람이라면 퇴직 후에도 적지 않은 연금을 받으며 적절한 수준의 생활을 지속할 수 있겠지만 우리나라와 같이 연금의 역사가 짧고 연금의 소득대체율이 낮은 국가에서는 대다수가 연금을 받지 못하거나 받는다 하더라도 연금액이 그야말로 용돈 수준에 불과할 수밖에 없다. 이런 사회적 배경이 있기에 우리나라의 노인 빈곤율은 매해 OECD 국가들 중에서 2위와 현저한 격차를 보이는 압도적 1위를 유지하고 있다.

장애인은 왜 비장애인보다 빈곤할 확률이 높을까? 장애인이 비장애인에 비해 상대적으로 빈곤할 수밖에 없는 이유는 두 가지 요인이 복합적으로 작용하기 때문이다. 첫 번째 요인은 장애인이 비장애인에 비해 동일한 삶의 수준을 영위하는 데 생활비가 더 많이 든다는 점이고, 두 번째 요인은 장애인의 소득이 비장애인의 소득에 비해 낮다는 점이다. 즉, 비장애인에 비해 지출은 많고 소득은 적으니 상대적으로 빈곤할 수밖에 없는 것이다.

장애인의 경우 장애에서 비롯된 낮은 교육수준, 직업능력의 부족으로 상징되는 인적자본의 취약성과 함께 사회 전반의 장애에 대한 부정적인 인식에서 발생하는 장애인에 대한 차별로 인해 취업의 기회를 얻지 못하거나 취업 중에 있더라도 주로 저임금직종에 종사하는 관계로 소득이 낮을 수밖에 없다. 더불어 장애인과 함께 살고 있는 비장애인 가구원의 경우에는 장애인에 대한 보호 수발로 인해 취업을 하기 어렵거나 취업 중에 있더라도 임시직 등 질 낮은 일자리에 종사하는 비율이 높아 역시 소득이 낮을 수밖에 없다. 한편 장애인의 생활비가 비장애인에 비해 더 많이 드는 것은 장애인의 경우에 의료비, 교육비, 재활보조기구 구입비, 교통비 등의 영역에서 장애로 인한 추가지출 비용이 발생하기 때문이다. 결국 장애는 추가비용이라는 새로운 지출 요인을 발생시킬 뿐만 아니라 소득 감소까지 유발시켜 마침내 장애를 가진 개인을 빈곤 상태에 이르게 한다는 점에서 '장애는 빈곤의 절친한 친구(disability as a close companion of poverty)'라고 할 수 있다.

제4절 물질적 필요에 대한 사회복지적 개입

모든 시민의 물질적 필요를 충족하는 것은 현대 복지국가의 가장 핵심적인 목표로서, '사회보장(social security)' 또는 '소득보장(income maintenance)', '사회적 보호(social protection)' 등 다양한 명칭으로 불리며 개별 국가가 시행하는 사회복지제도에서 중추적 역할을 담당하고 있다.

현대 복지국가의 틀을 정립한 베버리지 보고서에서는 사회보장을 "실업, 질병 혹은 재해에 의하여 수입이 중단된 경우에 대처하기 위해, 노령에 의한 퇴직이나 본인 이외의 사망에 의한 부양의 상실에 대처하기 위해, 또는 출생 · 사망 · 결혼 등과 관련된 특별한 지출을 감당하기 위한 소득의 보장"으로 정의하였다. 이렇듯 복지국가 초기에 사회보장은 산업사회에서 개인에게 발생하는 소득의 중단이나 특별한 지출이 요구되는 상황에서 필요한 소득을 보장하는 의미로 사실상 소득보장과 같은 의미로 쓰였다. 그러나 여성의 경제활동 참여가 늘어나고 인구 고령화가 급속히 진행되면서 사회보장은 소득보장뿐만 아니라 (아동, 노인, 장애인 등에 대한) 돌봄에 대한 보장까지 의미가 확대되었으며 최근에는 고용, 교육과 재활 및 여가 등 삶의 전 영역에서의 인간다운 생활보장까지를 포함하는 광범위한 의미를 갖게 되었다. 이러한 점을 고려하여 본 절에서는 사회보장과의 혼돈을 피할 수 있고, 물질적 필요에 대한 사회복지적 개입의 주요 내용을 개괄적으로 소개하는 취지에 보다 더 부합하는 용어는 '소득보장'이라고 판단되어, 이하에서는 소득보장이라는 용어를 사용하여 소득보장의 의미, 소득보장의 수준과 소득보장의 방법 등을 살펴보고자 한다.

1. 소득보장의 의미 및 수준

소득보장은 각종 사회적 위험에 의하여 소득원이 상실되었을 때 상실된 소득의 일부 혹은 전부를 보상하여 주는 것으로서, 소득 상실의 사회적 위험은 노동능력 및 기회의 상실 정도에 따라 다음과 같이 구분될 수 있다.

- 노동 능력을 영구적으로 전부 또는 일부 상실한 경우로 노령, 장애, 사망 등의 위험
- 노동 능력을 일시적으로 상실한 경우로 질병, 부상의 위험
- 노동 기회를 상실한 경우로 실업의 위험
- 노동에 대한 보상의 미흡으로 발생하는 저임금의 위험
- 부양자의 사망, 예외적인 지출(예: 질병, 사고, 양육, 출산 등에 의한 비용)로 발생하는 빈곤의 위험

이러한 사회적 위험에 따른 소득보장의 주요 논점은 어느 정도의 수준까지 소득을 보장하느냐와 어떤 방법으로 보장하느냐로 볼 수 있다.

우선 가장 일반적인 소득보장 수준은 그 나라 국민에게 생활의 모든 측면에서 사회적으로 인정되고 있는 '최저생활의 보장'이다. 우리나라도 헌법 제34조에서 "모든 국민은 인간다운 생활을 추구할 권리를 가진다."라고 규정하여 사회 구성원 누구나 건강하고 안전한 생활을 영위하도록 최저한의 생활을 보장하고 있다.

사회보장은 최저한도의 소득보장을 의미한다고 간주한 베버리지 보고서 이후 최저생활 수준이 소득보장의 가장 기초적이고 필수적인 원리이긴 하지만, 소득보장은 반드시 최저생활만을 보장하는 것은 아니다. 사회복지제도 중 무상급여제도인 공공부조제도는 최저생활수준만을 보장하는 것이 보편적이지만, 보험료 납부(기여)에 주로 의존하는 사회보험제도의 경우 수급자의 과거 소득이나 보험료 납부액(기여 정도) 등을 고려하여 적정한 소득보장 수준을 설정하게 된다.

한편 최저생활 수준의 소득을 보장하는 공공부조의 경우도 현실적으로 그러한 것일 뿐 그것이 바람직하다는 원리적인 문제는 아니다. 또한 빈곤 개념 자체도

앞서 언급한 절대 빈곤 외에 전체 소득자의 중위 소득의 1/2 정도로 빈곤선을 추정하는 상대 빈곤 개념도 존재한다. 따라서 각 나라의 사회경제적 수준에 따라 좀 더 적정한 수준의 소득보장을 추구하는 것이 경제적, 사회적, 문화적으로 적절한 생활수준을 유지시키고자 하는 사회권 또는 복지권의 원리에 좀 더 접근하는 것이다(김성천 외, 2018).

2. 소득보장의 방법

소득보장을 위한 사회복지 프로그램은 전체 프로그램의 다수를 차지할 정도로 광범위하다. 다양한 소득보장 프로그램을 분석적으로 이해하기 위해서는 프로그램 운영 방식으로 구분해 살펴보는 것이 바람직할 것이다. 첫 번째 기준은 수급자의 기여 여부이며, 두 번째 기준은 자산조사 수행 여부이다. 이와 같이 볼 때 분석적으로는 기여-비자산조사, 기여-자산조사, 비기여-자산조사, 비기여-비자산조사 프로그램의 네 가지 형태가 존재한다. 그러나 수급자의 기여에도 불구하고 자산조사를 수행하는 프로그램은 현실적으로 거의 존재하지 않는다. 왜냐하면 기여에 의해 이미 수급자격이 주어지기 때문이다. 따라서 주로 다음의 세 가지 형태가 존재한다. 즉, 기여-비자산조사 형태는 사회보험방식이며, 비기여-자산조사 형태는 공공부조방식이고, 비기여-비자산조사 형태는 사회수당방식이다.

1) 사회보험

사회보험(social insurance)은 현재의 최저생활을 보장하기 위한 직접적인 정책수단은 아니지만, 사회적 위험에 대비한 잠재적인 최저생활보장정책이라 볼 수 있다. 사회보험의 대표적인 소득보장 프로그램으로는 공적연금, 산재보험, 고용보험(실업보험) 등이 있다.

공적연금제도는 일상생활을 영위하던 중에 노령, 장애, 가구주의 사망 등에 의한 소득 중단 또는 감소 상태에 대비하여, 국가 차원에서 근로시기에 정기적인 보험료 갹출을 통해 위험 발생 이후에 일정액을 지급하는 소득보장방식을 말한다. 연금제도는 자본주의적 산업화의 발전에 따른 퇴직제도 및 노령인구의 증가와 핵가족화 현상에 의한 필요성에 따라 발생한 사회보험제도의 근간이다. 이에 따라 연금제도는 1889년 독일에서 노령연금제도를 도입한 이래 가장 많은 국가에서 시행하는 사회보험이 되었다. 이러한 연금제도는 노령 및 장애발생으로 인한 퇴직자와 가구주가 사망한 유족에게 최저한의 소득을 보장하고 보험가입자 간 소득을 재분배하는 기능을 수행한다.

산재보험은 근로자의 과실 여부와 관계없이 사업장에서 업무상으로 발생하는 근로자의 재해에 대해 사용자의 보상책임을 담보해 주는 사회보험제도이다. 산재보험은 대부분의 국가에서 근로자의 과실이건 사업주의 과실이건 간에 보상하는 무과실 책임주의와 사고가 업무에 관계되어 발생하는 보상하는 업무 기인성에 입각하고 있다. 대부분의 선진국에서 산재보험은 사회보험 중 우선적으로 도입되었는데, 이는 산업화의 진전에 따른 산재사고의 증가로 피해 근로자의 보상문제에 대해 사용자 개인의 책임을 넘어 사고 위험이나 부담의 분산이라는 사회적 대처의 필요성에 공감한 데서 기인한다.

고용보험은 원래 실업보험으로 시작하여 실업에 대비한 최저생활 보장을 위한 사회보장적 대응으로 존재해왔다. 그러나 점차 실업급여를 일정 기간 지급하는 데에서 더 나아가 적극적인 취업 알선 및 재취업, 직업 안정 및 고용구조 개선을 향한 적극적 노동시장정책을 추구하는 방향으로 나아가고 있다. 따라서 각국의 고용보험제도는 그 명칭이 고용보험이건, 아니면 실업보험을 유지하건 점차 고용보험의 형태로 전환되고 있는 추세이다(김성천 외, 2018).

우리나라의 경우 공적연금은 공무원, 군인, 사립학교 교직원 등 특정 직역에 종사하는 사람들을 위한 특수직역연금, 즉 공무원연금, 군인연금, 사립학교직원연금과 일반 국민을 대상으로 한 국민연금으로 나뉘어 시행되고 있으며, 산업재해보상보험과 고용보험의 경우 동일한 명칭으로 시행되고 있다.

2) 공공부조

공공부조(public assistance)는 사회보험과 함께 노령(퇴직), 장애, 실업, 산업재해 등 소득 중단 및 감소를 초래하는 사회적 위험이 발생할 경우 개인과 가족이 최저생활을 영위할 수 있도록 필요한 소득을 지원하는 제도이다. 사회보험의 경우 소득활동을 하고 일정기간 이상 소득 중 일부를 보험료로 납부한 경우에만 해당 급여를 받을 수 있도록 설계되어 있기 때문에 중증장애인이나 전업주부 등 소득활동을 하기 어렵거나 보험료 납부기한을 충족하기 어려운 사람들은 사회보험 급여를 아예 받을 수 없거나 받는다 하더라도 생활하기 어려운 수준의 매우 적은 금액만을 받을 수밖에 없다.

따라서 이들 사회보험 급여의 사각지대에 있는 사람들의 최저생활 보장을 위한 별도의 소득보장제도가 필요할 수밖에 없는데, 이것이 바로 공공부조이다. 공공부조의 재원은 조세로 충당되며 대상 범위에 따라 전체 국민을 대상으로 적용되는 일반 부조(general assistance)와 노인, 장애인, 한부모 등 소득활동을 하기 어려운 특정 인구에 한해 적용되는 범주형 부조(categorical assistance)로 구분된다. 우리나라의 국민기초생활보장제도는 모든 국민을 대상으로 최저생활을 보장하는, 이른바 '최후의 사회안전망' 역할을 하는 일반부조에 해당되며, 기초연금(65세 이상 노인 중 소득 하위 70% 이하), 장애인연금(장애 정도가 심한 장애인 중 소득 하위 70% 이하), 한부모가정 지원금(한부모가정 중 기준중위소득 60% 이하)은 국민기초생활보장제도보다 먼저 적용되는 범주형 부조이다.

3) 사회수당

사회수당(social allowance)은 특정 인구 집단(노인, 아동, 장애인 등)에 속함으로써 갖게 되는 특별한 지출 욕구, 즉 추가적인 생활비 지출에 대응하기 위한 보편적 소득보장제도로서 '데모그란트(demogrant)'라고도 불린다. 노인을 대상으로 지급되는 사회수당이 주로 노인의 장기요양(간병) 욕구로 인한 추가적인 지출을 보전하기 위한 것이라면, 아동을 대상으로 지급되는 사회수당은 아동의 양육이라고 추가적인 지출 요인에 대응하는 성격을 지니고 있다. 반면에 장애인을 대상으로 지급되는 사회수당은 장애로 인한 이동, 돌봄, 치료, 교육, 보조기기 구입 및 유지 등 다양한 생활영역에서 발생하는 추가적인 지출을 보전하는 것을 목적으로 하는 특별한 급여이다.

현대 복지국가에서 운용하는 사회수당의 경향을 살펴보면, 아동수당의 경우에는 소득 수준에 관계없이 전체 아동을 대상으로 지급하는 경우가 많으며, 장애수당의 경우에는 영국 등 소수의 국가를 제외하고는 대체로 자산조사를 거쳐 시행하는 것이 일반적이었다. 또한 노인 대상의 장기요양(간병)수당은 현금급여보다는 현물급여(직접적인 돌봄서비스)를 제공하는 방식인 경우가 많았다.

4) 대안적 소득보장 방법

현재 복지국가는 전환점에 서 있다. 범지구적으로 4차 산업혁명으로 일컬어지는 생산수단의 획기적 변화로 인해 전 산업영역에서의 일자리 감소는 불가피한 현상으로 받아들여지고 있으며, 이는 노동을 전제로 한 사회보험 중심의 복지국가를 탈노동 또는 소득기반의 복지국가로 전환을 모색해야 할 필요성을 증가시키고 있다. 이와 관련하여 기본소득(basic income)과 부의 소득세(negative income tax) 등 새로운 소득보장제도 도입에 대한 논의가 활발해지고 있다.

기본소득은 전 세계적으로 가장 비중 있게 다루어지고 있는 제도로서, "모든 사람에게 개인 단위로 무조건적으로, 자산심사나 노동요건 없이 지급되는 소득"이라는 의미를 갖고 있다. 즉, 기본 소득 정의에 나와 있듯이, ① 보편성(연령에 따른 차등은 인정), ② 무조건성, ③ 개별성(가구가 아닌 개인 단위 지급), ④ 정기적 지급, ⑤ 현금 지급을 특징으로 하는 급여이며, 급여의 충분성 여부에 따라 완전 기본소득과 부분 기본소득으로 나누기도 한다.

부의 소득세는 미국의 밀턴 프리드먼이 기존 연구를 확대 주장한 것으로 기본 개념은 일정소득 수준 이하의 근로소득에 대해서는 조세를 통해 지원을 하는 것이며, 일정소득 수준을 초과할 경우에는 조세를 추가적으로 걷자는 견해이다. 저소득층 혹은 근로빈곤층을 대상으로 하는 제도로 노동시장에서 벌어들이는 소득이 있어야 하며, 벌어들이는 소득을 기준으로 일정 금액을 조세를 통해 환급해 주는 방법이다(김태완, 2022).

참고문헌

김성천 · 강욱모 · 김영란 · 김혜성 · 박경숙 · 박능후 · 박수경 · 송미영 · 안치민 · 엄명용 · 윤혜미 · 이성기 · 최경구 · 최현숙 · 한동우 (2018). **사회복지학개론: 원리와 실제**(3판). 학지사.

김태완 (2022). 2022년 소득보장정책의 전망과 과제. **보건복지포럼**. 2022년 1월호.

로버트 L. 하일브로너 · 윌리엄 밀버그 (2010). **자본주의: 어디서 와서 어디로 가는가**. 홍기빈 역. 미지북스.

마사 누스바움 (2015). **역량의 창조: 인간다운 삶에는 무엇이 필요한가**. 한상연 역. 돌베개.

문진영 (2015). 빈곤선 측정방식에 대한 비교 연구. **상황과 복지, 46**, 202-236.

아마티야르 센 (2013). **자유로서의 발전**. 김원기 역. 갈라파고스.

앤서니 기든스 · 필립 W. 서튼 (2018). **현대 사회학(8판)**. 김미숙, 김용학 역. 을유문화사.

이상호 (2016). '역량의 창조 서평. 국회도서관 금주의 서평. https://www.naon.go.kr/content/html/2016/06/22/84be9a52-95ff-44a6-9e19-6d3806aba12c.html

정태인 (2013.11.08). 기아 · 불평등 · 고통을 '차가운 수식'으로 푼 세계적 천재! [프레시안 books] 아마티아 센의 〈자유로서의 발전〉. https://www.pressian.com/pages/articles/111596

조흥식 · 김상균 · 최일섭 · 최성재 · 김혜란 · 이봉주 · 구인회 · 홍백의 · 강상경 · 안상훈 (2015). **사회복지개론**. 나남출판.

허구생 (2003). **복지의 역사 빈곤의 역사**. 한울아카데미.

CHAPTER 09

건강과 사회복지

사회적 차원의 관점으로 바라본 건강의 의미와 의료사회복지실천

CHAPTER 09

건강과 사회복지

사회적 차원의 관점으로 바라본 건강의 의미와 의료사회복지실천

전 인류의 역사를 통틀어, 행복의 첫 번째 조건은 개인의 건강이다. 매슬로의 5단계 욕구 중 첫 번째 욕구는 생리적 욕구(Physiological Needs)인데, 음식 · 수면 · 휴식 · 육체적 고통으로부터의 자유 등 기본적 요소들은 모두 건강과 관련되어 있다. 따라서 건강은 일상을 유지하고 더 나은 삶으로 나아가기 위한 선행조건이다. 건강하지 않으면 신체적 고통을 경험할 뿐만 아니라 학업과 직업, 사회적 관계, 부의 축적, 장수 등 모든 개인의 삶과 사회적 생활을 활기차게 영위할 수 없게 된다. 즉 건강 자체가 삶의 목표이기보다는 더 나은 삶을 누릴 수 있는 활력소가 되는 것이다. 그래서 누구나 건강하기를 바라고 그에 따른 노력을 아끼지 않으려고 한다.

그렇다면 건강은 왜 중요한가? 앞서 설명한 대로 건강은 바로 개인의 행복을 이룰 수 있는 첫 번째 조건이기도 하지만 건강을 둘러싼 사회적 차원의 여러 가지 중요성을 가지고 있기 때문이다. 오래전부터 건강은 개인의 삶과 밀접하게 관련되어 있어서 다분히 개인적인 책임의 영역으로 인식되어 왔다(이효순 외, 2016). 하지만 최근의 건강과 관련한 이슈는 개인의 사회경제적 수준, 문화적 배경과 생활 배경, 더 나아가 국가 정책에 이르기까지 광범위한 사회문화적 배경과 관련되어 있다. 특히 코로나19 팬데믹을 겪으면서 건강과 의료체계가 개인의 미시적 영역이 아닌 사회 및 국가의 거시적 영역에서 매우 중요한 이슈로 자리

잡았음을 알 수 있다. 또한 산업화를 거치면서 건강이 노동자의 노동 능력을 유지하고 생산성을 높이는 전제조건이 되면서 국가 차원에서 국민의 건강에 대한 정책적 관심을 기울이기 시작하였다. 이는 1883년 독일에서 최초의 사회보험인 질병보험제도가 생긴 배경이 된다. 따라서 건강은 개인적 차원뿐만 아니라 사회적 차원에서 그 의미를 찾을 필요가 있다.

이 장에서는 이러한 건강의 사회적 차원을 중심으로 건강의 개념, 건강을 바라보는 관점들, 사회적 관점에서 바라보는 건강의 실태, 건강에 대한 사회복지적 개입을 다루고자 한다. 이를 통해 건강의 문제와 그 해결에 있어서 단순히 개인적 차원만이 아니라 사회적 차원에서 어떠한 의미들이 있는지를 설명한다. 또한 건강에 대한 사회복지적 개입으로서 의료기관 중심의 의료사회복지실천을 넘어서 우리 사회 내 다양한 클라이언트 체계를 대상으로 하는 폭넓은 의료사회복지 패러다임을 소개하고자 한다.

제1절 건강의 개념

1. 건강의 의미

'건강'은 무엇인가? 누구나 이 질문에 쉽게 답하기 어려울 것이다. 대체로 '신체적으로 혹은 정신적으로 아프지 않고 일상을 살아가는 것'으로 단순히 대답할 수 있을 것이다. 하지만 이러한 건강의 의미는 복합적인 개념을 생각한다면 매우 협소한 건강의 개념으로 제시된 것이다. 또한 건강은 고정적인 상태가 아니다. 인간은 신체적으로나 정신적으로 노동을 하면 피로하고 적당한 휴식을 취하면 그 기능이 회복되는 특성이 있다. 또한 건강하던 사람도 어떤 때에는 건강하지 않은 상태가 되고, 쉽게 회복되지 않고 상당 기간 신체적 · 정신적 기능이 쇠퇴된 상태로 유지될 수도 있다.

세계보건기구(World Health Organization: WHO)에 따르면 "건강이란 신체적 · 정신적 · 사회적 · 영적으로 완전한 안녕의 상태이며, 단지 질병이 없거나 허약하지 않은 상태만을 의미하지 않는다"라고 정의내리고 있는데, 건강의 복합적 의미를 포괄하고 있다. 즉, 건강은 단지 신체적 조건만을 의미하지 않으며, 정신적 · 사회적 · 영적인 조건이 통합된 복합적 의미를 가진다. 다시 말해서 건강은 생물학적 영역에서 신체적 질병과 기능 이상이 없고, 정신적 영역에서 마음의 안정을 유지하고, 사회적 영역에서 타인과의 원활한 사회적 관계를 맺으며, 영적 영역에서 고도의 정신적 기능과 도덕적 기준을 충족할 수 있는 것을 포함하는 복합적 개념이라 할 수 있다. 예를 들어, 신체적 · 정신적 질병이 없는 상태라고 하더라도 타인과의 원활한 관계 형성의 어려움으로 인해 직장생활을 하지 못하고 일반 성인의 역할 수행을 하지 못한다면 건강하지 않은 것을 의미한다는 것이다.

한편, 트와들(Twaddle, 1979)은 건강과 질병을 하나의 연속선상에 놓고 연속선상의 양 끝에 각기 완전한 건강(perfect health)과 죽음(death)이라는 개념을 설정하였다(강흥구, 2014 재인용). 여기서 완전한 건강이란 개개인의 역할수행 능력과 역할 성취가 최적의 조화를 이룬 상태인데, 완전한 건강으로부터 멀어질수록 불건강의 수준이 높아지는 것으로 해석된다. 이 개념은 의학적 관점에서 건강과 불건강이라는 이분법적 사고를 부정하고 연속선상의 어느 지점에 위치하는 상대적 개념을 강조한다. 즉, 건강은 절대적 개념이 아닌 상대적 개념(더 건강하다, 덜 건강하다)으로 파악되는 것이다. 예를 들어, 신체적 조건이 선천적으로 열악하더라도 개인의 건강에 대한 관심과 노력에 의해 더 건강한 상태를 이루고 유지할 수 있다. 또한 젊었을 때에는 신체적으로나 정신적으로 건강상태를 가지고 있었어도 노인이 되어 만성질환으로 고통을 받고 있다면 한 개인의 생애에 있어서도 건강의 상대적 개념을 적용해 볼 수 있다.

한편, 인간은 환경으로부터 영향을 받기도 하고 환경을 변화시키기도 한다. 즉 인간과 환경은 서로 상호작용을 한다. 따라서 개인의 건강상태는 본인의 개인적 노력 외에도 외부환경에 의해 영향을 받는다. 건강을 위협하는 가장 큰 신체적 조건인 질병의 경우 단순히 신체적 조직의 결함에서뿐 아니라 사회적 관계에서 발생하는 다양한 문제, 환경오염, 유해한 작업환경, 과도한 스트레스, 질병에 대한 사회문화적 태도, 열악한 의료보건체계 및 정책 등 다양한 수준의 환경으로부터 영향을 받는다.

2. 질병의 개념

건강을 생각할 때 그 반대 개념에는 질병이 있다. 앞서 건강이 생물학적, 심리적, 사회적, 영적인 영역에서의 안녕 상태로서 복합적 의미를 갖고 있다고 설명한 것처럼 질병도 다양한 하위 개념들이 있다.

1) 질병의 여러 개념[01]

먼저 질환(disease)은 생의학적 개념 차원에서 정상수치를 벗어나는 상태를 의미한다. 즉 의학적 기준을 통해 과학적 수치를 만들어 내고 그 수치가 통상적 정상범위에 해당되는지를 평가하여 질환 여부를 판정하는 것이다. 예를 들어, 고혈압이라는 질환은 최고혈압의 오차범위 밖에 존재하는 수치로 측정되고 판정되는 것이다. 이 경우 질환에 대한 해결은 약물투여를 통한 의학적 치료(cure)를 목표로 한다(Nakawaw & Moji, 2018). 흔히 환자의 상태를 살펴보고 여러 가지 생의학적 수치들을 검토한 후 의학적 기준의 정상범위로 되돌아오도록 작용하는 적합한 약물을 사용한다.

다음으로, 질병(illness)은 개인의 주관적 평가에 의한 불편함을 중시한다. 이 개념은 질환과 달리 객관화된 수치에 의한 질병진단보다는 개인의 기능수행에 초점을 둔다. 예를 들어, 혈압계 측정을 통해 혈압이 160/100mmHg이라 하더라도 일상생활에 어려움이 없다면 illness는 아니다. 이 경우 질병에 대한 해결은

01 조성상 외 (2019). 의료사회복지실천론. 신정. pp. 17–19을 참고함.

환자에 대한 간호를 통해 돌봄(care)을 제공하는 것이다(Nakawaw & Moji, 2018). 돌봄은 환자의 신체적, 정신적 불편함에 대한 일상생활에서의 기능수행을 회복하도록 돕는 것을 목표로 한다.

마지막으로, 병(sickness)은 사회적 요소를 강조한다. 즉, 병과 관련하여 사회적 맥락을 고려하는 것이다. 예를 들어, 고혈압이라는 이유로 고용차별을 경험한다면 병에 해당한다. 이 경우 병에 대한 해결은 공중보건을 통해 질병에 의해 사회적, 환경적 차별이나 손해를 최소화하도록 접근함으로써 궁극적으로 웰빙(well-being)을 이루는 것이다(Nakawaw & Moji, 2018). 이러한 3가지 개념을 도식화하면 〈그림 9-1〉과 같다.

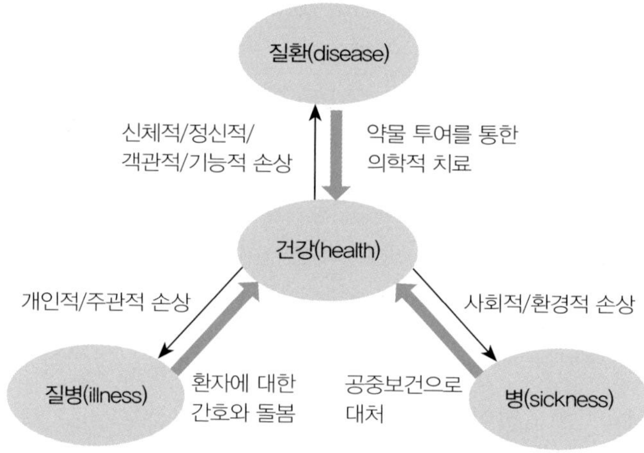

그림 9-1 | 질병의 하위 개념

출처: Nakawawa, M., & Moji, K. (2018).

2) 질병과 사회문제의 상호 관련성

사회문제는 "사회제도의 결함이나 모순으로 발생하는 모든 문제"(네이버 표준국어대사전)로 정의내린다. 사회문제라는 단어에는 '사회'와 '문제'라는 두 개의 추상적인 개념의 복합어로서 정의를 내리고자 하는 판단자 개개인의 주관적 견해에 따라 합의적인 정의에 도달하기 어려운 특성을 가진다. 그럼에도 불구하고 대다수의 사람들끼리 공유하는 합의를 근거로 한 간주관성(intersubjectivity)을 통해 다양한 사회문제에 대한 개념 정의에서 공통적인 요소들을 결합하여 사회문제에 대한 개념을 정의내릴 수 있다. 즉, 사회문제는 어떠한 사회현상이 (1) 사회적 가치에서 벗어나고, (2) 상당수의 사람들이 그 현상으로 인하여 부정적인 영향을 받고 있으며, (3) 그 원인이 사회적인 것이며, (4) 다수의 사람들이나 영향력 있는 일부의 사람들이 문제로 판단하고 있고, (5) 사회가 그 개선을 원하고 있고, (6) 개선을 위하여 집단적 사회적 행동이 요청되는 것이라고 할 수 있다(최일섭 · 최성재, 1995). 이러한 개념 정의 기준에 따라 빈곤, 범죄, 성차별, 노동, 노인, 정신건강, 환경오염 등 사회에서 발생되고 있는 대부분의 '문제'들은 사회문제의 범주 안에 들어온다고 할 수 있다.

따라서 이러한 개념 정의에 따라 건강 및 질병의 문제도 사회문제의 범위에 포함된다고 할 수 있다. 왜냐하면 질병의 개념, 원인, 치료과정에서 사회문제의 정의 기준에 많은 부분 부합되기 때문이다. 건강 및 질병의 문제가 개인의 유전적 · 생물학적 특성에 의해 발생된다는 관점이 있기도 하지만 상당 부분 개인 외적인(즉, 환경적) 특성에 의해 발생된다는 관점이 있다. 대표적으로 개인의 생활환경의 수준에 따라 몇몇 유형의 질병을 더 많이 갖게 되는 경우가 있는 것이다.

이러한 배경에서 질병과 사회문제(건강 및 질병의 문제를 제외한)는 상호 역동적 관계에 있다. 즉 질병은 다양한 사회문제의 영향을 받기도 하지만 사회문제에 영향을 미치기도 한다.

먼저 질병은 다양한 사회문제에 영향을 받는다. 즉, 사회문제로 인해 개인을 비롯한 인간 모두에게 신체적, 정신적 질병을 만들어 낸다. 대표적으로 물리적 환경, 취업 및 작업 조건, 사회경제적 수준 및 교육수준, 의료서비스 체계, 문화 등으로 인해 신체적, 정신적 질병이 발생된다. 다음 절에서 다시 설명하겠지만 어떠한 지역사회에서 거주하느냐에 따라 특정 질병의 발생률(incidence rate, 일정기간 동안 한 인구집단 내에서 어떤 질병이 새로 발생한 환자의 수) 혹은 유병률(prevalence rate, 일정기간 동안 한 인구집단 내에서 어떤 질병에 걸리거나 이환되어 있는 환자의 수)이 달라진다.[02] 한 예로 2019년 국가암등록사업 연례보고서에 따

02 발생률은 새로 생긴 환자의 수를 의미하는 반면, 유병률은 전부터이든 새로 생겼든 현재 그 질병을 앓

르면, 지역별 암발생률은 남자의 경우 세종시, 전라남도, 부산광역시에서 높았으며, 여자의 경우 부산광역시, 대구광역시, 전라북도에서 높은 것으로 나타났다(국립암센터, 2021). 같은 보고서에서 국제 비교에서 우리나라의 암 발생 수준은 일본과 비슷한 수준으로 남자의 경우 우리나라는 위암, 일본은 전립선암이 가장 많이 발생하였으며, 여자의 경우 우리나라는 갑상선암, 일본은 유방암이 가장 많이 발생하는 것으로 나타났다. 또한 OECD 국가들의 경우, 대표적으로 많이 발생하는 3대 암종으로 남자의 경우 전립선암, 대장암, 폐암, 여자의 경우 유방암, 대장암, 폐암으로 보고되고 있다(국립암센터, 2021). 이러한 질병의 지역적 차이를 좀더 심층적으로 분석해 본다면, 지역의 물리적 환경, 보건의료적 환경, 특정 직업군의 분포, 문화 등 다양한 사회적 · 자연환경적 요인이 있을 수 있다. 즉 그 지역이 갖고 있는 사회문제의 특성이 특정 질병의 발생에 기여하고 있음을 추론해 볼 수 있다.

또한 질병에 의해 사회문제가 발생된다. 즉 질병이 다른 사회문제의 원인이 될 수 있다. 한 예로 가족 구성원 중 한 명의 질병은 환자 돌봄에 대한 부담, 가족 내부의 역할 변경, 실직 및 경제활동의 축소 및 의료비 지출로 인한 가구의 경제적 자원의 감소, 질병 감염 및 유전으로 인한 불안감 증대 등 다른 가족 구성원들에게 미치는 심리정서적, 경제적, 가족관계적 스트레스가 가중할 수밖에 없다. 이로 인해 가족 갈등의 심화로 이어져 가족해체에 이르는 또 다른 사회문제로 확대될 수 있다.

또 다른 예로 노인치매로 인한 사회문제의 발생을 들 수 있다. 노인인구가 증가하면서 노인치매가 동시에 증가하고 있다. 과거 노인치매에 대한 돌봄은 전적으로 가족에게 맡겨져 있어 일차적으로 치매 환자가 있는 가족 구성원의 책임에 한정되었다. 하지만 가족 구조의 변화, 돌봄 노동에 대한 사회적 인식 변화 등 치매로 인한 가족돌봄의 문제, 의료비 증가, 사회적 돌봄 시스템에 대한 정책 수립 등 지속적으로 치매의 문제가 환자나 가족에게만 한정되는 것이 아니라 지역사회와 사회 전체로 파급되어 나타나게 되는 사회문제로 발전하게 되었다. 이와

고 있는 모든 사람을 의미함.

같이 질병은 또 다른 사회문제의 원인이 된다.

제2절 건강을 바라보는 여러 관점[03]

건강과 질병에 대한 관점은 사회문제의 원인에 대한 관점만큼이나 다양하다. 이 책에서는 의학적 관점과 사회문화적 관점으로 나누어 살펴보고자 한다.

1. 의학적 관점(생 · 의학이론)

의학적 관점은 건강과 질병의 판단을 위해 절대적 기준(생리학적, 심리학적)을 적용하며, 생 · 의학적 검사(혈액검사, 세균검사 등) 결과를 가지고 건강과 질병을 구분하려는 관점이다. 판단의 주체는 의사 등 전문인력이며, 그 중 주요 이론은 생 · 의학이론이 해당된다.

생 · 의학이론에서는 혈액검사, 세균검사, 혈압측정 등 생 · 의학적 검사 결과를 기준으로 건강과 질병을 구분한다. 검사 결과 이상이 없으면 건강한 것이고 이상이 있으면 건강하지 못한 것으로 판단하는 것이다. 이때 의료의 목적은 이러한 생 · 의학적 이상을 정상으로 바꾸려는 것이다. 따라서 질병은 인체의 한 부분이 고장난 것으로 비유할 수 있으며, 의료인은 병든 육체를 수리하는 기술자로 인식하는 것이다. 따라서 의료 지식의 축적, 의료 기술의 개발, 첨단장비 등의 도입을 통해 의료의 질을 높이는 것에 관심을 둔다. 이 관점의 한계로는 지나치게 생리학적, 세균학적 요인에만 치중하여 사회적 요인을 간과한다는 점이다.

03 강흥구 (2014). 의료사회복지실천론. 정민사. pp.26-29의 내용을 재구성함.

2. 사회문화적 관점

사회문화적 관점은 사회적 기능이나 역할수행 상태 또는 규범으로부터의 일탈 정도로 설명하려는 사회문화적 접근으로 판단의 주체는 사회의 주도적 집단이라 할 수 있다. 주요 이론으로는 구조기능주의, 갈등이론, 상징적 상호작용이론이 있다.

1) 구조기능주의

구조기능주의는 사회가 여러 개의 부분이 결합되어 있는 하나의 체계로 구성되어 있으며 각 하위체계는 사회를 유지시키는 데 필요한 기능을 수행한다는 점을 강조한다. 구조기능주의는 사회적 기대에 맞는 역할 수행을 강조한다.

따라서 이 관점에서는 개인의 건강 정도를 역할의 수행 여부로 판단한다. 즉, 한 개인이 어떤 질병으로 진단받는다고 하더라도 그 개인의 역할수행 상태가 정상이면 생·의학적 상태와 관계없이 건강한 것으로 인정한다.

2) 갈등이론

갈등이론에서는 사회 내에서 한정된 자원의 배분을 놓고 상호 대립적인 세력 간의 끊임없는 갈등이 발생하고 있다고 전제한다. 또한 갈등은 비정상적이고 병리적인 것이 아니라 사회 발전에 중요한 공헌을 한다고 강조한다.

갈등이론에서는 의사의 우월한 지위와 독점적 진료 권한에 관심을 둔다. 환자는 주관적 증상을 호소하고 정서적 도움을 요구하지만 의사는 생·의학적 증세에 관심이 있고 기계적이고 중립적인 진료에 충실하려 한다. 이러한 상황에서 의사는 환자에 비해 의학에 대한 지식이 더 많고 치료방법에 대한 판단 권한을 더 많이 갖고 있기 때문에 환자 치료에 대한 결정권을 더 많이 가지게 되어 힘의 불평등이 발생하게 된다. 이 과정에서 환자는 치료과정에서 자기결정권이 결여된 채 의사에 의존할 수밖에 없기 때문에 의사에 비해 열등한 지위에 있게 되는 것이다. 갈등이론은 이러한 원리로 의사의 환자에 대한 우월한 지위와 독점적 진료 권한을 지속하려고 한다고 설명한다.

3) 상징적 상호작용론

상징적 상호작용론에서는 사회적 실체는 고정되어 있지 않으며 사회 구성원 간의 상호작용과정에서 주고받는 의미에 따라 달라진다고 가정한다. 특히 사회문제에 대해 주류 사회가 갖고 있는 관점을 기준으로 정상으로 받아들이는지 아닌지가 매우 중요하다.

따라서 질병 여부의 기준은 생·의학적 기준이나 사회적 역할수행 정도로 판단하는 것이 아니다. 오히려 가족, 친지, 친척, 동료 등 주변의 사람이 환자가 가지고 있는 증상을 보고 질병 여부를 판정하려고 한다. 앞 절에서 질병의 사회문화적 차이를 설명한 바와 같이 질병의 기준은 사회의 문화나 관습에 따라 다름을 설명하고 있다.

제3절 사회적 관점에서 바라보는 건강 실태

1. 사회의 변화와 그로 인한 질병구조의 변화

한 사회의 변화는 특정 질병의 양상뿐만 아니라 그 사회의 질병구조의 변화에 영향을 미친다. 이 장에서는 대표적 사례로서 노인인구 증가와 같이 인구사회학적 변화에 따른 의료 수요 변화, 산업화, 도시화, 서구화에 따른 질병구조 변화,

의료기술(의학) 발달에 따른 질병구조의 변화를 제시하고자 한다.

1) 인구사회학적 변화에 따른 의료 수요 변화

먼저 사회의 인구사회학적 변화는 새로운 질병의 출현과 그에 따른 의료 수요의 변화를 일으킨다. 가장 대표적인 예로 노인인구 증가를 들 수 있다. 2022년 9월에 발표된 통계청의 2022년 고령자 통계에 따르면 2022년 기준 65세 이상 고령인구는 901만8천명으로 전체 인구 중 17.5%를 차지하고 있다. 또한 2025년에는 고령인구 비중에 20.6%로 초고령사회로 진입할 것으로 예상하고 있는데 고령사회에서 초고령사회로의 도달 연수는 7년으로 영국 50년, 미국 15년, 일본 10년에 비해 매우 빠른 속도로 알려져 있다. 또한 같은 시기 통계청의 '2021년 장래인구추계를 반영한 세계와 한국의 인구현황 및 전망'에 따르면 65세 이상 고령인구는 2022년 17.5%에서 2070년 46.4%로 급증할 것으로 예측되었다.

이러한 급속한 고령인구 증가는 치매, 뇌졸중, 뇌혈관질환 등 노인성 질환, 고혈압, 당뇨 등 만성질환의 발생이 증가되고 있다. 노년기에는 주로 노화와 연관된 신체 변화가 많이 발생한다. 뿐만 아니라 암통계에서 고령자의 암발생률이 증가하고 있다. 이러한 고령인구 증가에 따른 노인성 질환의 증가는 의료비 증가, 돌봄 부담 증가 등 의료 수요가 변화되고 있음을 알 수 있다. 2021년 국민건강보험공단과 건강보험심사평가원에서 발간한 '2021년 건강보험통계연보'에 따르면, 노인인구 증가는 노인진료비 증가로 이어져 2021년 노인진료비는 41조 3,829억 원으로 2017년과 비교하면 1.5배 증가한 것으로 나타나 고령인구 증가에 따른 의료 수요 증가를 반영하고 있다.

표 9-1 | 노인 의료비 증가

구분	2017년	2018년	2019년	2020년	2021년
전체 인구(천 명)	50,941	51,072	51,391	51,345	51,412
65세 이상 인구(천 명) (구성비, %)	6,806 (13.4)	7,092 (13.9)	7,463 (14.5)	7,904 (15.4)	8,320 (16.2)

65세 이상 진료비(억 원) (전년대비 증감률, %)	283,247 (12.1)	318,235 (12.4)	357,925 (12.5)	376,135 (5.1)	413,829 (10.0)
노인 1인당 연평균 진료비(천 원)	4,255	4,568	4,910	4,870	5,085
전체 1인당 연평균 진료비(천 원)	1,391	1,528	1,681	1,688	1,857

주) 1. 국민건강보험공단, 수진기준(실제 진료받은 일자기준)
2. 전체 인구와 65세 이상 인구는 연도 말 기준
※ 노인 1인당 연평균 진료비 = 65세 이상 진료비/65세 이상 연평균 적용인구(2021년: 8,137,798명)
전체 1인당 연평균 진료비 = 전체 진료비/연평균 적용인구(2021년: 51,392,452명)
출처: 국민건강보험공단 · 건강보험심사평가원 (2022). 2021년 건강보험통계연보. p.13.

앞으로 지금과 같은 속도로 고령화가 지속된다는 가정하에 고령인구의 증가로 인한 의료 수요가 증가도 동시에 지속될 것으로 전망할 수 있다. 따라서 건강을 최대한 유지하면서 노화를 맞이할 수 있도록 질병의 조기발견 및 치료를 위한 건강검진체계를 확대하여 의료비 지출을 최대한 억제할 필요가 있는 것이며 이를 위한 사회적 투자는 더 큰 비용을 절감할 수 있다는 점에서 바람직한 것이다.

2) 산업화, 도시화, 서구화에 따른 질병구조 변화

산업화, 도시화는 질병구조의 변화의 원인이 된다. 산업화 이후 특정 지역사회의 주요 산업, 공장에서 나오는 대기오염과 공해, 교통수단에서 나오는 매연 등은 폐질환을 비롯한 각종 질병의 주요 원인으로 알려져 있다. 최근 우리나라에서 많이 발견되는 황사와 미세먼지도 산업화 및 도시화의 영향에 의한 것이며 이는 국민들의 호흡기질환에 유해한 영향을 미치는 요인이 된다.

한편 식습관 등 생활양식의 변화도 질병구조를 변화시킨다. 국제교역수단의 발달과 소득수준의 향상으로 서구화된 식재료 및 식단, 인스턴트 음식 등을 쉽게 접할 수 있게 되었다. 이러한 서구화된 식생활은 그동안 채식 위주의 식단에 비해 영양 균형 및 체형 변화에 영향을 미쳤다. 이로 인한 특정 질병의 발생이 증가하고 있는데 대표적으로 비만, 고혈압, 당뇨, 암 등 주요 성인병 혹은 만성질환들이다. 2021년 국민건강보험공단과 건강보험심사평가원에서 발간한 '2021

년 건강보험통계연보'에 따르면, 2021년 만성질환(12개 질환) 진료실 인원은 2,007만 명이었으며, 이중 고혈압이 706만 명으로 가장 많았고, 그 뒤를 이어 관절염 500만 명, 정신 및 행동장애 375만 명, 당뇨병 356만 명, 신경계질환 343만 명, 간의 질환 199만 명 순으로 나타났다(국민건강보험공단 · 건강보험심사평가원, 2022). 이는 전년대비 6.1% 증가한 수치로서 지속적으로 만성질환이 증가하고 있음을 확인할 수 있는 통계이다.

3) 의료기술(의학) 발달에 따른 질병구조의 변화

의료기술(의학)의 발달은 새로운 질병을 일으키는 요인이라기보다는 이전의 의료기술로 발견하지 못한 질병을 좀더 쉽게 발견할 수 있게 됨으로써 질병 발생 빈도가 증가된 주요 요인이다. 과거에 청진기, X-ray 정도만으로 환자의 상태를 검사하고 진단하던 초보적 의료기술에서 CT(컴퓨터단층촬영), MRI, 인공지능 기반 암진단기술 등 첨단진단기술이 계속적으로 발달하고 있다. 이러한 의료진단기술의 발달은 일정한 크기 이하의 종양의 발견, 일반인들의 건강검진 수월성 및 부담 완화, 치료법의 다양화 등 질병의 조기진단 및 치료에 긍정적 영향을 미친다. 또한 의료진단기술이 정교화됨에 따라 새로운 질병을 발견하고 특정 질병의 진단 빈도가 높아져서 결국 질병구조의 변화에도 영향을 미친다. 예를 들어, 미국 종양학회에 따르면 의료기술에 인공지능이 접목된 시스템인 IBM의 왓슨(Watson)은 대장암 98%, 방광암 91%, 췌장암 94%, 자궁경부암 100%의 진료정확률을 보이는데, 이는 전문의의 초기 오진 비율인 20%보다 훨씬 높은 정확도이다(한선화, 2017). 이러한 의료기술의 발달은 단기적으로는 기존 진단방식보다도 암 발생률을 높이는 가능성이 있다. 하지만 치료가 가능한 조기 암 발견은 암 완치율 개선, 이와 관련한 의료비 절감 및 평균 수명 증가에도 도움이 될 것이다.

2. 사회문화적 배경과 건강

1) 사회적 결정요인과 건강불평등

한 사회 안에서 특정 집단의 건강상태는 다른 집단의 건강상태와 비교해 어떠한 요인에 의해 차이가 나는 것일까? 한 사회 내에서 소득수준, 교육수준, 직업의 종류 등에 따라 사회계층이 나뉘게 되는데 각 개인이 어느 사회계층에 소속되어 있는지에 따라 건강상태에 차이가 발생하고 있음을 알 수 있다. 이와 관련하여 건강불평등이란 "사회집단들 사이에 나타나는 건강상태의 차이"를 의미한다(Marmot, 2015; 김승진, 2017; 김연수 외, 2022 재인용). 유사한 용어인 건강격차(health disparity)는 "인종, 성별, 지리적 지역과 같은 인구사회학적 요인과 관련하여 발생하는 사람들의 건강상태의 차이"로 정의한다(Smalley et al., 2021; 권자영 외, 2022 재인용). 일반적으로 건강불평등은 건강의 사회적 결정요인에 의해 파악된다. 사회적 결정요인이란 개인과 집단의 건강상태에 영향을 미치는 사회적 · 경제적 환경요인을 의미한다(이효순 외, 2016). 건강불평등은 개인의 행동(예를 들어, 음주, 흡연과 같은 건강 유해 행동의 선택)과는 관련이 없으며, 이러한 행동의 선택에 영향을 미치는 요인(예를 들어, 스트레스, 사회문화적 인식, 교육수준 등)의 차이에 관심을 둔다.

세계보건기구(WHO)가 2008년에 발표한 건강의 사회적 결정요인은 경제적 수준, 교육수준, 물리적 환경, 직업 및 작업 환경, 사회적 지지 체계, 문화, 의료서비스의 접근성 등이다.

첫째, 일반적으로 경제적 수준이 높을수록 건강상태가 양호하며 빈곤한 집단의 경우 건강상태가 열악하다. 부유할수록 건강에 대한 관심이 많고 질 좋은 음식의 섭취에 의해 균형 있는 영양상태를 유지할 수 있다. 또한 정기적인 건강검진으로 질병을 조기에 발견함으로써 치명적인 질병이라도 생존율이 높다. 반면 가난할수록 건강에 대한 관심은 적고 인스턴트 음식의 섭취가 많아 비만율이 높고 이에 따른 각종 대사성 질환이 더 많다. 또한 평소에 건강에 대한 관심이 적고 비용에 대한 부담으로 인해 건강검진을 정기적으로 하지 않아 질병의 조기발견 기회를 놓칠 가능성이 크다.

둘째, 교육수준이 높을수록 위해한 근무 환경에서 일할 가능성이 적고 소득이 높아 앞서 경제적 수준이 높은 집단의 건강상태와 유사한 특성을 가진다. 특히 교육수준이 높으면 건강 관련 정보를 쉽게 접하고 이해할 수 있는 능력이 높아져 건강관리를 더 잘 할 수 있게 된다.

셋째, 깨끗한 물, 오염되지 않은 대기와 토양, 깨끗한 주거환경과 도로상태 등 물리적 환경도 건강불평등과 관련 있다. 쾌적하고 양호한 물리적 환경은 세균의 감염 가능성을 낮추고 심리정서적 안정을 유지할 수 있기 때문에 질병의 발생 가능성이 낮아진다. 특히 부유한 지역일수록 환경오염 물질을 배출하는 공장 지대와 멀고 주거환경이 양호하여 경제적 수준과 물리적 환경 간에도 상관관계가 높다.

넷째, 직업 및 작업 환경도 주요한 건강의 사회적 결정요인이 된다. 먼저 직장이 있는 경우 그렇지 못한 경우보다 건강상태가 양호하다. 반대로 실직이나 해고로 인한 갑작스러운 사회적 지위 하락은 한 개인과 그 가족의 건강 및 생명에 중요한 영향을 미친다. 한 예로 2009년 쌍용자동차 정리해고 이후 2013년까지 쌍용자동차 해고자, 희망퇴직자 가족들 중에 뇌출혈, 심근경색, 당뇨합병증, 자살 등으로 사망에 이른 사람이 총 29명으로 나타났는데, 모두 30~50대로서 비교적 젊은 연령임에도 심각한 질병을 앓게 되었음을 알 수 있다(김승섭, 2017; 김연수 외, 2022 재인용). 또한 작업 환경도 매우 중요하다. 어떤 직업은 특정 직업병과 관련이 높다. 예를 들어, 제조업 종사자 중 직업병으로 직업성 호흡기 질병 사례가 증가하고 있다. 직업성 호흡기 질병은 직업상 취급하는 물질이나 작업 중에 노출되는 물질에 의해 발생하는 직업성 천식, 유해한 입자나 가스 흡입, 특히 담배로 인한 비정상적인 폐의 염증반응 때문에 폐의 기능이 감소되는 만성 폐쇄성 폐질환, 미세한 분진(먼지)을 흡입한 뒤 반복적인 폐의 염증으로 인해 폐에 흉터가 생기고 섬유화가 생기며 폐의 기능이 감소하는 진폐증 등 직업군 혹은 작업환경에 따라 다양하게 나타나고 있다(직업병 안심센터 홈페이지).

다섯째, 가족과 친구, 지역사회로부터 사회적 지지를 받는 경우 그렇지 못한 경우보다 건강상태가 양호하다. 이러한 사회적 지지 체계는 건강 관련 정보 및 조언을 제공하고 치료 및 돌봄에 있어서 필요한 경우 사회적 지지를 제공함으로써 회복을 촉진할 수 있다.

여섯째, 식습관, 건강에 대한 태도와 인식, 질병 치료에 대한 관습 등 특정 문화적 요인은 개인의 건강상태에 영향을 미치는 주요한 사회적 결정요인이다. 음주, 흡연 등에 대한 유해한 행동을 허용하는 문화 및 사회적 인식이 강한 사회일수록 이와 관련한 질병 발생이 많다. 앞서 설명한 바와 같이 서구화된 식습관은 당뇨와 같은 질병의 주요 원인이 된다. 또한 잘못된 전통적 치료방법은 질병의 완화보다는 악화에 기여한다. 간혹 말기암에 대한 자가치료과정에서 의학적 지식에 기반하지 않은 민간요법을 시도하다가 질병이 악화된 사례가 발생한다.

일곱째, 질병 예방과 진단, 치료에 필요한 의료서비스의 접근성과 실제 이용실태는 건강상태와 관련이 깊다. 물리적 거리가 멀지 않은 곳에 의료서비스가 있는 경우 건강 관련 정보를 좀더 쉽게 습득할 수 있으며 이에 따라 건강검진 및 질병의 조기치료에 더 수월하다. 또한 국가의 보건의료정책에 의해 비교적 적은 의료비의 자기부담금, 정기적인 건강검진 기회, 빈곤자들에 대한 의료서비스 무상제공 등 의료서비스에 대한 접근성을 높이는 것도 병을 키우지 않고 조기에 치료함으로써 의료비 절감에 기여하게 된다. 한편, 이러한 의료서비스도 한 사회 내에서 지역적 편차가 발생하는데 도시화, 인구의 편중 등으로 인해 인구가 적은 지역일수록 의료서비스의 접근성이 낮다. 이로 인해 주민들의 건강상태가 열악해질 가능성이 커서 건강불평등이 심화되고 있다. 예를 들어, 뇌졸중학회에 따르면 응급치료가 매우 중요한 뇌졸중을 치료하기 위한 전문의료기관인 뇌졸중센터는 서울, 경기, 부산 등 특정 지역에 밀집돼 있어 지역별 뇌졸중 환자 치료체계의 편차가 심한 것으로 나타났다(뉴시스, 2022.7.1).

2) 질병에 대한 사회문화적 차이

질병의 원인, 진단 및 치료에 대한 사회문화적 차이가 존재한다. 먼저 질병의 원인과 진단에 대한 사회문화적 차이를 살펴보자. 한 문화권에서는 특정 증상을 질병으로 규정하지만 다른 문화권에서는 동일한 증상을 질병으로 규정하지 않는다. 그러한 대표적인 예가 알코올중독이다. 일반적으로 알코올중독은 내성, 금단증상, 갈망 등 음주와 관련한 대표적인 증상을 바탕으로 진단한다. 이러한 진단기준은 국가마다 혹은 문화권마다 다르다. 예를 들어, 미국을 비롯한 서구에서는 1년 이내에 소위 '술을 너무 마셔서 지난밤의 일을 기억 못하는 증상, 즉 필름이 끊기다'라고 불리는 블랙아웃(blackout) 증상을 경험했다면 매우 심각한 수준의 음주문제라고 진단하지만, 우리나라에서는 술 마시는 사람들 사이에 흔히 있을 수 있는 에피소드 정도로 치부하기 때문에 심각한 음주문제로 진단하지 않는다. 즉, 음주와 관련한 어떤 행동에 대해 사회적으로 용인된 수준으로 허용할 수도 있는 문화권이 있는 반면, '치료'의 대상으로 규정하는 문화권도 있다. 이는 음주라는 행동이 한 사회 내에서 일정한 방식으로 규정되고 규범을 통해 조절된다는 사회문화적 관점으로 해석될 수 있다. 다시 말해서 서로 다른 문화권인 우리나라와 서구의 음주문화가 다르다. 우리나라 내에서도 지역에 따라 혹은 가문에 따라 음주문화가 다르다. 또한 술을 언제 어떻게 마셔야 하는지, 술을 어느 정도 마셔야 하는지, 취한 후 어떤 행동은 해도 되고 어떤 행동은 해서는 안 되는지 등 음주와 관련한 태도와 행동방식은 개인이 속한 사회의 규범에 의해 통제되고 조절된다. 따라서 한 문화 내에서 음주와 관련한 행동은 일정한 보편성을 생산하며 이는 사람들의 생각과 태도를 나타내 준다(신원우, 2003).

한편, 질병의 치료에도 사회문화적 차이가 존재한다. 지금과 같이 현대의학이 보편적으로 받아들여지기 전까지 질병 치료는 각 문화권이 가지고 있는 의술과 전통에 의존할 수밖에 없었다. 앞서 예를 든 알코올중독의 경우 알코올중독을 '귀신들린 것'으로 규정하여 미신적 방법으로 치료하려 한다든지, 구타와 같이 신체적 체벌로 잘못된 음주습관을 중단하게 한다든지, 지역공동체와 분리하여 생활하도록 하는 방법으로 치료하려는 접근을 활용하였다. 또 다른 예로 우리나라의 경우 출산 후 21일 동안 외부활동을 제한하고 산모의 회복을 돕는 공간과 음식으로 산후조리하는 전통을 가지고 있지만, 미국 등에서는 출산 후 찬물로 샤워를 하는 등 바로 일상적 활동을 한다.

3. 세계화와 새로운 감염병

2002~2003년 사스(SARS), 2015년 메르스(MERS), 2020년 코로나19 등은 21세기 들어 전 세계의 많은 사망자와 감염자를 발생하게 한 대표적 감염병이다. 특히 과거와 달리 특정 지역에서 발생한 이후 매우 빠른 속도로 전 세계로 전파되는 공통점을 가지고 있다. 예로부터 이러한 감염병은 국지적으로 발생하고 소멸되는 과정을 거쳤지만 교통수단의 발달과 사람들의 이동이 활발해지면서 이동경로에 따라 빠른 속도로 타 지역으로 전파되고 있는 것이다. 코로나19 바이러스의 출현 초기, 백신이 개발되기 전까지 몇몇 국가에서 시도했던 강력한 국경폐쇄로 어느 정도 전파 속도를 줄이는 효과가 있었던 것은 전 세계적 감염병 유행인 팬데믹(pandemic)이 세계화로 기인한 것임을 반증한다. 지금도 코로나19가 종식된 것은 아니지만 앞으로도 새로운 감염병이 발생할 수 있다는 전문가의 예측처럼 제2, 제3의 코로나19와 같은 팬데믹은 발생할 가능성이 있다. 따라서 그동안 코로나19가 어떻게 진행되었고 국가와 사회가 어떻게 대응하였는가에 대한 경험은 앞으로 발생할 수 있는 또 다른 팬데믹에 대응하는 데 도움이 될 것이다.

코로나19 바이러스는 개인에게 미치는 영향뿐만 아니라 사회적 관계 위축, 경제활동의 후퇴, 산업구조의 변화, 보건의료 서비스 체계 및 정책의 변화 등 이전에 경험하지 못한 사회 변화 및 사회문제를 발생시켰다. 한국 기준으로 2020년 초부터 발생한 코로나19 바이러스는 발생 초기 법정감염병 1급으로 지정되어 예방 및 치료에 전 국가적으로 대응해 오고 있으며 2022년 4월부터 2급으로 하향 조정되어 현재까지 이르고 있다.

그동안 진행되어온 코로나19 바이러스에 대한 전국가적 대응으로 전 국민 예방접종, 검사 및 치료비용 국가지원, 확진자 및 유증상자 자가격리, 사회적 거리두기 정책 시행, 재난지원금 지원 등 법정감염병 관리를 위한 다양한 정책이 시행되어 오고 있다. 이러한 질병의 발생은 연쇄적으로 다양한 사회문제의 원인이 되었는데 그 예로 대인관계의 감소로 인한 인간 소외, 실업 및 일자리 문제, 빈부격차를 비롯한 사회불평등 심화, 비대면 수업으로 인한 아동과 청소년의 학업 성취도 격차 및 학교 부적응, 플라스틱 제품 과다 사용 및 마스크 폐기물로 인한 쓰레기 발생, 마스크 사용으로 인한 유아의 언어 발달 지연 등 다양하게 나타나고 있다.

김미곤(2021)은 포스트 코로나 시대의 사회경제적 변화로서 환경 파괴, 감염병 예방, 경제위기 대응, 세계질서 재편 등 몇 가지 커다란 패러다임의 변화를 전망하였다. 이러한 전망은 앞으로도 코로나19 바이러스라는 감염병에 의해 현재 진행 중인 사회문제가 지속적으로 발생하고 있음을 보여주고 있다.

표 9-2 | 코로나19로 인한 사회경제적 변화

구분	사회경제적 변화
환경 파괴	• 변종 바이러스 등장 일상화 • 환경 파괴 및 기후 변화에 대한 인식 제고 • 성장지상주의(황금만능주의, 물신주의)에 대한 회의
감염병 예방	• 물리적 거리두기 • 비대면 산업 활성화(5G, AI 등) • 재택근무 확산 등 노동환경의 변화 • 온라인 유통 확산 • 온라인 강의 확대 및 사이버교육 제도화 • 대중문화사업 축소 및 개인문화 확대 • 위생 · 안전 · 환경을 위한 국가 개입 허용(vs '빅브라더')
경제위기 대응	• 재난 지원 확대(역대 최대의 돈 풀기) • 자국 이익 우선, '각국도생 시대' 및 성곽시대 도래 • 리쇼어링과 GVC • 기본소득 필요성에 대한 인식 제고
세계질서 재편	• 감염병 퇴치에 관한 국제 협조 확산. 그러나 외국인 혐오와 국수주의 확대 • 서구, 백인, 기독교 중심주의 균열 • 反세계화(deglobalization) • 투키디데스 함정(Tuchididdes trap)과 G0 시대 • 선진국 신화의 몰락

출처: 김미곤 (2020). 코로나 시대의 사회변화와 사회정책 패러다임. p.13.

그동안 코로나19에 대한 국가적 대응과 국제적 공조를 살펴보면 대부분 백신 개발과 치료제 개발 및 보급과 관련 있다. 2021년 세계 주요 국가의 제약사에서 몇몇 백신 개발에 천문학적인 개발비를 투자한 성과로 백신 개발에 성공했으며, 이는 곧 백신의 보급에서 새로운 경쟁질서를 만들어 냈다. 즉 전 국민에 대한 백신 접종으로 코로나19의 빠른 종식을 바라던 많은 국가에서 경쟁적으로 백신을 확보하는 바람에 충분한 경제력을 갖추지 못한 제3세계 국가들은 백신 확보에 소외될 수밖에 없었고 그에 따라 더 많은 희생이 뒤따르게 되었다. 이로 인해 사망자가 늘어나고 경제 회복은 더뎌지는 악순환으로 국가 간 부익부 빈익빈 현상이 심화되었다.

하지만 이에 대한 반발로 코로나19 백신 및 치료제 보급을 통해 전 세계적 조기 종식과 경제 회복을 위한 국제 공조 움직임도 꾸준히 전개되어 왔다. 코로나19 대유행 초기부터 WHO를 비롯한 많은 국가와 기업들이 코로나19 대응을 위한 국제 공조를 강조해 왔고, 일부 백신에 대해서는 제3세계 국가에 저렴하게 혹은 우선적으로 보급하였다.

세계화가 감염병의 직접적인 원인은 아니지만 세계화로 인한 활발한 이동 때문에 감염병 확산이 가중되고 전 세계적 유행으로 발전하게 된 것으로 볼 수 있다. 앞으로도 새로운 감염병이 출현할 것으로 가정한다면, 이번 코로나19의 국제 공조는 하나의 선례가 되어 미래 감염병에 대한 교훈이 될 수 있을 것이다.

제4절 건강에 대한 사회복지적 개입

1. 건강보호의 패러다임

건강보호는 예방, 치료, 재활, 사회통합 등 4가지 하위 요소로 구성되어 있어 의료사회복지의 범위를 넓게 설명하고 있다. 〈표 9-3〉은 각 요소의 목표, 실천 환경, 전문인력, 대상, 개입범위 및 주요 서비스를 요약한 내용이다.

첫째, 예방은 질병 발생 전 예방적 차원에서 질병의 원인을 미리 제거하기 위한 목적으로 가족, 일반 지역주민, 의료환경을 대상으로 지역주민 보건교육, 역학조사, 지역주민 건강교육 등을 실시한다.

둘째, 치료는 질병 발생 후 조기에 발견하여 환자의 회복을 돕는 것을 목적으로 하며, 주로 의료기관의 의료사회복지사에 의해 환자(가족)를 대상으로 환자나 가족의 심리사회적 문제해결, 경제적 문제해결, 퇴원계획 등의 서비스를 제공하는 것을 말한다.

셋째, 재활은 치료된 개인이 사회 기능을 회복하고 적응할 수 있도록 원조하는 것을 목적으로 한다. 주로 재활병원이나 장애인복지관에서 재활사회복지사에 의해 사회기술훈련, 재활훈련, 자조집단 운영 등의 서비스를 제공한다.

넷째, 사회통합은 건강한 삶에 방해가 되는 사회적 편견을 제거하거나 환자에게 불리한 의료정책이나 관련 제도와 법을 개선하는 것을 목표로 한다. 주로 지역사회에서 사회복지사 등이 정부와 지역사회 주민을 대상으로 사회적 낙인 제거, 환자 권리 운동, 입법 로비 및 옹호활동을 전개한다.

표 9-3 | 건강보호의 패러다임

구분	예방	치료	재활	사회통합
목표	건강유지, 보호, 증진	질병의 치료, 회복	장애극복, 재활	사회복귀
실천 환경	보건소, 복지관, 건강상담센터	병 · 의원, 진료소	재활병원, 재활센터, 장애인복지관	지역사회
전문 인력	보건의사, 간호사 사회복지사, 공무원	의료사회복지사 의사, 간호사, 심리사	재활사회복지사 물리치료사, 작업치료사	사회복지사, 보건전문요원, 가족, 일반시민
관련 전문직	예방의학, 보건행정학, 지역사회복지학	의학, 간호학, 심리학 의료사회사업학	사회복지학, 재활의학, 간호학, 심리학	지역사회복지학 시민단체
대상	가족, 지역주민, 의료환경	환자(가족), 의료진	장애인, 가족	장애인, 가족, 시민

출처: 유수현 · 김창곤 · 김원철 (2017). 의료사회사업론(개정판). 양서원. p.32.

코로나19로 인해 가족이 경험한 건강보호의 어려움에 대한 가상 사례를 통해 건강보호의 패러다임을 설명하고자 한다.

사례

김영희(가명, 여, 50세 주부)는 코로나19 확진자로 현재 병원에 입원해 있다. 1주일 전에 카페에서 지인과 만나 시간을 보냈는데 2일 후에 발열과 기침 증상을 보였고 보건소에서 지인이 확진을 받았기 때문에 검사를 해야 한다고 해서 검사를 받았는데 바로 다음날 코로나19 확진을 받게 되었다. 검사를 받고 나서 집에서 확진 판정 소식을 들을 때까지 식사도 제대로 하지 못하고 잠도 제대로 자지 못하였다. 확정 판정을 받은 직후 처음에는 내가 무슨 잘못을 했기에 이런 상황에 처하게 되었나 억울한 마음이 들어 모든 상황이 이해가 되지 않았고 질병과 치료에 대해서도 불안하기 시작하였다. 더구나 자신의 코로나19 확진으로 인해 남편(52세, 자영업)도 확진 판정을 받아 같은 병원에 입원하게 되었다. 입원하기 전에 보건소에서 살고 있는 아파트와 남편의 사업장으로 와서 소독을 하였는데 그 과정에서 이웃들에게 확진자로 알려지는 바람에 눈총을 받았다. 한편 집에는 20세 대학생 딸이 혼자 남게 되었다. 입원해 있는 동안 남편은 사업장을 문을 닫게 되어 전혀 수입이 생기지 않아 치료 받으면서 생계를 걱정해야 했다. 집에 있는 딸은 14일간 자가격리 상태에 있으며 하루에 한두 번 통화를 하지만 추가적인 감염 위험과 미안한 생각에 괴로운 상태에 있다. 김영희 부부는 증상이 심하지는 않지만 폐렴 수치가 나아지지 않아 언제 퇴원하게 될지 모르는 상황이다.

우선 치료와 재활의 영역에서는 주로 의료기관에 소속되어 있는 의료사회복지사에 의해 환자나 가족을 대상으로 환자의 회복과 사회복귀에 필요로 하는 욕구를 충족하기 위한 미시적 접근의 의료사회복지(medical social work)를 제공한다. 위 사례를 미시적 개념에서 살펴보면, 환자는 현재 질병으로 인한 스트레스와 처음 경험하게 되는 질병의 정보 부족, 사회적 시선과 자녀에 대한 미안함 등 복합적인 심리 · 정서적 문제를 경험하고 있는 상태이며, 무엇보다 치료와 질병에 대한 불안감 확산으로 이후의 치료과정에서 치료 거부 양상을 보이거나 다른 2차적인 문제를 보일 가능성이 있다. 이에 따라서 의료사회복지사는 임상치료팀의 일원이 되어 사회복지의 입장에서 질병의 원인이 될 수 있고 치료에 장애가 되는 심리 · 사회적인 문제를 해결하도록 도와줘야 할 것이다. 따라서 환자와 남편에게 정서적 지지를 포함한 심리적 안정을 도모하여 적절한 치료과정을 밟을 수 있게 해야 하는 접근이 미시적 접근의 의료사회복지이다.

반면 미시적 접근의 의료사회복지를 포함하여 예방과 사회통합의 영역은 의료기관의 의료사회복지사뿐만 아니라 지역사회복지기관이나 정부에서 일하는 사회복지사 혹은 사회복지공무원에 의해 질병의 예방과 환자 집단에 가해지는 사회적 낙인을 제거하기 위한 옹호활동이거나 필요한 의료정책의 변화를 도모하는 접근을 전개하는 거시적 접근의 의료사회복지(Social Work in Health Care)를 제공한다. 위 사례에서 거시적 개념에서 살펴보면, 환자 및 가족이 코로나19 확진자라는 사실을 이웃주민들이 알게 되어 퇴원 이후의 생활 속에서 스티그마 혹은 다른 심리적인 문제가 발생할 수 있기 때문에 코로나19 확진자 낙인에 대한 대응으로 옹호활동에 참여할 필요가 있다. 또한 의료사회복지사는 감염의 확산을 막기 위한 지역사회와의 연계를 통해 코로나19 알림 프로그램을 기획하여 사회구성원들에게 코로나 관련 정보를 제공하는 역할을 할 수 있다. 또한 일부 소외집단의 경우 코로나 예방 및 치료에 있어 경제적 어려움을 경험할 수 있기 때문에 물질적 원조 프로그램을 기획하거나 정부의 원조 프로그램을 연계할 필요가 있다. 이러한 질병 예방과 더불어 사회적 편견을 없애기 위한 옹호활동 등 건강증진 및 지역사회의 의료복지를 달성하며 질병의 예방에서부터 재활까지 접근하고자 하는 개입을 거시적 개념의 의료사회복지라고 한다.

2. 의료사회복지실천

1) 정책(거시적 실천) : 의료보장제도

대한민국 「헌법」 제36조 제3항에는 "모든 국민은 보건에 관하여 국가의 보호를 받는다"고 규정되어 있다. 또한 「사회보장기본법」 제10조 제1항에는 "국가와 지방자치단체는 모든 국민이 건강하고 문화적인 생활을 유지할 수 있도록 사회보장급여의 수준 향상을 위하여 노력하여야 한다"로 규정되어 국민의 건강에 대한 국가 책임을 강조하고 있다. 의료보장제도는 국민의 건강권 보호를 위해 국가나 사회가 보건의료서비스를 제공함으로써 예측할 수 없는 질병의 발생을 사회적 · 국가적 위험으로 인식하여 개인의 부담을 줄이고 상호부조로 건강불평등을 해소하기 위한 사회안전망이다. 우리나라 사회보장의 구조에 따라 의료보장과 관련한 사회보험제도와 공공부조를 살펴본다.

(1) 국민건강보험제도

국민건강보험은 국민보건 향상과 사회보장 증진을 목적으로, 국민 상호간 위험을 분담하고자 평소에 보험료를 내고 보험자인 국민건강보험공단이 이를 관리 · 운영하다가 필요시 의료서비스를 받을 수 있도록 하는 사회보장제도이다(권자영 외, 2022). 적용대상은 국민건강보험 가입자로 국내에 거주하는 국민이며, 직장가입자와 지역가입자로 구분된다.

건강보험의 재원은 가입자 및 사용자로부터 징수한 보험료와 정부지원금으로 충당되는데 직장가입자와 지역가입자가 다르게 적용된다. 직장가입자의 경우 소득비례정률제로 매년 보험료 징수 비율이 정해진다. 지역가입자의 경우 가입자의 소득과 재산 등 부과요소별 점수를 합산한 보험료 부과점수를 산출하여 금액을 곱하여 보험료를 산정한다.

건강보험의 주요 급여는 현물급여와 현금급여로 제공된다. 주요 현물급여에는 질병, 부상, 출산 등에 대한 요양급여 및 건강검진이 해당된다. 현금급여에는 요양비, 장애인보장구 급여비, 본인부담상한액, 임신 · 출산 진료비 등이 해당된다.

(2) 의료급여제도

의료급여는 생활유지 능력이 없거나 생활이 어려운 저소득 국민의 의료문제를 국가가 보장하는 공공부조제도이자 건강보험과 함께 국민 의료보장의 중요한 수단이 되는 사회보장제도이다. 의료급여는 취약계층의 건강 유지 및 삶의 질 향상에 이바지함을 목적으로 한다.

의료급여 수급권자는 1종과 2종으로 구분된다. 1종 수급자의 경우 국민기초생활보장수급권자로 근로무능력가구, 희귀성난치질환 · 중증질환(암 환자, 중증화상 환자만 해당)등록자, 시설수급자 등이 해당된다. 2종 수급권자는 국민기초생활보장수급권자 중 1종 수급대상이 아닌 자가 해당된다.

의료급여는 지원수급권자의 질병 · 부상 · 출산 등에 대하여 의료급여기관이 행하는 진찰 · 검사, 약제 · 치료재료, 처치 · 수술, 기타 치료, 예방 · 재활, 입원, 간호, 이송과 같은 조치들에 대해 국가가 지원한다. 급여비용 부담은 수급권자 종류와 입원, 외래 등 진료행태 등에 따라 다른데, 1종 수급권자의 경우 입원 시 본인 부담이 없고 의료기관 외래와 약국 이용 시 일부 부담이 있다.

(3) 노인장기요양보험제도

노인장기요양보험제도는 고령, 노인성 질병 등의 사유로 일상생활을 혼자서 수행하기 어려운 노인 등에게 신체활동 또는 가사활동 지원 등의 장기요양급여를 제공하여 노후의 건강증진 및 생활안정을 도모하고 그 가족의 부담을 덜어줌으로써 국민의 삶의 질을 향상하도록 함을 목적으로 하는 제도이다. 우리나라의 노인장기요양보험제도는 건강보험제도와 별개의 제도로 도입 · 운영되고 있는 한편, 제도 운영의 효율성을 도모하기 위하여 보험자 및 관리운영기관을 국민건강보험공단으로 일원화하고 있는 특징을 가진다. 즉 국고지원이 가미된 사회보험방식을 채택하고 있고 수급대상자에는 65세 미만의 장애인이 제외되어 노인을 중심으로 운영하고 있다.

노인장기요양보험제도의 급여체계는 재가급여와 시설급여로 이루어져 있다. 재가급여는 요양보호사가 직접 가정을 방문하여 신체활동, 가사활동, 목욕, 간호 등을 제공하거나 주간보호센터의 이용, 복지용구를 구입 및 대여하는 급여를 의미한다. 재가급여의 종류로는 방문요양, 방문목욕, 방문간호, 주 · 야간보호, 단기보호, 기타 재가급여가 있으며 본인부담금은 15%로 되어 있다. 시설급여는 치매나 중풍과 같은 노인성 질환 등으로 심신에 상당한 장애가 발생하여 도움을 필요로 하는 자를 입소시켜 급식, 요양, 그 밖에 일상생활에 필요한 편의를 제공하는 시설급여를 의미한다. 시설급여의 종류로는 노인요양시설, 노인요양공동생활가정, 노인전문병원 등이 있으며 본인부담금은 20%로 되어 있다.

(4) 국가의료비지원제도

국민의 의료권 보장을 위해 국가적 차원에서 고가의 수술비나 보험이 적용되지 않는 의료장비의 사용 및 특정 비급여 치료 등으로 고가의 본인부담금으로 인한 의료비 부담을 낮추기 위해 국가에서 실시하는 의료비지원제도를 의미한다. 그 중 긴급의료비지원제도는 갑작스러운 위기상황으로 생계유지가 곤란한 저소득층에게 각종 검사, 치료 등 의료서비스를 국가가 지원하는 것을 말한다. 긴급의료비지원제도에서는 입원에서 퇴원까지 대상자에게 제공된 의료서비스 비용 중 본인부담금 및 비급여 항목 중 일부를 300만원 범위 내에서 지원한다(권자영 외, 2022).

다른 국가의료비지원제도로는 재난적 의료비지원제도가 있다. 재난적 의료비지원제도는 소득수준에 비해 과도한 의료비 발생으로 경제적 어려움을 겪는 가구에게 의료비의 일부를 지원하여 가계 파탄을 방지하는 제도이다. 지원대상은 과도한 의료비로 경제적 부담을 겪는 가구로 모든 질환의 입원진료비 및 암, 뇌혈관, 심장, 희귀난치 및 화상 등 중증질환의 외래진료비 중 본인부담금 일부가 해당된다(권자영 외, 2022).

2) 의료사회복지실천분야

(1) 의료기관

의료기관은 종합병원이나 대학병원 등 의료사회복지실천현장 중 가장 핵심적인 현장이다. 의료기관은 의사, 간호사, 임상심리사, 물리치료사, 작업치료사, 약사, 영양사 등 타 전문직과 의료사회복지사와의 협력과 팀접근이 가장 강조되는 현장이다(김연수 외, 2022).

1973년 의료법 시행령에 종합병원에서의 사회복지사 인력기준이 규정되고,

1983년 병원 표준화심사 도입에 따라 병원 내 사회복지팀의 구축에 대한 논의가 본격화되면서 인력 및 서비스에 대한 제도적 뒷받침이 마련되기 시작하였다. 이러한 과정으로 주요 종합병원 및 대학병원에 일반의료, 정신의료, 재활의료, 장기이식, 호스피스 등 다양한 의료사회복지 분야가 확장되고 있으며, 이에 따라 의료기관 당 다수의 의료사회복지사가 배치되고 있다. 일부 의료기관에서는 의료사회복지팀 혹은 의료사회복지과 단위로 의료기관 조직체계 내에서 운영되고 있다.

(2) 지역사회복지기관

의료사회복지 범위를 거시적 개념으로 확장해 볼 때, 지역사회복지기관도 의료사회복지실천현장이 된다. 즉, 의료사회복지 욕구를 가진 클라이언트에 대한 예방, 치료, 재활, 사회복귀 지원 등은 의료기관 외 지역사회복지기관에서도 진행되고 있다. 지역사회에 생활하는 노인, 아동, 장애인 등 의료적 욕구를 가진 클라이언트 집단에 대한 사례관리, 보건교육, 예방 캠페인, 특정 질환 및 장애에 대한 국가 지원 확대를 위한 정책 옹호활동 등은 의료기관에서 일하는 의료사회복지사뿐만 아니라 지역사회복지기관에서 일하는 일반 사회복지사에게도 주요 역할이 된다.

경우에 따라서는 지역사회 내 환자를 발견하고 의료기관에 연계하는 1차적 사회복지적 개입을 수행하기도 하며 퇴원 후 재활을 위한 사회복귀과정에서 필요로 하는 자원봉사 인력을 연계하는 역할도 수행하게 된다. 또한 사례관리를 통하여 지역사회에서 생활하는 클라이언트의 의료적 욕구를 대응하기 위한 지역사회 자원 및 서비스를 연계하거나 의료기관의 의료사회복지사를 통한 의료서비스를 연계하는 업무도 수행한다.

최근에는 지역사회통합돌봄(커뮤니티 케어)은 돌봄을 필요로 하는 클라이언트에 대해 병원과 지역사회로 옮겨감에 따라 서비스가 단절되거나 돌봄 공백이 발생하지 않도록 읍 · 면 · 동 등이 돌봄의 통합창구가 되어 보건소, 지역의원이나 약국, 다양한 복지서비스 제공기관 등과 협력하여 의료, 돌봄, 주거, 사회서비스 등 다양한 서비스를 제공하는 것을 의미한다. 이러한 지역사회 통합돌봄체계에는 읍 · 명 · 동에 근무하는 사회복지공무원, 복지서비스 제공기관의 사회복지사 등 의료기관의 의료사회복지사가 아니더라도 돌봄을 필요로 하는 클라이언트를 지원하는 업무를 담당하는 일반 사회복지사의 역할이 강조되고 있다.

3) 전문가

2018년 11월 개정된 사회복지사업법에 의해 사회복지영역에 전문사회복지사 제도가 도입되었다. 전문사회복지사 제도는 정신건강, 의료, 학교 분야에서 직무 영역별 전문성을 지닌 사회복지사를 양성하는 자격제도로서 사회복지사 1급 자격증 취득 후 일련의 수련과정을 거쳐 자격시험에 통과해야 취득할 수 있는 국가자격증제도이다.

(1) 의료사회복지사

의료사회복지사는 개정된 「사회복지사업법」(2018년 개정)에 따라 2020년 10월부터 국가자격으로 전환된 전문사회복지사이다. 현행 제도에 의해 의료사회복지사가 되기 위해서는 사회복지사 1급 자격증을 취득한 후 보건복지부에서 의료사회복지사 수련기관으로 인증한 의료기관에서 수련을 받아야 한다. 수련에 요청되는 수련시간은 주당 20시간 이상 1년간이며, 이론교육과 임상수련을 합하여 총 1,000시간으로 규정되어 있다.

의료사회복지사의 직무는 의료사회복지사가 책임을 지고 담당하는 업무를 의미하는데, 크게 임상업무, 행정업무, 교육연구업무 등으로 나뉜다.

첫째, 임상업무는 의료사회복지사의 핵심업무로 볼 수 있다. 서비스 유형에 따라 직접서비스와 간접서비스로 구분되는데, 직접서비스의 경우 개별 클라이언트, 집단, 가족을 대상으로 하는 상담과 교육의 형태로서 질병의 치료와 생활관리 등의 심리사회적 문제, 진료비를 포함한 경제적 문제, 지역사회 복귀나 타 기관으로의 이송 등 퇴원계획문제, 지역사회자원 연결문제, 재활문제의 해결 등과 관련한 업무이다. 간접서비스는 팀 협력활동, 자원의 개발과 관리, 집단 프로그램의 개발, 관리, 평가, 슈퍼비전, 클라이언트를 위한 옹호활동 등이 해당된다.

둘째, 행정업무는 보고서 및 업무일지 작성, 사회복지 운영에 관한 회의 참석, 부서 직원의 지휘감독, 기관의 행정 및 경영에 관계된 회의 참석 등이 포함된다.

셋째, 교육업무는 실습생 및 수련생 지도, 신규직원 교육, 전문성 제고를 위한 교육 참가, 의료사회복지 조사 및 연구활동 등이 포함된다.

(2) 정신건강사회복지사

정신건강사회복지사는 「정신건강증진 및 정신질환자 복지서비스 지원에 관한 법률(정신건강복지법)」과 「사회복지사업법」(2018년 개정)에 근거한 정신건강 영역의 사회복지사를 의미한다. 의료사회복지사와 동일하게 보통 사회복지사 1급 취득자로서 1년 동안 수련기관에서 전문가로 양성되는 과정을 거친다.

정신건강사회복지사는 「정신건강복지법」 제33조에서 제38조에 의해 정신장애인의 사회 복귀를 위한 복지서비스의 개발, 고용 및 직업재활 지원, 평생교육 지원, 문화 · 예술 · 여가 · 체육활동 지원, 지역사회 거주 · 치료 · 재활 등 통합 지원, 가족에 대한 정보제공과 교육 등 복지서비스를 제공하는 업무를 담당한다. 주요 근무장소로는 정신건강복지센터, 정신병원 및 의료기관 정신과, 정신요양시설, 정신재활시설, 정신건강증진시설 등이 해당된다.

참고문헌

강흥구 (2014). **의료사회복지실천론**. 정민사.

국민건강보험공단 · 건강보험심사평가원 (2022). 2021년 건강보험통계연보.

국립암센터 (2021). 국가암등록사업 연례보고서(2019년 암등록통계).

권자영 · 김린아 · 김학령 · 박소연 · 최권호 (2022). **의료사회복지론**. 양서원.

김미곤 (2020). 코로나 시대의 사회변화와 사회정책 패러다임. **보건복지포럼, 290호**, 6-19

김승섭 (2017). **아픔이 길이 되려면**. 동아시아.

김연수 · 김경희 · 김진숙 · 최명민 (2022). **의료사회복지론**. 신정.

뉴시스 (2022.7.1). "시간이 생명인 '뇌졸중'…치료센터 지역별 편차 '극심'", https://newsis.com/view/?id=NISX20220701_0001928149&cID=10201&pID=10200

신원우 (2003). 노숙인의 심리사회적 특성과 노숙 경험이 노숙 전후의 음주문제에 미치는 영향. 서울대학교 박사학위논문.

유수현 · 김창곤 · 김원철 (2017). **의료사회사업론**(개정판). 양서원.

이효순 · 권지현 · 양정빈 · 천덕희 · 추정인 · 한수연 (2016). **의료사회복지론**. 학지사.

조성상 · 송효석 · 이기주 · 이동영 · 정대희 · 홍영수 (2019). **의료사회복지실천론**. 신정.

직업병 안심센터 홈페이지. http://www.kodsc.org/major/PUL

최일섭 · 최성재 (1995). **사회문제론**. 나남출판.

한선화 (2017). "인공지능과 헬스케어의 미래", 대한의학회 e-newsletter, no.88. http://kams.or.kr/webzine/17vol88/index.php?main_num=3

Marmot, M. (2017). **건강격차**. 김승진 역. 동녘.

Nakawawa, M., & Moji, K. (2018). What is needed to realize universal "health" coverage? The meaning of health revised. *Journal of Global Health reports, 2*: e2201821. doi:10.29392/joghr.2.e2018021

Smalley, K. B., Warren, J. C., & Feramdez, M. I. (2001). Helath equity: Overview, history and key concepts, In K. B. Smalley, J. C. Warren & M. I. Feramdez(Eds.), *Health equity: A solutions-focused approach* (pp. 3-12). New York, NY: Springer Publishing Company, LLC.

Twaddle, A. (1979). *The Concept of health Status in Physician, Patients, and illness*, In E. G. Jaco(Ed.). The Free Press.

CHAPTER 10

의존성과 사회복지

평등하고 정의로운 사회를 위한 사회적 돌봄정책

CHAPTER 10

의존성과 사회복지

평등하고 정의로운 사회를 위한 사회적 돌봄정책

인간은 출생부터 사망에 이르기까지 신체적 · 인지적 · 정서적 · 경제적 · 사회적 측면에서 타인과의 관계 속에서 존재한다. 누군가에 의하여 생명체로 존재하기 시작하여 성장기와 노쇠기를 거치는 동안 발달과업 또는 욕구를 충족하는 데 타인과의 관계에 의존하지 않을 수 없다. 실제로 타인과의 관계에 의존하는 양상은 다양하다. 이 장에서는 인간의 보편적 특성으로서 의존성의 특성을 살펴본 후, 돌봄의 특성과 그에 대한 철학적, 여성주의적, 정치철학적 관점을 살펴본다. 마지막으로 사회적 돌봄정책의 세 가지 유형인 수당, 서비스, 휴가를 이해한다.

제1절 인간의 의존성

1. 의존성의 양상

인지 및 학습발달의 경우, 인간은 출생 후부터 약 11세까지 양육자와 보육사, 그리고 교사와의 관계에 의존하여 외부세계와 접촉하며 감각운동적 지능의 발달, 언어 획득 및 상징 사용과 초보적 사고의 시작, 수리적 추론, 현실과 가상의 구분 능력이 발달된다. 인지 및 학습발달뿐만 아니라 신체, 사회심리, 자아발달의 과업을 위해 타인과의 관계가 반드시 필요하다(정익중 · 오정수, 2021). 고령기에는 신체기관과 기능의 변화, 인지정서기능의 변화, 가족 및 사회적 관계의 변화, 일상생활기능 및 노인성 질환에 대한 의료적 욕구에 적절히 대처하기 위해 타인과의 관계에 의존하게 된다.

표 10-1 | 생애주기별 의존성의 다양한 양상

생애주기	의존성 양상의 예시	의존성 관계의 예시
유아기	• 양육자에 대한 애착 • 언어발달 • 환경으로부터 자아의 분리 • 자아통제와 순응	유아–양육자, 보육교사
아동 중기	• 학교제도에 대한 적응 • 학업성취 • 또래집단과의 관계 • 규칙 준수	아동–양육자, 보육교사, 교사
청소년기	• 제2학령기로의 전환 • 추상적 형식적 사고 • 과외활동 참여 • 동성 및 이성친구관계 형성, 자아정체감의 형성 • 성정체성 형성	청소년–양육자, 교사, 친구
고령기	• 신체기관, 성기관의 변화와 기능의 변화, 수면, 피부 및 모발 등의 변화에 대한 적응 • 인지정서기능 변화에의 적응(감각, 지능, 기억, 학습 기능 등) • 가족 및 사회적 관계 변화에의 적응(은퇴, 사별, 돌봄 등) • 일상생활기능 및 의료적 욕구에의 대처(쇠약, 노인성 질환, 치매, 우울 등)	노인–수발자, 요양보호사

출처: 정익중 · 오정수 (2021); 정익중 외 (2021); 최혜지 외 (2020)에서 재구성.

2. 의존성의 특성

모든 인간은 의존적 존재임을 강조한 대표적 학자로 돌봄윤리학자인 에바 키테이(Eva F. Kittay)를 들 수 있다. 키테이는 인간의 발달, 질병, 노화 등으로 인한 의존성이 "인간의 근본 조건"이라 할 만큼 보편적인 특성이라고 주장하였다(Kittay, 1999; 현남숙, 2013: 97 재인용). 또한 여성주의 정치철학자인 낸시 프레이저(Nancy Fraser)와 린다 고든(Linda Gordon)은 역사적으로 볼 때 의존성의 개념이 자본주의 발전단계에서 산업화 이후 부정적 의미를 내포하게 되었다고 하였다. 이데올로기적으로 인간의 생애 전반이 아닌 경제적 생산 측면에 국한시켜 자신의 임금노동만으로 스스로를 부양하기 어려워진 빈민과 여성, 유색인, 장애인이 의존적 존재라는 사회적 인식이 확대되었다는 것이다(Fraser & Gordon, 2002; 현남숙, 2013: 97 재인용).

키테이는 모든 사람은 누군가의 출산과 돌봄으로부터 존재하기 시작한다는 사실을 강조하면서 의존성의 보편성을 주장하였다. 그리고 의존성과 돌봄은 상호 필수적인 관계라고 설명한다. 즉 의존과 돌봄은 의존하는 자와 돌보는 자의 관계 양상이라는 것이다. 다시 말하면 의존관계는 돌봄관계이기도 하다. 키테이는 의존관계 또는 돌봄관계에 놓여 있는 의존하는 자(dependent)와 돌보는 자 또는 의존성에 반응하여 돌봄이라는 일을 수행하는 자(dependency worker)에 대해 다음과 같이 설명한다. 의존하는 자는 보편적인 생애주기상의 생존과 발달을 위한 요구 이외에도 질병 등의 특수한 상황에 놓여 있을 때 타인의 관심과 돌봄을 필요로 하는 자이다. 의존관계 안에서 돌보는 자 또는 의존성 작업자(dependency worker)는 의존하는 자에게 자신의 관심과 노력을 기울이는 자이다. 그리고 돌봄 또는 의존성 작업(dependency work)은 의존하는 자의 요구에 반응하고 책임을 보이며 제공하는 관심과 노력 일체를 말한다. 키테이에 의하면 의존하는 자의 취약성(vulnerability), 즉 돌보는 자의 부재 또는 무관심과 무응답에 의해 상처받기 쉬운 위치에 있는 의존하는 자의 특징으로 인해 의존성 관계는 불균등한 권력관계이기도 하다. 그러나 돌보는 자는 의존하는 자의 안녕과 행복, 이익에 위배되지 않도록 책임을 지니는 만큼 돌보는 자에 의한 일방적인 지배관계라고 볼 수는 없다(Kittay, 1999; 김희강 · 강문선, 2010: 50–51 재인용).

모든 인간에게 주어진 조건(human condition)으로서의 의존성 또는 의존성 관계를 보다 자세히 이해하기 위해서는 인간의 취약성(vulnerability)에 대한 철학적 이해가 필요하다. 현대철학 관점에서 볼 때 취약성 개념은 '상처 입을 가능성(vulnérabilité)'이라는 용어를 사용한 프랑스 유태인 철학자인 에마뉘엘 레비나스(Emmanuel Levinas)의 이론에서 가장 두드러지게 나타난다. 레비나스에 의하면 인간의 상처 입을 가능성은 바로 살과 피, 즉 신체를 가지고 있다는 점에서 출발한다. 또한 타자의 '벌거벗은 얼굴', 즉 무엇으로도 환원되지 않고 가려지지 않는, 상처에 노출될 수 있는 신체 개념에서 출발한다(노대원 · 이소영 · 황임경, 2022: 24).

타자의 상처와 고통, 비참함에 '상처받을 수 있기에' 인간은 주체가 된다. 레비나스에게 주체는 타인의 상처에 노출되어 상처를 받고 타인의 고통에 응답(response)하라는 요청에 책임(responsibilité)지는 윤리적 주체이다. 상처 입은 타자는 자신의 상처를 노출함으로써 누군가에게 책임성을 요구하고 그를 주체화한다. 레비나스에게 주체는 상처를 입음으로써 타인의 상처에 응답하고 책임지는 윤리적 주체이다. 상처 입을 가능성은 레비나스의 인간성 개념, 즉 타자와 주체 개념 모두에 중요하다. 레비나스에게 취약성은 단지 타자만의 속성이 아니라 바로 그 취약함으로 인하여 주체가 될 수 있기 때문이다(노대원 · 이소영 · 황임경, 2022: 22–23).

레비나스의 상처 입을 가능성 또는 취약성 개념은 미국의 철학자 주디스 버틀러(Judith Butler)에 의해 정치철학, 즉 사회적 연대의 윤리로 발전하였다. 버틀러는 레비나스와 마찬가지로 윤리적 주체 개념에 대하여, 타자의 벌거벗은 얼굴이 나에게 응답하라고 내리는 윤리적 명령에 응답할 때 주체가 형성된다고 설명한다. 이에 더해 버틀러는 상호의존성을 다시 한번 강조한다. 인간이 이성적으로 완전하며 자기충족적이라는 점은 오래된 환상이다. 오히려 인간의 삶은 슬픔과 고통과 괴로움이 사실적이다. 독립적이거나 자율적이라는 점은 사실 그가 처해진 외부 사회체계 속에서 무엇인가를 선택한다는 것을 의미한다. 버틀러는 출생, 삶, 죽음 등 인간의 불가피한 근원적 취약성이 상호의존의 토대가 되기도 하지만, 역사적으로 특정 인구집단에게 위험(precariousness)을 불평등하게 배분하는 '위태로움(precarity)'의 조건이 되기도 한다고 설명한다. 또한 버틀러는 상호의존성 역시 사회적 또는 정치적으로 위태로움을 초래하기도 하고 결과적으로 다시 평등과 공존의 윤리적 의무를 야기하기도 함을 말한다(조현준, 2017: 373).

버틀러의 독특한 용어인 '위태로움'을 설명하면서 인간의 취약성과 위태로움은 윤리적 정치적 연대의 토대가 될 수 있음을 주장한다. 버틀러의 독특하고 난해한 개념인 '위태로움' 개념은 "특정 인구가 실패한 사회경제 자원 네트워크로 인해 다른 사람보다 더 고통받으며 상해와 폭력과 죽음에 차등적으로 노출되어 있는 상황"이자 위험함(precariousness)의 불균등한 분배 상태이다. 즉 사회규범이나 정치권력에 의하여 인간의 근본적인 취약성이 극대화될 수밖에 없는 상황을 뜻한다(Butler, 2015; 조현준, 2017: 369-370 재인용). 이때 위험 개념이 보다 추상적인 차원이라면 위태로움 개념은 보다 구체적이고 정치적인 동시에 역사적인 차원이라 하겠다. 즉 빈민, 장애인, 여성, 소수자, 난민, 무국적자 등이 내재한 속성으로 인하여 취약한 것이 아니라, 사회문화와 정치구조에 의해 위태로워지는 상황이나 조건을 의미한다(조현준, 2017: 371-372). 즉 버틀러에 의하면 "취약하다"고 사회정치적으로 그리고 담론적으로 구성되는 개인들은 동시에 그에 대해 정치적으로 저항할 수 있게 된다(조현준, 2017: 372).

제2절 돌봄의 특성

일상생활에서 사용되는 돌봄의 용어는 문화와 역사에 따라 매우 다양하다. 한국어의 '돌봄' 또는 '보살핌'은 영미권 사회에서의 '돌봄' 또는 '신경씀(care)'과 다소 차이가 있다. 또한 전문적 지식 또는 기술로서의 돌봄은 각각의 학문적 특성으로 인하여 조금씩 다르게 설명된다. 돌봄에 대한 철학적 이해는 이러한 차이를 극복하고 가장 공통적인 특성을 이해하는 데 도움이 된다. 그리고 여성주의 관점에서 논의되는 돌봄의 특성을 이해하는 것은 역사적으로 돌봄행위가 여성화되는 과정을 이해하는 데 도움이 된다. 특히 여성주의 정치철학적 관점은 향후 돌봄의 사회화의 규범적 방향을 정립하고 사회적 돌봄정책의 원칙을 정립하는 데 도움이 된다.

1. 돌봄에 대한 철학적 관점

미국의 간호학자이자 인류학자인 재니스 모스(Janice Morse)는 돌봄(caring)의 특성을 다섯 가지로 분류하였다. 첫째, 돌봄은 인간의 존재론적 특성이다. 누군가를 돌본다는 것은 인간의 현 존재, 즉 '지금 여기'의 존재의 체험을 의미한다. 환자를 돌본다는 것은 환자의 지금의 삶에 참여함으로써 환자와 나의 삶의 의미를 발견하게 된다. 둘째, 돌봄은 도덕적 명령 또는 규범이기도 하다. 인간의 존엄성을 보호하고 촉진시키는 이상의 실현이다. 환자를 돌보는 간호사의 경우 공감 능력, 부드러움, 지지 능력 등의 자질 및 성격은 환자와의 상호관계에서 중요하게 성취되는 자질이자 성격이다. 셋째, 돌봄은 정서적 상태를 의미하기도 한다. 간호사의 경우 관심, 헌신, 사심 없는 정서상태 등이 이에 해당한다. 넷째, 돌봄은 관계적이며 상호교류적이다. 간호사와 환자는 서로 소통하며 상호지지적이다. 이때 공감, 동정, 비소유적인 이타심과 이타행위는 간호사와 환자의 관계의 기초가 된다. 마지막으로 돌봄은 전문적 기술의 차원을 뜻하기도 한다. 주의 깊은 경청, 지지, 교육, 접촉, 함께함 등이 이에 해당한다. 모스는 이러한 특성을 지닌 돌봄(caring)은 간호(nursing)의 가장 중요한 가치라고 주장하였다(Morse, 1990; 공병혜, 2002: 365-366 재인용).

간호 영역에서 전문적 기술로서의 돌봄에 대하여 설명한 간호학자 버지니아 노든(Virginia Knowden)은 돌봄을 내용적 측면과 관계적 측면으로 구분하였다. 간호영역에서 돌봄의 내용적 측면은 환자의 건강상태에 대한 사정부터 건강교육, 신체적 간호가 해당된다. 반면 돌봄의 관계적 측면은 "환자와의 관계를 형성하기 위해 관심을 가지고 발전과 희망을 확대하는 것, 경청, 자존감의 형성, 접촉"이 해당된다(Knowden, 1991; 공병혜, 2002: 366 재인용). 모스와 노든의 논의를 종합하면, 전문적 기술의 차원으로서의 돌봄은 인간의 존재방식임에 기초하여 인간존엄성 보호와 도덕적 규범의 실현이라는 추상적 차원의 특성과 동시에, 타인의 고통과 필요에 대한 인지정서적 반응 능력이자 타인과의 상호지지적 관계라는 구체적 차원의 특성들을 모두 반영할 때 바람직하다.

돌봄의 특성 중 타인에 대한 인지정서적 민감성 측면과 관계적 측면, 그리고 인간존엄성 보호의 도덕규범에 초점을 기울인다면 돌봄은 경험적 지식과 정서적 지식, 관계적 또는 인격적 지식, 도덕적 지식이 필요하다. 이는 미학적 지식과 연결되어야 함을 의미한다. 간호영역에서 미학적 지식이란 환자와의 관계에 대한 적극적 참여, 직관력, 상상력 등을 통해 환자의 상황을 통찰하고 의미를 발견하는 숙련성을 말한다(Chinn & Kramer, 1995; 공병혜, 2002: 366 재인용). 간호영역에서 이러한 미학적 지식이 실천되는 것은 철학적 측면에서 볼 때 돌봄이 예술행위이기도 하다는 점을 의미한다. 미학적 지식을 실천하는 간호사의 돌봄은 간호사와 환자의 관계에서 행동, 접촉, 소리, 언어 등의 수단을 통해 서로의 감정이 전해지고 간호사는 보다 높은 수준의 자아에 대한 감각, 정신, 신체, 영혼의 조화를 위한 활동을 수행함을 의미하기 때문이다(Watson, 1988; 공병혜, 2022: 366 재인용).

2. 돌봄에 대한 여성주의적 관점

모스와 노든이 주로 환자를 돌보는 전문직의 경험으로부터 돌봄의 특성을 설명하였다면, 여성주의학자들은 돌봄노동이 역사적으로 여성에 의해 수행되어왔음에 주목하였다. 그리고 최근 여성주의 정치철학자들은 그와 관련된 문제들을 해결하기 위한 철학적 규범으로서 돌봄의 윤리와 돌봄민주주의에 관한 논의를 주창하고 있다.

이탈리아의 여성주의학자이자 활동가인 실비아 페데리치(Silvia Federici)는 돌봄의 특성에 대하여 누군가가 타인의 필요와 욕구에 진정으로 부응하려는 의지와 활동이고, 돌봄을 제공하는 자의 노동과 일상이 결합된 형태라고 하였다. 그런데 여성주의적 관점은 노동으로서의 돌봄이 사회제도적으로 여성화되었음에 문제를 제기한다. 돌봄은 인간 상호간의 의존성이 전제된 상태에서 이루어지는 노동행위의 특성을 지니는데, 이러한 노동으로서의 돌봄이 여성에게 비자발적으로 강제되어 왔을 뿐만 아니라 그 가치에 비해 사회제도적으로 저평가되어 왔음을 문제시한다. 중산층의 정원이 있는 주택을 배경으로 편안한 안락의자에서 아이를 안고 있는 여성의 이미지는 사회제도적으로 돌봄이 여성의 몫이고 노동이 아닌 사랑의 행위이며, 태생적으로 자연스러운 것이며 가족 또는 사적 영역의 이슈임을 공고화하는 데 기여하여 왔다. 그러나 이러한 여성의 돌봄 이미지는 실제 현실과는 많은 차이가 있는데, 역사적으로 노동으로서의 돌봄은 여성 내부에서도 계층별로 불균등하게 진행되어 왔으며 제국주의 전쟁과 식민지 시대를 거치면서 민족 간에도 불균등하게 이루어져 왔다.

한편 돌봄은 단지 여성의 태생적인 애정과 헌신의 행위로서 낭만시되는 현상이 지속되는 가운데 취업한 기혼여성은 돌봄 부담을 동시에 수행함으로써 직업생활에서의 불이익까지 감수하는 상황에 처해졌다. 여성은 자신에게 천직으로 주어진 애정과 헌신의 돌봄행위를 하기 위해 직장에서의 승진과 임금에서의 불이익을 감수하는 것은 불가피한 것으로 여겨졌다. 미국의 여성주의 사회학자인 앨리 혹실드(Arlie Hochschild)는 취업여성에게 가정 내 무급 돌봄노동(unpaid care labor)은 '제2교대직(second shift)'으로 여겨질 정도로, 부담과 강도가 직장에서의 유급 임금노동(paid wage labor)에 버금간다는 점을 강조하였다(혹실드, 2001; 안숙영, 2016: 12 재인용). 미국 여성주의 경제학자인 낸시 폴브레(Nancy Folkbre)는 '보이지 않는 손(the invisible heart)', 즉 돌봄노동이 시장의 '보이지 않는 손'이라는 유급노동에 비해 의도적이고 불공정하게 저평가되어 왔음을 비판하였다.

최근에는 여성주의 정치철학자들을 중심으로 돌봄의 관계적 측면과 노동의 측면을 동시에 중요시하는 논의가 진행되고 있다. 대표적으로 미국의 여성주의 정치철학자인 조앤 트론토(Joan Tronto)는 아동과 노인을 돌보는 가족과 사회의 경험으로부터 돌봄의 특성을 설명하였다. 트론토는 모든 인간이 의존적 존재이자 관계적 존재라는 점에 기반하여 돌봄의 특성과 윤리성을 주장한다(Tronto, 2014; 이선미, 2016: 242 재인용). 트론토에 의하면, 모든 인간은 전 생애에 걸쳐 관계 안에서 끊임없이 돌봄을 필요로 하거나 돌봄을 제공하는 위치에 놓이게 된다. 또한 상황에 따라 특별히 돌봄을 더 필요로 하는 존재도 있을 수 있다. 인간은 관계 안에서 돌봄이라는 행위에 대하여 숙고하고 반응함으로써 상호간의 관계를 다시금 정립하고 스스로의 존재 역시 재정립하게 된다. 이에 대한 설명은 관계 안에서 돌봄이 이루어지는 과정을 규명한 논의에서 보다 자세히 다루어졌다(Fisher & Tronto, 1990; 백경흔 · 장수정 · 송다영, 2017: 243 재인용).

피셔와 트론토는 관계 안에서의 돌봄 행위가 여러 요소(element)로 구성된다고 명한다(Fisher & Tronto, 1990; 이선미, 2016: 243 재인용). 첫째, 돌봄을 필요로 하여 보이는 자에 대한 염려 또는 걱정하는(caring-about) 단계이다. 환자의 신음, 아이의 울음, 노인의 호소를 인식하고 주의를 기울이는 단계이다. 이 단계에서는 자신의 이해관계 이전에 상대방의 필요를 파악하려는 도덕적 자질과 능력이 수행된다. 둘째, 돌봄의 요구를 인식하고 그에 대하여 책임을 느끼며 반응하는(caring-for) 단계이다. 약품, 음식, 부축임 등을 필요로 함을 인식하고 그에 대한 반응 또는 제공의 책임을 인식하는 단계이다. 셋째, 구체적인 행위로서의 돌봄이 제공되는(care-giving) 단계이다. 넷째, 구체적인 돌봄을 제공한 이후 상대방이 그에 대하여 만족하는지에 대하여 판단하고 응답하는(care-receiving) 단계이다. 이후 트론토는 관계 안에서의 돌봄에 대하여 정치적 차원을 추가하고, 돌보는 자와 돌봄을 필요로 하는 자에 대한 사회의 신뢰와 연대, 즉 함께 돌보는(caring-with) 단계를 주장하였다. 즉, 민주주의 공론장에서 담론이 의제화되고 그 논의와 절차에서 특정 젠더, 계층, 민족 및 국가 집단에 속하는 어느 누구도 배제되지 않고 부당하게 강요되지 않는 조건이 충족될 때 돌봄의 이상적 특성이 구현된다고 주장한다(Tronto, 2014; 백경흔 · 장수정 · 송다영, 2017: 185-186 재인용).

3. 돌봄에 대한 정치철학적 관점

트론토는 근대시기 이후 등장한 인간에 대한 관념, 즉 상호 독립적이고 개별적이며 스스로 자기완결적인 개인이라는 관념은 인간의 의존성을 왜곡하고 시장주의와 가부장주의 측면에 기울어진 관념이라고 주장한다. 그리고 더 나아가 모든 인간은 돌봄관계에서 벗어날 수 없다는 점을 들어, 기존의 돌봄에 대한 왜곡된 관념, 즉 단지 사적 영역에서 여성에 의하여 이루어지는 사랑과 헌신의 행위라는 관념의 허상을 깨고 공적 영역에서 젠더 간, 계층 간, 국가 간 돌봄노동과 돌봄책임의 평등하고 민주적인 분배가 이루어져야 함을 주장한다(Tronto, 2014; 백경흔 · 장수정 · 송다영, 2017). 트론토는 민주주의가 확대되는 과정에서도 돌봄은 여전히 민주주의의 아젠다가 되지 못하고 돌봄노동자는 민주주의 공론장에서 배제되는 사실은, 기존의 정의(justice) 담론이 갖는 한계를 잘 보여준다고 주장한다. 그리고 사적 영역, 즉 근대적 자유주의 관점에서 개인 간의 비밀스럽고 친밀한 공간으로 낭만시되는 가족 영역에서 돌봄이 여성과 하층 계급 및 이주노동자에 의하여 비자발적이고 불공정하게 계속되는 것은 부정의(injustice)함을 주장한다.

트론토가 제시하는 이상적 돌봄의 정치적 조건의 논의는 지금까지 정의와 민주주의의 이슈가 절반의 이슈에 그쳤음을 분명히 보여준다. 즉 돌봄이 오직 사적 영역의 문제이고 공적 영역의 의제가 되지 않는 한 돌봄을 제공하는 특정 젠더, 계층, 민족국가 집단뿐만 아니라 생애 특정 순간에는 돌봄을 필요로 하는 사회구성원 중 소수 특권계층을 제외하고는 대부분 부당하게 불이익을 당한다는 것이다. 트론토는 특권화된 무책임(privileged responsibility), 냉정한 무관심, 그리고 돌봄의 네 가지 무임승차 유형에 대해 설명하며, 이로 인한 돌봄책임의 불평등하고 비민주적인 분배의 결과가 갖는 문제점을 비판한다(Tronto, 2014; 백경흔 · 장수정 · 송다영, 2017: 187-189 재인용).

트론토는 돌봄에 대한 '특권화된 무책임'은 특정 집단이 돌봄보다 더 중요한 일을 수행하기 때문에 돌봄책임으로부터 면제되는 특권이 형성되고 재생산되는 심리사회적 기제라고 설명한다. 이러한 특권화된 무책임은 '생계형 무임승차'와 '보호형 무임승차'의 행위로 나타난다. 전자는 가정 내에서 생계부양자를 담당하는 남성들에서 나타나는 현상이 해당되고, 후자는 사회적 분업체계 속에서 치안과 안보 등의 이유로 돌봄 영역을 등한시하는 현상이 해당된다. 특권화된 무책임은 가부장적인 사회제도와 밀접한 연관이 있다.

또한 트론토는 돌봄에 대한 '냉정한 무관심'은 자원이 부족한 개인이 그가 돌보아야 할 의무가 있는 상대방을 잘 보지 못하게 되는 상황에 대해, 자의적이고 악의적으로 돌봄의 의무를 등한시한다고 판단하게 하는 사회심리적 기제라고 설명한다. 냉정한 무관심은 '부트스트랩형 무임승차'와 '자선형 무임승차' 행위로 나타난다. 전자는 시장교환체제에서 돌봄을 개별적으로 조달하도록 하고 돌봄의 사회적 공적 가치를 등한시하고 시장역량이 부족한 자에 대해서는 배제시키는 현상을 가리킨다. 후자는 누군가의 임의적이고 우연적인 자선행위에 돌봄을 맡겨버리고 자선에 의한 돌봄의 기회를 갖지 못하는 자에 대해서는 간과하는 현상을 가리킨다. 냉정한 무관심은 시장자본주의 또는 자유주의와 밀접한 연관이 있다.

트론토는 특권화된 무책임과 냉정한 무관심이라는 사회심리적 기제는 돌봄의 무임승차현상으로 나타나고, 계속해서 여성화된 돌봄, 시장화된 돌봄, 사적 자선화된 돌봄의 악순환을 일으킨다고 비판한다. 뿐만 아니라 돌봄이 계속해서 시장화되고 개인의 사적 선택의 영역에서 벗어나지 못할 경우, 돌봄을 필요로 하는 저소득계층은 지금까지와 마찬가지로 앞으로도 계속해서 돌봄에 대한 권리와 자원이 불평등하게 배분되거나 배제되게 되고 이는 평등과 정의의 가치에 위배되는 것이다. 또한 돌봄이 계속해서 여성화되고 시장화될 때 여성들의 자유와 평등의 가치는 침해된다. 이밖에도 돌봄의 시장화, 여성화, 사적 영역화는 돌봄의 파편화와 상품화 또는 비인간화로 연결되고 사회 양극화가 더욱 심화되는데 이는 정의 가치에 위배된다(트론토, 2014; 백경흔 · 장수정 · 송다영, 2017: 187-189 재인용). 이러한 논의는 사회적 돌봄정책의 방향이 탈여성화, 탈시장화, 공적영역화가 되어야 함을 암시한다.

이러한 트론토의 논의는 최근 국내외에서 강조되고 있는 돌봄의 사회화 방향을 재정립하여야 한다는 논의와 밀접한 관련이 있다. '이윤보다 사람'이라는 한 국제 시민단체에서는 2022년 국제 인권의 날에 돌봄 매니페스토(care manifesto)를 발표하였는데, 주된 내용은 돌봄의 공적 가치와 더 나아가 보편적 인권으로서의 돌봄의 보장하여야 하는 필요성과 전략을 제시하였다. 이 돌봄 매니페스토에서는 현재 돌봄의 사회화 내용의 문제점을 다음과 같이 지적한다. 첫째, 가정 내 무급 여성과 유급 여성노동자, 시장과 공공, 그리고 지역사회 공동체에 의한 제공이 서로 불균형적이고 불평등하게 구성되어 있어서 궁극적으로 지속 가능하지 못하다, 둘째, 특히 젠더 간의 불평등과 저소득국가 출신의 이민여성 돌봄노동자의 고용 및 소득불안정을 악화시키고 있다. 셋째, 국가는 돌봄이 공공재임에도 불구하고 그에 합당한 자원투입의 의지를 보이지 않으며 시장과 사적 영역에서 이루어지고 있는 저소득국가 출신의 이민여성 돌봄노동자들과 무급 돌봄여성들의 부당한 처우를 방관하고 있다. 넷째, 여성, 특히 저소득국가 출신 이민여성에게 사회적으로 돌봄책임을 공정한 대우 없이 부당하게 강요하는 것은 공적 영역 참여할 권리와 괜찮은 일자리에 대한 권리, 그리고 교육과 건강에 대한 권리 등의 보편적 인권을 위배하는 것과 밀접한 관련이 있다. 다섯째, 현재 국가의 방임과 시장의 탈규제 및 국제시장질서의 신자유주의는 돌봄을 필요로 하는 저소득계층과 저소득국가 시민에게 동등한 기회를 가질 권리를 위배하는 것과 밀접한 관련이 있다

그리고 돌봄 사회화의 새로운 방향으로 다음의 다섯 가지(일명 Five R's)를 제시하였다. 첫째, 돌봄노동의 사회경제적 가치와 보편적 인권으로서의 중요성을 인정(recognition)하도록 재구성하여야 한다. 둘째, 돌봄노동에 대한 정당한 보상(reward)과 보수지급(remunerate)을 위하여 임금, 연금, 노동환경, 사회보장 전반을 재구성하여야 한다. 셋째, 여성들의 무급 돌봄노동의 부담을 감소(reduce)하도록 재구성하여야 한다. 넷째, 돌봄부담을 가정(household)과 국가, 여성과 남성, 유급 가사노동자와 모든 노동자들 간에 평등하게 분배(redistribute)하도록 재구성하여야 한다. 다섯째, 돌봄이 공적 가치임을 천명(reclalim)하고 국가는 공공재로서의 돌봄 시스템을 제공할 의무와 책임이 있음을 되살려야 하며(restore), 이를 위하여 국내 조세제도와 국제 조세제도를 공정하고 누진적으로 개혁함으로

써 국가가 재원조달 책임을 다하도록 재구성되어야 한다(Peopleoverprofit, 2022).

제3절 사회적 돌봄정책의 유형

모든 인간이 생애에 걸쳐 누군가의 돌봄이 필요한 시기가 있고, 타인의 돌봄 요구에 부응하는 것은 모든 인간에게 부과된 도덕적 의무이다. 모든 인간의 돌봄에 대한 권리가 존중되고 보장되기 위해 국가의 적극적인 책임과 의무가 필수적이라는 점은 돌봄과 관련된 사회정책의 정당성과 방향성에 근간을 이룬다. 1990년대 영국의 여성 사회정책학자들은 '사회적 돌봄(social care)'의 개념을 통하여 돌봄과 관련된 사회정책은 공적 영역에서 결정되고 국가재정이 적극적으로 투입되며 돌봄제공자와 돌봄필요자의 관계는 물론 돌봄제공자와 사회의 연대와 평등을 구현하고자 하였다. 특히 돌봄노동에 대한 경제적 보상과 질 좋은 돌봄에 대한 경제적 비용을 중요시하고 이에 대한 복지국가의 역할을 강조하였다(Daly & Lewis, 2000; 김혜경, 2004: 80-81 재인용). 이 절에서는 돌봄과 관련된 사회정책 또는 사회적 돌봄정책(social care policy)의 대표적인 유형인 돌봄서비스와 돌봄수당을 살펴본다. 그리고 시간과 경제적 보상이 결합된 돌봄휴가에 대해서 알아본다.

1. 돌봄수당

돌봄수당은 가족구성원이 수행하는 돌봄노동에 대한 경제적 보상의 대표적인 유형이다. 한국에서는 보육시설을 이용하지 않는 아동의 부모에게 지급되는 가정양육수당이 대표적이다. 한국에서 노인돌봄수당은 독립적인 제도로 정착되지 못한 실정이다. 가족이 요양보호사로서 노인에게 돌봄을 제공할 때 지급되는 노인장기요양보험의 가족요양급여제도는 공적 돌봄서비스 제공과 결합된 특수한 형태의 돌봄수당이다. 영국을 포함하여 일부 국가에서는 장애인이 돌봄제공자에게 경제적 보상을 하도록 지원하는 직접지불(direct payment)제도가 있는데, 이 역시 일종의 돌봄수당에 해당한다.

돌봄수당은 돌봄 월급(care salary)의 성격을 갖는데, 연금수급권과 결합될 때 경제적 보상의 성격이 가장 크다. 지급수준과 자격기준에 따라 돌봄수당은 돌봄노동에 대한 적극적인 경제적 보상형태라 할 수 있다(김혜경, 2004). 아동돌봄수당의 자격조건이 그 부모, 특히 어머니의 취업 여부와 무관하고 소득 및 자산수준과 무관하게 지급되는 보편주의적 자격기준은 돌봄의 탈여성화와 탈가족화에 대한 가장 적극적인 의지의 형태인 반면, 어머니가 취업하지 않고 소득 및 자산수준이 낮을 때 지급되는 선별적인 자격기준은 돌봄의 성별분업과 돌봄노동의 저평가를 고착시킬 수 있다는 위험이 있다.

1) 아동돌봄수당

한국의 아동돌봄수당은 2009년 가정양육수당의 형태로 처음 도입되었는데, 당시 자격조건은 만 0~1세 아동을 둔 부모 중 돌봄기관을 이용하지 않는 일정소득 이하(최저생계비의 120% 이하)에 국한되었다. 이후 아동의 연령과 부모의 소득자산 조건은 꾸준히 변화하였다. 2011년 기준 만 0세 아동의 부모는 20만원, 만 1세 아동의 부모는 15만원, 만 2세 아동의 부모는 15만원이 지급되었다. 2012년에는 장애아동양육수당이 지급되었다. 등록장애아동이 취학 전까지 보육시설을 이용하지 않을 때 부모의 소득자산 수준과 무관하게 장애아동양육수당이 지급되었다. 2013년 양육수당은 만 5세 이하의 아동 중 보육시설을 이용하지 않는 모든 부모에게 지급되었다. 2016년 만 1세 미만의 아동의 부모는 20만원, 만 2세 미만의 아동의 부모는 15만원, 만 2~5세 미만의 아동의 부모는 10만원, 만 5~7세 미만 아동 중 농어촌 거주 아동의 부모는 양육수당을 지급받았다. 장애아동은 만 0~3세 미만 시기에는 20만원, 만 3~7세 미만의 아동시기에는 10만원이 그 부모에게 지급되었다(김은정 · 이혜숙, 2016).

한국을 포함한 여러 복지국가의 아동돌봄수당은 가정 내 돌봄노동에 대한 경제적 보상이라는 긍정적 측면에도 불구하고 오랜 기간 동안 많은 비판을 받아왔다. 대표적인 비판은 도입배경을 둘러싼 비판이다. 아동돌봄수당은 역사적으로 볼 때 많은 나라에서 여성의 경제활동 참가율을 감소시키고 아동돌봄재정을 축소시키고자 하는 국면에 도입되었다는 점이다. 특히 한국의 도입배경을 살펴보면 장애아동과 농어촌 거주 아동을 제외한 만 2~5세 아동에 대한 양육수당 지급은 돌봄의 질과 돌봄노동의 비용을 고려한 보상이라기보다는, 보육시설 자체의 부족과 보육시설 이용 아동의 부모에 대한 보육료 지원과의 형평성 논란에 대한 궁여지책이라는 비판을 들 수 있다(여유진 외, 2016).

2) 노인돌봄수당

2008년 도입된 한국의 노인장기요양보험법상의 가족인 요양보호사제도 또는 가족요양현금급여제도는 비록 요양보호사라는 공식 돌봄노동자의 지위이기는 하지만 가족에 대한 돌봄노동을 경제적으로 보상하는 일종의 노인돌봄수당으로 볼 수 있다. 외떨어진 지역에 거주함으로 인하여 공식 요양보호사를 구할 수 없을 때는 가족이 요양보호사 자격을 취득하지 못할 경우라도 노인장기요양보험법상의 가족요양비(특별현금급여)제도가 적용되어 돌봄노동에 대한 경제적 보상이 이루어질 수 있다. 한국에서는 다른 나라에 비해 노인에 대한 가족돌봄수당이 활성화되어 있지 않은 실정이다(김혜지 · 최영 · 김남연, 2022).

한국의 가족요양비(특별현금급여)제도는 독일이 1994년 도입한 노인장기요양보험 중 가족요양(수발)제도에 해당한다. 특히 독일은 2017년 노인가족에게 돌봄을 제공하는 가족이 일시적으로 자신의 돌봄부담을 대신할 제3의 돌봄제공자에게 비용을 지불할 수 있도록 지원금을 지원하고 그 외에 연금, 건강보험, 산재보험, 고용보험 등을 지원하는 한편, 가족돌봄제공자의 일상생활을 지원하는 사회서비스와 각종 자조모임 조직을 지원한다(윤진아, 2021).

2. 돌봄서비스

돌봄서비스는 가족 구성원이 아니라 유급 돌봄노동자가 돌봄을 제공하는 데 대하여 국가가 지원하는 유형이다. 한국에서는 미취학아동에게 어린이집 등의 보육시설에서 제공하는 돌봄서비스와 초등학교에 취학한 아동에게 학교와 지역사회에서 제공하는 돌봄서비스가 대표적이다. 또한 노인장기요양보험 가입자 중 등급판정을 받은 노인에게 요양보호사가 제공하는 돌봄서비스와 노인장기요양보험이 아닌 정부재원으로 제공되는 노인맞춤돌봄서비스가 대표적이다. 그리고 장애인활동지원제도를 통하여 장애인에게 장애인활동지원사가 제공하는 돌봄서비스가 있다. 이외에 지역사회돌봄(community care)제도를 통하여 노인, 장애인, 만성 정신질환자에게 제공되는 돌봄서비스, 사회서비스바우처제도를 통한 산모신생아돌봄, 가사간병지원, 장애아동가족지원, 발달장애인지원, 아이돌봄 등의 돌봄서비스 등이 있다.

또한 전통적으로 사회복지시설에서 제공되는 돌봄서비스, 즉 사회복지관, 노인복지관, 아동복지시설(아동양육시설, 아동일시보호시설, 아동보호치료시설, 아동공동생활가정, 자립지원시설, 아동상담소, 지역아동센터 등), 노인복지시설(양로시설, 노인공동생활가정, 노인요양시설 등), 장애인복지시설, 정신보건시설, 노숙인시설, 성매매, 성폭력, 가정폭력피해자지원시설 등에서 제공하는 광범위하고 포괄적인 돌봄서비스가 해당된다.

돌봄서비스는 돌봄수당에 비해 돌봄의 공적가치와 권리적 측면의 보장 수준을 가능하기 위해서는 다양한 차원의 지표가 필요하다. 첫째, 일반조세와 사회보험으로 대부분의 재원을 충당할 경우. 돌봄의 공적가치와 권리적 측면이 적극적으로 보장되고 돌봄책임이 사회 전반적으로 균등하게 배분되었다고 볼 수 있다. 둘째, 돌봄노동자의 보상과 노동환경, 그리고 연금권 등이 사회권 차원에서 보장되며 이를 위하여 국가의 책임이 강조될 될 때 돌봄노동의 가치와 돌봄노동자의 인권이 공정하게 평가되고 보장되었다고 볼 수 있다. 셋째, 소득자산 기준과 사회보험료 납입 경력과 무관하게 돌봄서비스 이용자격이 주어질 때, 인간은 누구나 상호의존적인 존재이고 돌봄은 모든 인간의 보편적인 욕구라는 인간관을 반영한다고 볼 수 있다. 넷째, 돌봄노동자가 특정 젠더와 계층, 출신국가 집단에 집중되지 않을 때 돌봄의 책임이 사회적으로 공정하게 분배되었다고 볼 수 있다.

1) 아동돌봄서비스

2004년 「영유아보육법」 개정으로 인하여 모든 영유아가 보육시설을 이용할 수 있게 되면서 한국의 아동돌봄서비스는 서비스를 직접 제공하는 한편 부모의 소득수준에 따라 비용보조, 즉 차등보육료 지급과 기본보조금 지급이 병행되었다. 2004년과 2006년 각각 부모의 소득이 도시근로자가구 평균소득 50% 이하와 70% 이하로 확대되었다. 2009년에는 기존의 도시근로자가구 월평균 소득 개념이 아닌 영유아 가구의 소득 개념이 도입되었고, 2012년에는 영유아가구 소득의 하위 70% 기준으로 변경되면서 소득기준이 완화되고 대상이 확대되었다. 2012년 보육시설을 이용하는 만 2세 이하 아동과 만 5세 아동의 부모에게 보육료 전액 지급이 도입되었고, 2013년 만 2~5세 미만 아동의 부모에게도 확대되었다(김은정 · 이혜숙, 2016).

어린이집을 이용하는 아동에 대한 비용지원은 아동의 연령과 장애 여부, 그리고 이용시간에 따라 다르다. 만 0세의 비용지원 금액이 가장 크고 만 2세까지 점차 감소하고 만 3~5세의 지원금액은 동일하다. 장애아동에 대한 지원금액은 비장애아동과 달리 만 0~2세까지 동일하게 지원된다. 그리고 이용시간, 즉 종일반, 맞춤반(15시간 추가 이용. 긴급보육바우처 포함), 야간반에 따라 지원금액은 다르게 지급된다. 그러나 이러한 돌봄서비스 제공 및 그에 따른 비용지원은 전액지원이라고 보기 힘들다. 어린이집의 경우 입학금, 개별 활동비, 현장학습비, 행사비 등의 추가비용의 규모가 적지 않기 때문이다(김은정 · 이혜숙, 2016).

초등학교 아동에 대한 대표적인 돌봄서비스는 초등돌봄교실제도를 들 수 있다. 2004년 일부 저학년 아동을 위한 방과후교실제도 시범사업 도입, 2009년

방과후부터 야간까지 확대한 종일돌봄교실제도 시범사업 도입, 2011년 엄마품 온종일 돌봄교실제도 시범사업 도입을 통해 아침돌봄(6:30~9:00), 오후돌봄(방과후-~17:00), 저녁돌봄(17:00~22:00) 체계를 위한 기초를 다졌다. 2015년 1~2학년 아동의 돌봄교실, 3학년 이상 아동의 방과후학교 연계 돌봄교실을 운영하되, 저소득층 맞벌이부모 및 한부모가정 아동을 위주로 실시하였고, 2018년 온종일 돌봄정책을 발표한 상태이다(김은정 외, 2019).

어린이집, 학교 이외에 아동에게 지역사회에서 제공하는 제도로서 지역아동센터와 다함께돌봄센터제도가 있다. 지역아동센터는 2004년 이전에는 주로 저소득층 아동을 위한 공부방 형태였으나 2004년 아동복지법 개정으로 아동복지시설로 분류되었다. 이후 지역아동센터는 보호, 급식, 일상생활지도, 학습역량 지도, 상담 및 가족지원 등의 정서지원, 체험활동 및 공연관람 등의 문화지원 등 다양하고 광범위한 돌봄서비스를 제공하고 있다. 이용자격은 만 18세 이하로 연령범위는 매우 넓지만, 소득기준이 협소하게 제한되어 있다. 지역아동센터당 전체 인원의 80% 이상은 저소득가정, 한부모가정, 장애아동 또는 저소득 장애부모의 아동, 다문화가정 아동, 그리고 일부 다자녀 및 맞벌이가정 아동에게 한정된다. 이용시간은 주5일이 원칙이고 학기 중에는 오후 2~7시, 방학 중에는 오후 12~5시까지가 대부분이다(김은정 외, 2019).

다함께돌봄센터는 2017년 초등돌봄 사각지대 해소를 목적으로 시범적으로 도입되었다. 만 6~12세 아동을 대상으로 일시돌봄, 긴급돌봄, 등하원지원, 돌봄상담 및 서비스 연계, 간식제공, 문화, 예술, 운동 프로그램 제공 등 어린이집과 초등돌봄의 빈틈을 채우는 돌봄서비스를 제공하고 있다. 소득 측면의 자격기준은 부모의 소득수준과 무관하게 모든 소득계층 부모의 아동이 해당된다. 현실에서는 가구특성 자격기준으로 한부모, 맞벌이, 다자녀가정 아동이 우선적이다(김은정 외, 2019).

2) 노인돌봄서비스

2008년 도입된 노인장기요양보험제도는 노인의 보편적 돌봄욕구에 대한 공적 책임을 표현하는 대표적인 노인돌봄서비스이다. 자격기준은 노인장기요양보험 가입자 혹은 피부양자 중 65세 이상이고 장기요양등급을 판정받은 자가 원칙이다. 그러나 노인장기요양보험에 가입하지 못한 저소득층 노인도 자격이 있으며 65세 미만이라도 치매, 중풍, 파킨슨병 등 노인성질환으로 일상생활기능 수행 정도가 장기요양등급에 해당하는 자도 돌봄서비스를 제공받을 수 있다. 서비스 유형은 장기요양등급에 따라 서비스 제공 장소와 서비스 이용시간 및 내용의 범위가 정해진다. 돌봄욕구가 큰 상위 등급판정자는 자택과 시설 중 서비스 제공 장소를 선택할 수 있고, 돌봄욕구가 비교적 적은 하위 등급판정자는 자택에서 서비스를 제공받을 수 있다. 시설에서의 돌봄서비스에 대해서는 당사자가 식재료비와 이 · 미용 등의 비급여항목을 제외한 급여항목 비용의 20%를 부담하고 자택에서 돌봄서비스를 제공받을 때는 15%를 부담한다. 서비스 내용은 일상생활지원부터 방문목욕, 방문간호 등이 포함된다. 또한 장기간 시설에 입소하여 돌봄을 제공받을 수 있을 뿐만 아니라 평소에는 집에서 방문돌봄서비스를 받지만 일시적으로 혹은 야간에 시설에서 돌봄서비스를 제공받을 수 있다. 한편 2014년 치매환자를 위하여 치매특별등급을 신설하고 2018년 경증치매환자를 위하여 인지지원등급을 신설하고, 치매전담형 장기요양기관 운영과 시설장과 요양보호사, 사회복지사, 간호사, 물리치료사, 작업치료사에 대한 치매전문교육을 제공함으로써 치매노인의 돌봄에 대한 국가의 책임을 강화하였다(권진희, 2019).

노인맞춤돌봄서비스는 노인장기요양보험제도가 도입되기 이전부터 지역사회에서 제공되어온 노인돌봄 종합 또는 기본서비스, 독거노인지원서비스 등을 2020년 전면 통합 개편한 제도이다. 자격조건은 장기요양등급판정을 받지 않은 65세 이상 저소득층이 원칙이지만, 연령과 소득수준과 별도로 가구특성, 즉 1인 가구이거나 조손가구의 노인도 해당된다. 서비스 내용은 신체 및 인지기능 유지 관리가 궁극적 목적이라 하겠다. 이를 위하여 고립사 예방 목적의 안전지원, 고립형 우울 예방을 위한 사회참여 지원, 신체 및 인지기능 유지 향상을 위한 각종 생활교육 및 활동 프로그램, 가사, 외출, 기타 생활지원 및 사례관리가 포함된다. 사회복지사 또는 생활지원사에 의하여 제공된다. 서비스 형태는 재가형과 통원형(집단 프로그램 참여형)으로 나뉜다.

3) 장애인돌봄서비스

2007년 장애인활동보조지원사업으로 도입되고 2010년 장애인활동지원에 관한 법률의 제정을 발판으로 2011년 전면 개편 시행된 장애인활동지원제도는 한국의 대표적인 장애인을 위한 공적 돌봄서비스이다. 오랜 기간 동안 장애인 등급제도가 유지되었던 한국에서 2019년 일상생활 지원 자격기준 중 장애인등급이 최소화됨에 따라 장애인활동지원제도의 자격기준은 활동지원등급 판정을 받은 등록장애인이다. 장애인의 활동지원등급 판정은 「장애인복지법」상 서비스지원 종합조사 결과에 의해 결정된다. 활동지원등급은 총 15구간으로 나뉘는데, 서비스 욕구가 가장 큰 1구간부터 15구간으로 구성된다. 서비스 내용은 활동지원사에 의한 신체활동, 가사활동, 사회활동, 방문목욕지원과 방문간호지원이 포함된다. 이외에 특별지원 내용이 있는데, 출산, 탈시설 후 자립준비, 보호자 일시 부재 등의 경우 만 6개월 또는 그 이하의 기간 동안 활동지원서비스를 받을 수 있다. 장애인활동지원사의 돌봄노동에 대하여, 국가는 서비스 이용비용을 지원한다. 지원금액은 1구간의 활동지원 욕구를 가진 장애인은 월 648만원 상당의 장애인활동지원사 이용비용을 지원받고, 15구간 해당자는 월 81만원 상당의 장애인활동지원사 이용비용을 지원받는다. 특별지원급여 해당자는 월 100만원 또는 27만원 상당의 서비스를 받을 수 있다. 활동지원등급에 해당하는 서비스에 대해서는 장애인 당사자의 소득수준에 따라 본인부담률이 달라진다. 저소득층은 무료 또는 2만원의 정액을 부담하고 소득수준이 증가함에 따라 전체 비용 중 4%, 6%, 8%, 10%를 부담한다. 특별지원급여 해당자는 본인소득수준과 상관없이 모두 본인 부담금을 면제받는다.

3. 돌봄휴가

돌봄휴가는 노동시장에 참여한 남녀노동자가 자신의 가족구성원에게 직접 돌봄을 제공하기 위한 시간과 비용을 지원하는 제도이다. 돌봄수당은 원칙적으로는 돌봄제공 가족구성원의 취업 여부와 상관없이 지불되나 현실적으로 돌봄의 가족화의 위험이 있는 반면, 돌봄휴가는 이상적으로 볼 때 노동시장에서의 일과 돌봄을 병행할 수 있도록 지원하는 제도이다. 또한 돌봄책임에 대하여 가족과 사회가 균형 있게 분담할 수 있게 하는 장점을 지녔다. 그러나 사회문화적으로 모성통념이 강하고 여성의 돌봄휴가 사용으로 인한 기회비용이 남성에 비해 적다는 사회통념이 강한 나라일수록 돌봄휴가는 돌봄수당과 마찬가지로 돌봄의 사회화와 돌봄의 탈여성화에 직접적인 효과를 가져오기는 힘들다(여유진 외, 2017). 또한 돌봄휴가는 실질적으로 상시직 대기업 종사자에게 국한된 제도이고 자영업자나 임시직과 일용직에 종사자는 사실상 배제되는 한계를 지녔다.

한국에서 취업한 부모가 아동에게 직접 돌봄을 제공하는 데 대한 대표적인 국가의 책임은 2000년 도입된 출산휴가와 육아휴직제도라 하겠다. 이후 점차 출산휴가기간 중 급여수준이 인상되고 육아휴직 역시 무급에서 시작하여 고용보험 재원으로 유급화되고 인상되었다. 반면 취업한 성인이 가구 내 노인부모 또는 노인배우자에게 직접 돌봄을 제공하도록 시간과 비용을 지원하는 제도는 아직 초보적 수준이다. 노인돌봄휴가로서는 노인장기요양보험 등급판정자 중 그 가족이 휴가 등 일시적으로 휴식이 필요할 때 연간 8일 이내 단기보호 또는 방문요양 시간비용을 지원받는 제도를 들 수 있다. 장애인돌봄휴가로서는 발달장애인을 돌보는 가족에게 여행 및 휴가비용을 지원하거나 돌보미를 발달장애인 가정 또는 여행지에 파견하거나 기관에서 돌봄을 제공하는 제도를 들 수 있다.

참고문헌

공병혜 (2002). 돌봄의 윤리를 위한 미감적-윤리적 패러다임. *Journal of Korean Academy of Nursing, 32*(3), 364-372.

권진희 (2019). 노인장기요양보험의 치매 노인 지원 현황과 과제. **보건복지포럼, 2019**(10), 19-30.

김은정 · 이혜숙 (2016). 영유아 보육 (돌봄) 지원 정책 평가와 정책 과제-보육료 지원 정책을 중심으로. 한국보건사회연구원.

김은정 · 장수정 · 정영모 · 오신휘 (2019). 초등아동 대상의 공적 돌봄 서비스 공급 체계 분석과 정책 과제. 한국보건사회연구원.

김혜경 (2004). 보살핌노동의 정책화를 둘러싼 여성주의적 쟁점: "경제적 보상 (payments for care)"을 중심으로. **한국여성학, 20**(2), 75-104.

김혜지 · 최영 · 김남연 (2022). 노인장기요양 현금급여 통제정책에 대한 국가 간 비교연구-독일, 스웨덴, 영국을 중심으로. **한국지역사회복지학, 81**, 139-186.

김희강 · 강문선 (2010). 돌봄의 공공윤리: 에바 키테이 (Eva F. Kittay) 이론과 '장애아가족 양육지원사업'. **한국정치학회보, 44**(4), 45-72.

Tronto, Joan C. (2013). **돌봄 민주주의**. 김희강 · 나상원 역 (2014). 아포리아.

노대원 · 이소영 · 황임경 (2022). 위태로운 시대의 취약성 연구: 취약성 개념의 초학제적 탐색. **비교한국학, 30**(1), 15-41.

백경흔 · 장수정 · 송다영 (2017). '돌봄민주주의' 관점에서 본 보육정책. **한국가족복지학, 57**, 183-215.

여유진 · 김영순 · 강병구 · 김수정 · 김수완 · 이승윤 · 최준영 (2016). 한국형 복지모형 구축-복지레짐 비교를 통한 한국복지국가의 현 좌표. 한국보건사회연구원.

윤진아 (2021). 노인장기요양보험법상 가족요양제도의 현황과 개선방안. **법학논총, 38**(4), 55-76.

이선미 (2016). 돌봄의 특성과 돌봄 공공성의 요건. **사회와 이론, 29**, 223-260.

정익중 · 오정수 (2021). **아동복지론**. 학지사.

조현준 (2017). 한나 아렌트의 비선택적 공거와 주디스 버틀러의 프레카리티 정치학: 몸의 정치학과 윤리적 의무. **비교문화연구, 48**, 361-389.

최혜지 · 이미진 · 전용호 · 이민홍 · 이은주 (2020). **노인복지론**. 사회비평.

트론토, 조안 (2014). **돌봄 민주주의**. 김희강 · 나상원 역. 아포리아.

현남숙 (2013). 가족서사의 변화와 보살핌의 다원화. **한국여성철학, 20**, 95-119.

Butler, Judith (2015). *Notes Toward a Performative Theory of Assembly*. Cambridge.

Chinn, P. L., & Kramer, M. K. (1995). *Theory and Nursing Theory and Nursing*. Mosby-Year Book, St. Louis.

Daly, M., & Lewis, J. (2000). "The concept of social care and the analysis of contemporary welfare states". *The British journal of sociology, 51*(2), 281-298.

Kittay, Eva Feder. (1999). *Love's Labor*. New York: Routledge.

Kittay, Eva Feder. (1995). "Taking dependency seriously: The Family and Medical Leave Act considered in light of the social organization of dependency work and gender equality", *Hypatia, 10*(1), 8-29.

Knowlden, V. (1991). "Nurse caring as constructed knowledge and nursing". M. Neil & R. Watt. Explorations in Feminist Perspectives, 20.

Kolkey, S. (2022). "People over Profit: The Case for Abolishing the Prison Financial System". *Cal. L. Rev., 110*, 257.

Morse, J. M., Solberg, S. M., Neander, W. L., Bottorff, J. L., & Johnson, J. L. (1990). "Concepts of caring and caring as a concept". *Advances in nursing science, 13*(1), 1–14.

Nancy Fraser, & Linda Gardon (2002). "A Geneology of Dependency", Kittay & Eva Feder (ed.), The subject of care: feminist perspectives on dependency, *Rowman & Littlefield Publishers*.

Watson, M. J. (1988). "New dimensions of human caring theory". *Nursing science quarterly, 1*(4), 175–181.

CHAPTER 11

노동과 사회복지

노동무능력자에 대한 보호에서 노동자의 사회적 임금으로

CHAPTER 11

노동과 사회복지

노동무능력자에 대한 보호에서 노동자의 사회적 임금으로

오늘날 노동은 인간의 사회적 활동 중에서 가장 중요한 활동으로 여겨지고 있다. 인간의 생애주기를 아동기, 청장년기, 노년기로 구분할 때 아동기는 노동을 준비하는 시기, 청장년기는 노동하는 시기, 노년기는 노동에서 은퇴하는 시기로 규정하는 것은 현상의 본질을 파악하는 데 매우 유용한 개념화이다. 노동은 인간의 전 생애에서뿐만 아니라 인간이 살아가는 매일의 일상인 하루의 삶에서도 역시 핵심 활동으로서의 위상을 갖는다. 우리는 노동 혹은 예비노동을 위해 피곤한 몸을 일으켜 세워 출근 행렬에 동참하며 그간 갈고 닦은 기술과 태도로 주어진 노동을 감당하다가 영혼이 너덜너덜해질 즈음, 고단한 몸과 영혼을 누일 수 있는 나만의 안식처(존재하거나 혹은 미래에 얻고자 하는) '홈 스위트 홈(home sweet home)'을 향해 다시 퇴근길 인파에 몸을 싣는다. 지구상 모든 도시의 하루는 이러한 노동하는 인간의 장대한 행렬과 관련한 공간들 사이의 점멸하는 동선으로 채워진다. 이 점에서 인간 존재를 노동하는 인간, '호모 라보란스(Homo laborans)'로 규정하는 것은 적절하고 타당하다.

노동하는 인간이 보편형인 시대에 노동하지 않는 인간은 정상에서 벗어난 존재, 쓸모없는 잉여의 존재가 된다. 인간 실격의 존재가 되지 않기 위해 그리고 더 나은 물질적 보상을 제공하는 소수에게만 허락된 특권화된 노동의 기회를 얻고 유지하기 위해 우리는 어려서부터 경쟁의 원리를 내면화하며 자기계발을 넘어서 자기착취에 가까운 '노오력'을 감내한다. 그러나 노력의 기회조차 불평등하게 주어지는 현실에서 사회적 지위와 물질적 보상을 제공하는 특권화된 노동을 수행하는 소수와, 사회적 지위는커녕 생계를 위한 수단으로서의 안정성도 담보할 수 없는 불안정한 노동을 수행하는 다수 모두에게 노동은 간절히 열망하는 것인 동시에 벗어나고 싶어하는 것이다. 즉 우리 모두는 일자리의 질과 관계없이 노동을 위해 준비하고 죽도록 노동하다가 정작 노동에서 벗어난 이후의 노년의 시간을 어떻게 사용할지 몰라 그저 시간을 때우다가 마침내 죽고 마는 존재의 양식으로부터 그리고 그러한 존재를 규정하는 지배적 행위 규범인 노동으로부터의 해방을 원한다. 이렇듯 인간 존재 그리고 사회적 측면에서 다의적/다층적 의미를 갖는 노동의 의의는 어떻게 형성된 것인가? 이 장에서는 특별히 이러한 질문에 초점을 맞추어 노동의 인간 존재론적 의의와 함께 역사적 관점에서 노동이 갖는 사회적 의의의 변화 양상을 살펴보고자 하였다.

오늘날 노동을 둘러싼 환경은 급속도로 변화하고 있다. 무엇보다 우리의 상상력을 뛰어넘는 눈부신 기술의 발전은 산업화 이후 지속되어온 노동시장의 재편 및 일자리 감소를 가속화시킬 것으로 전망되고 있다. 전반적인 일자리 감소 추세에서 기술발전을 촉발하거나 기술 대체가 어려운 소수의 특권화된 일자리와 기술발전에서 주변화되거나 기술 대체 가능성이 높은 다수의 불안정 일자리로 노동시장이 양분화되는 노동시장의 이중화는 더욱 심화되고 있으며, 총성 없는 무역전쟁에서 우위를 점하기 위해 원가절감을 목적으로 한 제조업의 해외이전 확대와 국내 노동집약적 산업부문에서의 국외 이주노동 증가라는 세계화와 글로벌 경제화 역시 가속화되고 있다. 변화하는 노동의 양상과 관련하여 노동자인 시민의 생존과 인간다운 삶을 위한 사회적 기획이라고 할 수 있는 사회복지는 어떻게 대응해야 할 것인가? 이 장에서는 전통적으로 노동 능력 없는 자의 생존을 위한 최후의 보루였으며, 산업화 이후 노동과 관련한 사회적 위험에 대한 사회안전망으로서 역할을 수행해왔던 사회복지의 역사를 성찰하는 가운데 작금의 시대가 요구하는 사회복지의 새로운 과제를 도출해 보고자 하였다.

제1절 노동의 본질과 사회적 중요성

1. 노동의 의의

노동(labour)이란 무엇인가? 국어사전에서는 '몸을 움직여 일을 함', 사람이 생활에 필요한 물자를 얻기 위하여 육체적 노력이나 정신적 노력을 들이는 행위'를 노동으로 정의하고 있다. 이러한 정의는 노동이 일(work)과 불가분의 관계를 갖고 있으며 특정한 목적, 특히 물질적 필요 충족을 위해 필요한 재화를 얻고자 하는 경제적 목적을 가지고 수행되는 몸과 정신의 노력, 즉 일을 구성하는 요소이자 일 그 자체임을 말해주고 있다. 이렇듯 일과 노동은 바꿔서도 그 뜻이 통하는 유사 개념어라고 할 수 있다.[01]

이렇듯 생계에 필요한 재화를 얻는 신체 및 정신활동으로서 노동은 하루 중 가장 많은 시간을 할애하는 활동이면서 생리활동과 여가 등 다른 활동을 노동을 준비하거나 노동으로 인한 피로 및 스트레스를 해소하는, 다시 말해서 노동 부수적/종속적 활동으로서의 성격을 갖도록 한다는 점에서 인간 활동 중 가장 핵심적인 활동이라고 할 수 있다. 동시에 노동은 생애주기적 관점에서 아동과 성인을 구분하는 기준으로서의 의의를 갖는다. 성인(成人)의 뜻을 한자어로 풀어보면 이룬(成) 사람(人)이며, 의역하면 사람으로서의 자격을 갖춘(이룬) 자라고 할 수 있는데, 이 말은 생계에 필요한 재화를 스스로 얻을 수 있는 활동(노동)을 할 수 있는 자를 의미한다. 그렇다면 성인의 대척점에 있는 아동은 아직 이루지 못한 자(미성년)이며, 생계에 필요한 재화를 스스로 얻는 활동(노동)을 할 수 없는 자라는 의미가 부여될 수 있다. 여기에서 한 가지 의문을 떠올릴 수 있다. 아동

01 그럼에도 이 장의 제목을 노동으로 정한 것은 우리 시대의 경제시스템인 자본주의체제의 등장과 발전 과정에서 재화의 분배를 둘러싸고 자본과 숙명적인 갈등 혹은 긴장 관계를 갖는 생산요소로서 더 많이 호명되는 용어가 노동이라는 점에서, 더불어 노동능력, 노동권, 적극적/소극적 노동시장정책, 노동연계 복지 등 사회복지학 및 제도에서 중요한 위상을 갖고 있는 용어들에서 노동이 접두어 혹은 핵심어로 더 많이 활용되고 있는 현상을 고려할 때 일 대신에 노동이 더 적합하다고 보았기 때문이다.

기는 정말로 노동으로부터 자유로운 시기인가, 노동하지 않는 시간을 놀이와 여가로만 채울 수 있는 시기인가 하는 것이다. 생계를 위한 스스로의 활동을 면제받지만 결국 타인(대개 부모)의 노동에 의해 물질적 필요를 충족하는 시기라고 볼 수 있는 아동청소년기의 노동하지 않고 남는 시간은 학업으로 채워진다. 일반적으로 아동이 상급학교로 진학할수록 학업의 강도는 세지고 학업시간은 길어지는데, 한국은 전 세계에서 이를 가장 잘 보여주는 사회이다. 노동의 대체활동으로서 학업에 과도한 시간과 노력을 투입하는 이유가 더 효율적인 노동, 즉 노력과 시간대비 더 많은 보상을 얻을 수 있는 직업을 획득하기 위한 것이라는 점에서 학업은 성인의 노동과 다를 바 없는 유사노동 혹은 예비노동이다.

그렇다면 노동의 관점에서 생애의 마지막 단계인 노년은 어떠한 의미를 갖는가? 산업화된 현대 국가에서는 아동과 마찬가지로 노인에게 노동의 규범을 적용하지 않는다. 노동자가 일정 이상 연령이 되었을 때 본인의 의사와 관계없이 강제 퇴직하도록 한 정년 제도는 노년기 노동에 대한 사회적 규범을 상징하는 제도이다. 정년에 도달한 성인은 비로소 (노동의 의무를) 완전히 이룬 사람(成人)이 되고 이제 그는 노동으로 채웠던 시간을 온전히 여가활동으로 채울 수 있는 선배 시민(senior citizen)의 자격을 갖는다. 물론 노년에 대한 이러한 낭만적 서사가 현실이 되기 위해서는 공적연금과 같은 사회보장제도와 개인적 노후 대비 등이 뒷받침되어야 한다. 안타깝게도 대부분의 노인은 빈궁한 노년을 보내고 있으며 그래서 노동은 노년에도 여전히 놓지 못하는 주요한 활동이 되고 있으나 쇠약한 몸과 정신으로 겨우 버티어내는 황혼 노동의 대가는 싸기만 하다.

한 개인에게 하루 중 가장 많은 시간과 에너지를 쏟는 활동이 노동이며 그의 전 생애가 노동을 중심으로 전개된다는 것은 개인적 차원에서의 노동의 의미를 되새겨 본 것이다. 그렇다면 사회적 차원에서 노동은 어떠한 의미를 갖는가? 채집과 수렵의 원시경제를 거쳐 경작과 가축사육의 일차 산업의 등장, 가내수공업에서 산업혁명 이후 본격화된 제조업의 눈부신 발전과 유통, 금융, 휴먼서비스 등 비물질적 재화를 생산하는 서비스업의 융성에 이르기까지 산업의 시대별 변천사에서 나타난 노동의 두드러진 변화는 고도의 분업화이다. 노동에서 분업화의 진전은 하나의 일이 여러 개의 일로 분화되고 분화된 일이 재차 더욱 세분화된 일로 구분된다는 것을 의미하며 이로 인해 예전에 없던 수많은 직업들이 생겨나고 동시에 직업 간 상호의존성은 더욱 증가하게 되었다. 우리 모두는 각기 고도로 분업화되고 긴밀히 연결된 노동 구조하에서 자신에게 주어진 적은 과업만을 수행하고 있을 뿐이며, 이러한 개별 노동의 총체적 수행을 통해 사회는 작동하고 유지된다. 즉 노동의 관점에서 사회란 곧 상호 연결과 상호 의존을 특징으로 한 분업화된 노동의 체계라고 할 수 있다. 노동이 주는 이러한 사회적 의미에 더해 근대 이후의 사회에서는 노동이 시민의 자격을 구분하는 도덕적 기준이 되었다. 과학이라는 지적 노동의 결과로 전 산업에서 생산성이 증가하게 되면서 풍요와 편리함을 특징으로 하는 근대사회가 출현하였고 끊임없는 성장을 추구하는 자본주의의 속성은 노동하는 인간을 표준적 시민으로 설정하였으며, 반대로 노동하지 않거나 노동할 수 없는 시민은 불온하거나 무용한 존재로 취급되었다. 바야흐로 노동은 근대인의 덕목이었으며 노동의 종류와 지위는 계층/계급화의 결정적 요인이 되었다.

2. 노동의 권리와 존엄성

노동은 인간의 기본적인 권리로서 현대 국가는 국제 법규 및 국내 법률에서 모든 인간에게 노동의 권리가 있음을 천명하고 있다. 대표적으로 세계인권선언 및 사회적 · 문화적 권리에 관한 국제규약(사회권 규약)에서는 노동 활동 그 자체에 참여할 권리를 의미하는 노동의 권리와 함께 그러한 노동이 인간다운 조건에서 수행될 뿐만 아니라 지속적으로 그 조건을 개선하는 데 참여할 권리를 의미하는 노동 조건의 향유 및 구성에 관한 권리가 모든 인간에게 귀속되어 있음을 분명히 하고 있다.[02]

---

02 세계인권선언 제23조 제1항은 "모든 사람은 노동의 권리, 자유로운 직업 선택의 권리, 공정하고 유리한 노동조건에 관한 권리 및 실업으로부터 보호받을 권리를 가진다"고 규정하고 있으며, 제24조는 "모든 사람은 노동시간의 합리적 제한과 정기적인 유급휴일을 포함한 휴식과 여가에 관한 권리를 가진다"고

이렇듯 오늘날 노동의 권리는 이의를 제기하기 어려운 당연한 권리로서 받아들여지고 있으나, 노동이 왜 기본권이어야 하는지 노동에 어떠한 의미가 내포되어 있기에 인간의 보편적 권리로서 받아들여졌는지에 대해서는 숙고해 볼 필요가 있다.

기본권이란 인간답게 살아가는 것, 다시 말해서 인간으로서의 실존에 반드시 필요한 자격이나 힘으로서 모든 기본권은 본질적으로 인간존엄성을 구성하는 요소이다. 따라서 노동이란 인간으로서의 자격, 인간다움을 이루는 데 없어서는 안 될 '존엄한' 활동으로서의 의미를 갖는다. 그렇다면 이러한 노동의 존엄성은 어디에서 비롯되는가?

이는 무엇보다 노동이 인간의 생존에 필요한 물질적 재화를 얻는 생명 유지 활동이라는 속성에서 기인한다. 유기체로서 인간이 생명을 유지하기 위해서는 몸의 대사에 필요한 에너지원을 섭취하고, 더위와 추위로부터 몸을 보호하며 내일의 활동을 위해 지친 몸을 회복해야 하는데, 이에 필요한 음식과 의복, 집 등의 물질적 재화를 얻는 활동이 바로 노동인 것이다. 생명유지에 필요한 물질을 획득하는 활동으로서의 노동은 인류사 전체에서 변함없이 이어지고 있으나 그 양상은 시대별로 차이를 보이는데, 원시경제와 농업경제 시대의 노동이 주로 의식주 등의 재화를 직접 산출하는 활동이었다면, 산업화 이후의 노동은 주로 재화를 시장에서 구매할 수 있는 교환수단(화폐)을 버는 활동이라고 할 수 있다. 그러나 화폐경제시대에서도 노동의 대가가 화폐로 주어질 뿐 노동의 본질이 화폐와 교환되는 물질적 재화를 생산하는 활동이라는 점은 동일하다. 내가 필요로 하는 재화를 직접 생산하는 자급자족 노동이 사회구성원 전체의 필요를 충족하기 위한 재화를 공동으로 생산하고 화폐를 통해 교환하는 분업 노동으로 바뀌었을 뿐이다.

어느 날 세계에 던져져 살아감을 당하는 존재인 인간은 그 우연한 삶의 의미와 삶의 목적을 끊임없이 묻는 유일한 생물종이라는 점에서 지구를 삶의 터전으

규정하고 있다. 또한 사회권규약에서도 모든 사람이 자유로이 선택할 수 있는 노동의 권리, 모든 사람이 향유할 수 있는 노동조건, 노동조합의 결성과 참여에 대한 권리 등을 명시하고 있다(제6조부터 제8조까지).

로 공유하는 다른 생물종과 구별된다. 그러나 생의 의미와 목적에 관한 성찰도 먹고 마시는 생명 유지 활동이 전제되어야만 가능한 것이다. 생명 유지에 필요한 물질적 재화를 산출하는 노동은 고되다. 재화의 원료는 자연이 준 것이나 그것을 재화로 만드는 것은 전적으로 인간의 노동이다. 농업(agriculture)의 어원은 라틴어의 agri(흙)와 culture(경작)를 합친 말로서 땅을 일구어 작물을 가꾼다는 뜻이다. 흙은 싹을 틔우고 자라게 하는 영양분을 공급하지만 흙만으로 작물을 수확할 수 없으며 공기, 물, 빛이라는 작물 생육에 필요한 또 다른 자연적 요소가 더해지고 여기에 씨를 뿌리고 가꾸며 거두는 인간의 노동력이 투입되어야만 비로소 우리는 음식의 재료를 얻을 수 있다.

신체활동에 필요한 에너지원을 공급하는 재화인 음식이 어떻게 나의 한 끼가 되는지 생각해 보자. 특별한 날에 마주하는 산해진미로 차려진 진수성찬이든 수업 중간에 가벼이 끼니를 해결할 요량으로 편의점에서 집어든 삼각김밥과 라면으로 차려지는 소박한 밥상이든 우리가 매일 맞이하는 밥상을 채우는 음식은 수많은 사람들의 노동이 더해진 총체이다. 오늘 점심으로 학교 인근 식당에서 맛있게 먹은 김치찌개는 씨 뿌리고 가꾸며 거둔 농부, 산지에서 마트로 배송한 화물운송기사, 보관창고에서 꺼내와 보기 좋게 진열대를 채운 진열/매장관리 직원, 계산을 맡은 캐셔 직원, 손질하고 조리한 식당 조리사 등 한 알의 배추씨앗이 김치찌개가 되기까지의 생산–유통–소비의 과정에서 거쳐 간 타인들의 굵은 땀방울과 거친 호흡, 몸에 밴 정교한 동작과 민첩한 손놀림으로 탄생한 것이다.

이름 모를 타인의 노동에 의존하고 있는 것이 비단 먹고 마시는 일뿐이겠는가? 아침에 일어나 씻고 단장하며, 이동하고 일(work)하며, 친구를 만나고 저녁에 집으로 돌아오기까지 나의 하루는 타인의 노동에 기대어 굴러간다. 어찌 보면 나라는 존재 자체가 부모를 비롯한 수많은 타인의 노동의 총합인 것이다. 이러한 자기 자신에 대한 존재론적 인식은 내가 살아가고 있는 이 세계와 문명이 인류 전체의 노동 위에 세워졌으며, 지금 이 순간도 함께 살아가는 모든 이들의 노동으로 이 세계가 유지되고 있다는, '사회와 문명을 주조하는 노동'으로 불러봄직한 세계 인식으로 확장될 수도 있을 것이다.

우리 모두는 노동으로 창조한 세계에 살고 있으며, 각자의 노동으로 연결되어 살아간다. 기본권으로서 노동의 권리는 유기체인 인간을 살게끔 하는 재화를 산출할 뿐만 아니라 세계와 문명을 창조하는 행위로서의 노동이 지니는 위대함과 숭고함에서 비롯된다. 그렇기에 어느 누구도 이러한 노동의 권리에서 배제되어서는 안 되며 동시에 모든 사람은 지금보다 더 나은 문명을 창조하는 노동에 반드시 참여해야 할 의무를 지닌다.

3. 노동의 과거와 현재

인생을 아동기, 성년기, 노년기로 구분할 때, 아동기와 노년기의 사람들에게는 노동하는 것이 기대되지 않는다. 대신에 '생산인구'라고도 불리는 인생의 중간기에 해당하는, 그러나 가장 긴 시기인 성년기에 해당하는 사람들에게 노동은 자신이 이 사회에서 잉여의 존재가 아니라 가치 있는 존재임을 드러내기 위해서 반드시 지켜야 하는 도덕적, 사회적 규범이다.

우리나라를 비롯한 '산업화된 민주사회'에서 살고 있는 평균적인 성년기 시민의 하루는 생리활동, 노동, 여가활동으로 구분되는 세 가지 주요 활동으로 이루어진다. 노동하는 평균적 시민의 이상적인 하루는 이들 세 가지 활동에 24시간이 공평하게 배분되는 것이다. 즉 8시간 잠을 자고, 8시간 노동하며, 8시간 쉬는 것이야말로 평균적인 노동자가 기대하는 하루이다. 다시 한번 강조하지만 이는 산업화된 민주사회에 살고 있는 노동자에게나 가능한 일과표이다. 산업화된 민주사회가 아닌 사회, 즉 과거 산업화 이전의 귀족사회 또는 현대의 산업화되지 않은 사회(아프리카, 남아메리카, 동남아시아 등 저개발국가)의 노동자들의 하루 일과표는 훨씬 더 긴 시간의 노동과 짧은 여가시간으로 채워질 것이다.

일례로서 산업화된 민주사회에 사는 평균적 시민의 삶과 산업화 이전의 과거의 모든 귀족사회에서 살았던 사람들의 삶을 비교해 보자. 식민시대 미국의 귀족사회와 봉건시대 유럽의 귀족사회, 고대 그리스와 로마의 귀족사회 등 과거의 산업화 이전의 귀족사회에서는 인간이 두 계급으로 나뉘었다. 즉 인간은 노예 또는 장인으로서 노동자계급에 속했거나, 자유인으로서 유한계급에 속했다. 물론 노동자계급에 속하는 사람들의 수는 많았고 유한계급에 속하는 사람들의 수는 적었다.

그런데 이 두 계급에 속하는 사람들은 세 부분으로 이루어진 삶이 아닌 두 부분으로 이루어진 삶을 살았다. 오늘날의 평균적인 시민은 잠과 일과 자유 시간의 세 부분으로 이루어진 삶을 산다. 그러나 산업화 이전의 노예들은 어느 사회에서나 단지 두 부분으로 이루어진 삶을 살았다. 즉 일과 잠이 그들의 시간을 거의 반씩 차지했다. 남는 시간은 설사 있었다고 해도 그 중노동이 피로를 회복하기 위해 12시간을 자면 일주일을 통틀어도 남는 시간은 별로 없었다. 어쩌면 가끔 쉬는 날도 있었을 수 있고 가끔 1시간 정도 쉬었을 수도 있었을 것이다. 그러나 산업화 이전의 모든 사회에서는 노동자계급에 속하는 노예들이 대체로 두 부분으로 이루어진 삶을 살았다. 그것은 반은 일, 반은 잠의 삶이었다.

바로 이 귀족사회에 또 하나의 계급이 있었다. 그것은 유한계급이라고 하는 자유인들의 계급이었다. 그런데 이들 역시 두 부분으로 이루어진 삶을 살았다. 우선 그들도 잠을 잤지만 그들은 일을 하지 않았기 때문에 노예들처럼 많은 잠을 잘 필요가 없었다. 그리고 얼마간의 잠시간을 뺀 나머지 시간은 자유시간이었다. 즉 그들은 두 부분으로 이루어진 삶을 살았던 것이다. 그들은 일하지 않았다. 그들은 모은 재산과 노예와 다른 사람들과 노동 덕분으로 노동으로부터 자유로웠다. 그들의 삶의 두 부분은 균등하지 않았다. 즉 그들의 시간의 약 3분의 1은 잠이었고 3분의 2는 자유시간이었다(모티머 J. 애들러, 2007: 375-376).

이렇듯 기원전 약 750년경 시작된 분업 혁명이 유한계급과 노동자계급이라는 계급 분화를 초래했다면, 1750년에 시작되어 현재까지 진행되고 있는 산업혁명은 노동자이며 동시에 여가인인 자유인들로 이루어진 계급 없는 사회의 등장을 가져왔다. 산업화 이전의 모든 경제체제는 통치권이 소수의 손에 있는 '귀족주의' 정치 형태를 갖고 있었다. 오직 산업경제의 출현 덕분으로 우리는 민주주의와 보통 선거권을 누릴 수 있게 된 것이다. 또한 산업화 이전의 모든 경제체제에서는 여가와 소수의 전문직종만이 존엄성을 갖고 있었다. 반면에 오늘날의 산업화된 민주사회에서는 모든 형태의 인간 노동이 존엄성을 갖는다(모티머 J. 애들러,

2007: 410-411).

산업혁명이 노동자의 삶에 미친 변화를 구체적으로 살펴보면, 무엇보다 기계의 사용으로 노동생산성이 대폭 늘어나면서 근로시간이 점진적으로 감소하는 가운데, 학력이 증가하고 선거권이 확대되었다.[03] 이렇듯 산업화는 노동자에게 긍정적인 영향만 미쳤던 것일까? 결코 그렇지 않다. 여기에서는 산업화 또는 자본주의의 폐해로 재화의 생산에 따른 이윤의 배분을 둘러싼 자본가와 노동자의 대립과 갈등이라는 사회구조적인 문제점은 차치하고 산업화로 인한 노동자의 삶에 대한 태도 혹은 가치에 초점을 맞추어 살펴보고자 한다.

산업혁명이 노동자에게 미친 부정적인 결과는 첫째, 노동의 평범화와 진부화이다. 재화를 생산하는 전체 공정 중 일부의 공정만을 담당하는 많은 노동자들은 장인으로서 느낄 수 있는 성취감과 자부심을 잃게 되었다. 마르크스의 표현을 차용하자면, 이는 노동자가 자신이 만든 상품으로부터 소외되는 일종의 '노동의 소외'라고도 칭할 수 있을 것이다.

둘째, 특히 현대 사회에 더욱 만연해 있는 생산성에 대한 맹목적 추구이다. 노동하는 즐거움과 노동의 결과물인 재화의 사회적 쓸모에 가치를 두기보다 재화를 더 많이 생산함으로써 더 많은 보상을 얻는 것을 노동의 궁극적인 목적으로 삼고 있기에 현대 사회의 대다수 노동자들은 스스로 노동하기를 쉬지 않는다. 이는 어쩌면 노동자의 자기 착취라고 할 수 있는데, 재독 철학자 한병철이 「피로사회」에서 21세기를 규율사회에서 성과사회로의 이행으로 규정하면서 "과다한 노동과 성과는 자기 착취로까지 치닫는다. 자기 착취는 자유롭다는 느낌을 동반하기 때문에 타자의 착취보다 더 효율적이다."라고 지적한 바 있다.

셋째, 생산성과 보상을 최우선으로 두는 것은 결국 노동 외 시간, 즉 노동자계급이 산업화로 인해 얻게 된 여가시간(레크리에이션, recreation)이 삶을 '재창조(re-creation)'하는 충만한 시간이 되지 못하고 그저 시간을 때우거나(past time) 노동력을 회복하는 의미로만 채워지는, 삶에서 여가가 주변부 활동에 머무르고

03 노동자의 주당 근로시간은 1850년 70시간 이상에서 1950년 40시간으로 줄었으며, 14~17세 청소년의 고등학교 진학률은 1890년 6.7%에서 1950년 70.0%로 증가하였다. 또한 선거권의 경우 1850년에는 전체 인구 중 16%만이 투표를 한 반면 1950년에는 65%가 투표하였다(모티머 J. 애들러, 2007).

노동과의 관계 속에서만 의미가 부여되는 '노동부수적 여가'가 만연하게 되었다.

이제 역사 속에서 노동이라고 하는 인간 활동이 어떻게 변화하였는지 정리해 보자. 자신과 가족의 생명유지에 필요한 최소한의 재화를 얻기 위한 목적의 비사회적 활동으로 시작되었던 노동은 더 많은 재화를 얻고자 타인과 협업하는 조직화된 사회적 활동(분업화)으로 전환되었으며 결정적으로 생산과정에 기계가 본격적으로 활용되면서 생존에 필요한 재화의 획득을 넘어서 편리함과 안락함을 특징으로 하는 물질문명의 토대를 이루었다. 노동의 이러한 눈부신 성취는 노동을 인간의 전 생애를 노동을 중심으로 구분하고 가장 높은 생산성(물질적 보상)을 보이는 노동을 모두가 욕망하도록 함으로써 개인과 사회적 차원 모두에서 가장 중요한 인간 활동이라는 지위를 얻게 되었다. 현대인들에게 노동이 갖는 중요성은 노동의 다차원적 기능 측면에서도 살펴볼 수 있다.

표 11-1 | 노동의 기능

구분	내용
경제적 기능	생존과 재생산에 필요한 소득의 창출
사회적 기능	사회적 관계망의 형성과 유지
도덕적 기능	사회성원으로서 도덕적 책임 이행
정서적 기능	자아정체감/효능감 유지, 정서적 만족감

생산성의 증대로 평균적인 노동자의 노동시간은 점진적으로 줄어들고 있고 평균소득 역시 증가하고 있으나, 노동 관련 통계가 '평균의 함정'[04]이 대표적으로 작동하는 분야임을 고려할 때 평균으로 포착되지 않는, 대다수 노동자가 처한 노동의 현실은 위태롭기만 하다.

04 집단의 특성을 보여주는 대푯값인 평균은 개별값 중 극단치(매우 크거나 작은 값)의 영향을 많이 받는데, 이로 인해 평균값이 집단의 실체를 제대로 반영하지 못하는 현상을 일컬어 '평균의 함정'이라고 한다. 평균수명이나 임금, 노동시간 등 이질적 분포를 띠기 쉬운 대푯값을 평균으로 파악하는 경우 집단의 특성을 왜곡하기 쉬우며, 따라서 이 경우에는 중앙값이나 최빈값이 보다 집단의 특성을 잘 대표하는 값으로 간주된다.

제2절 노동의 사회적 양상

오늘날 직업의 수는 얼마나 될까? 한국고용정보원이 발간한 한국직업사전에 따르면, 2019년 말 기준 대한민국의 직업 수는 12,823개에 이른다. 이 12,823개는 본 직업과 관련 직업만을 더한 숫자로, 유사직업까지 합하면 직업명 수는 16,891개로 늘어난다. 과거와 비교해 보면 직업의 수는 계속적으로 증가해왔음을 알 수 있다. 대한민국 최초로 직업사전이 발간되던 해이자 은행원이나 대기업 사원만큼이나 택시기사가 인기 직종이던 1969년, 그 해 직업사전에 수록된 직업명 수는 3,260개에 불과했다. 하지만 이 숫자는 1986년이 되면서 8,900여 개로 늘어났다. 버스안내양이나 우산수선원처럼 사라진 직업도 있음을 고려하면 강산이 두 번 변하는 동안 6천 개가 넘는 새로운 직업이 생겨난 셈이다. 그리고 2012년 들어 직업명 수는 9,298여 개로 늘어났고, 이 수는 곧 10,000개를 넘어서 현재에 이르렀다.[05]

이토록 수많은 직업이 사라지거나 새로이 등장하는 역동성을 보여주는 노동의 세계는 본질적으로 수요와 공급이 만나서 거래가 이루어지는 시장적 특징을 지닌다. 상품과 서비스의 교환이 시장에서 이루어지듯이 개인의 노동력도 유사상품으로서 노동력을 판매하려는 공급자(노동자)와 노동력을 구매하려는 수요자(기업)간 거래가 이루어지는 '노동시장(labour market)'을 통해 교환이 이루어진다.

최근 노동시장에서는 어떤 구조적 특징이 고착화되는 현상을 보이고 있으며, 아울러 노동을 둘러싼 사회적 조건과 맥락은 급박하게 변화하고 있다. 여기에서는 '불안정 노동(precarious work)'[06]으로 호명되는 노동의 위기, 인류를 빈곤으로부터 구하고 이제는 지구의 지속가능성을 염려할 만큼 물질적 풍요를 가능케 했던 노동이 오히려 생산한 재화로부터 소외되고 노동의 주체가 삶의 벼랑 끝에 서게 되는 모순적 상황이 구체적으로 어떻게 전개되고 있고 이러한 현상은 어디

05 https://www.philinlove.com/entry/KOREAN-STANDARD-CLASSIFICATION-OF-OCCUPATIONS
06 계약직, 임시직, 일용직 따위와 같이 고용이 안정되지 못한 상태에서 하는 노동(네이버 국어사전).

서 비롯되었는지를 살펴보고자 한다.

1. 노동시장 이중구조(이중 노동시장)

노동시장 이중구조란 노동시장이 임금, 일자리 안정성 등 근로조건에서 질적 차이가 있는 두 개의 시장으로 나뉘어 있다는 것을 말한다. 대부분의 사람들이 선망하는 양질의 일자리를 제공하는 1차 노동시장과 고용안정성과 임금 등에서 상대적으로 열악한 2차 노동시장으로 구분되어 있다는 것이다. 또한 노동시장 이중구조라는 단어에는 두 시장 간 일자리의 이동이 자유롭지 않다는 의미도 담겨 있다.

1차 노동시장은 일반적으로 많은 사람들이 선호하는 대기업 정규직, 공무원 등이 포함된다. 2차 노동시장에는 이를 제외한 중소 및 영세기업, 비정규직 일자리가 해당된다. 2018년 8월 기준 국내 전체 임금 근로자의 10% 정도만 1차 노동시장에 종사하고 90%의 근로자는 2차 노동시장에서 일하고 있다. 두 노동시장 간의 근로조건 격차는 큰 편이다. 1차 노동시장의 근로자 평균임금은 2차 노동시장에 비해 1.7배 높으며, 평균 근속연수도 1차 노동시장 근로자가 2.3배 긴 것으로 나타났다.

물론 시장경제체제에서 노력과 성과에 따른 차별화된 보상은 어느 정도는 자연스럽다고 할 수 있으나, 자신의 노력과 능력보다 노동자가 어느 노동시장에 속했느냐에 따라 보상이 달라지면 노동자들의 노동 의욕과 자기 발전 의지는 꺾일 수밖에 없다. 게다가 그 격차가 크고 좁혀지지 않는다면 소득불평등 문제를 심화시킬 수 있다. 노동자들이 두 시장 간 이동을 자유롭게 할 수 있다면 소득불평등 완화에 도움이 되겠지만, 안타깝게도 한국의 2차 노동시장 근로자는 전 세계에서 가장 높은 빈도로 직장을 옮겨 다님에도 불구하고 1차 노동시장으로 진입할 가능성이 매우 낮은 상황이다. 소위 노동시장에서의 계층이동 사다리가 걷어차여지고 있는 것이다.

1980년대 중반까지만 해도 중소기업 근로자의 임금이 대기업의 90% 수준으로 노동시장 이중구조는 큰 문제가 아니었다. 하지만 이후 격차가 벌어지기 시작했는데, 그 원인으로는 대기업과 중소기업 간의 생산성 격차가 확대됐고 근로자들의 권익을 대변하는 노동조합이 대기업 위주로 결성된 점을 들 수 있다. 이와 함께 한국의 특수한 시장구조도 주요 배경으로 지적된다. 국내 주요 대기업은 상품시장에서 독과점 지위를 확보하고 있으며 중소기업은 대기업에 납품을 하는 하청기업인 경우가 많다. 대기업과 중소기업 사이에 불공정거래가 발생할 가능성이 높았다는 뜻이다. 중소기업이 기술 개발과 원가절감을 통해 수익성을 높여도 대기업이 이른바 '납품단가 후려치기'와 같은 불공정거래 행위를 하면 중소기업 입장에서는 당할 수밖에 없었다. 이로 인해 중소기업은 투자 의지가 꺾이고 성장도 제약을 받으면서 노동자에게 더 좋은 고용 여건을 제공하지 못했다.

청년실업, 여성 고용 부진, 낮은 출산율, 생산성이 낮은 자영업의 과도한 비중 등도 노동시장 이중구조 문제와 밀접히 관련돼 있다. 청년들은 중소기업이나 비정규직으로 취업하면 1차 노동시장으로 이직하기 어렵다는 것을 알고 처음부터 공무원이나 공공기관, 대기업에 취업하고자 구직 기간을 늘리고 있다. 여성들은 출산과 육아 등으로 단절된 경력을 잇고자 할 때 2차 노동시장 외에는 선택지가 없다면 취업을 포기할 가능성이 크며, 경력단절에 대한 두려움 때문에 출산을 기피한다. 또한 은퇴자들은 열악한 2차 노동시장에 들어가느니 차라리 자영업을 선택하는 모습을 보인다.[07]

노동시장 이중구조의 양상을 정확히 파악하기 위한 관점 중 하나는 추세이다. 이중구조가 더 고착되고 있는지 아니면 완화되고 있는지를 파악하는 것이다. 대표적인 2차 노동시장 근로자인 비정규직 노동자가 전체 노동자 중에서 차지하는 비중은 조사마다 약간씩 차이가 있으나 국내기관 및 국제기구 조사를 망라하고 증가하는 경향을 보이고 있다는 것은 분명하다. 또한 2차 노동시장에서 1차 노

07 동아일보 (2019.9.3). 노동시장 이중구조, 왜 문제가 되나요. (https://www.donga.com/news/Economy/article/all/20190903/97239742/1)

동시장으로 이동하는 비중도 감소하고 있다. 관련 통계로서 OECD(경제협력개발기구)가 분석한 우리나라 임시직이 1년 후 정규직으로 전환될 확률은 11.1%로 나타나 OECD 국가 평균 전환율인 35.7%에 크게 못 미쳤으며, 또한 3년 후 정규직으로 전환될 확률도 OECD 대부분의 국가에서 50%를 넘는 반면 우리나라는 22%에 불과한 것으로 나타났다(장민, 2019).

2. 힘든 노동의 분배

사회의 유지와 발전에 필요한 유형, 무형의 재화를 생산하는 모든 노동은 그 자체로 존엄하나 그렇다고 시장에서 모든 노동에 동등한 가치가 매겨지지는 않는다. 특정 노동에 대한 대가는 어떻게 결정되는지 혹은 직업별 임금의 차이는 무엇을 근거로 한 것인지 질문을 해 본 적이 있는가? 이는 매우 논쟁적인 질문이다. 구체적으로 예를 들어 보자. 우리 사회에서 대표적 고소득 직업군인 변호사, 의사와 대표적 저임금 직업군인 돌봄노동자[08] 간 막대한 임금 격차는 어디에서 비롯된 것인가? 양 직업의 노동 가치(사회적 유용성)에 따른 차이인가 아니면 입직 노력에 대한 보상인가? 그 차이가 입직 노력에 대한 보상이라고 할 때, 입직의 1차 관문인 고등학교 내신과 수능성적이 이토록 커다란 임금 격차를 결정짓는 것은 합리적이며 타당한가? 고등학교 내신과 수능성적은 부모의 사회경제적 지위에 따른 후원과 무관한 온전히 개인의 노력과 역량에 따른 결과인가?

미국의 정치철학자 마이클 왈쩌는 정의를 다원적 평등의 관점에서 조망한다. 그는 재산이나 권력 혹은 명예와 같이 사회적으로 중요한 특정 가치를 소유한 일부 사람들이 그 가치 이외의 다른 가치(성원권, 종교적 신분, 신의 은총, 지식, 안전, 노동과 여가, 보상과 처벌, 의식주를 포함하는 일군의 가치, 수송, 의료, 일상용품 등)까지 모두 장악할 수 있는 상황은 정의로운 상태가 결코 아니라고 주장한다.

08 가족을 대신하여 거동이 불편한 노인과 장애인 등을 대상으로 주로 신체활동 및 가사 지원을 담당하는 노동자

그의 정의론을 관통하는 다원적 평등 이론은 여러 가지 사회적 가치들이 서로 구별된다는 점, 따라서 그 분배 원칙 역시 서로 다를 수밖에 없다는 점에서 출발한다. 그는 다양한 사회적 가치들의 고유한 분배 규칙을 논증하는 가운데 이 사회의 필수적인 '힘든 노동'은 어떻게 배분해야 하는 것인지, 힘든 노동을 사회적 지위가 가장 낮은, 경제력이 낮은 계층이 담당하도록 하는 것은 정의롭고 평등한 것인지를 묻는다.

이러한 노동은 점차 공공기관에서 담당하게 되었다. 그리고 병원, 정신요양원, 양로원과 같은 거대한 구호 기관에서 가장 힘든 노동, 가장 더러운 노동, 가장 실질적인 노동은 가장 하위직의 근무자들에게 위임된다. 사회적인 위계질서 안에서 자신의 지위를 가지고 있는 의사와 간호사는 이러한 노동을 조수, 잡역부, 간병인들에게 전가한다. 이들은 매일 매일 낯선 사람들을 위해서, 우리가 단지 사랑하는 사람이 위급한 상황에 처해 있을 때나 생각할 수 있는 노동들을 한다. (중략) 잡역부와 간병인들은 그들의 상급자들의 경우 그야말로 잠시 동안만 지켜보는 그런 조건에서, 그리고 일반 대중들은 전혀 본 적이 없거나 보고 싶어하지도 않은 그러한 조건에서 장시간 노동한다. 그들은 자주 이 세계의 다른 사람들이 포기한 사람들을 돌본다. 사회적 위계질서의 맨 아래에서 낮은 임금과 과도한 노동에 허덕이면서도 그들은 최후까지 남아 있는 인간의 마지막 위로자가 된다.

출처: 마이클 왈쩌 (1999). p.293, p.295.

돌봄노동과 같은 힘든 노동의 배분과 관련하여 두드러진 특징은 '여성화'이다. 전통적으로 여성에 의해 시행되던 일자리들은 임금이 낮았다. 여성들이 집중되어 있는 저임금 일자리는 다음과 같은 다섯 개의 C자 직업에서 주로 발견되는데, 청소(cleaning), 음식서빙(catering), 돌봄(caring), 캐셔(chshiering), 사무직(clerk)이다. 특별히 이 일들에 형편없는 보상이 주어진 것은 이 일에 여성이 집중되어 있었기 때문이라고 볼 수 있다. 때론 여성이 자신이 좋아하는 일을 하기도 했지만, 거의 예외 없이 그 일들은 저임금 직종이었다.

역사적으로 여성들의 일이 '용돈 벌이' 정도로 묘사되기도 한 것처럼, 숙련보다 '타고난' 본질이 중요하다고 여겨졌기 때문에 여성은 '자연적으로' 여성과 어울리는 일을 '사랑을 담은 노동자'로서 수행하는 것으로 묘사되기도 했다. 결과적으로 여성의 일에 대한 이와 같은 비하는 심각한 문제로 여겨지지 않았고, 대체로 정책결정자들도 이를 간과하였다(앤서니 기든스 · 필립 서튼, 2018).

돌봄노동과 같은 힘든 노동을 주로 여성이 전담하고 이들의 노동에 대해 낮은 임금이 지불되었던 배경에는 돌봄노동의 가치를 평가절하하는 가부장적 문화가 있다. 돌봄노동을 직업으로 행하는 유급 돌봄노동자들에 대한 불평등과 맞물려 고용 형태의 불평등, 가정 내 돌봄노동의 불평등이 복합적으로 작용하여 힘든 노동의 분배 구조하에서 여성이 불리함을 경험하고 있는 것이다.

산업화의 진전에 따라 생산에 필요한 노동력을 안정적으로 확보하기 위한 목적으로 아동 보육, 노인/장애인 돌봄제도가 도입되었음에도 그러한 공식적 돌봄이 여전히 가족주의에 머물러 있는 것도 돌봄노동에 대한 보상이 낮은 이유이다. 현재의 공적 돌봄은 유사 가족(pseudo family)돌봄이라고 할 수 있다. 이는 공적 돌봄이 가족돌봄의 보완재로 여겨진다는 점에서, 가족이 마땅히 해야 할 돌봄을 대신한다는 점에서, 가족처럼 돌본다는 것을 최고의 돌봄으로 홍보한다는 점에서(가족에 대한 가치를 투영한다는 점에서, 그러나 그 가치는 실체가 없다), 무급의 가족돌봄처럼 값싸게 지불한다는 점에서 그렇다.

3. 노동의 글로벌화

국내총생산(GDP)과 1인당 국민소득(GNI) 등 경제지표의 관점에서 우리나라가 선진국의 반열에 들어섰다는 것은 명확하다. 선진국이 되었다는 말을 다르게 표현하면, 산업화의 이행을 완수한 국가(developed country)가 되었다는 것이다. 이는 산업하가 진행 중인 국가에서 나타나는 높은 경제성장률은 과거의 것이 되었다는 의미이기도 하다. 외환위기였던 1998년을 제외하고 2002년까지 세계 경제성장률을 5% 이상 초과하는 높은 경제성장률을 보이던 우리나라의 경제성장률은 이후 세계 경제성장률보다 1% 내외로 높거나 때로는 더 낮게 나타나는 저성장 국가로 전환하였다.

산업화된 저성장 국가의 특징은 '고용 없는 성장(jobless growth)'이다. 전년도에 비해 GDP가 증가하고 1인당 국민소득도 증가하였으나 취업자 수 증가는 미미하거나 거의 정체되는 현상이 만성화되는 것이다. 실제 저성장의 시대로 접어든 2000년부터 2021년까지 GDP는 217% 증가하였으나 취업자 수는 같은 기간 31% 증가에 그쳤다. 이러한 고용 없는 성장의 배경에는 기업의 이윤 극대화 전략이 있다. 일자리 감소의 직접적인 원인이라고 알려져 있는 자동화의 급속한 진전은 기술의 진보와 기업의 영리추구가 맞아 떨어진 결과라고 할 수 있으며, 국가간 자본과 노동의 자유로운 이동을 가능케 한 지구경제화에 따른 생산기지의 해외 이전(offshoring) 역시 기업의 생산비 절감 전략으로서 고용 없는 성장을 가속화하였다.

국내 고용이 정체되어 있음에도 불구하고 눈에 띄는 현상은 이주노동자의 증가이다. 이 또한 지구경제화에 따른 현상이라고 할 수 있으며, 우리나라보다 앞서 산업화된 국가들에서와 같이 지리적으로 가까운 저개발국가 출신의 노동자들이 한국 사람들이 취업하기를 꺼리는 농축산업, 제조업, 건설업, 서비스업의 힘든 노동 분야로 대거 진출하고 있다.

4. 노동조합의 쇠퇴

산업국가들에서 생산직 노동자의 비중이 지속적으로 감소함에 따라 나타난 중요한 결과는 노동조합 회원 수의 감소다. 현대 산업발달 초기에는 대부분의 나라에서 근로자들은 정치적 권리를 전혀 가지지 못했고 그들이 속한 작업 조건에 대해서도 아무런 영향력을 행사하지 못했다. 노동조합은 노동자와 고용주 간의 권력 불균형을 바로잡는 수단으로 발달했다. 개인으로서의 노동자는 아무런 권력을 가지지 못했지만 집단조직을 통해 노동자들의 영향력이 상당히 증대되었다. 노동조합은 원래 주로 '방어적인' 조직이었다. 이를 통해 노동자는 고용주가 근로자들의 삶에 휘둘러 대는 압도적인 권력에 대항할 수 있는 수단을 제공받았다(앤서니 기든스 · 필립 서튼, 2018).

이처럼 노동조합은 노동자로서의 정체성에 기반하여 노동자들의 이익을 추구하는 정치결사체로서 이윤 배분 과정에서 노동자의 몫을 확대하고 국가로 하여금 사회적 임금에 해당하는 복지제도를 도입하도록 강력한 영향력을 행사하는 등 노동자의 실질적인 권익 향상에 크게 기여하였다. 개별 국가에서 노동조합의 영향력, 고용주에 맞서 노동자들의 대항력을 가늠해 볼 수 있는 지표가 전체 노동자 중 노동조합 회원 수의 비율로 나타내는 노동조합조직률이다. 국가들마다 차이가 있으나 산업화된 국가들의 경우 대체로 2차 세계대전 후 경제가 고도로 성장하는 시기에 노동종합 조직률이 꾸준히 증가하다가 1970년대 석유파동을 거치며 기업의 자유가 확대된 1980년대 이후 현재에 이르기까지 완만하게 감소하는 경향을 보이고 있다.

우리나라는 다른 국가들에 비해 비교적 노동조합 조직률이 낮은 편이며, 이는 1960~1980년대 권위주의 정부가 추진한 개발독재체제하에서 노동조합이 반체제 운동으로 낙인화되어 정권으로부터 극심하게 탄압받은 역사적 원인과 함께, 산업구조와 고용형태의 변화로 노동조합 조직화가 어려운 서비스산업 노동자와 비정규직의 증가 그리고 고용주의 적극적인 인적자원관리 등이 복합적으로 영향을 미쳤기 때문이다.

2021년 기준 우리나라의 노동조합 조직률은 14.2%로, 1989년 19.8%로 정점을 찍은 이래 지속적으로 하락하다가 2016년에 전년도보다 0.1%p 증가한 10.3%를 기록하면서 지속된 하락세가 꺾였다. 한편 주요 국가들의 노동조합 조직률은 우리나라보다 대체로 높았는데, 경제협력개발기구(OECD) 2019년 자료를 보면, 일본은 16.8%, 영국은 23.5%, 캐나다 26.1%, 이탈리아 32.5%, 덴마크 67.0% 등으로 우리나라보다 높았으나 미국은 9.9%로 오히려 더 낮았다.[09]

높은 실업률, 보다 많은 시간제 근로자, 상대적으로 안전한 일자리인 정규직과 불안정하고 저임금 일자리 사이의 분열 증가 등 최근의 일반적 경제상황은

09 한겨레 (2022.12.25). 노조 조직률 6년 만에 상승세 꺾여…지난해 14.2%. (https://www.hani.co.kr/arti/society/labor/1073032.html)

노동조합의 힘을 키우기보다 약화시키는 요인이 되고 있다. 그러나 여전히 노동조합은 새로운 환경에서도 안정적 지위를 유지하려고 노력하면서 여전히 중요한 힘으로 남아 있다. 힘 센 고용주와의 관계에서 개별 노동자들이 상대적으로 힘이 약하다는 점을 고려하면, 노동조합이 제공하는 집단적인 세력화가 아주 없어질 것 같지는 않다(앤서니 기든스 · 필립 서튼, 2018).

5. 신자유주의의 가속화

이제 노동시장 이중구조를 고착화하며, 힘든 노동의 불평등한 분배와 낮은 보상, 일자리의 감소와 이주노동자의 증가, 노동조합의 쇠퇴 등 앞서 언급했던, 오늘날 노동과 노동자를 감싸고 있는 우울한 정조(mood)와 증상의 배후에 대해 이야기를 할 때이다. 그것은 '신자유주의(neo-liberalism)'이다.

신자유주의란 무엇인가? 백과사전에서는 "국가권력의 시장개입을 비판하고 시장의 기능과 민간의 자유로운 활동을 중시하는 이론으로서, 1970년대부터 케인스 이론을 도입한 수정자본주의의 실패를 지적하고 경제적 자유방임주의를 주장하면서 본격적으로 대두되었다"고 설명하고 있다.[10] 조금 더 쉽게 풀어 보자면, 신자유주의란 말 그대로 자본주의 초기 이념이었다가 시장의 실패로 폐기되었던 고전적 자유주의를 현대에 소환한 것이다. 신자유주의는 특정 경제공동체(예: 국가) 혹은 전체 인류 공동체가 필요로 하는 재화의 생산-분배-소비를 담당하는 경제제도의 바람직한 운영 상태 혹은 방향에 대한 다수의 경쟁하는 신념(이데올로기) 중 하나로서 시장(기업)의 자유 극대화, 정부의 간섭 최소화, 경쟁을 통한 성장 등을 핵심 운영 원리로 강조한다.

신자유주의는 구체적으로 어떻게 나타나는가? 기업의 자유를 극대화하는 것이 생산성을 증가시키고 효율적 분배를 가능하게 한다는 점에서 무엇보다 노동

10 신자유주의[Neoliberalism, 新自由主義] (두산백과 두피디아, 두산백과)

이 유연화된다. 상시적 구조조정과 비정규직 고용의 보편화, 자동화의 고도화 등 노동 유연화 조치는 결과적으로 노동자의 고용 안정성을 저하시키고 만성적 실업 불안을 야기한다. 또한 낙수효과(trickle down effect)[11]에 대한 신념으로 고소득층과 대기업의 세금이 감면되었으나(소득세와 법인세 인하), 대기업이 설비투자를 확대하고 고용을 늘림으로써 낙수효과를 입증하였다는 객관적인 결과는 찾아보기 어려우며, 오히려 정부의 세수 감소로 재정에 어려움이 초래되어 저소득층 대상 복지가 축소될 가능성이 커진다. 마지막으로 기업의 자유로운 영리활동을 후원하고자 기업에 대한 규제가 완화되었으나 중소기업의 대기업 종속이 더욱 심화되고 도급 계약과 파견 노동의 증가로 작업 환경이 악화되어 노동자의 건강과 생명이 위협받고 있다.

이러한 신자유주의적 기조는 1970년대 두 차례 석유파동(oil shock)으로 촉발된 경제위기하에서 이전 정부의 과도한 시장 개입과 방만한 복지 확대가 경제위기를 자초한 것이라는 메시지를 설파하며 1980년을 전후로 집권한 미국과 영국의 보수 정권에서 본격화되었는데, 40여년이 지난 현재 국가 간 정도의 차이는 있을지언정 신자유주의 혹은 신자유주의적 요소는 지금의 세계를 해명하는 유력 담론이 되었다.

일찍이 세계화를 '바닥을 향한 질주(race to bottom)'로 크루그먼(krugman, 1997)은 모든 나라가 자유화와 탈규제 아래 더 싼 임금과 더 낮은 세금을 추구하면서, 복지국가를 향한 에너지는 소진되고 보통 사람들의 삶의 질은 엉망이 될 것이라고 예측했다. 80대 20이란 숫자가 상징하듯 거의 모든 나라에서 눈사람 모양의 '두 개의 국민'이 나타나고 있다. 옥스팜(OXFAM)에 의하면 2019년 세계에서 가장 부유한 26명이 소유한 자산은 세계 인구의 절반이 넘는 38억 명의 자산과 맞먹는다. 지난 40년 동안 세계 하위 50%의 소득이 94% 증가한 반면 상위 0.1%의 소득은 133%나 늘어났다. 특권을 지닌 소수의 승자(the privileged)와 고

11 대기업이나 고소득층 등 선도 부문이 성장하면 이들의 성과가 연관 부문으로 확산됨으로써 경제 전체가 성장한다는 이론. 컵을 피라미드같이 층층히 쌓아 놓고 맨 꼭대기의 컵에 물을 부으면, 제일 위의 컵에 흘러들어간 물이 다 찬 뒤에 넘쳐서 아래 컵으로 자연스럽게 내려가는 현상에 빗대어 경제성장원리를 제시한 이론이다(기획재정부 시사경제용어사전).

용이 불안정한 다수의 패자(the precariat) 간 격차는 더 벌어졌다. 후발 산업국가인 한국의 경우 경제 위기와 그에 따른 신자유주의화는 서구보다 20년가량 늦은 1990년대 말에 본격화되었다. 신자유주의적 구조조정 과정에서 노동자계급과 농민층이 가장 큰 피해자라면 대기업은 수혜자라 할 수 있다. 기업은 구조개선에 따라 과잉투자 부분을 줄이고 기업부채를 축소할 수 있었다. 반면 노동은 정치활동의 권한을 확보하는 대신 정리해고, 파견근로 등으로 인해 실업과 반실업을 얻은 셈이었다. 자본은 집중화되어 있고 노동이 분산화되어 있는 한국에서 신자유주의적 구조조정은 노동자보다 기업에 유리한 결과를 가져왔다(임현진 외, 2021).

노동의 관점에서 신자유주의를 정의하자면, 신자유주의란 결국 노동에서 '노동하는 사람'을 걷어내는 것이며(노동의 비인간화), 노동자를 일반 재화와 같은 '상품'으로 취급한다는 것(노동의 상품화)이다. 이는 신자유주의가 오늘날 노동의 위기를 초래한 근원임을 정확히 가리킨다.

제3절 노동과 사회복지의 관계

1. 노동무능력자에 대한 보호에서 노동자의 사회적 임금으로

역사적으로 사회복지는 노동할 수 없는 자(노동 능력을 상실한 자)에 대한 사회적 보호로부터 시작되었으며, 이는 사회복지가 근대 국가의 공적 책무로 제도화되고 이후 현대 국가가 복지국가로의 정체성을 확립하는 시기를 지나 현재에 이르기까지 변함없이 유지되고 있는 사회복지의 알짬(정수)이다.

조선왕조실록 중 세종실록은 "군민 가운데 홀아비나 과부 · 고아들은 담당 관사에서 전례에 따라 구휼하여 죽지 않게 하고, 백성들 중 나이 70세 이상 되는 자와 독질 · 폐질 · 잔질자에게는 장정 한 명을 주어 봉양하게 하고, 장정이 없어서 자립할 수 없는 자에게는 관에서 생활비를 지급하고, 군민으로 나이 80 이상인 자는 관사에서 비단 2필, 솜 2근, 술 1말, 고기 10근을 주어 보호하도록 하라(『세종실록』 26권, 세종 6년 10월 15일)"고 기술하고 있는데, 이는 생계와 돌봄을 제공해야 할 대상이 노동능력을 상실했거나(노인과 장애인), 당시의 풍토에서 노동하기 어려운 자(홀아비, 과부, 고아)임을 분명히 하고 있다.

한편, 서양에서 근대적 의미의 공공복지의 기원이라고 할 수 있는 엘리자베스 빈민법(1601)의 경우 노동능력에 따라 빈민을 다르게 처우하면서 노동 능력이 없는 노인과 장애인, 스스로의 노동으로 생계를 획득할 수 없는 자, 고아와 과부 등을 구빈원(poorhouse)에 수용보호하였는데, 이는 노동무능력자에 대한 사회보장을 국가의 책무로 여겼음을 보여주는 사례이다. 이렇듯 노동 능력의 부재는 현대 복지국가에서뿐만 아니라 산업화 이전의 전복지국가(pre-welfare state) 시대에서도 국가가 대응해야 할 대표적 사회적 위험으로 여겨졌다는 것을 확인할 수 있다.

이후 산업화가 진전되면서 노동조합의 결성과 선거권 획득을 통해 고용주에 대항할 수 있는 정치적 세력화를 이룬 노동자계급은 이어진 친노동자 정당 결성과 후원으로 마침내 다수의 사회복지 입법 및 제도 도입의 결실을 맺었다. 이는 노동무능력자에 대한 보호 혹은 통제로 시작되었던 사회복지가 산업화의 전개 속에서 핵심 생산수단인 노동력의 재생산을 후원하는 원조 시스템이 되었고, 공적연금을 비롯한 사회보험급여와 가족수당 등의 개별 급여는 시장 임금(market income)을 보충하는 사회적 임금(social income)이 되었음을 의미하는 것이다.

이렇듯 사회복지는 노동이 초래하는 사회적 계층화를 완화하는 사회적 장치로서 역사에 등장하였으며, 노동의 기회를 갖지 못하거나 노동할 수 있는 능력을 갖지 못한 시민을 보호하는 역할로부터 시작하여 점차 노동자의 안정적인 직업생활과 퇴직을 지원하는 역할로까지 확대되었다.

2. 노동 관련 사회적 위험과 사회보장제도

1883년 세계 최초로 독일에서 의료보험이 등장한 이후 산업재해보상보험, 공적연금, 실업보험 등 사회보험이 독일과 영국, 미국 등 다른 국가에서 연이어 도입되고 1942년에 발표된 베버리지 보고서에 기초한 현대 복지국가의 모델이 정립되면서, 노동과 전후 활동에서 발생할 수 있는 사회적 위험이 발생할 경우 이에 대응하여 노동자와 그가 부양하는 가족의 생계 보장, 산업재해의 치료와 직장 복귀, 새로운 일자리로의 취업 지원 등 노동 관련 사회보장제도가 확립되었다.

다음은 노동의 준비와 노동의 수행 그리고 노동으로부터 물러남 등 노동의 전 과정에서 발생할 수 있는 사회적 위험과 그에 대응한 사회보장제도의 기능을 요약한 것이다.

표 11-2 | 노동 관련 사회적 위험 및 사회보장제도의 기능

사회적 위험	사회보장제도	
	명칭	급여
실업	실업보험, 실업부조	실업급여, 실업자직업훈련, 실업크레딧 등
산업재해	산재보험	상병수당(휴업급여), 산재치료, 직업재활, 직장복귀지원, 장해급여 등
저임금	최저임금제도, 근로장려세제	최저임금, 근로장려금 등
노동능력 미약	적극적 노동시장정책	개인별 취업지원(사례관리), 공공일자리 제공 등
가족돌봄	돌봄수당, 돌봄휴가, 돌봄크레딧	돌봄제공자수당, 돌봄이용자수당, 유급 및 무급돌봄휴가, 출산 및 양육크레딧 등
퇴직	퇴직연금(노령연금)	노령연금, 퇴직연금 등

주: 크레딧(credit)이란 사회적으로 가치 있는 행위에 대한 보상으로 공적연금 가입기간을 추가로 인정해 주는 제도를 의미함.

이렇듯 사회복지가 그 태생과 발전에서 노동과 긴밀한 관계를 맺고 있음을 볼 때, 최근 변화하는 노동의 개념과 노동의 양상은 시사하는 바가 매우 크다. 노동 개념 측면에서 나타나고 있는 변화를 살펴보면, 전통적으로 숨겨진(hidden) 노동이었던 돌봄노동의 사회적 가시화, 그리고 전통적으로 노동할 수 없는 이등시민으로 가치절하되었던 장애인, 노인 등의 사회참여적 활동을 유급노동으로 포함하는 노동의 권리화로 대표되는 노동 개념의 확대이다. 출산/양육과 같이 자본주의 유지에 필요한 노동력을 재생산하거나 장애인 및 노인 돌봄 등 신체기능이 취약한 시민의 생존과 존엄을 유지시켜 주는 가족돌봄 제공자의 돌봄 행위는 사회적 효용성과 수행의 강도 및 시간 측면에서 임금 노동자의 공식 노동에 준하는 노동임에도 불구하고 그에 대한 대가가 주어지지 않는 숨겨진 혹은 그림자 노동 취급을 받았다. 전통적인 사회복지제도는 남성 유급 생산노동과 여성 무급 돌봄노동이라는 성차별적 노동구조 토대 위에 설계되고 운영됨으로써 여성주의적 관점에서 많은 비판을 받아오다가, 최근 들어서 이러한 무급 돌봄노동에 대해 보상하는 다양한 제도(예: 출산/자녀양육크레딧, 유급돌봄휴가, 보호자수당 등)를 도입하는 긍정적 변화를 보이고 있다. 또한 노동무능력자의 사회참여적 활동을 유급노동화하는 노동의 권리화는 인권조약 및 헌법에 명시된 노동의 권리를 적극적으로 실현하기 위한 차원에서 논의되어 왔으며, 우리나라의 경우 노인 사회활동지원 및 일자리사업, 권리중심 장애인일자리사업 등의 제도가 시행 중에 있다.

여성, 노인, 장애인 등 전통적인 노동 취약계층의 노동을 재발견하고 이를 보상하는 노동 개념의 확대는 시장의 실패에 대해 국가가 조정자로서의 역할을 성공적으로 수행한 사례이자, 제도가 변화하는 환경에 성공적으로 적응한 사례라고 할 수 있다.

3. 노동의 변화에 따른 사회복지의 과제

노동을 둘러싼 환경은 빠르게 변화하고 있다. 무엇보다 인구학자들이 장기간의 인구변동과 출생률 및 사망률 등을 토대로 내놓은 장래인구추계가 무색하리

만치 급속히 감소하고 있는 출생률은 생산인구의 감소 및 생산인구의 고령화가 급격히 진행될 것임을 예견케 한다.

현재의 노동시장은 기존의 성공 경험과 빈곤한 상상력으로는 대응할 수 없는 거대한 쓰나미와 같은 근원적 전환점에 있다. 4차 산업혁명으로 일컬어지기도 하는 전 산업의 생산/분배/소비에서의 특이점적 변화를 초래할 기술의 확산으로 인해 일자리가 급격히 감소할 것이라는 전망이 지배적이다. 더불어 이미 노동시장이 고용안정성과 급여가 높은 양질의 노동시장과 고용안정성과 급여가 모두 낮은 노동시장으로 구분되는 이중 노동시장 혹은 노동시장의 이중화 현상이 고착화된 상황에서 인공지능, 로봇 등 첨단기술의 확산은 이를 더욱 가속화시킬 것으로 예측되고 있다.

또한 4차 산업혁명에 따른 디지털 전환은 플랫폼 노동자 등 디지털 기기와 환경을 적극적으로 활용한 새로운 노동자의 출현을 불러왔다. 특히 온라인 플랫폼은 이를 촉진하는 기반이 되었는데, 재화의 공유, 디지털 기술, 이윤 추구의 3요소를 모두 갖춘 앱 기반 경제활동은 이제 보편화되었다. 스마트폰 앱, 온라인 SNS, GPS 위치 추적, 카드 결제 시스템 등을 적극 활용하는 새로운 형태의 플랫폼 노동인 온디맨드(on-demand) 경제, 크라우드워크(crowdwork) 등이 등장하고 있다(이철수 · 이다혜, 2019).

정년이 보장된 정규직 노동자를 사회보험의 표준 수급자로 상정해왔던 전통적 사회복지제도는 고용안정성과 급여가 모두 낮은 불안정노동자에게 적절한 사회안전망으로서의 역할을 수행하지 못하고 있으며, 배민라이더와 같이 임금노동자와 자영업노동자의 양면적 속성을 모두 갖는 새로운 형태의 노동자를 보호 대상으로 포괄하지 못하고 있다. 이러한 플랫폼 노동자의 대거 출현은 정시 출퇴근과 상시근로 및 작업장 노동을 표준적 형태의 노동으로 설정하여 설계한 기존 사회보장제도의 전면적인 수정을 요구한다. 아울러 노동시장 이중화의 고착화로 인해 중소기업 노동자, 비정규직 노동자, 실직자, 자산이 없는 은퇴자 등 정규직 노동자에 초점을 맞춰 디자인된 기존 사회보장제도의 재구조화를 요구하고 있다. 이렇듯 일자리의 감소와 노동의 질적 변화는 사회복지에 커다란 도전이 되고 있다.

노동이 개인에게서 갖는 의미와 가치관 역시 빠르게 변화하고 있다. MZ세대보다 앞선 세대가 노동을 생애의 핵심 과업으로 설정하여 승진과 임금 인상 등 노동으로부터의 성취를 일차적인 목표로 설정하여 가족과의 시간, 여가활동을 희생해 왔다면, MZ세대의 경우에는 노동에 과도하게 몰두하기보다 여가 선용을 노동의 성취와 동등하게 둠으로써 일-생활 균형, 일-가정 양립을 지향하는 경향을 보이고 있다.

마지막으로 신자유주의 기조하에서 지구경제화는 한층 더 심화될 것으로 전망된다. 자본과 상품, 노동자가 국경을 초월하여 자유롭게 이동하는 지구경제하에서 '유목적(nomadic)' 노동자 혹은 노동의 국제적 이동은 더욱 빈번해질 것이다. 이는 초국적 기업의 영리활동에 대한 정당한 과세를 위한 입법과 함께 노동자의 국적에 관계없이 동등하게 노동의 권리를 누릴 수 있도록 하기 위한 제도적 대응을 요구한다.

표 11-3 | 노동의 변화에 따른 사회복지의 과제

노동의 변화	사회복지의 과제
생산인구의 감소	정년 연장, 연금제도 개선 등
플랫폼 노동 및 불안정 노동의 증가	플랫폼 노동 등에 대한 실업보험 및 공적연금의 포용성 강화, 적극적 노동시장정책의 강화(훈련과 재취업) 등
노동의 의미 및 가치관 변화	일-생활 균형 정책의 강화, 평생교육 강화 등
지구경제화의 가속화	초국적 기업에 대한 세수 강화(로봇세 등), 이주노동자 보호 강화

지금까지의 논의는 노동의 변화에 사후적으로 대응하는 사회복지의 역할에 초점을 맞춘 것이다. 이 지점에서 우리는 새로운 질문을 던져볼 수 있다. 노동의 변화는 어쩔 수 없는 것으로서 그지 우리 모두가 적응해야 하는 절대적 조건인 것인가? 노동의 변화에 종속되지 않고 노동의 변화가 인간다운 삶의 방식과 조화를 이루도록 노동의 의의 및 조건을 선도할 수는 없는 것인가? 노동을 둘러싼 환경과 조건이 시대의 요구에 부응하며 발전해 온 것은 시기별로 사회 구성원의 합의를 거쳐 문제 해결에 필요한 법적, 제도적 선택을 거듭해 왔기 때문이다. 역

사를 돌이켜볼 때, 현재의 4차 산업혁명이 노동의 미래를 결정한다는 수동적 운명론은 옳지 않다. 오히려 노동의 미래가 어떠해야 한다는 규범적 방향을 적극적으로 제시해야 양질의 노동과 인간다운 생활을 누릴 수 있을 것이다(이철수 · 이다혜, 2019).

참고문헌

장민 (2019). 노동시장 이중구조가 청년실업에 미치는 영향. **한국금융연구원 KIF금융분석리포트**, 9, 1–60.

마이클 왈쩌 (1999). **정의와 다원적 평등**. 정원섭 역. 철학과 현실사.

임현진 · 서문기 · 윤상우 · 황석만 (2021). **글로벌 아시아: 자본주의 발전과 포스트 발전국가의 미래**. 서울대학교출판문화원.

이철수 · 이다혜 (2019). **영혼 있는 노동: 한국의 노동법과 일의 미래**. 스리체어스(threechairs).

모티머 J. 애들러 (2007). **개념어 해석**. 최홍주 역. 모티브북.

앤서니 기든스, 필립 W. 서튼 (2018). **현대 사회학(8판)**. 김미숙 · 김용학 역. 을유문화사.

한병철 (2012). **피로사회**. 김태환 역. 문학과 지성사.

CHAPTER 12

사회적 소수자와 사회복지

특권의 인정?
서로 다른 기준에 따른 차별적 지원!

CHAPTER 12

사회적 소수자와 사회복지

특권의 인정?
서로 다른 기준에 따른 차별적 지원!

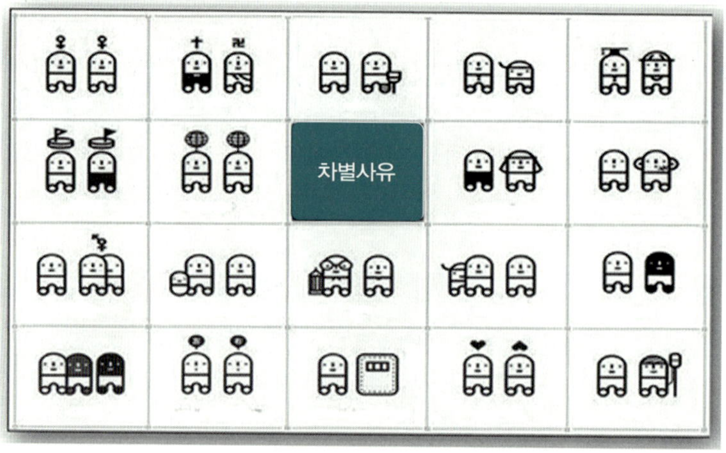

그림 12-1 | 「국가인권위원회법」에 예시된 차별사유 19가지[01]

출처: 오마이포토. (http://www.ohmynews.com/NWS_Web/View/img_pg.aspx?CNTN_CD=IE001939077)

01 왼쪽 위부터 1) 성별, 2) 종교, 3) 장애, 4) 나이, 5) 사회적 신분, 6) 출신 지역(출생지, 등록기준지, 성년이 되기 전의 주된 거주지 등을 말한다), 7) 출신 국가, 8) 출신 민족, 9) 용모 등 신체조건, 10) 기혼 · 미혼 · 별거 · 이혼 · 사별 · 재혼 · 사실혼 등 혼인 여부, 11) 임신 또는 출산, 12) 학력, 13) 가족 형태 또는 가족 상황, 14) 인종, 15) 피부색, 16) 사상 또는 정치적 의견, 17) 형의 효력이 실효된 전과(前科), 18) 성적(性的) 지향, 19) 병력(病歷)

사회복지의 대상은 노인, 아동, 장애인 등 매우 다양한 유형에 속해 있다. 그러나 모든 노인과 아동, 장애인이 사회복지의 대상이 되는 것은 아니다. 이 중에서도 사회복지의 대상이 되는 사람들은 빈곤노인, 학대피해아동, 장애아동 등 소위 주류(mainstream)에서 조금은 벗어나 있는 경우가 많다. 즉 많은 경우 사회적 소수자 중 한 유형에 속하고 있다. 그렇다면 사회적 소수자는 누구일까? 단순히 주류의 반대, 혹은 다수자의 반대로 이해하면 될 것인가? 이 장에서는 이러한 사회적 소수자와 관련된 다양한 내용에 대해서 살펴보고자 한다. 이를 위해 먼저, 사회적 소수자에 대한 이해를 돕기 위해 관련 개념과 특징, 유형 등에 대해서 살펴본다. 이어서 여러 유형의 사회적 소수자의 개념과 이들이 겪는 차별 형태는 무엇인지에 대해서 설명한다. 그리고 이러한 이해를 바탕으로 변화하는 사회적 소수자의 복지욕구와 사회복지적 개입의 모습에 대해서 마지막으로 논의하고자 한다.

제1절 사회적 소수자의 이해

1. 사회적 소수자

1) 사회적 소수자 관련 개념

(1) 소수자(minority)

사회적 소수자(social minority)를 이야기하기 전에 먼저 소수자의 개념에 대해서 살펴보자. 사전적 의미에서 소수자는 "큰 사회 안에서 문화적 · 민족적 · 인종적으로 구별되는 특수집단, 한 사회 안에서 지배집단에 종속해 있는 집단을 가리키며 그 규모보다는 종속성이라는 집단"을 의미(브리태니커 백과사전)하며, 한

자로는 少數者, 영어로는 minority라고 한다. 이는 적은 수의 사람, 즉 수적으로 적은 집단을 의미하는 것으로, 단어의 뜻 그대로 보면 우리 사회의 일반적인 구성원들을 의미하는 다수자(多數者, majority)에 반대되는 개념으로 정의할 수 있다.

이와 같이 소수자집단이 다수자집단에 비해서 수적으로 적은 경우가 대부분이지만 그렇지 않는 경우도 상당수 존재한다. 예를 들어, 소수자로 가장 먼저 제기되는 대상이 여성이다. 하지만 여성은 이와 대비되는 대상인 남성보다 수적으로는 오히려 더 많다. 예전 남아프리카공화국에서 극단적인 인종차별정책인 아파르트헤이트(Apartheid)[02]가 시행되던 시절, 백인이 다수자이고 흑인이 소수자였다. 또 노동자와 자본가를 비교하면 자본가가 노동자에 비해서 수적으로 매우 적은 소수자이지만, 자본가를 소수자라고 이야기하지는 않는다. 이와 같이 소수자 개념은 수의 많고 적음만이 아니라 권력관계에서 지배-피지배(종속)관계를 일정하게 포함하고 있는 개념이다(윤수종 외, 2013: 18). 왜냐하면 숫자는 적어도 다수를 압도하는 권력을 가지고 있을 때는 소수자라고 할 수 없기 때문이다. 반대로 숫자는 많지만 지배집단에 의해 차별을 받고 있을 때는 소수자라고 할 수 있다. 즉 '소수자'는 단순히 수의 많고 적음이 아니라 편견과 차별과 같은 불합리한 대우를 받고 있느냐 없느냐, 정치적 권력이나 사회적 권리, 혹은 지배적인 위치를 가지고 있느냐 없느냐를 뜻한다고 할 수 있다. 결국 소수자는 신체적 또는 문화적 특성 때문에 다른 집단과 구별되는 차이가 있고, 그러한 이유로 다른 집단에 비해서 차별을 받고 있는 사람, 그 사회의 권력관계에서 상대적 약자인 '을'에 해당하는 위치에 있는 사람의 입장이나 집단을 가리킨다고 할 수 있다.

---

02 원래는 분리 · 격리를 뜻하는 아프리칸스어(語)이다. 남아프리카에서는 약 16%의 백인이 84%의 비백인(非白人)을 정치적 · 경제적 · 사회적으로 차별해 왔다. 백인우월주의에 근거한 이 인종차별은 17세기 중엽 백인의 이주와 더불어 점차 제도로 확립되었는데, 1948년 네덜란드계 백인인 아프리카나를 기반으로 하는 국민당의 단독정부 수립 후 더욱 확충 · 강화되어 아파르트헤이트로 불리게 되었다(네이버 지식백과, Apartheid, 두산백과 두디피아).

(2) 사회적 약자와 일탈자

소수자를 이야기하면 '약자', 혹은 '사회적 약자'라는 개념을 함께 떠올린다. 이는 소수자들이 특정한 사회 내에서 문화적, 종교적 등 다양한 이유로 구별되어 지배집단에 종속되어 있는 약자의 위치에 있기 때문이다. 이는 '소수자'보다 '마이너리티' 또는 '사회적 약자'라는 용어가 많이 쓰이는 것을 통해서도 알 수 있다. 그러나 현실에서 많은 소수자가 (사회적) 약자에 속하지만, 반드시 그런 것은 아니다. 또 이러한 사회적 약자라는 단어는 '강자'라는 대비되는 개념을 중심에 놓고, 반대되는 사람, 즉 강자의 도움이 필요한 사람이라는 의미를 내포하게 된다. 물론 사회복지 측면에서 지원 대상을 선정하기 위하여 '소수자'라는 개념을 사용하는 것을 생각하면 이러한 정의가 반드시 잘못되었다고는 할 수 없다. 또 실제로 소수자집단은 지배집단인 다수자집단에 비해 일반적으로 경제적 빈곤을 겪고 있고 정치적으로 약하며 사회참여의 기능이 제한되어 있다. 하지만 이러한 개념을 사용하게 되면 여성, 장애인 등 전통적으로 '소수자'라고 여겨졌던 대상을 모두 지원이 필요한 대상으로 정의하는 잘못을 저지를 수 있다(윤수종 외, 2005: 13; 윤수종 외, 2013: 19 재인용). 한편 사회적 약자와 소수자는 명확하게 정해져 있는 개념이 아니라 변화되는 개념으로 정의하기도 하고[03], 다른 것으로 구분하기도 하는데 박경태(2008)는 다음과 같은 4가지 기준으로 사회적 약자와 소수자의 기준을 구분하고 있다(박경태, 2008: 17-18).

첫째, 영구성이다. 만약 사회적으로 불편하고 차별받는 이유가 일시적이라면 '사회적 약자'지만 영구적이라면 '소수자'라고 할 수 있다. 예를 들어, 단순하게 질병에 걸린 사람은 다 나은 이후에 소위 '정상'으로 회복될 수 있기에 '사회적 약자'라고 할 수 있지만, 고착화된 '장애'를 가진 경우라면 소수자라고 할 수 있다. 물론 정신질환 등의 병력(病歷) 등 과거에 차별받는 이유를 가졌다는 이유

---

03 '사회적 약자'는 말 그대로 사회적으로 불리한 위치에 있는 사람들을 의미하는 것으로 해당 집단에 속해 있다는 이유로 차별을 받지 않는다. 따라서 소수자와 달리 자신이 어느 집단에 속해 있다는 생각을 하지 않는다. 그런데 만약 어떤 사람이 힘겹게 살아오다가 어느 날 자기가 차별받고 있음을 느낀다면, 그리고 차별받는 이유가 자신의 어떠한 특징 때문임을 깨닫는다면 그는 사회적 약자에서 소수자로 변하게 된다(박경태, 2008: 8).

로 현재에도 차별이 이어진다면 이 역시 영구적이라 할 수 있을 것이다.

둘째, 특수성이다. 이는 사회 구성원 누구나 차별의 기준이 되는 특성을 가질 수 있는가, 아니면 일부만 그런 특성을 가질 수 있는가를 의미한다. 예를 들어, '가난함'은 누구나 가질 수 있지만, 남성은 여성이라는 소수자의 특성을 가질 수는 없다.

셋째, 대체 불가능성이다. 이는 차별받는 특성을 다른 장점으로 극복할 수 없다는 뜻이다. 예를 들어, 가난한 사람은 개인의 능력이 뛰어나면 차별에서 벗어날 수 있지만 흑인은 아무리 다른 장점이 있어도 흑인이라는 소수자의 지위를 바꾸지는 못한다.

넷째, 집단의식 혹은 소속의식이다. 앞서 제시한 가난한 사람을 예로 들면, 사회적 약자인 가난한 사람 중에는 비슷한 사람들과 공감대를 가지며 '가난한 집단'에 속한다는 집단의식을 느끼는 사람도 있을 수 있겠지만, 실제로 그럴 가능성은 별로 없고 대부분은 그냥 살아갈 뿐이다. 반면에 소수자는 집단으로서 차별받기 때문에 성원들이 집단의식을 가질 가능성이 매우 크다.

한편 소수자를 이야기할 때 '일탈자'라는 용어를 떠올리기도 한다. 이는 표준적인 인간을 기준으로 여기에 벗어나는 사람들을 규정하는 것이다. 이러한 다수자의 관점을 기준에 두면, 표준에서 벗어나 있는 사람들 예를 들어, 동성애자, 장애인, 이주노동자, 부랑인, 병역거부자 등을 일탈자라고 볼 수 있다. 다른 한편으로 소수자들은 이상한 사람, 낙오자, 병든 사람 등으로 정의되기도 한다. 이는 소위 '정상적'이고 '표준적'인 사람이 있고 그렇지 못한 사람들이 있다는 것으로 인식하는 것이다.

이와 같이 '사회적 약자'와 '소수자'를 구분할 때 '사회적 배제'와 '사회적 포함'을 사용할 수 있다. 이 기준으로 볼 때 사회적 약자와 소수자는 매우 큰 차이가 있다. 즉 '사회적 약자'는 '우리 집단'에 포함시켜준 사람, 즉 '사회적 포함'된 사람 가운데 여러 가지 이유로 약자의 지위를 벗어나지 못하는 사람을 의미한다. 이는 주류집단이 인정하는 범위 안으로 들어오는 데 일단 성공한 사람들이라고 할 수 있다. 그러나 소수자는 '사회적 배제'된 사람이라고 할 수 있다. 즉 아예 주

류집단이 인정하는 범위 안으로 들어오지 못한 사람이다.[04]

그러나 이러한 소수자들을 대상화하고 '우리'와 상관없는 '그들'로 인식하는 것은 바람직하지 않다. 또, 다양한 소수자들을 보호대상 등 '대상화'를 하는 것 역시 옳다고 할 수 없다. 소수자들은 우리 모두가 지닐 수 있는 특성 가운데 특정한 측면을 지닌 사람 혹은 국가나 사회의 지배적 가치 기준과는 조금 다른 특성들을 지니고 있는 사람일 뿐이다(윤수종 외, 2013: 21). 앞서 살펴본 것처럼 소수성은 비교대상이 반드시 존재한다. 즉 특정 사회 내에서 다수성과 대비되어 규정되기 때문에 소수자들이 속한 사회에 따라 소수자라는 범주에 속하는 자들이 달라질 수 있다. 흑인과 백인이 대표적인 예라고 할 수 있다. 또 소수자집단이 속한 사회가 열린 사회인지 닫힌 사회인지에 따라서 정도의 차이가 있기는 하지만, 소수자집단의 사회적 역할과 지위 역시, 사회 변화에 따라 변화하고 있다.

(3) 사회적 소수자

소수자의 개념에 이어서 사회적 소수자의 개념을 살펴보자. 우리는 소수자라는 용어보다는 사회적 소수자라는 용어를 더 익숙하게 생각한다. 이는 복지라는 말보다 사회복지라는 단어를 더 친근하게 생각하는 것과 마찬가지라고 할 수 있다. 한자로 社會的 少數者, 영어로는 social minority라고 하는 사회적 소수자의 사전적 의미는 '신체적 또는 문화적 특징 때문에 자신이 속한 사회의 주류집단 구성원으로부터 구분되어 불평등한 처우를 받고 있는 개인 혹은 집단(doopedia 두산백과)'이다. 즉 '성, 나이, 장애, 인종, 국적, 종교, 사상 등 한 가지 혹은 그 이상의 측면에서 자신들이 살고 있는 국가나 사회의 지배적 가치와 기준을 달리한다는 이유로 차별의 대상이 되거나 불평등한 대우를 받는 사람들(위

04 사회적 소수자는 공동체의 주류로부터 배제된 사람들, 성문 밖의 사람들이다. 이 사회적 소수자 가운데 일부는 인권 실현을 위한 끊임없는 투쟁에 의해 성문 안에 진입하는 데 성공했다. 그래서 시민권, 공민권을 얻는 데까지는 성공했는데, 이 안의 기울어진 운동장, 즉 권력관계의 비대칭성 때문에 상대적으로 약자의 지위를 면치 못하는 상황에 처하게 되었다. 이러한 사람을 '사회적 약자'라고 할 수 있다. 소수자와 약자의 개념은 겹치기도 하지만, 용어의 쓰임상 정리해 보면 공동체의 성원으로 인정되지 못하는 사람이나 집단을 '사회적 소수자'라고 하고, 성원으로 인정은 되지만 공동체 안의 권력관계에서 비우월적 지위에 처한 사람이나 집단을 '사회적 약자'라고 한다(김형완, 2021: 40).

키백과)'을 일컫는 단어이다. 우리 주위에는 그 사람이 살고 있는 사회의 다른 사람들과 피부색이 다르거나 신체적 · 정신적 장애를 가지고 있거나, 혹은 자신의 국적과 다른 나라(사회)에서 거주하는 사람들이 있는데, 이러한 사람들 중에서 '그들의 신체적 · 문화적 특징 때문에 다른 사람들과 구별되어 불평등한 대우를 받고, 차별받는 집단에 속해 있는 사람들을 '사회적 소수자'라고 정의할 수 있다.

우리 주변에서 사회적 소수자라고 할 수 있는 사람들은 누가 있을까? 앞서 살펴본 것처럼 사회적 소수자들은 성, 장애, 연령, 국적, 민족, 인종, 종교, 사상, 취향, 가치관 등 다양한 이유로 불평등한 처우와 차별을 받고 있는 사람을 의미한다. 예를 들어, 장애인은 교육을 받거나 직장생활과 사회생활을 하는데 비장애인에 비해 차별과 제한을 받아왔고, 이주노동자는 문자와 언어가 다른 것에 따른 어려움과 자신들에 대한 사회적 편견으로 일자리를 찾는데 어려움을 겪거나 혹은 자신이 일하는 직장에서 차별을 받고 있다. 이와 같은 의미로 볼 때 여성, 장애인, 노인, 외국인, 이주노동자, 국제결혼이민자, 양심적 병역거부자, 성소수자 등이 우리나라에서 사회적 소수자라고 할 수 있다.

한편 사회적 소수자는 상대적인 개념으로 시대와 문화에 따라 전혀 다르게 정의될 수 있으며, 상황과 여건에 따라 기존 성원도 얼마든지 사회적 소수자가 될 수 있다. 만일 우리나라 사람이 다른 나라로 이민을 가게 되면 그 나라에서 한국인은 사회적 소수자인 외국인으로 분류된다. 또한, 개인은 다수집단과 소수집단에 동시에 속하게 되기도 하고, 여러 개의 소수집단에 속하기도 한다. 예를 들어, 백인 여성은 백인이라는 다수집단에 속하면서 동시에 여성이라는 소수집단에 속한다. 또 '외국인 장애여성'은 외국인, 장애인, 그리고 여성이라는 각각의 소수집단에 모두 속하는 상황이라고 할 수 있다.

2) 사회적 소수자의 특징

사회적 소수자들은 신체적 혹은 문화적으로 그 사회의 주류집단인 다수자(majority)와 구별되는 특징을 가지고 있다. 이러한 사회적 소수자의 특징에 대해서 앤소니 드워킨과 로라진 드워킨(Anthony G. Dworkin & Rosalind J. Dworkin)은 식별가능성, 권력의 열세, 차별대우, 그리고 소수자 집단성원으로서의 집단의식을 사회적 소수자를 정의하는 조건으로 제시하고 있는데 구체적인 내용은 다음과 같다(Dworkin & Dworkin, 1999: 17-24; 윤인진, 2004: 404; 전영평, 2007: 111; 구정화, 2015).

첫째, 사회적 소수자 집단은 육체적 또는 문화적으로 다수자 집단과 구별되는 특징, 즉 식별가능성(Identifiability)을 가지고 있다. 식별가능성이란 신체적 또는 문화적으로 다른 집단과 구별되는 뚜렷한 차이가 있거나 그럴 것으로 여겨지는 것을 의미한다. 예를 들어, 장애인은 비장애인과 구분되는 특징을 가지고 있으며, 외국인들은 내국인들과 다른 문화적인 차림새를 하고 있는 경우가 있다.

둘째, 다수자 집단에 비해 사회적 소수자는 정치적 · 경제적 · 사회적 · 권력적 차원에서 불리한 상황에 처해 있다. 이러한 권력의 열세(differential power)는 정치권력, 경제력, 사회적 지위 등 다양한 측면의 권력(power)에서 열세에 있거나 혹은 여러 가지 자원을 동원할 수 있는 능력에서 차이가 나는 것을 의미한다. 예를 들어, 국회의원과 단순노무직 노동자들은 정치적 권력에서, 대기업 회장과 그 기업의 비정규직 노동자는 경제적 권력에서 각각 큰 차이가 있다고 할 수 있다. 한편 문화 · 예술의 유명인사와 무명예술가는 문화적 권력에서 차이가 있다고 할 수 있다.

셋째, 사회적 소수자집단은 그들이 그 집단에 속해 있다는 이유만으로 부당한 대우를 받고 있다. 이러한 차별대우(differential and pejorative treatment)는 그 집단의 구성원이라는 이유만으로 사회적 차별의 대상이 되는 것을 의미한다. 예를 들어, 군대에 다녀온 남성만 직원으로 채용하는 것이나 남녀직원을 모두 뽑아 놓고 여성은 승진에서 누락시키는 것 등이 여기에 해당된다. 또 성적 소수자와 장애인은 단지 성적 소수자와 장애인이라는 이유만으로 부당한 대우를 받는 경우가 다수 있다.

넷째, 사회적 소수자집단의 구성원 스스로 본인이 그 집단에 소속되어 있다는 집합적인 정체성, 즉 '집단의식(group awareness)'을 가져야 사회적 소수자라고 할 수 있다. 이는 앞서 제시한 3가지 특징을 모두 가지고 있는 소수자라 하더라도 이들이 '소수자집단의 성원'이라는 자각(awareness)이 없으면 그 사람은 그냥 개인일 뿐이라는 의미로, 주류집단으로부터 차별받는 집단의 구성원이라는 소속감을 가질 때 비로소 소수자가 된다는 것이다. 물론 모든 사회적 소수자가 연대의식이나 소속감을 가지고 있는 것은 아니다. 예를 들어, 사회적 소수자 중의 하나라고 할 수 있는 노숙인, 미혼모를 보면 그들이 '노숙인 집단', '미혼모 집단' 등의 집단에 속해 있다는 집단의식을 갖고 있다고는 할 수 없다. 그러나 이들은 모두 '사회 주류 구성원에 의해 명시적, 혹은 암묵적으로 사회적 차별을 받고 있다고 느낀다'고 할 수 있는데, 이것이 바로 '소수집단성원으로서의 집단의식'이라고 할 수 있다(전영평, 2007: 108).

3) 사회적 소수자의 유형

이러한 사회적 소수자를 세부 유형으로 구분할 수 있는데, 차별의 원인에 따라 분류하면 다음과 같다(전영평, 2007: 114-115; 2010: 32-36).[05]

(1) 신체적 소수자

신체적 소수자는 특정한 신체적 결함 때문에 사회적 차별대우와 인권침해에 노출되는 소수자를 의미한다. 이러한 유형의 소수자에는 대표적으로 신체적 · 정신적 장애인을 예로 들 수 있다. 이들 소수자는 외관상의 결손과 기능의 손상으로 교육과 고용, 이동 등 모든 분야에 있어 차별대우와 인권침해를 받은 경험과 역사를 가지고 있으며, 최근에 들어서야 제도적으로 평등한 대우를 받는 단계에 이르게 되었다.

05 전영평(2007, 2010)은 소수자의 유형으로 크게 다른 사람과의 관계 속에서 나타나는 소수자와 다른 사람과의 관계가 아닌 개인의 인지 및 심리적 맥락에서 나타나는 소수자로 구분하였다. 사회적 소수자는 이 중에서 전자를 의미한다.

(2) 권력적 소수자

권력적 소수자는 권력적 지위의 측면에서 상대적으로 열세에 있어서 차별적 대우와 인권침해 등 부당한 대우를 받는 소수자를 의미한다. 이들은 사회적 주류와 구분되는 신체적 결함과 기능 손상, 혹은 문화적 이질성을 가진 것이 아님에도 지배권력에 의해 차별을 받는 사람을 의미한다. 예를 들어, 흑인 등 유색인종, 권력적 다수에 의해 차별받는 여성, 지역차별의 대상자 등이 여기에 해당된다. 또한 외국인 노동자, 성소수자, 양심적 병역거부자는 물론 대부분의 소수자들이 권력적 소수자에 해당된다. 이들은 사회서비스나 교육, 고용 등 자신의 권익 향상과 관련된 각종 정책 결정과정에서 배제되는 경우가 많다. 이는 자신들을 위한 법을 만들거나 제도를 만드는 데 있어서 가장 잘 알고 있는 본인들이 제외가 된다는 의미로, 본인이 아닌 다른 사람에 의해서 자신들의 권익을 위한 법과 제도가 만들어진다는 것이다. 이들은 앞서 제시한 신체적 소수자와는 달리 교육과 고용, 이동 등의 측면에서 현격한 차별을 받고 있지는 않다. 따라서 정책적으로 권력적 지위의 열세만 극복되면 차별과 인권침해에서 벗어날 수 있다는 특징을 가진다.

(3) 경제적 소수자

경제적 소수자는 고용이나 임금 등 열악한 경제적 지위로 차별적 대우와 인권침해 등 부당한 대우를 받는 사람들을 의미한다. 이러한 경제적 소수자는 권력적 소수자와 마찬가지로 구성원 숫자로는 오히려 사회적 다수를 차지한다고 할 수 있지만, 경제력 및 고용의 지위에 있어 열악한 지위에 있는 자로, 비정규직 노동자, 노숙인, 외국인 노동자, 도시의 빈민 등이 전형적인 사례라고 할 수 있다. 경제적 소수자는 특히 상대적 의미가 강하다. 노동자라고 해서 다 똑같은 노동자가 아니다. 예를 들면, 정규직 노동자가 있다면 비정규직 노동자가 있다. 또 우리나라 노동자가 있으면 외국인 노동자가 있다. 이 경우 비정규직 노동자나 외국인 노동자가 경제적 소수자에 해당한다고 할 수 있다.

(4) 문화적 소수자

문화적 소수자는 문화적 차이, 문화적 이질감으로 부당한 대우를 받는 사람들을 의미한다. 즉 주류 집단과 다른 문화적 차이 때문에 차별대우와 인권침해를 받는 사람들이다. 이러한 문화적 이질감은 인종, 종교, 가치관, 도덕률, 국민 정서, 사회적 여론, 전통 등에 따른 차이로 소수자를 위험요소 및 혐오의 요소로 느끼는 것을 의미한다. 이러한 문화적 소수자에는 성소수자, 외국인 배우자, 혼혈인, 성매매여성, 미혼모, 종교적 소수자 등이 포함된다. 이들은 사회에서 일반적으로 통용되는 문화적 가치나 도덕에서 벗어나는 삶의 방식으로 살기 때문에 문화적 동질성을 가진 다수의 집단으로부터 부당한 대우를 경험하게 된다. 또 이러한 사회적 낙인 때문에 권력적 소수자나 경제적 소수자보다 더 열악한 상황에 처하게 되는 경우가 많다. 한편 문화적 소수자들은 경제적 · 권력적 상황이 개선된다고 하더라도 이들에 대한 편견과 차별이 개선되기는 어렵다는 특징이 있다. 예를 들어, 경제적으로 부자이거나 권력적으로 매우 높은 위치에 있다고 하더라도 이들이 성소수자 등 문화적 소수자라고 알려지면 그 후 감내해야 할 고통이 매우 크다고 할 수 있다.

이러한 4가지 유형의 소수자들은 각각의 고유한 특징을 가지고 있지만, 유형 간의 중복도 가능하다. 예를 들어, 신체적 소수자는 신체적 결함이라는 고유한 소수자 특성을 가지고 있지만, 이들이 동시에 경제적 소수자, 권력적 소수자 또는 문화적 소수자가 될 수 있다. 즉 신체적 소수자가 경제적 소수자, 문화적 소수자, 권력적 소수자의 특성을 동시에 가질 수 있다는 뜻이다.

한편 전영평(2010)은 신체적 · 권력적 · 경제적 · 문화적 소수자 등 4가지 유형의 소수자를 집단화 · 조직화 여부에 따라 다음과 같은 8가지 유형의 소수자로 세분화하였다.

표 12-1 | 소수자의 유형화와 예시

구분		조직화 여부(집단화 정도)	
		집단화된 소수자 (minority group)	집단화되지 못한 소수자 (minority)
소수자 특징	신체적 소수자	유형 1 (장애인)	유형 2 (HIV/AIDS 감염인, 한센인)
	권력적 소수자	유형 3 (탈북자)	유형 4 (양심적 병역거부자)
	경제적 소수자	유형 5 (비정규직/외국인 노동자)	유형 6 (노숙인)
	문화적 소수자	유형 7 (성적 소수자/일본군위안부)	유형 8 (외국인배우자, 미혼모)

출처: 전영평 외 (2010). p.36.

2. 사회적 소수자의 모습

1) 사회적 소수자에 대한 관심의 필요성

왜 우리는 사회적 소수자에 대해서 관심을 가져야 하는가? 이에 대한 해답을 인권의 관점에서 찾아보고자 한다. 예전에 국가 권력이 국민들의 삶을 억압할 때는 어떻게 우리의 인권을 찾을 것인가 하는 '보편적 인권'에 관심을 기울였다. 그러나 최근에는 국가가 일반 국민을 억압하는 일은 우리나라에서 거의 발생하지 않고 있다. 즉 최소한 우리나라에서 예전에 발생했던 국가폭력에 의한 국민의 인권억압문제는 해소되어 가고 있다고 할 수 있다. 그러나 국민의 보편적 인권이 어느 정도 보장되어 있는 현 사회에서도 사회적 소수자 문제는 여전히 발생하고 있다. 특히 최근에 인권과 관련하여 발생하는 문제는 대부분 소수자 인권문제라고 할 수 있다. 예를 들어, 노동 분야에서의 인권문제를 이야기하면 '정규직'의 인권문제는 거의 논의되지 않으며, '계약직과 비정규직'의 인권문제가 논의되게 된다. 또 경제적 소수자로 볼 수 있는 노숙인 인권문제가 제기되었으며,

최근에는 시설보호와 탈시설이라는 주제로 장애인 인권문제가 주로 이슈가 되고 있다. 즉 이는 모든 국민을 대상으로 하는 보편적인 인권문제가 어느 정도 해소되고 있어, 소수자 인권에 관심을 가지게 되는 것이라고 할 수 있다.

앞서 살펴본 것처럼 사회적 소수자는 많은 경우 여전히 혐오의 대상이고 차별의 대상이다. 물론 사회적 소수자 중에는 긍정적인 대상이 되는 경우도 있다. 그러나 이 역시 보호대상 혹은 지원대상이 되는 것에 불과하여, 주류집단에 포함되지 못하고 주변화되는 상황에 놓여 있어 여전히 소수자라는 이유로 차별과 억압을 받는 상황이 지속되고 있다. 장애인, 성매매여성, 성소수자 등 사회적 소수자로 분류되는 사람들의 인권문제는 여전히 발생하고 있는 상황이다.

2) 사회적 소수자와 관련된 다양한 논의

(1) 사회적 소수자 내부에서의 다양성의 존재

사회적 소수자들은 그 집단 내부로 들어가 보면 다수자에 비해서 내부 차이가 큰 경우도 다수 존재한다(윤수종 외, 2013: 35). 예를 들어, 장애인을 살펴보면 장애유형이 다른 경우에는 다른 장애를 가지고 있는 장애인들과 거리감을 더 크게 느낄 수 있다. 즉 서로 다른 장애를 가지고 있을 때 장애인들 사이의 소통이 비장애인과 소통하는 것보다 더 소통이 안 되기도 한다는 것이다. 따라서 소수자들 내부에서의 차이, 차별의 종류와 정도 등을 하나의 기준으로 살펴볼 수는 없으며, 그 내부에서의 다양한 모습에 주목해야 한다.

(2) 교차성과 정체성

사회적 소수자들은 하나의 소수자 유형에 속하는 것이 아니라 많은 경우 다양한 유형에 속하게 된다. 문화적 소수자가 경제적 소수자가 되기도 하고 권력적 소수자의 특성을 가질 수도 있다. 즉 '교차성'의 문제가 발생한다. 이러한 유형간의 중복으로 많은 경우 사회적 소수자들은 이중 · 다중차별을 경험하게 된다. 흑인여성은 성차별과 인종차별을 동시에 경험하게 되고, 장애여성은 장애차별과 성차별을 동시에 경험하게 된다.[06] 앞서 사회적 소수자들의 특징 중 하나가 그 집단에 속해 있다는 공통의 '정체성'에 있다고 하였다. 즉 소수자 운동에서 정체성의 정치는 하나의 특성을 공유하는 동질적인 집단을 구성함으로써, 그동안 무시되었던 집단적 권한을 확장한다. 예를 들어, 남성과 여성 사이에는 경계가 그어진다. 여성의 경험은 남성과는 다르고 여성들은 동질적인 정체성을 공유하는 것으로 전제한다(이지수, 2022). 그러나 이러한 정체성의 정치는 집단 내부에 존재하는 다양성을 무시하게 만들고 다른 집단과의 연대를 약하게 하는 경향이 있다.

(3) 연대의 어려움

앞서 살펴본 것처럼 사회적 소수자들은 다양한 형태로 존재한다. 또 이들은 다양한 어려움을 비슷하게 경험하고 있는 경우가 많이 있으며, 많은 경우 사회적 차별대우와 인권침해라는 공통의 문제를 경험하고 있다. 그러나 사회적 소수자들이 서로 연대하는 것은 쉽지 않다. 이러한 연대의 어려움이 생기는 현상을 여성과 남성, 장애인과 비장애인, 외국인 노동자, 난민과 일반적인 한국인 등 사회적 소수자와 다수자의 경계를 통해서 좀 더 살펴보자.

'비장애인 여성'은 같은 약자인 '장애인'의 편일까? '여성'이라는 사회적 소수자 집단을 생각하면 이들이 장애인 편에서 함께 연대할 수 있을 것 같지만, 현실은 그렇지 않은 경우가 많다. 즉 '비장애인 여성'은 사회적 소수자집단인 '여성'으로서가 아니라 주류집단인 '비장애인'으로서 권력을 행사하는 편이 더 많다고 할 수 있다. 이는 장애인 남성의 경우도 마찬가지이다. 장애와 관련된 부분에서는 장애인의 편에서 의견을 내지만, 성차별 등의 문제에서는 강자 입장에서 목소리

06 이처럼 중첩되는 정체성으로 인해 차별과 불이익이 가중하는 것에 대한 문제의식은 오랜 페미니즘 운동 속에 뿌리를 둔 것이다(Atrey, S., 2020). 한우리(2019)는 교차성 개념의 역사를 소개하면서, 흑인여성 운동가들이 교차적 억압에 대해 이야기하고 있었음을 소개한다. 미국 참정권 운동 시기, 소저너 트루스는 「나는 여자가 아닙니까?」라는 제목의 연설에서 백인여성을 재현하는 '경건함', '정숙', '순정', '가정주부의 지위'를 갖지 않은 '검은 피부의 노예 여성'의 경험을 드러낸다. 흑인남성과 백인여성의 투표권 획득을 위한 투쟁이 전개되지만 흑인여성은 둘 중 어디에서도 재현되고 대표되지 못함을 지적한다(이지수, 2022 재인용).

를 내게 되는 것이 현실이다. 한편 여성단체와 레즈비언 단체가 가부장적 사회의 폐지라는 같은 목적을 가지고 있다고 하더라도 함께 활동하는 것은 쉽지 않다. 이와 같이 약자와 약자의 연대는 여전히 어려운 상황이다.

제2절 사회적 소수자와 차별

1. 여성차별: 성차별[07]

많은 사회에서 남성과 여성은 서로 다른 생물학적 특성을 기반으로 하여 서로 다른 사회적 역할이나 정체성을 가지게 된다는 선입견이 존재한다. 성차별(性差別)이란 남녀의 생물학적 성을 기초로 하여 특정성에 대해 사회적으로 부과된 편견이나 차별을 의미한다(최일섭 외, 2000: 221). 즉 성별을 이유로 차별하는 신념이나 행위, 관습, 이데올로기 일체를 의미하는 말로, 성별의 차이에 따라 가정생활이나 사회생활에서 발생하는 편견과 차별을 의미하는 것이라고 할 수 있다. 즉 성별의 차이로 특정 사회나 집단에서 차별받는 것을 말한다.

물론 이러한 성차별 문제를 해결하기 위한 다양한 노력들이 꾸준히 진행되었다. 지난 1979년 「여성에 대한 모든 형태의 차별 철폐에 관한 협약」이 유엔에서 채택되었다.[08] 전문과 본문 30개조로 구성된 이 협약에는 정치적 · 경제적 · 사회적 · 문화적 분야를 포함한 어떤 분야에서도 성(性)에 따른 차별을 해서는 안 된다는 것, 모성(母性)이 차별의 대상이 되어서는 안 된다는 것, 가사 책임에 관한 남녀 분담 등의 규정이 포함되었다. 우리나라는 「헌법」의 평등 이념에 따라 1987년에 「남녀고용평등법」을 제정하였다. 그리고 교육을 비롯한 사회의 모든

07 사회적 소수자 중 하나인 여성의 경우 다양한 차별을 경험하고 있다. 여기서는 여성차별 대신 성차별이라는 용어를 사용하기로 한다.

08 1981년 9월 발효된 이 협약에 우리나라는 1984년 12월에 서명하였으며, 1985년부터 발효되었다.

영역의 법과 정책에 집행에서 남녀 차별을 금지하고 피해자의 권익을 구제하도록 하는 「남녀 차별 금지 및 구제에 관한 법률」을 제정했으며, 이후 「양성평등기본법」이나 「성폭력특별법」, 「가정폭력방지법」 등 여성의 인권신장과 관련된 법과 제도들이 만들어졌다.

그러나 정치 · 경제 · 사회문화적인 모든 측면에서 여전히 성차별은 발생하고 있다. 사회문화적 측면에서 보면 일상생활에서 성차별적인 관념과 언행이 계속되고 있으며, 대중문화에 의해서 왜곡된 성의식이 재생산되고 있기도 하다. 과거에 비해 많이 감소했지만 아직도 가정이나 사회에서 '성역할의 사회화'가 이루어지는 경우가 많다. 또 최근까지도 여성들은 혼인, 임신, 출산 등 여러 이유로 고용과 보수 등에서 차별을 받고 있다. 또 성별에 따른 취업과 승진이 제한되고 있으며 성별 임금격차가 여전히 나타나고 있다. 2021년 기준으로 여성 경제활동참가율은 53.3%, 고용률 51.2%로, 남성 경제활동참가율 72.6%, 고용률 70.0%에 비해 20%p 정도 낮은 상황이다. 월평균임금도 2021년 현재 남성 4,442,000원, 여성 2,934,000원으로 여성이 남성의 66.1%에 불과한 것으로 나타났다. 또 이러한 성차별은 정치 · 경제 분야에서도 여전히 발생하고 있다. 우리나라 대학교 교원의 여성비율, 지역구 국회의원 여성비율, 혹은 공공기관의 여성 관리자나 공무원의 고위급 여성공무원 비율 등은 여전히 매우 낮으며, 다른 나라와 비교했을 때도 매우 낮은 상황이다(한국여성정책연구원 성인지통계 홈페이지, https://gsis.kwdi.re.kr/).[09] [10] 또 유리천장, 유리벽, 유리바닥, 유리절벽 등 성차별과 관련된 다양한 현상들을 일컫는 말[11]이 여전히 사용되는 것을 통해서도 알 수

---

09 공공기관 여성 관리자 비율 20.7%, 대학교교원 여성 비율 27.8%, 지역구 국회의원 여성 비율 10.3%, 5급 이상 여성 공무원 비율 20.8%(대학교원(2021년 기준)을 제외하고 모두 2020년 기준).

10 세계경제포럼에서 제시한 성격차지수(Gender Gap Index: GGI)를 보면 2021년 기준 0.687점으로 102위로 여전히 전 세계에서 낮은 위치를 차지하고 있다.

11 유리천장은 여성에게 일정 직급 이상 오르지 못하게 하는 보이지 않는 제한을 의미한다. 한편 조직 내 핵심 업무에 접근하지 못하도록 보이지 않는 제한을 두거나, 부서별 배치를 하는데 남성은 중요한 업무를 하는 부서에 배치하고, 여성은 그렇지 않은 부서에 배치하는 것을 유리벽이라고 한다. 한편 고위직에 있는 남성의 경우 능력이 부족해도 지위가 떨어지지 않도록 보장되는 보이지 않는 안전망이 있는 경우가 있는데 이를 유리 바닥이라고 한다. 마지막으로 유리절벽은 여성의 고위직 진출을 허용하지만 위험하고 책임이 큰 자리에 배치하여 원래 있었던 문제점을 그 여성고위관리자의 탓으로 떠넘기는 것을 비유하는 용어이다. 이러한 용어는 처음에는 여성이 기업 내에서 받는 차별을 의미하는 용어로 사용되었

있다.

이러한 성차별은 남녀 간의 불평등한 제도를 정당화하고 지지하는 이데올로기 체계라고 규정지을 수 있는데, 성별을 이유로 부당한 대우를 받거나 균등한 기회를 제공받지 못하고 있어, 결과적으로 모든 인간이 동등하게 누려야 할 기본적인 인권을 침해받고, 문화적 · 교육적 · 경제적 등 여러 측면에서 사회적 차별을 받고 있는 것을 성차별이라고 할 수 있다.

2. 비정규직 노동자 차별

비정규직 근로자란 근로기간이 정해져 있지 않은 상시 근로자와 달리 근로기간이 정해져 있는 계약직, 일용직 등으로 한시적 근로자(기간제 근로자 포함), 시간제 근로자, 비전형 근로자[12]가 있다.[13] 이러한 비정규직 노동자는 주로 임시노동, 시간제 근로, 파견용역 등과 같은 고용의 형태로 근무하기 때문에 정규직 노동자에 비해서 안정적인 고용과 임금, 그리고 승진의 보장을 받기 매우 어려운 상태이다. 이에 정규직 노동자와의 임금 격차는 계속 커지게 된다. 또한 낮은 복지 혜택을 받거나 아예 그런 복지조차도 받지 못하는 경우가 늘어나고 있다. 한편 비정규직 노동자는 정규직 노동자에 비해 위험한 일을 할 가능성이 높으며,

---

는데, 지금은 성차별뿐만 아니라 인종차별, 장애차별과 같은 차별의 형태 속에서도 사용되는 개념이라고 할 수 있다.

12 비정규직근로자=한시적근로자(기간제근로자 포함)∪시간제근로자∪비전형근로자

- 한시적근로자 : '고용의 지속성'을 기준으로 분류한 비정규직이며, 근로계약기간을 정한 자 또는 정하지 않았으나 계약의 반복갱신으로 계속 일할 수 있는 근로자와 비자발적 사유로 계속 근무를 기대할 수 없는 자로 나뉘어짐
- 시간제근로자 : '근로시간'을 기준으로 분류한 비정규직이며, 근로시간이 짧은 근로자(파트타임근로자)
- 비전형근로자 : '근로제공방식'을 기준으로 분류한 비정규직이며, 파견근로자, 용역근로자, 특수형태근로자, 가정 내 근로자(재택,가내), 일일(호출)근로자로 분류됨

13 지난 1997년 우리나라가 외환위기를 맞이하게 되었을 때 국제통화기금(IMF)은 우리나라에 기업 경영의 효율화와 노동시장의 유연화 등을 요구하게 되었다. 이러한 이유로 정규직 노동자에 대한 대규모 고용 조정이 이루어지며, 동시에 필요한 인력을 비정규직으로 대신 채용하는 경영이 확산되기 시작했다.

이로 인해 산업재해에 더 많이 노출되어 있다고 할 수 있다. 그런데 막상 산업재해가 일어났을 때 이에 대한 대처가 부실한 경우가 많으며, 이는 비정규직 근로자들의 경제적 빈곤이 가중되는 상황을 발생시키게 된다. 이러한 비정규직에 대한 차별은 우리 사회에서 분배의 공정성에 대한 불신을 키우고, 이는 결국 노사갈등과 노노갈등 등의 사회갈등이 심화될 우려를 높인다고 할 수 있다.

3. 이주노동자(외국인 노동자) 차별

세계화는 자본과 정보의 이동뿐만 아니라 사람의 이동을 증가시켜 일자리와 돈을 따라 다른 나라로 이동하는 노동자의 수가 증가하게 되었다. 이렇게 해당 국가의 국민은 아니지만 그 나라에서 보수를 받고 활동하는 자를 이주노동자라고 한다. 1970년대까지만 해도 우리나라는 외국으로 노동자를 보내는 국가였으나, 1990년대 이후 우리나라 경제가 발전하면서 수입국으로 변하였다. 특히 우리나라 사람들이 열악한 노동환경을 기피하는 상황에서 일부 업종을 중심으로 노동력이 부족하게 되어 이주노동자의 유입이 급증하게 되었다. 즉 우리나라 경제가 성장을 하고 노동자들의 생활수준이 향상되면서 열악한 노동 환경을 기피하게 된 것이다. 더럽고 지저분한 일, 위험한 일, 어려움 일 등 이른바 3D 업종에 근무하기를 꺼려하는 분위기로 인해서 이주노동자가 급증하게 되었다고 할 수 있다. 이러한 이주노동자들은 이제 우리나라 경제성장의 한 축을 담당하고 있다. 또 이러한 이주노동자들이 다양한 분야에서 일을 하는 것은 우리나라의 경제성장에 큰 도움이 되고 있다.[14]

그렇지만 이들은 여전히 임금 차별, 열악한 노동환경, 사업주나 한국인 노동자로부터의 폭행과 폭언, 국적 및 피부색에 따른 사회적 편견과 차별, 한국의 문

14 코로나가 발생하기 이전인 2018년 말을 기준으로 취업자격 체류 외국인은 548,140명에 이르고 있는 것으로 나타났으며, 이후 코로나로 인하여 이들의 수는 감소하여 2021년 말에는 406,669명으로 조사되었다(법무부 출입국 · 외국인정책본부, 2022).

화나 관습 강요 같은 부당한 대우나 차별을 경험하고 있다. 또 이러한 차별 대우를 받고 있어도 이주노동자들이 의사소통에 어려움을 겪으면서 어려움을 호소하기도 어렵고, 제대로 된 보상을 받지 못하는 경우도 발생하고 있다. 이는 아직도 순혈주의[15]에 기반을 둔 배타적 민족의식과 개발도상국 출신의 외국인 노동자에 대한 업신여김이 깔려 있음을 알 수 있다. 또 이주노동자의 권리 인정에 소극적인 사회 인식과 법률 체계가 원인이라고 할 수 있다.

4. 결혼이주자(결혼이민여성) 차별

우리나라 전체 결혼에서 국제결혼이 차지하는 비율은 점점 높아져 가고 있으며, 2000년대 이후에는 보편화되어 가고 있다. 국제결혼의 증가 원인은 국제관계와 국내경제의 변화와 맞물려 있다고 할 수 있다. 그러나 세계화라고 하는 전 지구적 추세와 함께, 저출산 · 고령화, 남아선호사상으로 인한 남녀성비 불균형, 여성비혼 비율 증가 등을 우리나라의 국제결혼 증가의 원인으로 들 수 있다. 이는 국제결혼비율이 미미하였던 1990년 이전까지 한국여성이 외국남성과 결혼하는 국제결혼이 다수였던 상황이 1990년대 초반에 역전되었으며, 이후 한국 남성과 외국 여성이 결혼하는 사례가 훨씬 많아지고 있음을 통해서도 알 수 있다.[16]

이와 같이 한국으로 결혼해서 들어오게 된 결혼이민여성은 여러 가지 어려움에 직면해 있다. 이들은 언어소통 문제, 시부모와의 갈등, 경제적 빈곤, 자녀양육의 어려움, 과중한 노동 강요 등의 문제를 겪고 있다. 또 심한 경우에는 가정폭력과 학대에 시달리는 경우도 있으며, 가부장적 가족관계를 중심으로 한 한국문화의 일방적인 강요 등 인권침해 행위를 겪는 경우가 많다. 또 결혼이민여성의 국가인 결혼상대국 문화에 대한 충분한 이해가 이루어지지 못해 문화적인 편

15 순수한 혈통만을 선호하고 다른 종족의 피가 섞인 혈통은 배척하는 주의를 의미한다.

16 2021년 말 현재 결혼이민자현황은 총 166,771명, 남성 31,752명, 여성 135,019명으로 절대적으로 여성이 많은 것으로 조사되었다(법무부 출입국 · 외국인정책본부, 2022).

견과 차별이 발생하고 있는데, 이로 인해 원만한 결혼생활이 이루어지기 힘든 상황에 처해 있는 경우도 다수 발생하고 있다.

5. 다문화가정 자녀 차별

우리나라에는 외국인이 아니면서 인종 혹은 문화적 소수자 비슷한 취급을 받고 있는 '다문화가정 자녀[17]'가 있다. 이러한 다문화가정 자녀는 소위 '혼혈인', '튀기' 등으로 불리면서 교육, 취업 결혼 등 여러 가지 활동에서 심각한 차별과 배제의 대상이 되어왔다. 최근 우리나라가 급격하게 다문화사회로 접어들면서 이들이 새로운 차원에서 부각되고 있다. 비율이 최근에 줄기는 했지만 여전히 매년 2만건 내외의 국제결혼이 이루어지고 있다. 이에 국제결혼 가정의 2세인 다문화가정 자녀의 숫자는 지속적으로 증가하여 앞으로 사회구성원의 상당 부분을 차지하게 될 것이다. 그러나 여전히 이들을 바라보는 사회적 시각과 반응은 부정적인 인식이 존재하고 있다. 물론 최근에는 '기지촌 여성' 등과 맞물리면서 부정적인 인식이 강했던 예전과는 많이 달라지고는 있다.[18] 그러나 여전히 다문화가정에 대한 고정관념과 편견, 차별 등으로 많은 어려움을 경험하고 있다. 다문화가정 자녀들이 경험하는 어려움을 국내출생 다문화가정 자녀와 외국인 노동자 자녀로 나누어서 살펴보면 다음과 같다. 첫째, 국내출생 다문화가정 자녀들은 다문화가정에 대한 고정관념과 편견, 차별, 낙인화 등으로 많은 어려움을 경

17 예전에는 '혼혈아'라는 용어를 사용하였으나, '혼혈'이라는 단어에 비하하는 의미가 담겨 있다는 판단에 최근에는 '다문화가정 자녀'로 법적인 용어를 통일하여 사용하고 있다. 본문에서도 이러한 의미로 '다문화가정 자녀'를 사용한다.

18 1990년대 이후 이러한 인식 개선을 위한 다양한 방안이 마련되기 시작하였으며, '혼혈인'이라는 표현을 대신할 수 있는 다양한 용어들이 사용되기 시작하였다. 교육과정서는 '온누리안'이라는 용어가 제안되기도 하였고, '국제아', '이중문화 가정의 자녀' 등의 대안적인 표현이 사용되다가 최근에는 '다문화가정 자녀'라는 용어로 통일해서 사용되고 있다. 이러한 용어의 변화에는 중요한 의미가 담겨 있다고 할 수 있다. 즉 '인종학적인 혈통'이 중요한 것이 아니라 문화적 차이에 주목하여야 한다는 것이다. 즉 다양한 문화의 가정에서 자라난 자녀이기 때문에 '한문화가정'의 아이와 다르게 문화적 차이가 생길 수밖에 없으며, 여기에 초점을 맞추어야 할 필요가 있다고 할 수 있다.

험하고 있다. 둘째, 외국인 노동자들은 고용허가제 원칙하에서는 합법적으로 가족을 동반할 수 없기 때문에 그들의 자녀들도 미등록 체류자가 되는 경우가 많으며, 또한 한국에서 태어났다고 할지라도 속인주의(屬人主義) 원칙 때문에 한국 국적이 인정되지 않는다. 따라서 교육과 의료의 사각지대에 방치되고 있을 뿐만 아니라 한국 생활에서 여러 가지 사회적 제약을 받고 있다. 또한 경제적으로 취약한 저소득층이 많아 생활고의 어려움을 겪고 있다. 외국인 노동자 자녀들은 맞벌이 부모를 대신하여 가사일과 동생을 돌보기도 하며, 부모들의 통역을 돕는 등 힘든 생활로 학교생활이나 학업에 지장을 받기도 한다. 학습부진, 학교부적응 등으로 진학률이 낮을 뿐만 아니라 친구들의 차별과 편견이 심하여 학교에서 소외당하기도 하며, 폭력의 대상이 되기도 한다.

6. 장애인 차별

장애인은 '신체적 · 정신적 장애로 인하여 장기간에 걸쳐 일상생활이나 사회생활에 상당한 제약을 받는 사람'을 말한다. 과거에는 장애인에 대한 시선이 지금보다 더욱 좋지 않아서 사회로부터 분리되어야 하는 존재, 혹은 매우 열등한 존재로 취급되었다. 이로 인해 심각한 차별과 인권침해 문제가 지속적으로 발생해 왔다. 그러다가 2차 세계대전 이후 장애인의 인권 상황은 조금씩 나아지기 시작했으며, 이러한 장애인 차별 문제를 해결하기 위한 많은 노력이 진행되어왔다. 구체적으로 1948년 유엔총회에서 채택된 「세계인권선언」에는 장애인도 사회보장을 누릴 권리가 있다는 내용이 들어가 있으며, 1966년 채택된 「국제인권규약」에는 장애인의 차별을 금지하는 내용이 포함되었다. 이후 1975년에는 모든 장애인이 다른 사람들과 동일한 권리를 가지고 있음을 천명한 「장애인권리(인권)선언」을 채택하였다. 그 후 2006년 12월 유엔총회에서는 「장애인권리협약」이 채택되었다. 또 우리나라에서는 2007년 4월, 모든 생활영역에서 장애를 이유로 한 차별을 금지하고 장애를 이유로 차별받은 사람의 권익을 효과적으로 구제함으로써 장애인의 완전한 사회참여와 평등권 실현을 통하여 인간으로서의 존엄과 가치를 구현함을 목적으로 하는「장애인차별금지법」이 제정되었다.

그러나 우리 사회는 여전히 비장애인 중심으로 구조화되어 있다. 이에 장애인의 삶에 대한 이해가 부족하고 비장애인들이 장애인에 대한 잘못된 편견 등을 가지고 있어서 장애인 차별 문제가 여전히 발생하고 있다. 장애인을 위한 편의시설, 이동수단 등이 부재하거나 있더라도 여전히 부족한 상황이다. 또, 교육, 고용, 재화와 용역의 이용, 문화 향유, 정보 접근, 정치 참여 등 다양한 생활 영역에서 장애인들은 차별을 경험하고 있다. 즉 사회적인 인식의 부재, 장애인 인권에 대한 이해 부족 등으로 장애인 차별 문제가 여전히 발생한다고 할 수 있다.

7. 성적 소수자 차별

성적 소수자는 다른 성별에 성적으로 정서적으로 이끌리는 이성애자가 아닌, 같은 성별에 대해 이끌리는 동성애자나 남녀 두 성별 모두에 대해 이끌리는 양성애자와 같은 성적 지향을 가진 사람을 의미한다. 즉, 트렌스젠더(Transgender), 젠더퀴어(gender queer)[19]와 같이 생물학적 성별과 일치하지 않는 성별 정체성을 가진 사람을 의미한다. 이들은 이성애자와 다른 성적 지향을 갖고 있거나 생물학적 성별과 일치하지 않는 성별 정체성을 갖고 있다는 이유로 차별을 받고 있다.

이들에 대한 차별 형태로는 성적 소수자로서의 정체성이 알려진 상태에서 발생하는 혐오 등의 직접 차별, 그리고 성적 소수자로 추정하고 불리한 대우를 하는 간주 차별 현상, 관행이나 규정 등이 성적 소수자에 대한 차별 의도를 가지고 있지는 않으나 결과적으로 이들에게 불이익을 주는 행위인 간접차별현상이 있다. 예전에는 이러한 성적 소수자에 대한 차별을 문제로 인식하지 않았다. 그

19 자신의 생물학적 성별과 성별 정체성이 일치하지 않고, 그 성별 정체성이 남성도 여성이 아닌 상태, 또는 그 사람을 의미한다.

러나 최근 사회 전반의 인권의식이 신장되고 성적 소수자의 인권운동이 활성화되면서 대중매체를 통한 성적 소수자에 대한 대중의 이해가 또 증진되면서 성적 소수자에 대한 편견과 차별을 인권의 문제로 인식하거나 성적 소수자의 생활을 문화적 다양성 차원에서 이해하려는 경향이 확산되고 있다. 그러나 여전히 이들을 인정하지 않는 사회적 풍토가 강하게 형성되어 있다 보니 대다수의 성적 소수자는 자신의 성적 지향이나 성별 정체성을 숨기고 생활하고 있다.

제3절 사회적 소수자와 사회복지적 개입

1. 사회적 소수자와 인권[20]

1) 사회적 소수자 인권문제

이와 같은 사회적 소수자들은 표준화를 거부하는 사람들, 즉 다수자가 아닌 소수자로 국가권력으로부터 배제되었다는 특징을 가지고 있다. 이에 다수의 사람들과 다르게 불이익과 차별, 그리고 사회적 배제를 경험하고 있다. 이들이 경험하고 있는 인권문제는 무엇이 있을까?

사회적 소수자 인권 중 '장애인 인권'의 예를 살펴보자. 일반적으로 비장애인들은 이동권을 요구하거나 주장하지 않는다. 아니 버스나 지하철 등의 교통수단을 이용하는데 있어서 '권리, 인권' 등의 개념에 대해서 아예 생각하지 않는다. 이는 우리가 숨을 쉬는데 '산소'를 인식하지 않는 것과 마찬가지라고 할 수 있다. 그러나 장애인은 소수자로서 이동이 불편하기 때문에 이동권을 주장한다. 그러나 장애인이 자신의 이동권을 요구하기 위해서 무엇인가 새로운 것(엘리베이터,

20 소수자의 인권에 대한 보다 구체적인 논의는 '제7장 사회복지와 인권'을 참조하기 바란다.

휠체어 고정좌석 등)과 별도의 것(저상버스, 휠체어 탑승 택시 등)을 요구하면 이를 '특권(privilege)'을 요구하는 것으로 잘못 이해하는 경우가 있다. '장애가 벼슬이냐? 왜 장애인만을 위한 별도의 교통수단을 요구하냐?'라고 말이다. 그러나 「국가인권위원회법」에서 '현존하는 차별을 없애기 위하여 특정한 사람을 잠정적으로 우대하는 행위는 평등권 침해의 차별로 보지 아니한다(제2조 제3호)'고 규정하고 있는 것처럼 이들은 '특권'을 요구하는 것이 아니다. 지금까지의 차별을 시정하고 앞으로의 평등을 위한 '수단'을 요구하는 것으로 보아야 하다. 이는 장애인들에게 특권을 제공하는 것이 아니라, 비장애인들이 특권을 가지고 있는데 우리가 그동안 '발견'하지 못한 것이라고 할 수 있다. 일상적으로 누리는 이런 특권은 대개 의식적으로 노력해서 얻은 것이 아니라 이미 가지고 있는 조건이라서 많은 경우 눈치채지 못하기 때문이다. 왜냐하면 특권은 '가진 자의 여유'로서, 가지고 있다는 사실조차 느끼지 못하는 자연스럽고 편안한 상태이기 때문이다(김지혜, 2019: 28).

나에게는 아무런 불편함이 없는 구조물이나 제도가 누군가에게 장벽이 되는 바로 그때, 우리는 자신이 누리는 특권을 발견할 수 있다. 결혼을 할 수 없는 동성커플이 나타나기 전까지 결혼을 하는 것이 특권이라고 생각되지 않는다. 또 한국에 사는 자격, 즉 비자를 취득하기 위해서 노력하는 외국인을 만나기 전에는 한국인이라는 것을 특권이라고 생각하지 않는다. 앞서 이야기한 장애인의 이동권 역시 마찬가지 개념이라고 할 수 있다(김지혜, 2019: 29). 이러한 사회적 소수자 인권의 문제는 성적 소수자, 이주노동자, 다문화여성 등 다른 사회적 소수자들 역시 차별적 대우와 인권침해를 받고 있는 것을 통해서도 알 수 있다. 하지만 이러한 사회적 소수자의 권리를 지키기 위한 노력이 반드시 이들만을 위한 것은 아니다. 예를 들어, 장애인의 이동권을 지키기 위해서 엘리베이터와 자동문을 설치하고, 저상버스를 배차하게 되면 비장애인 역시 많은 이득을 볼 수 있다. 장애인의 이동권을 지키기 위한 시설에서 가장 크게 이득을 보는 사람들은 사실 노인들이다. 유아차를 모는 사람 역시 이득을 볼 수 있으며, 무거운 짐을 옮기는 사람, 술 취한 성인 역시 그러한 시설의 도움을 받을 수 있다. 장애인의 입장에서 제공된 이동권은 모든 사람에게 편리함을 가져다줄 수 있는 방안이며 보편적인 효과를 낼 수 있는 것이다.

2) 사회적 소수자에 대한 차별

사회적 소수자에 대한 인권을 생각할 때 한편으로는 이런 생각이 들기도 한다. 어떤 차별은 공정하지 않을까? 능력이 다른데 같은 대우를 해달라는 것이 과연 옳은가? 하는 생각 말이다. 능력주의(meritocracy)라는 말이 있다. 이는 '개인의 타고난 신분과 같은 귀속적인 특성이 아닌 개인의 능력과 노력의 결과에 의하여 얻어진 업적을 보다 중요한 평가의 기준으로 삼는 원리'(두산백과 doopedia)를 의미하는 것으로 '업적주의, 실력주의, 실적주의'라고도 불린다. 부모의 신분에 따라 사회적 지위를 결정하지 말고, 개인의 능력과 노력의 결과에 의하여 얻어진 업적을 중요하게 취급해 달라는 이 말은 매우 타당한 것으로 보인다. 같은 것은 같게, 다른 것은 다르게 대우해 달라는 의미라는 것을 생각하면 더욱 그러하다. 따라서 이러한 기준에 의하면 차별이 오히려 공정한 것처럼 보인다. 그러나 앞서 살펴본 것처럼 모두에게 동일한 기준을 적용하는 것은 누군가를 불리하게 만드는 간접차별일 수 있다. 한편 차별을 이야기하면 반드시 나오는 다음과 같은 말이 있다.

비록 사회적 소수자에 속해 있지만 높은 자리에 올라간 사람이 있지 않은가?

이는 누군가의 능력이 부족하거나 노력이 부족하기 때문에 그 자리에 이르지 못한 것이지 사회가 차별을 하는 것은 아니라는 의미로, 우리 사회에 더 이상 차별은 없다는 말이다. 예를 들어, 어떠한 조직에서 경제적 · 사회적 · 권력적 지위자의 위치에 소수의 여성이 있다면 그 조직은 성차별이 없는 것처럼 보인다. 그러나 이는 사실이 아니다. 오히려 이러한 업적주의, 능력주의가 사회적 불평등을 정당화하는 도구가 되고 있다고 할 수 있다.

2. 변화하는 사회적 소수자의 복지욕구와 사회복지적 개입

사회적 소수자는 다양한 형태의 차별과 인권침해를 경험하고 있다. 즉 사회적 소수자들은 주류 집단과 다르게 불이익과 차별, 그리고 사회적 배제를 경험하고 있으며, 여기에 사회복지적 개입과 지원의 필요성이 있다고 할 수 있다. 그렇다면 이러한 사회적 소수자에 대해서 사회복지는 어떻게 개입할 수 있을까? 결국 지원의 형태는 이들의 복지욕구에 따라서 다르게 제공되어야 할 것이다. 예를 들어, 장애인은 장애 유형과 그 정도에 따라서 다양한 어려움을 경험하고 있다 또 이러한 어려움은 모든 사람이 동일하지 않으며 원인이 모두 다르다. 또한 이러한 어려움은 대상자에 따라서 다르고 시간이 지나면 변화된다. 결혼이주자의 경우 결혼 초기에는 외로움, 언어문제, 음식문제, 교육기관 이용, 편견/차별 등이 어려움으로 제시되었다. 그러나 5년 이상 중장기 거주자의 경우에는 가족 간의 갈등으로 인한 가족해체, 취업이나 자활 등 사회 진출/경제적 어려움, 자녀양육 및 문화차이로 겪는 어려움 등을 제기하고 있다. 즉 처음에는 외국인으로서 특수하게 겪는 어려움과 이러한 문제의 해결책에 대한 욕구를 제시하지만, 시간이 지나면 특수한 욕구보다는 가족 간에 발생할 수 있는 다양한 욕구를 문제로 제시하는 것이다.

따라서 사회적 소수자에 대해서는 이러한 차별과 문제의 발생 원인과 현상을 분석하고 이에 따른 개별적 개입이 필요하다. 예를 들어, 차별관련 문제가 발생하고 있으면 이에 대한 개입이 필요하다. 또 결혼이주자의 경우 시간이 지날수록 자녀양육과 문화 차이로 겪는 어려움 등 관계에서 오는 어려움이 있다. 이 경우 새로운 관계를 맺어주거나 갈등 상황에 개입하는 등 관계에 개입하는 방안이 대안이 될 수 있을 것이다. 또, 실업, 저소득 등 경제적 어려움을 겪고 있는 경우 그 경제적 어려움에 대한 개입을 통해 물질적인 손해를 줄이는 방식으로 개입하는 것이 필요하다.

한편 사회적 소수자에 대한 사회적 편견이나 부정적 인식을 해소하기 위한 방안 마련 역시 지속적으로 필요하다고 할 수 있다. 예를 들어, 다양한 사회적 소수자 이해 교육의 도입 역시 하나의 방안이 될 수 있을 것이다. 개인들이 사회적 소수자에 대해 인식하는 것은 자신의 경험과 배경에 영향을 받기 때문에, 이들에 대한 교육이 무엇보다도 중요하다. 교육을 통해 사회적 소수자가 겪는 고통에 대해 이해하고 만나는 활동이 필요하다. 이외에도 소수자 인식개선 캠페인, 지역사회 체험활동 등 사회적 소수자에 대한 복지 제공뿐만 아니라 그 바탕에 깔려 있는 시선을 긍정적으로 바꾸는 것도 사회복지사의 역할이라고 할 수 있을 것이다.

참고문헌

구정화 (2015). **청소년을 위한 인권 에세이 : 구정화 교수가 들려주는 살아 있는 인권 이야기**. 해냄.

김지혜 (2019). **선량한 차별주의자**. 창비.

김형완 (2021). 역사와 철학을 통한 인권의 이해. **학교공동체를 위한 인권교육 프로그램 : 학교장용**. 교육부, 전국 시 · 도교육청. 28–45.

법무부 출입국 · 외국인정책본부 (2022). **2021 출입국 · 외국인정책통계연보**.

윤인진 (2004). 탈북자의 사회적응실태와 지원방안. **한국의 소수자, 실태와 전망**. 한울아카데미, 401–422.

윤수종 · 이하영 · 정정훈 · 윤삼호 · 김효진 · 친구사이 · 한채윤 · 임정섭 · 임재성 (2013). **소수자운동의 새로운 전개**. 중원문화.

이지수 (2022). 교차하는 정체성과 포괄적 차별금지법: "복합차별" 조항의 의미와 한계, 그리고 지향. **2022년 한국사회복지공동학술대회, 한국장애인복지학회 세션(미발행)**.

전영평 (2007). 소수자의 정체성, 유형, 그리고 소수자 정책 연구 관점. **정부학연구, 13**(2), 107–131. 고려대학교 정부학연구소.

최일섭 · 최원규 · 최성재 · 이혜경 · 윤찬영 · 박종우 · 김혜란 · 감정기 (2000). **사회문제와 사회복지**. 나남출판.

Dworkin, A. G., & R. J. Dworkin (1999). *The Minority Report: An Introduction to Racial, Ethic, and Gender Relations*. Harcourt Brace College Publishers.

네이버 지식백과

두산백과 두디피아

오마이포토, 국가인권위원회법에 예시된 차별사유 19가지를 나타내는 이모티콘. (www.ohmynews.com/NWS_Web/View/img_pg.aspx?CNTN_CD=IE001939077)

CHAPTER 13

전문직과 사회복지

사회복지사에 대한 이해 한 단계 높이기. 사회복지사는 누구일까?

제1절 | 사회복지사는 누구인가?

제2절 | 우리나라 사회복지사 현황

제3절 | 사회복지사의 영역과 사회복지사의 역할

제4절 | 사회복지사 관련 주요 이슈

CHAPTER 13

전문직과 사회복지

사회복지사에 대한 이해 한 단계 높이기. 사회복지사는 누구일까?

사회복지사는 어떤 일을 하는 사람일까? 단순히 사회복지를 실천하는 사람, 사회복지(서비스)를 제공하는 사람으로 이해하면 될 것인가? 이 장에서는 사회복지사와 관련된 다양한 내용과 이슈에 대해서 살펴보고자 한다. 첫째, 사회복지사 정의와 사회복지사의 전문성에 대한 논쟁을 통해, 사회복지사의 자격과 정체성에 대해서 살펴본다. 둘째, 사회복지사 자격제도의 변화과정에 대한 설명과 함께 사회복지사가 어디에서 무슨 일을 하는지 사회복지사의 영역과 역할, 관련 이슈 등에 대해서 설명한다. 마지막으로 시대의 변화에 따른 사회복지사의 역할 변화에 대해서 논의한다. 이를 통해 사회복지사에 대한 이해를 높이고자 한다.

제1절 사회복지사는 누구인가

1. 사회복지사의 정의

소셜워커, 혹은 사회사업가라고도 불리는 사회복지사에 대한 정의를 국내 · 외 자료에서 찾는 것은 의외로 쉽지 않다. 왜냐하면 많은 문헌에서 사회복지실천, 혹은 사회사업이라고 불리는 소셜워크(social work)에 대한 정의만이 제시되고 있을 뿐, 사회복지사(social worker, 社會福祉士)에 대해서는 별도로 언급되지 않고 있기 때문이다. 국제사회복지사연맹(IFSW) 등 국제적인 사회복지사단체의 social work에 대한 정의는 다음과 같다.

> social work는 사회 변화와 발전, 사회 결속, 사람들의 권한 부여 및 해방을 촉진하는 실천 기반 전문직이자 학문 분야입니다. 사회 정의, 인권, 집단적 책임 및 다양성에 대한 존중의 원칙은 사회사업의 핵심입니다. 사회사업, 사회과학, 인문학 및 토착 지식의 이론에 기반을 둔 사회사업은 삶의 문제를 해결하고 웰빙을 향상시키기 위해 사람과 구조를 참여시킵니다.
>
> 출처: 국제사회복지사연맹(International Federation of Social Workers)

> social work는 개인, 가족, 그룹 및 지역 사회가 개인 및 집단의 웰빙을 향상하도록 돕는 것과 관련된 직업입니다. 사람들이 자신의 기술과 능력을 개발하고 문제를 해결하기 위해 지역사회의 자원을 사용할 수 있도록 돕는 것을 목표로 합니다. 사회사업은 개인과 개인의 문제뿐만 아니라 빈곤, 실업, 가정폭력과 같은 더 광범위한 사회문제와도 관련이 있습니다.
>
> 출처: 캐나다 사회복지사협회(Canadian Association of Social Workers)

> 사회복지사는 개인 및 가족과 협력하여 삶의 결과를 개선하도록 돕습니다. 이는 취약한 사람들을 위해(harm)나 학대로부터 보호하거나 사람들이 독립적으로 생활하도록 지원하는 데 도움이 될 수 있습니다. 사회복지사는 사람들을 지원하고 옹호자 역할을 하며 사람들이 서비스를 받을 수 있도록 안내합니다. 사회복지사는 종종 건강 및 교육 전문가와 함께 여러 분야의 팀에서 일합니다.
>
> 출처: 영국 사회복지사 협회(British Association of Social Workers)

위키피디아 영문판(en.wikipedia.org)에서는 국제사회복지사연맹과 캐나다사회복지사협회의 정의를 토대로 '개인, 가족, 그룹, 지역사회 및 사회 전체의 기본 요구를 충족시켜 개인 및 집단의 복지를 향상시키는 것과 관련된 학문 분야 및 실천 기반 전문직[01]'으로 social work의 정의를 내리고 있으며, Social work License Map 홈페이지에서는 social worker에 대해서 '전반적인 복지를 향상시키고, 지역사회와 사람들의 기본적이고 복잡한 욕구를 충족시키는 것을 목표로 하는 전문가[02]'로 정의하고 있다.

한편 우리나라 역시 사회복지사에 대해서 공식적으로 정의한 규정은 없다. 다만, 「사회복지사업법」 등 관련 법률에서 이와 관련된 규정을 찾을 수 있는데, 「사회복지사업법」 제11조(사회복지사 자격증의 발급 등) 제1항에서 '보건복지부장관은 사회복지에 관한 전문지식과 기술을 가진 사람에게 사회복지사 자격증을 발급할 수 있다.'고 규정하고 있을 뿐이다. 이러한 법적 정의를 토대로 사회복지사를 정의하면 '사회복지에 관한 전문지식과 기술을 가진 사람으로 보건복지부장관이 사회복지사 자격증을 발급함에 따라 국가가 인정한 사회복지전문가'라고 할 수 있다. 즉, '사회복지에 관한 전문지식과 기술을 가진 사람으로 자신의 전문성을 바탕으로 사회복지를 필요로 하는 사람에 대하여 인간의 존엄성과 인간다운 생활을 할 권리를 보장하고 사회복지의 전문성을 높이며, 사회복지사업의 공정 · 투명 · 적정을 도모하고, 지역사회복지의 체계를 구축, 사회복지서비스의 질을 높여 사회복지의 증진에 이바지하는 전문가'를 의미한다고 할 수 있다.

01 Social work is an academic discipline and practice–based profession concerned with meeting the basic needs of individuals, families, groups, communities, and society as a whole to enhance their individual and collective well–being.

02 Social workers are professionals who aim to enhance overall well–being and help meet basic and complex needs of communities and people.

2. 사회복지사의 전문성

앞서 살펴본 것처럼 사회복지사는 '사회복지에 관한 전문지식과 기술을 가지고, 사회복지업무를 전담하여 맡는 사람이며, 사회 전반의 복지를 향상시키고 사회복지 증진에 이바지하는 실천기반 전문직'이다. 그런데 사회복지사가 전문직인가? 여기서는 사회복지사와 전문직 사이의 논란에 대해서 먼저 살펴보자.

1) 전문직의 의미

'전문직(專門職, profession)'의 사전적 정의는 '전문성을 필요로 하는 직업'이다. 전문직은 일반적으로 전문화된 교육의 과정을 거쳐 고도의 지적 작업을 성취해 내는 직업을 가리키는데, 사전적 · 학술적 의미의 전문직은 '전문적인 지식이나 기술이 필요한 직업'을 의미하며, 전문가(專門家, professional)[03]와 거의 같은 뜻이라고 할 수 있다.

2) 전문직의 판단 기준

전문직에 대한 정의를 학문적인 영역에서 찾는 것은 쉽지 않다. 이는 전문직에 대한 개념 정의보다는 정의의 유형이나 전문직을 구성하는 요소를 제시함으로써 정의를 대신하는 경우가 많기 때문이다.[04] 예를 들어, 밀러슨(Milerson)은 전문직의 필수 요건으로 '이론에 근거한 기술, 훈련과 교육의 제공, 협회 회원들에 대한 능력 테스트, 조직체, 전문적 행동강령의 준수, 이타적 서비스 등'을 전

---

03 전문가는 어떤 분야에 많은 지식과 기술 그리고 경험을 가진 사람을 의미하는 것이다. 전문가라는 말 자체를 칭할 때는 expert라는 단어를 쓰고, 어떠한 분야를 자신의 직업으로 전문적으로 하는 사람을 의미하는 전문가는 professional이라고 할 수 있다. 여기에서 의미하는 전문직(profession)은 후자를 의미한다고 할 수 있다.

04 이러한 전문직 구성요소를 살펴보면 전문직의 개념을 이해할 수 있다.

문직 구성요소로 제시하고 있다(Milerson, Jones et al., 1983: 64-65; 김상균 외, 2007: 494 재인용).

그러나 우리 사회에서 전문직으로 인정받는 직업이 있는 반면, 꽤 오랜 기간 동안 준전문가(semi-profession)에 머물러 있는 직업도 있다. 어떤 직업의 전문직 여부를 판단할 수 있는 기준들에 대한 논의는 다양하지만, 일반적으로 속성론, 과정론, 권력론 등 세 가지로 나눌 수 있다(김태성, 1997).

(1) 속성론(trait model)

어떤 직업의 전문직 여부를 판단하는 기준 가운데 가장 많이 알려진 것은 그 직업이 통상적인 직업과 구분되는 일정한 속성을 갖고 있는가 하는 점이다. 앞서 밀러슨(Milerson, 1983)의 기준 역시 이러한 구분을 따르고 있다고 할 수 있다. 전문직이 갖고 있는 속성에 대해서 가장 많이 인용되는 것은 그린우드(Greenwood, 1957)가 제시한 다음의 다섯 가지 속성이다(김태성, 1997 재인용). 첫째, 전문직이 되기 위해서는 전문직이 수행하는 기술(skill)의 바탕이 되는 이론의 체계적 본체(systematic body of theory)를 갖추어야 한다. 즉 전문직은 특정 기술을 갖추는 것에서 한 걸음 더 나아가 그러한 기술의 바탕에 깔려 있는 체계적 이론이 있어야 한다는 것이다. 둘째, 전문적 권위(professional authority)가 있어야 한다. 즉 전문직과 비전문직의 차이는 서비스 공급의 결정이 전문적 권위에 의하여 이루어지느냐에 따라 결정된다는 것이다.[05] 셋째, 전문직은 사회로부터 일정한 권한과 특권(sanction of community)을 인정받는다. 이러한 권한과 특권에는 여러 가지가 있을 수 있으나 가장 중요한 것은 전문직 인력에 대한 독점적 통제권을 인정받는다는 점이다. '일정한 자격시험을 관장하는 권한' 등이 여기에 해당한다. 넷째, 전문직은 자체적인 윤리강령을 가지고 있다. 윤리강령이 필요한 이유는 전문직이 수행하는 행위에서의 판단은 고도의 기술과 지식이라는 전문직의 속성상 전문직 내에서 할 수밖에 없다는 것 때문이다. 따라서 전문직

05 이러한 구분에 따르면 전문직에 의한 서비스의 대상은 클라이언트라고 하고, 비전문직의 대상은 소비자라고 할 수도 있다.

자체의 윤리강령이 더 강한 구속력을 발휘할 수 있다. 다섯째, 전문직에는 그 전문직 고유의 문화(profession culture)가 존재한다. 즉 다른 전문직과 구별될 수 있는 고유한 가치, 규범, 상징들이 존재한다. 그러나 이와 같은 속성론은 이상적 형태의 전문직에 초점을 맞추고 있기 때문에 지나치게 '전문직이냐 아니냐' 하는 이분법적(dichotomous) 분류라는 비판을 받는다. 즉 이러한 속성론이 현실을 반영하지 못한다는 것이다. 또 사회의 많은 직업들은 나름대로의 특수성을 지니고 있기 때문에, 위와 같은 속성만으로는 전문직 여부가 가려지지 않는다고 할 수 있다.

(2) 과정론(process model)

속성론의 한계를 극복하기 위하여 나온 것이 이른바 '과정론'이다. 여기에서는 어떤 직업들의 전문직 여부는 이분법적으로 판단하는 것이 아니라 전문성 정도의 연속성(continuum) 상태에서 판단해야 한다고 주장한다. 즉 직업들을 전문화가 많이 진행된 직업 또는 적게 진행된 직업으로 분류할 수 있다는 것이다. 과정론의 관점들 중 가장 널리 알려진 것은 윌렌스키(Wilensky, 1964)의 구분이다. 그에 의하면 어떤 직업이 전문화하는 과정에는 다음과 같은 8가지 단계가 필요하다고 한다. 첫 번째 단계는 유급(有給)의 전일제 활동(full-time-paid activity)이 필요하다. 두 번째 단계에서는 그 직업을 수행하기 위해서는 대학에서의 전문교육을 받아야 한다. 세 번째 단계에서는 협회 등 그 직업의 전문적 조직체가 만들어진다. 네 번째 단계에서는 그 직업에서 수행하는 고유하고 핵심적인 임무(core task)가 명확히 드러난다. 다섯 번째 단계에서는 과거에 그 직업을 시작한 사람들과 최근에 교육을 받거나 자격증을 딴 사람들 사이의 갈등이 발생한다. 여섯 번째는 그 직업과 유사한 인근의 직업들 사이의 갈등이 발생한다. 일곱 번째는 면허, 등록, 자격제도 등 그 직업에 대한 법적인 보호장치를 만들고, 마지막 여덟 번째는 그 직업의 윤리강령이 제정된다(Wilensky, 1964; 김태성, 1997 재인용). 이와 같은 과정론에 따르면, 서로 다른 직업들의 전문직으로서의 위상은 전문직화 단계에 따라 다르게 판단될 수 있다. 그러나 현실세계의 많은 전문직들이 이러한 윌렌스키의 단계론을 충실하게 따르는가 하는 것은 살펴볼 필요가 있다.

(3) 권력론(power model)

앞서 살펴본 속성론과 과정론은 각각 전문직에 대해서 일정부분 객관화된 정의를 내리고 있다. 반면에 권력론에서는 전문직에 대한 일정한 정의는 존재하지 않고 어떤 직업이든 사회에서 특정영역에서 특정한 일을 하는데 독점적인 지위를 부여받으면 전문직이 된다고 본다(Cullen, 1978; 김태성, 1997 재인용). 권력론의 관점에 따르면 전문직이 되는 이유는 그 영역에서 그 직업이 다른 직업에 비해 기술이 뛰어나거나, 일을 잘해서가 아니라 그 직업이 그 영역을 차지하는 것이 사회구성원들이 더 바람직하다고 판단했기 때문이다. 어떤 직업이 특정영역의 독점권을 배당받는 것이 적어도 그 직업의 우수성보다 먼저라는 것이다. 심지어 최고의 전문직이라고 할 수 있는 의사들의 경우에도 능력이 전문성의 가장 큰 이유가 아니라는 연구결과가 있다. 19세기 의학 역사를 보면, 정규 의과대학을 졸업한 의사들이 의료업계를 독점하게 된 배경은 그들의 정치적 권력이 강했기 때문이라는 것이다(Rothstein, 1972; 김태성, 1997 재인용). 이와 같이 권력론은 전문직 결정의 요소를 독점권을 배당받는 정치적 권력투쟁에서 찾는다. 이러한 관점은 전문직화의 결과를 설명하는데 앞서 두 관점이 보지 못한 측면을 보여주었다는 장점이 있다. 그러나 권력론은 특정직업의 전문직화 가능성을 예측하기 어려운 약점도 있다.

3) 사회복지사의 전문직 여부

이상의 3가지 모델을 정리하면 다음과 같다. 첫 번째 속성론에서는 체계적 이론과 전문적 권위, 사회로부터의 일정한 권한과 특권의 인정, 전문직 자체의 윤리강령, 그리고 전문직 고유의 문화를 전문직의 속성으로 제시하고 있다. 두 번째 과정론에서는 유급의 전일제 활동, 대학에서의 전문교육 실시, 그 직업의 전

국적 조직체 구성, 그 직업에서 수행하는 고유하고 핵심적인 임무 명확화, 과거에 그 직업을 시작한 사람들과 최근에 교육을 받거나 자격증을 딴 사람들 사이의 갈등 혹은 그 직업과 유사한 인근의 직업들 사이의 갈등 발생, 면허, 등록, 자격제도 등 그 직업에 대한 법적인 보호장치 마련, 그리고 그 직업 고유의 윤리강령 제정 등을 제시하고 있다. 이러한 2가지 기준을 토대로 사회복지사의 전문직 여부를 살펴보면 많은 부분 일치한다고 할 수 있다. 즉 체계화된 전문지식을 가지고 다양하고 복잡한 업무를 수행하고 있으며, 사회복지사라는 직업이 존재하며, 이를 위한 정해진 교육을 받아야 한다. 그리고 '한국사회복지사협회'라는 전국적 조직체가 존재하며, 사회복지사 국가자격제도가 존재하고 있다.

하지만 사회복지사가 완전한 전문직으로서의 위치를 확보했다고 보기는 여전히 불확실하다. 이는 우리나라뿐만 아니라 다른 나라도 마찬가지인데, 이에 대해 캐롤(Carol, 1977)은 사회복지사가 너무 많은 분야에서 다양한 일을 하기 때문에 발생하는 문제라고 지적하고 있다. 예를 들어, 캐롤(Carol)의 분류에 따르면 사회복지활동의 대상은 개인, 가족, 집단 등 7가지로 나눌 수 있으며, 개입의 문제영역은 빈곤, 건강 등 10가지로 나눌 수 있다, 또한 개입방법은 Case work, Group work 등 9가지로 나눌 수 있다. 따라서 이러한 대상, 문제 영역, 개입방법의 차이에 따른 세부적 전공분류는 630개의 서로 다른 영역으로 조합될 수 있다는 것이다. 이러한 630개의 서로 다른 영역에 공통적으로 필요한 지식과 고유한 이론체계를 만드는 작업은 상당히 어렵다는 것이 그의 주장이다(Carol, 1977; 김상균 외, 2007: 499-500 재인용). 또 이와 같은 다양한 활동 영역은 사회복지사가 다른 영역에 종사하는 사회복지사보다 같은 분야에서 종사하는 다른 직업군과 더 가깝게 되는 경우가 많게 된다.[06]

이상의 2가지 전문직의 속성과 과정만을 기준으로 한다면 사회복지사는 전문직이 되기 어렵다는 기본적 한계를 지니고 있다. 따라서 사회복지사의 전문직 여부는 세 번째 관점인 '권력론' 관점, 즉 사회복지사만의 독점적 역할을 할 수

---

06 예를 들어, 병원에서 근무하는 의료사회복지사는 다른 분야에서 근무하는 사회복지사보다 병원 내의 다른 전문직인 의사, 간호사, 영양사 등과 더 가까운 관계를 유지한다고 할 수 있다.

있는 영역이나 기능을 부여받았는가 하는 부분에서 추가로 평가할 필요가 있다. 이 관점에 의하면 사회복지는 사회복지사만의 독점적 역할을 할 수 있는 영역이나 기능을 사회로부터 부여받았다고 할 수 있다(Popple, 1985; 김상균 외, 2007: 500 재인용). 앞서 살펴본 것처럼 전문직 혹은 전문자격제도가 관철해 나가야 하는 조건은 '업무독점'과 '명칭독점'이다. 사회복지사는 「사회복지사업법」이 정한 유일한 국가자격자로서 법률이 정한 사회복지사업을 시행하도록 하고 있으며, 사회복지사가 아니면 사회복지사 또는 이와 유사한 명칭을 사용하지 못한다는 '유사명칭의 사용금지' 조항을 규정하고 있다. 이러한 기준에 따르면 사회복지사는 '업무독점'과 '명칭독점'을 통해 전문직으로 인정받고 있다고 할 수 있다.

최근 학문 간의 경계를 뛰어 넘어 통섭(統攝)의 목소리가 높은 상황이다. 또 지금까지 사회복지의 고유한 분야라고 여겨졌던 다양한 영역과 분야에서 다른 목소리가 나오고 있으며, 이용자가 중심이 되는 사회복지실천의 강조는 사회복지사의 필요성에 대한 근본적인 문제제기가 이루어지고 있다. 이러한 상황에서 사회복지사들이 자신의 전문성을 확립하는 것은 결국 우리 스스로의 노력에 달려 있다고 할 수 있다.

제2절 우리나라 사회복지사 현황

1. 우리나라 사회복지사 자격제도의 변화과정

우리나라에서 사회복지사는 「사회복지사업법」이 제정된 1970년 '사회복지사업종자사'라는 용어로 시작하였다. 이후 '사회사업가', '사회사업종사자' 등으로 불리다가 「사회복지사업법」이 1983년 5월 개정되면서 '사회복지사'로 규정되었다. 우리나라 사회복지사 자격제도의 변화과정에 대해서 살펴보면 다음과 같다(김범수 외, 2006; 김영종, 2019; 한국사회복지사협회 홈페이지).

(1) 사회복지시설 종사자 무자격 시대(~1970년)

1950년 발생한 한국전쟁은 대량의 난민과 빈민을 발생시켰다. 또 이 시기 전쟁고아 등을 대상으로 하는 사회복지시설이 다수 건립되었다. 당시 우리나라 정부는 미국 등 외국 정부와 원조단체들로부터의 지원에 대부분 의존했는데, 1950년 이후 1960년대까지 55개의 외원단체가 등록되어 있었고, 최대 등록 수는 1970년 말 기준 111개에 달했다(김영종, 2019: 80). 하지만 1970년까지 사회복지시설에 대한 제도적인 규제가 전혀 없었으며, 사회복지시설 종사자의 자격도 별도로 규정하지 않았었다.

(2) 사회복지사업 종사자 자격증 시대(1970~1983년)

사회복지시설이 늘어남에 따라 이에 대한 제도적인 규제가 필요하다는 인식에 1970년「사회복지사업법」이 제정되었다. 이 법의 제정으로 민간 사회복지조직에 대한 법적·제도적 근거가 공식화된 것이다. 이 법에서는 사회복지시설을 운영하는 민간주체를 사회복지법인으로 하고, 법인과 시설에 대한 국가의 관리(설립 및 해산, 보조금 지원 및 감독 등)를 어떻게 할 것인지를 규정하였는데, 법 제5조와 시행령 9조에서 '사회복지사업 종사자 자격증'제도가 처음으로 도입되었다. 당시 법령에서는 대학에서 4년간 사회복지학을 전공하거나 고등학교를 졸업하고 사회복지시설에서 5년 이상 종사한 사람은 누구나 사회복지사업 종사자 자격증을 취득할 수 있었다. 또 사회복지법인이 운영하는 사회복지시설의 장은 사회복지사업 종사자 자격증을 가지고 있어야 하며, 당해 법인의 종사자의 5분의 2이상을 사회복지사업종사자 자격증을 가진 자로 채용하도록 규정하였다.

(3) 사회복지사 자격 시대(1983~1997년)

1970년대 후반부터 4년제 대학을 중심으로 사회복지사업 종사자 자격제도의 개선에 대한 논의가 이루어지기 시작하였다(김범수 외, 2006). 왜냐하면 대학에서 사회복지학을 전공한 사람과 그렇지 않은 사람들을 모두 '사회복지시설종사자'라는 명칭으로 부르는 것에 대한 거부감이 높아졌기 때문이다. 이러한 사회적 여론과 함께 한국사회복지협의회에서는 '사회복지사업법개정위원회'를 설치하여 사회복지사업 종사자 자격을 사회복지사 1~3급 자격제도로 규정[07]하는 안을 제시하였다. 이후 1983년 개정된 「사회복지사업법」을 통해 '사회복지사' 자격제도와 1~3급의 등급 구분이 실시되었다.

(4) 사회복지사 국가시험 제도 시행시기(1997~2018년)

1980년대 중반에 들어오면서 한국사회복지교육협의회와 한국사회복지사협회에서는 14개의 사회복지관련 과목만 이수하면 사회복지사 1급 자격을 받을 수 있는 기존의 사회복지사 시스템에 대한 회의론이 대두되기 시작하였다. 즉 아무런 자격인정시험 없이 자격증을 발급하는 것에 대한 비판이 일어났다. 그리고 전문성이라는 관점에서 1급 사회복지사의 자격수준을 높여야 한다는 주장과 등급구분에 있어 직무분담의 필요성이 제기되었다(장인협 외, 1999: 169; 김상균 외, 2007: 503 재인용). 그 결과 학자 및 실무자들이 개선작업에 들어갔으며, 이후 1997년 「사회복지사업법」이 개정되었다. 이때 개정된 「사회복지사업법」이 시행되는 1999년 입학생부터 사회복지사 1급 자격을 국가시험에 합격한 자로 한다는 자격관련 규정을 신설하게 되었으며, 1999년 입학생이 최초로 졸업하는 2003년부터 사회복지사 1급 국가시험을 시행하여 운영하게 되었다.

07 1982년 6월 사회복지사업 종사자 자격개정위원회에서 명칭을 무엇으로 바꿀 것인가 하는 논의에서 가장 많이 제안된 안은 '사회복지사'와 '사회사업사', '사회사업가'였다. 이 당시 논의 끝에 전통적으로 사용하여 오던 사회사업가(社會事業家)라는 명칭은 전문가로서의 호칭상 적절하지 않다는 의견이 많아 사회복지사로 합의가 되었다. 사회복지사의 자격을 1~3급으로 매기게 된 동기는 초중고 교사의 2급 정교사와 1급 정교사 자격제도를 참조한 것이다. 단, 고등학교를 졸업하고 5년간 사회복지법인에서 근무하면 사회복지사업종사자자격을 취득할 수 있도록 되어 있던 당시 「사회복지사업법」 규정을 감안하여, 국립사회복지원에서 일정기간 연수과정을 통한 사회복지사 3급 자격제도를 규정하였다(김범수 외, 2006).

(5) 이수과목 확대 및 전문자격증 제도 신설 이후(2018년~현재)

2003년 사회복지사 1급 자격시험이 시작된 이후 1번의 시험과목 변경[08]이 있었지만, 사회복지사 자격제도와 관련하여서는 커다란 변화 없이 진행되어 왔다. 그러나 다양화되고 전문화되는 사회복지 욕구에 능동적으로 대응하기 위해서는 추가적인 제도보완이 필요하다는 목소리가 지속적으로 제기되었다. 특히 현행 사회복지학 전공교과목 및 사회복지관련 교과목 14과목(42학점)의 수업이수와 120시간 현장실습만으로 사회복지사 자격증(2급)을 발급하는 것에 대해 수정이 필요하다는 의견이 제시되었다. 또 「정신보건법」[09]의 정신건강전문요원 중 하나인 정신보건사회복지사(현, 정신건강사회복지사)[10]의 경우는 국가자격증을 별도로 발급하고 있지만, 비슷한 영역이라고 할 수 있는 의료분야의 경우에는 '대한의료사회복지사협회' 차원의 민간자격증만이 발급되고 있는 상황이었다. 학교사회복지사 역시 비슷한 상황이었다. 이러한 문제의식에 따라 2018년 12월 11일 「사회복지사업법」이 개정되어 2020년 12월부터 학교사회복지사, 의료사회복지사 등 전문사회복지사제도가 도입되었다. 또 이때부터 사회복지사 자격취득을 위한 최소이수과목이 14과목에서 17과목으로, 기관 실습시간이 120시간에서 160시간 이상으로 변경되었다.[11]

08 2003년과 2004년 1회와 2회의 사회복지사 국가시험은 필수과목 6과목에 선택과목 16과목으로 시행되었다. 이때 선택과목이 너무 많다는 문제가 제기되었으며, 이후 3회부터는 선택과목을 없애고, 필수과목 6과목에 2과목을 추가하여 8과목으로 늘려 시행하도록 하였다.

09 현, 「정신건강증진 및 정신질환자 복지서비스 지원에 관한 법률」을 말한다.

10 '정신건강사회복지사'는 기존의 '정신보건사회복지사'의 명칭이 변경된 것이다. 1995년 정신보건법이 제정되면서 정신보건전문요원제도가 도입되었다. 여기에 정신보건사회복지사, 정신보건간호사, 정신보건임상심리사 자격증 제도가 도입되었다. 추후 이것은 '정신건강전문요원'으로 명칭이 바뀌었으면 보건이라는 용어 대신에 건강이라는 용어로 명칭이 변경되어 현재에 이르렀다. 2022년 1월 말 현재 1급 2,530명, 2급 3,081명 등 총 5,611명의 정신건강사회복지사가 있다(한국정신건강전문요원협회 홈페이지).

11 2021년에 대학에 입학한 학생부터 17개 교과목 이수와 160시간 실습시간 이수를 해야 사회복지사 2급 이상 자격증을 받을 수 있다.

2. 사회복지사의 자격

(1) 사회복지사의 등급별 · 영역별 자격 구분

2023년 현재 사회복지사의 등급은 1급과 2급으로 구분되어 있으며, 정신건강 · 의료 · 학교 영역에 대해서는 영역별로 정신건강사회복지사 · 의료사회복지사 · 학교사회복지사의 자격을 부여할 수 있도록 규정하고 있다. 이중에서 사회복지사 1급 자격은 국가시험에 합격한 사람에게 부여하고, 정신건강사회복지사, 의료사회복지사, 그리고 학교사회복지사의 자격은 1급 사회복지사의 자격이 있는 사람 중에서 보건복지부령으로 정하는 수련기관에서 수련을 받은 사람에게 부여하도록 규정하고 있다. 「사회복지사업법」 시행령 제2조에서 규정하고 있는 사회복지사의 등급별 · 영역별 자격구분은 다음과 같다.

- **등급별 사회복지사:** 사회복지사 1급, 2급
- **영역별 사회복지사:** 학교사회복지사, 의료사회복지사, 정신건강사회복지사

(2) 사회복지학 전공 교과목과 사회복지 관련 교과목

사회복지사 2급 이상의 자격증을 취득하기 위해서는 전문대학 이상에서 보건복지부령으로 정하는 사회복지학 전공 교과목과 사회복지 관련 교과목을 일정 과목 이상 이수해야 한다. 「사회복지사업법」 시행규칙 [별표 1]에서 규정하고 있는 사회복지학 전공 교과목과 사회복지 관련 교과목 현황과 이수기준에 대해서 살펴보면 다음의 〈표 13-1〉과 같다.

표 13-1 | 사회복지학 전공 교과목과 관련 교과목 현황 및 이수기준

■ 사회복지사업법 시행규칙 [별표 1] 〈개정 2019. 8. 12.〉 [시행일 : 2019. 10. 1.] 제2호 라목

사회복지학 전공교과목과 사회복지 관련 교과목(제3조 관련)

1. 사회복지학 전공 교과목과 사회복지 관련 교과목 및 학점

구분	교과목	이수과목(학점)	
		대학 · 전문대학	대학원
필수과목	사회복지학개론, 사회복지법제와 실천, 사회복지실천기술론, 사회복지실천론, 사회복지정책론, 사회복지조사론, 사회복지행정론, 사회복지현장실습, 인간행동과 사회환경, 지역사회복지론	10과목 30학점 (과목당 3학점) 이상	6과목 18학점 (과목당 3학점) 이상
선택과목	가족복지론, 가족상담 및 가족치료, 교정복지론, 국제사회복지론, 노인복지론, 복지국가론, 빈곤론, 사례관리론, 사회문제론, 사회보장론, 사회복지역사, 사회복지와 문화다양성, 사회복지와 인권, 사회복지윤리와 철학, 사회복지자료분석론, 사회복지지도감독론, 산업복지론, 아동복지론, 여성복지론, 의료사회복지론, 자원봉사론, 장애인복지론, 정신건강론, 정신건강사회복지론, 청소년복지론, 프로그램 개발과 평가, 학교사회복지론	7과목 21학점 (과목당 3학점) 이상	2과목 6학점 (과목당 3학점) 이상

비고: 교과목의 명칭이 위 표의 교과목 명칭과 같지 않더라도 보건복지부장관이 위 표의 교과목과 내용이 같다고 인정하는 경우에는 그 교과목을 위 표의 교과목으로 본다.

2. 필수과목 중 사회복지현장실습의 기준

가. 기관실습

1) 기관실습 시간은 160시간 이상으로 할 것

〈이하 생략〉

(3) 사회복지사의 등급별 · 영역별 자격 및 보수교육 기준

앞서 살펴본 것처럼 2023년 현재 사회복지사의 등급은 1급과 2급으로 구분되어 있으며, 정신건강 · 의료 · 학교 영역에 대해서는 영역별로 정신건강사회복지사 · 의료사회복지사 · 학교사회복지사의 자격을 별도로 부여할 수 있도록 규정하고 있다. 사회복지사의 등급별 · 영역별 자격기준에 대해서 살펴보면 다음의 〈표 13-2〉와 같다.

표 13-2 | 사회복지사 등급별 · 영역별 자격기준

■ 사회복지사업법 시행령 [별표 1] 〈개정 2020. 12. 8.〉

사회복지사의 등급별 · 영역별 자격기준(제2조 제1항 관련)

1. 등급별 자격기준

등급	자격기준
사회복지사 1급	법 제11조 제3항에 따른 국가시험에 합격한 사람
사회복지사 2급	가. 「고등교육법」에 따른 대학원에서 사회복지학 또는 사회사업학을 전공하고 석사학위 또는 박사학위를 취득한 사람. 다만, 사회복지학 또는 사회사업학이 아닌 분야의 학사학위를 취득하고 사회복지학 또는 사회사업학 석사학위를 취득한 사람은 보건복지부령으로 정하는 사회복지학 전공교과목과 사회복지 관련 교과목 중 사회복지현장실습을 포함한 필수과목 6과목 이상(대학에서 이수한 교과목을 포함하되, 대학원에서 4과목 이상을 이수해야 한다), 선택과목 2과목 이상을 각각 이수한 경우에만 사회복지사 자격을 인정한다. 나. 「고등교육법」에 따른 대학에서 보건복지부령으로 정하는 사회복지학 전공교과목과 사회복지 관련 교과목을 이수하고 학사학위를 취득한 사람 다. 법령에서 「고등교육법」에 따른 대학을 졸업한 사람과 동등 이상의 학력이 있다고 인정하는 사람으로서 보건복지부령으로 정하는 사회복지학 전공과목과 사회복지 관련 교과목을 이수한 사람 라. 「고등교육법」에 따른 전문대학에서 보건복지부령으로 정하는 사회복지학 전공교과목과 사회복지 관련 교과목을 이수하고 졸업한 사람 마. 법령에서 「고등교육법」에 따른 전문대학을 졸업한 사람과 동등 이상의 학력이 있다고 인정하는 사람으로서 보건복지부령으로 정하는 사회복지학 전공교과목과 사회복지 관련 교과목을 이수한 사람 바. 종전의 「사회복지사업법」(법률 제14923호로 개정되기 전의 것을 말한다)에 따라 사회복지사 3급 자격증을 취득한 이후 3년 이상 사회복지사업의 실무경험이 있는 사람

비고: 외국의 대학 또는 대학원에서 사회복지학 또는 사회사업학을 전공하고 학사학위 이상의 학위를 취득한 사람으로서 등급별 자격기준과 동등한 학력이 있다고 보건복지부장관이 인정하는 경우에는 해당 등급의 사회복지사 자격증을 교부할 수 있다.

2. 영역별 자격기준

영역	자격기준
가. 정신건강사회복지사	「정신건강증진 및 정신질환자 복지서비스 지원에 관한 법률 시행령」 별표 1에 따른 정신건강사회복지사의 자격기준을 갖춘 사람
나. 의료사회복지사 또는 학교사회복지사	사회복지사 1급 자격을 취득한 후 법 제11조 제3항에 따른 수련기관에서 1년 이상 보건복지부령으로 정하는 수련과정을 이수한 사람

이상의 내용을 종합하면 등급과 영역에 상관없이 사회복지사가 되기 위해서는 대학 및 전문대학의 경우 필수과목 10과목 30학점과 선택과목 7과목 21학점 등 최소 17과목 51학점을 이수하여야 하며, 동시에 160시간 이상의 사회복지현장 실습을 하여야 한다.

영역별 자격기준으로는 '의료사회복지사'와 '학교사회복지사'의 경우 1,000시간 이상의 수련과정을 「사회복지사업법」 시행규칙 제4조의2(영역별 사회복지사 수련기관 및 수련과정)에서 규정하고 있다. 다음으로 '정신건강사회복지사'는 별도의 법률인 「정신건강증진 및 정신질환자 복지서비스 지원에 관한 법률」에서 규정하고 있는데, 다른 영역과 같이 1급과 2급으로 구분하고 있다. 여기에서 2급의 경우 1년 이상의 수련과정을, 1급인 경우 2급 정신건강사회복지사 자격을 취득한 후 관련기관에서 3년(석사 이상) 혹은 5년 이상의 근무 경력을 요구하고 있다.

한편 사회복지사는 사회복지사의 자질 향상에 필요한 교육(보수교육)을 추가로 받도록 규정하고 있는데, 특히 사회복지법인 또는 사회복지시설에 종사하는 사회복지사는 정기적으로 인권에 관한 내용이 포함된 보수교육(補修敎育)을 반드시 받아야 한다고 규정하고 있다(「사회복지사업법」 제13조 제2항). 2023년 현재 사회복지사는 매년 8시간 이상, 의료 · 학교 · 정신건강사회복지사는 12시간 이상의 보수교육을 받아야 한다고 규정되어 있다.

(4) 사회복지사 결격사유 및 자격취소, 유사명칭 사용 금지

「사회복지사업법」 제11조의2(사회복지사의 결격사유)에서는 다음 중 어느 하나에 해당하는 사람은 사회복지사가 될 수 없도록 하는 결격사유를 규정하고 있다.

1. 피성년후견인
2. 금고 이상의 형을 선고받고 그 집행이 끝나지 아니하였거나 그 집행을 받지 아니하기로 확정되지 아니한 사람
3. 법원의 판결에 따라 자격이 상실되거나 정지된 사람
4. 마약·대마 또는 향정신성의약품의 중독자

> 5. 「정신건강증진 및 정신질환자 복지서비스 지원에 관한 법률」 제3조 제1호에 따른 정신질환자(다만, 전문의가 사회복지사로서 적합하다고 인정하는 사람은 그러하지 아니하다.)

그리고 같은 법 제11조의3(사회복지사의 자격취소 등)에서는 다음 중 어느 하나에 해당하는 경우 사회복지사의 자격을 취소하거나 1년의 범위에서 정지시킬 수 있도록 규정하고 있다. 특히 제1호부터 제3호까지에 해당하면 그 자격을 취소하여야 한다고 규정하고 있다.

> 1. 사회복지사가 거짓이나 그 밖의 부정한 방법으로 자격을 취득한 경우
> 2. 제11조의2 각 호(사회복지사의 결격사유)의 어느 하나에 해당하게 된 경우
> 3. 자격증을 대여·양도 또는 위조·변조한 경우
> 4. 사회복지사의 업무수행 중 그 자격과 관련하여 고의나 중대한 과실로 다른 사람에게 손해를 입힌 경우
> 5. 자격정지 처분을 3회 이상 받았거나, 정지 기간 종료 후 3년 이내에 다시 자격정지 처분에 해당하는 행위를 한 경우
> 6. 자격정지 처분 기간에 자격증을 사용하여 자격 관련 업무를 수행한 경우

또 같은 법 제11조의4(유사명칭의 사용금지)에서는 '이 법에 따른 사회복지사가 아니면 사회복지사 또는 이와 유사한 명칭을 사용하지 못한다.'고 규정하여 사회복지사 자격증의 독점권을 인정하고 있다.

3. 사회복지사 현황

2022년 12월 말 기준 우리나라에서 사회복지사 자격증을 발급받은 사람은 1,391,793명이다. 급수별로 보면 1급 187,721명(13.49%), 2급 1,190,497명(85.54%), 3급 13,575명(0.98%)으로 2급 자격증 소지자가 가장 많다. 지역별로

보면 서울이 292,528명(21.02%)으로 가장 높은 비율을 차지하고 있으며, 경기 232,322명(16.69%), 부산 90,710명(6.52%), 대구 79,992명(5.75%) 등의 순이었으며, 성별로 보면 여성 1,038,804명(74.64%), 남성 352,989명(25.36%)으로 여성이 전체 사회복지사의 약 4분의 3을 차지하고 있다. 지난 2005년까지의 자격증 발급자 수가 13만명 정도에 불과하였던 것과 비교하면, 최근 사회복지사 수가 급격하게 증가한 것을 알 수 있다. 사회복지사 자격증 발급현황을 연도별로 살펴보면 〈표 13-3〉과 같다.

표 13-3 | 연도별 사회복지사 자격증 발급현황

연도 \ 급수		1급	2급	3급	소계
~2005	당해년도	4,421	20,348	585	25,354
	누계	55,299	63,927	10,773	129,999
2010	당해년도	9,733	65,229	202	75,164
	누계	90,988	309,612	12,215	412,815
2015	당해년도	6,783	68,871	194	75,848
	누계	123,677	652,274	13,120	789,071
2016	당해년도	9,528	65,508	162	75,198
	누계	133,205	717,782	13,282	864,269
2017	당해년도	5,603	68,005	163	73,771
	누계	138,808	785,787	13,445	938,040
2018	당해년도	7,311	74,177	119	81,607
	누계	146,119	859,964	13,564	1,019,647
2019	당해년도	7,747	79,724	1	87,472
	누계	153,866	939,688	13,565	1,107,119
2020	당해년도	8,427	91,794	3	100,224
	누계	162,293	1,031,482	13,568	1,207,343
2021	당해년도	16,355	77,174	6	93,535
	누계	178,648	1,108,656	13,574	1,300,878
2022	당해년도	9,073	81,841	1	90,915
	누계	187,721	1,190,497	13,575	1,391,793

출처: 한국사회복지사협회 홈페이지. 사회복지사 자격증 발급현황(2022.12.31. 기준)

제3절 사회복지사의 영역과 사회복지사의 역할

1. 사회복지의 영역과 분야

사회복지는 다양한 차원을 지닌 복합적 개념으로 시대와 사회 상황을 반영하므로 그 영역은 끊임없이 변화하며 확대되고 있다. 사회복지 영역을 명확하게 살펴보기 위해서는 「헌법」과 관련 법률을 살펴보는 것이 현실적인 방법이라고 할 수 있는데, 우리나라의 각종 법령에서 규정한 사회복지사의 활동영역을 살펴보면 다음과 같다. 먼저 우리나라 「헌법」 제34조의 제1항과 2항에서는 다음과 같이 사회권적 기본권[12]을 명시하고 있다.

> 제34조 ① 모든 국민은 인간다운 생활을 할 권리를 가진다.
> ② 국가는 사회보장·사회복지의 증진에 노력할 의무를 진다.

이중 제34조 제1항 '모든 국민은 인간다운 생활을 할 권리를 갖는다.'는 조항은 사회권적 기본권의 핵심 조항으로 사회보장제도를 요구할 수 있는 국민의 권리를 제시한 조항이라고 할 수 있다. 제2항 '국가는 사회보장 · 사회복지의 증진에 노력할 의무를 진다.'는 제1항에서 제시한 권리, 즉 사회보장과 사회복지를 증진하는 정책을 집행해야 할 국가의 의무를 제시하고 있다.[13] 이러한 「헌법」의 규정에 따라 사회보장과 사회보장급여, 그리고 사회복지사업 등을 「사회보장기본법」, 「사회보장급여의 이용 · 제공 및 수급권자 발굴에 관한 법률(이하 '사회보장

12 자유권은 국가나 타인으로부터 방해받지 않을 권리인 반면, 사회권은 인간으로 살아가는 데 필요한 최소한의 조건을 국가에 대해 요구할 수 있는 권리이다. 따라서 사회보장제도를 요구할 수 있는 국민의 권리에 대해서 제시한 조항이라고 할 수 있다.

13 「헌법」에서는 사회보장과 사회복지를 구분되는 개념으로 사용하고 있으며, 사회보장을 제외한 사회서비스를 사회복지로 규정하고 있다.

급여법'), 「사회복지사업법」 등의 관련 법률에서 다음과 같이 규정하고 있다.

먼저 「사회보장기본법」 제3조 제1호에서는 '사회보장' 정의를 내리고 있는데, "출산, 양육, 실업, 노령, 장애, 질병, 빈곤 및 사망 등의 사회적 위험으로부터 모든 국민을 보호하고 국민 삶의 질을 향상시키는 데 필요한 소득 · 서비스를 보장하는 사회보험, 공공부조, 사회서비스를 말한다"고 규정하고 있다. 또 「사회보장급여법」 제2조(정의)에서는 '사회보장급여'의 정의를 내리고 있는데, 관계법령 등에 따라 사회보장급여를 제공하는 국가기관과 지방자치단체인 '보장기관'이 "「사회보장기본법」 제3조 제1호(사회보장)에 따라 제공하는 현금, 현물, 서비스 및 그 이용권을 말한다"고 규정하고 있다. 그리고 「사회복지사업법」 제2조(정의)에서는 사회복지사업을 "「국민기초생활보장법」, 「아동복지법」, 「노인복지법」, 「장애인복지법」 등 31개 법률에 따른 복지사업 등을 말한다"고 규정하고 있다.[14]

이와 같이 사회복지관련 법률에 따라 사회복지사가 활동하는 실천현장과 영역을 구분하면, 크게 공공부조와 사회보험 등 각종 '사회보장급여'와 관련된 사업을 수행하는 '공공기관'과 「사회복지사업법」 등 사회복지관련 법률에서 규정하고 있는 '사회복지사업'을 수행하는 '민간기관'으로 크게 나누어 볼 수 있다.

---

14 사회복지사업법 제2조(정의) 1. "사회복지사업"이란 다음 각 목의 법률에 따른 보호 · 선도(善導) 또는 복지에 관한 사업과 사회복지상담, 직업지원, 무료 숙박, 지역사회복지, 의료복지, 재가복지(在家福祉), 사회복지관 운영, 정신질환자 및 한센병력자의 사회복귀에 관한 사업 등 각종 복지사업과 이와 관련된 자원봉사활동 및 복지시설의 운영 또는 지원을 목적으로 하는 사업을 말한다.
가. 「국민기초생활 보장법」 나. 「아동복지법」 다. 「노인복지법」 라. 「장애인복지법」 마. 「한부모가족지원법」 바. 「영유아보육법」 사. 「성매매방지 및 피해자보호 등에 관한 법률」 아. 「정신건강증진 및 정신질환자 복지서비스 지원에 관한 법률」 자. 「성폭력방지 및 피해자보호 등에 관한 법률」 차. 「입양특례법」 카. 「일제하 일본군위안부 피해자에 대한 생활안정지원 및 기념사업 등에 관한 법률」 타. 「사회복지공동모금회법」 파. 「장애인 · 노인 · 임산부 등의 편의증진 보장에 관한 법률」 하. 「가정폭력방지 및 피해자보호 등에 관한 법률」 거. 「농어촌주민의 보건복지증진을 위한 특별법」 너. 「식품등 기부 활성화에 관한 법률」 더. 「의료급여법」 러. 「기초연금법」 머. 「긴급복지지원법」 버. 「다문화가족지원법」 서. 「장애인연금법」 어. 「장애인활동 지원에 관한 법률」 저. 「노숙인 등의 복지 및 자립지원에 관한 법률」 처. 「보호관찰 등에 관한 법률」 커. 「장애아동 복지지원법」 터. 「발달장애인 권리보장 및 지원에 관한 법률」 퍼. 「청소년복지 지원법」 허. 그 밖에 대통령령으로 정하는 법률(「건강가정기본법」, 「북한이탈주민의 보호 및 정착지원에 관한 법률」, 「자살예방 및 생명존중문화 조성을 위한 법률」, 「장애인 · 노인 등을 위한 보조기기 지원 및 활용촉진에 관한 법률」)

2. 사회복지 영역 구분에 따른 사회복지사의 역할

이상의 법률에서 규정한 사회복지 영역 구분에 따라 사회복지사의 역할을 살펴보면 다음과 같다. 첫째, 사회복지 정책과 제도, 사회보장의 영역에서 주로 활동하는 사회복지사가 있다. 여기에는 시 · 도, 시 · 군 · 구, 읍 · 면 · 동과 같은 지방자치단체에서 공공부조 등의 업무를 수행하는 '사회복지전담공무원'이 주축을 이루고 있다. 국가는 사회복지사업에 관한 업무를 담당하게 하기 위하여 시 · 도, 시 · 군 · 구, 읍 · 면 · 동 또는 사회보장전담기구에 사회복지전담공무원을 둘 수 있도록 규정하고 있는데, 사회복지전담공무원은 '사회복지사'의 자격을 가진 사람으로 하도록 규정하고 있다(「사회보장급여법」 제43조). 최근에는 지원대상자의 사회보장 수준을 높이기 위하여 지원대상자의 다양하고 복합적인 특성에 따른 상담과 지도, 사회보장에 대한 욕구조사, 서비스 제공 계획의 수립을 실시하고, 그 계획에 따라 지원대상자에게 보건 · 복지 · 고용 · 교육 등에 대한 사회보장급여 및 민간 법인 · 단체 · 시설 등이 제공하는 서비스를 종합적으로 연계 · 제공하는 통합사례관리를 실시하기 위하여 필요한 경우에는 특별자치시 및 시 · 군 · 구에 통합사례관리사를 두고 있는데(「사회보장급여법」 제42조의2), 통합사례관리사는 사회복지사 자격증 혹은 간호사 면허증을 취득한 후 일정기간 이상 사회복지분야 등의 경력을 갖춘 사람으로 하도록 규정하고 있다.

이상의 지방자치단체 중심으로 운영되는 공공부조와 함께, 노령, 장애, 질병, 산업재해, 실업 등의 사회적 위험에 대비하기 위하여 공적연금, 국민건강보험 등의 사회보험제도를 운영하고 있다. 이러한 사회보험제도 운영을 위해 별도의 조직인 '공단'을 설립하여 운영하고 있다. 구체적으로 살펴보면 대표적인 공적연금으로 국민연금이 있으며, 이 연금제도를 운영하는 국민연금공단이 있다. 또 공무원연금과 사립학교교직원연금을 운영하는 공무원연금공단과 사립학교교직원연금공단이 별도로 있다. 다음으로 국민건강보험제도와 장기요양보험제도를 운영하는 국민건강보험공단이 있다. 그리고 산업재해보상보험제도와 고용보험제도와 관련된 업무를 수행하는 근로복지공단이 있다. 이러한 공단에는 다양한 전문가가 근무하고 있으며, 사회복지사 역시 이들의 일환으로 활동하고 있다.

둘째, 민간 사회복지 영역에서 많은 사회복지사들이 사회복지관과 사회복지시설 등에 종사하고 있다. 「사회복지사업법」 시행령에서는 사회복지법인 및 사회복지시설을 설치 · 운영하는 자는 사회복지사를 종사자로 채용하여야 하며, 일정 업무는 반드시 사회복지사가 하도록 규정하고 있다. 「사회복지사업법」 시행령에 규정된 사회복지사의 업무는 다음과 같다.

사회복지사업법 시행령

제6조(사회복지사의 채용) ① 사회복지법인 또는 사회복지시설을 설치·운영하는 자는 해당 법인 또는 시설에서 다음 각 호에 해당하는 업무에 종사하는 자를 사회복지사로 채용하여야 한다.

1. 사회복지프로그램의 개발 및 운영업무
2. 시설거주자의 생활지도업무
3. 사회복지를 필요로 하는 사람에 대한 상담업무

또 이와 함께 사회복지사는 아동 및 청소년, 노인, 장애인, 여성 등을 대상으로 지역복지사업, 아동복지, 청소년복지, 장애인복지, 여성복지, 가족복지 등의 업무를 수행하고 있다.

한편 앞서 살펴본 것처럼 우리나라에서는 정신건강, 의료, 학교 등 3가지 영역의 '영역별 사회복지사 자격증' 제도를 별도로 운영하고 있는데, 이들은 주로 민간사회복지 영역을 중심으로 의료/정신보건분야 등의 보건의료실천 현장, 그리고 학교사회복지실천 현장에서 각각 활동하고 있다. 이들의 활동과 역할을 추가로 살펴보면 다음과 같다.

먼저, '정신건강사회복지사'는 보건복지부령으로 정하는 수련기관에서 수련을 받고 보건복지부장관에게 정신건강사회복지사 자격을 인정받은 사람을 의미한다. 정신건강사회복지사 자격은 병원 및 지역사회에서 정신보건에 관한 양질의 서비스를 제공할 전문인력의 수요가 증가하면서, 정신질환의 예방과 정신질환자의 의료 및 사회복귀 등의 업무를 수행할 전문지식과 기술을 갖춘 인력을 양성하기 위해 제정했다. 처음에는 '정신보건사회복지사'였으나, 「정신보건법」이 「정신건강증진 및 정신질환자 복지서비스 지원에 관한 법률」로 개정되면서 2017년부터 '정신건강사회복지사'로 변경되었다.

다음으로, '의료사회복지사'는 질병을 가진 환자와 그 가족, 지역사회를 대상으로 의료진과 협력하여 클라이언트의 심리 · 사회적, 정서적, 환경적 문제를 해결하도록 돕는 역할을 수행하고 있다. 입원 시뿐만 아니라 입원 전과 퇴원 후에도 사회적 기능을 원활하게 수행할 수 있도록 질병의 예방과 회복, 사후관리에 이르는 연속적 과정에서 개인에 대한 접근뿐 아니라 의료제도와 정책 차원의 접근을 통하여 환자와 그 가족을 돕는 활동을 수행하고 있다.

마지막으로 '학교사회복지사'가 있다. 학교사회복지사는 '학교에 속해서 일하는 사회복지사'라고 할 수 있다. 즉 학교에서 일어나는 학생의 문제들을 개인의 문제만이 아닌 개인을 둘러싼 환경과의 상호작용의 문제로 보면서, 이러한 심리, 사회적 문제들을 학생–학교–가정–지역사회의 연계 등의 방법을 통해 예방하고 해결함은 물론, 모든 학생이 자신의 잠재력과 능력을 최대한 발휘할 수 있도록 최상의 교육환경과 공평한 교육기회를 제공하고자 노력하는 역할을 수행하고 있다. 궁극적으로 교육의 본질적인 목적을 달성하고, 학생복지를 실현할 수 있도록 도와주는 교육기능의 한 부분인 사회복지의 전문분야가 바로 학교사회복지라고 할 수 있다.

제4절 사회복지사 관련 주요 이슈

1. 사회복지사의 전문성 강화

사회복지사의 전문성과 관련하여 지속적으로 제기되는 이슈는 다음과 같다. 첫째, 우리나라 사회복지사 자격증 제도가 다른 전문가 자격증에 비해 강도가 매우 낮다는 지적이다. 2023년 현재 사회복지학 전공교과목과 사회복지관련 교과목 17개 과목을 듣고, 현장실습 160시간 이상을 이수하면 누구나 사회복지사 2급 자격증을 받을 수 있다. 즉 관련 과목 이수와 현장실습만 하면 사회복지사 자격증을 받을 수 있는 것이다.

둘째, 국가시험에 합격한 사회복지사 1급과 과목이수 및 실습만으로 취득이 가능한 2급의 급수별 실질적인 차이가 없다. 즉 사회복지사를 규정하고 있는 「사회복지사업법」에 1급과 2급 자격제도만 규정하고 있을 뿐 역할 차이가 규정되어 있지 않아 실질적인 등급 차이가 없는 상황이다. 실질적으로 사회복지전담공무원 시험[15]을 볼 때도 차이가 없으며, 민간 사회복지시설에서 사회복지사로 일을 하는 데도 큰 차별성이 없다. 단지, 사회복지사 채용 시 혹은 급여나 승진 여부 등을 결정할 때 참고자료로 활용될 뿐이다. 다만, '의료 · 정신건강 · 학교' 등 분야별 사회복지사 자격증제도가 시행되면서 사회복지사 1급 자격증이 있어야 분야별 사회복지사 수련과정에 참여할 수 있도록 규정한 것이 유일하게 구분되는 점이라고 할 수 있다.

이러한 사회복지사의 전문성을 강화하는 방안으로는 사회복지사 2급 자격증까지 국가자격시험제도를 도입하거나, 사회복지사 보수교육을 확대하는 것[16], 사회복지사 1급과 2급의 역할 및 업무를 명확하게 구분하는 것, 그리고 전문 분야별 자격증을 추가하는 것 등을 제시할 수 있다.

2. 전문가주의와 당사자주의

'사회복지사의 전문성'에 대한 논의와 별개로 사회복지분야에서는 전문가주의와 당사자주의에 대한 논의가 지속적으로 제기되고 있다. 예전에는 사회복지사

15 1990년대 말 사회복지전담공무원을 확대할 때 1급 사회복지사 자격증이 있으면 가산점을 주던 시 · 도가 일부 있었다. 하지만 현재는 존재하고 있지 않다.

16 현행 8시간의 보수교육 시간을 20시간으로 확대하는 등의 방안이 있을 것이다.

가 개입하는 대상을 지칭하는 단어로 '클라이언트'를 사용하였다. 이는 주로 전문가가 개입하는 대상을 부르는 용어로, 전문가가 결정하고, 클라이언트는 결정된 사항을 잘 따르도록 한다는 의미였다. 그러나 현재 사회복지실천 현장에서 가장 많이 쓰는 단어는 '이용자'이다[17]. 즉 '자기결정', '사람 중심/이용자 중심' 등의 용어를 통해 이용자가 결정하고 사회복지사는 옆에서 지원(support)하는 것을 좀더 중요하게 생각하고 있는 것이다. 이러한 변화는 사회복지사의 역할의 변화를 가져오게 된다. 기존 사회복지사의 주된 역할이 '상담자, 교사, 사례관리자, 프로그램 개발과 평가자 등'의 직접 서비스 제공자라면, 최근에 변화된 사회복지사의 역할은 '중개자, 옹호자, 조력자 등' 연결해 주고 지원해 주는 간접서비스 중심으로 변화하고 있다.

하지만 이용자, 당사자, 소비자가 결정한다는 것이 자칫하면 사회복지사는 방관한다는 의미로 받아들여질 수도 있다. 나아가 사회복지사가 왜 필요한가에 대한 회의론까지 제기될 수 있다. 모든 결정을 당사자가 하고, 사회복지사는 단지 당사자를 지원하는 지원인력, 혹은 자원봉사자의 역할과 유사하게 받아들여질 수 있는 것이다. 사회복지현장에서 일하는 모든 사람이 전문가일 수는 없으며 그럴 필요도 없다. 그러나 사회복지사가 전문가로 인정받고, 다른 사람들과 다르다는 것을 증명하는 것은 사회복지사 스스로 해야 하는 것이다. 즉 사회복지사가 단순한 자원봉사자가 아니라 '자원봉사 관리자'로서의 역할을 하기 위하여 무엇을 해야 하는가에 대한 답 역시 사회복지사 자신에게 있다고 할 것이다.

3. 시대의 변화에 따른 사회복지사의 역할 변화

사회복지사의 역할과 정체성에 대하여 끊임없는 논쟁이 이어지는 가장 중요한 이유는 환경 속의 실천이라는 사회복지의 특징에서 찾을 수 있다(이용우 · 장연

17 당사자, 혹은 소비자라는 용어를 사용하기도 한다.

진 · 이준엽, 2021). 사회복지사를 둘러싸고 있는 사회적 · 경제적 · 문화적 환경이 끊임없이 변화하고 있기 때문에 사회복지사의 역할이 지속적으로 변화하고 있는 것이다. 최근 우리 사회를 변화시킨 가장 큰 사건은 '코로나19'이다. 이러한 상황은 사람들의 삶과 생활방식의 변화와 함께 사회복지실천 현장의 급격한 변화를 가져왔다.

뉴노멀(New Normal)[18]시대라고 불리는 코로나19 이후 새로운 일상에서 사회복지사의 역할은 크게 변화될 것으로 예상된다(이용우 · 장연진 · 이준엽, 2021). 이용우 등(2021)의 연구에서 과거보다 중요해진 사회복지사 역할로 강조된 중개자, 옹호자, 활동가의 역할은 사회적 환경 변화 속에서 클라이언트의 입장에 서서 이들의 욕구와 권리를 적극적으로 대변하는 전문가로서의 역할 기대를 반영하고 있다고 할 수 있다. 또 새롭게 요구된 '설계자, 크리에이터' 그리고 '사회변화 대행자' 같은 사회복지사의 거시적 역할에 대한 강조 역시 교육과정과 실천현장을 통해 이루어질 필요가 있다. 이 연구에서 10년 후 사회복지실천의 모습으로 예상된 것은 정보화/기술 기반 실천 방식 적용, 온라인 활성화를 기반으로 한 유연한 실천과 확장된 관계, 글로벌 표준화된 서비스 제공이었다. 또 지금 사회복지사가 하고 있는 일 중에서 많은 일은 인공지능(AI)에 의해서 대체될 수도 있을 것이다. 또 여러 가지 한계점이 있기는 하지만, 코로나19 이후 급격하게 확대된 온라인/비대면 서비스는 미래 사회복지실천의 주요 실천방식으로 자리매김하게 될 것이다.

4. 사회복지사가 지켜야 할 가치와 태도

이러한 시대의 변화에 따라 사회복지사의 역할이 변화하더라도 여전히 중요한 것은 사회복지사가 가져야 하는 가치와 태도이다. 이것은 시간이 지나도 달라지

18 뉴노멀이라는 용어는 가족, 교육, 시장, 정부 등 전 분야에 등장하고 있는 세계화와 혁신경제의 흐름을 지칭하는 경제용어로서 Roger McNamee(2004)가 처음 사용하였다(이용우 · 장연진 · 이준엽, 2021).

지 않을 것이다. 아니, 달라지지 않아야 할 것이다. 코로나19 이후 우리 사회는 급격하게 '네트워크 사회'로 변화되고 있다. 이러한 변화는 개별성이 존중받고 다양성이 증가한다는 점에서는 긍정적인 부분이 있다고 할 수 있다. 그러나 이러한 변화는 빈익빈 부익부가 심화되고, 교육격차, 소득격차 등을 더 가져와 양극화를 더욱 심화시킬 수 있다. 이러한 변화는 앞서 살펴본 것처럼 사회복지계도 예외는 아니다. 코로나19 이후 사회복지계의 변화에 대해서 양원석(2020)은 '디지털매체 활용'에만 관심을 집중하는 '과잉단순화'의 문제에 대해서 경고하고 있다. '디지털매체'를 활용하기만 하면 최근의 변화에 대응하는 것으로 느끼는 것의 문제점을 지적한 것이다. 왜냐하면 디지털매체 활용은 수단이지 목적 그 자체가 아니기 때문이다.

사회복지사의 근본적인 역할이 무엇일까? 사회복지사가 사회로부터 부여받은 역할은 '더불어 사는 사람, 특히 약자도 더불어 사는 사회가 되도록 하는 역할'이라고 할 수 있다(양원석, 2020). 이러한 사회복지의 본질, 즉 '약자와 더불어 사는 사회'를 만들기 위한 방안과 방책이 무엇일까? 그리고 이를 위해서 사회복지사는 어떠한 역할을 하여야 할 것인가? 이에 대해 지속적으로 고민하고 이러한 역할을 좀더 잘하기 위하여 우리는 집중하여야 할 것이다.

전문직에 대한 논의에서 사회복지사는 속성상 전문직이 되기 어렵다는 기본적인 한계가 제시되었다. 그러나 사회복지사는 독점적 역할을 할 수 있는 영역이나 기능을 부여받았다는 점에서는 전문가라고 할 수 있다. 그렇다면 사회복지사의 역할은 어떠해야 할 것인가? 우리는 여전히 사회복지실천 현장 중심의 미시적 실천을 중요시하는 경향이 있다. 그러나 코로나19 이후 뉴노멀 시대에 우리가 직면하게 될 많은 문제와 위험들은 사회복지실천의 미시적 노력만으로는 효과적 대응이 어려울 수밖에 없다. 이에 '사회변화 대행자'와 같은 사회복지사의 거시적 역할에 대한 강조를 통해 근본적인 사회변화와 개선을 위한 노력이 함께 이루어져야 할 것이다.

사회복지실천의 영역에서도 '비밀보장', '클라이언트의 자기결정' 등 기술적이고 미시적인 가치뿐만 아니라 '사회정의, 평등, 연대'와 같은 거시적 가치와의 가치 균형이 필요할 것이다. 이를 위해 개별 시설과 기관 중심의 연대가 아니라 대(對)사회적 활동 등 전문직으로서의 사회복지 연대의 중요성에 대한 인식을 가져야 할 것이다.

참고문헌

김범수 · 허준수 · 이기영 · 최명민 (2006). 사회복지사 자격제도 현황 및 개선방안. ·**사회복지사 자격제도 개선 토론회 자료집.**

김태성 (1997). 한국사회복지교육제도의 문제점과 발전방향; 사회복지학, 사회복지 전문직, 그리고 사회복지교육제도. **사회복지연구, 9**, 3-36.

이용우 · 장연진 · 이준엽 (2021). **뉴노멀시대 사회복지사의 역할 및 정체성.** 서울시사회복지사협회.

양원석 (2020). "코로나19 이후 사회복지현장의 대응과 과제", **코로나19 이후 사회복지사의 역할변화 토론회 자료집**, 5-10.

한국사회복지사협회 홈페이지, 사회복지사 자격증 발급현황(2022.12.31. 기준). naver?isHttpsRedirect=true&blogId=wn

CHAPTER 14

국가와 사회복지

한국 복지국가의 이해와 평가

CHAPTER 14

국가와 사회복지

한국 복지국가의 이해와 평가

복지국가의 기능과 구조, 그리고 역동적 특성을 이해하기 위해서는 먼저 국가의 개념에 대한 이해가 필요하다. 복지국가의 다양한 사회복지정책 및 제도는 각 개별 국가들의 제도적 · 역사적 맥락과 다양한 사회세력 간의 상호작용의 산물이기 때문이다. 이 장에서는 국가 개념이 시대적 · 사회적 맥락에 따라 변동되었음을 이해하고, 복지국가의 등장 배경과 개념, 그리고 유형에 관한 다양한 학자들의 이론을 살펴본다. 마지막으로 한국 복지국가의 특성을 이해하고 평가한다.

제1절 국가의 이해

국가 개념에 관한 논의는 일반적으로 유럽 근대기에 이르러 등장한 '국민국가'에 관한 논의로부터 출발한다. 그리고 물리적 · 지리적, 사회적 공간 또는 영토 내부에서 절대군주를 중심으로 중앙집권적 통치체제를 수립하는 시기를 대상으로, 이전과는 다른 모습으로 진행되었던 사회세력 간의 갈등과 타협의 과정에 주목한다. 또한 단지 영토 내부에서뿐만 아니라 영토 간 경계를 넘나드는 세력 갈등의 조정과정에 주목한다. 20세기 이후 국가 개념에 관한 논의는 물리적 · 지리적 공간 개념을 중심으로 하는 국가 개념보다는, 추상적 · 상징적 통치체제로서의 국가 개념을 강조하는 방향으로 진행되었다. 시대를 거쳐 국가 개념에 대한 논의는 다양하게 진행되었는데, 이는 국가 개념은 어느 하나로 한정하기보다는 다양한 추상적 의미까지 포함하는 것이 중요함을 보여준다. 지금까지 진행된 국가 개념에 대한 논의를 유형화하여 정리하면 다음과 같다.

1. 국가 개념의 역사적 변천

우선 국가 개념이 사회적 · 정치적 · 시대적 상황에 따라 변천되어 왔음을 알 필요가 있다. 즉 고대 아리스토텔레스의 저서에 등장하는 국가 개념이 중세와 근세를 거쳐 당시 새로운 정치적 · 사회적 세력에 의해 적극적으로 활용되었다는 점이다.

1) 17세기 이전의 국가 개념

유럽에서 국가 개념이 등장하기 시작한 근대 이전을 살펴보면 오늘날 도시(city)에 해당하는 'civitas', 공화국(republic) 또는 공동관리재산(common wealth)에 해당하는 'res publica'와 'commonwealth'라는 용어를 발견할 수 있다. 이후 특정 영토에 대한 배타적 지배를 뜻하는 'status regis' 또는 'status regini' 용어가 등장하였다(박상섭, 2008:129). 13세기와 14세기 이탈리아 자치도시 또는 도시국가의 등장을 배경으로 'status'라는 용어가 자주 등장하는 것은 많이 알려진 사실이다. 사실 라틴어 'status'는 고대 키케로의 저서에서부터 6세기 유스티니아누스법전에서도 발견되는데, 당시에는 추상적 일반적인 의미의 정치체제가 아닌 특정한 정치체제를 의미하였다(박상섭, 2008:130). 이후 12세기에 이르러 'status'

는 도시의 공공복지(utilitas publica)를 의미하게 되었고, 14세기 영국과 프랑스에서는 'status regini', 즉 영토의 상태 또는 공공복지(status of the realm)를 의미하는 사례가 자주 발견되었다(박상섭, 2008: 130).

그러나 본격적으로 'status' 개념이 등장한 곳은 13세기와 14세기 이탈리아 피렌체 도시국가였다. 토마스 아퀴나스는 'status'를 그리스어 'kratos'와 라틴어 'dominatio'와 같은 의미를 갖는 것으로 해석하여 이탈리아어 'stato'에 반영하여 전파하였다. 이렇듯 상태의 개념에서 지배적 지위의 개념이 강조된 국가 개념으로의 변화는 당시 새롭게 부상하는 지배자들에게 그들의 지배 지위를 획득하고 유지하는 데 활용되면서 더욱 자리를 잡게 되었다(박상섭, 2008: 132). 이후 마키아벨리에 의해서 'stato' 개념은 세 가지, 즉 "통치자의 권위 또는 영향력", "통치권력의 지배하에 있는 지역 및 대상", "군주 및 그의 지지세력"으로 좀 더 명확하게 구분되어 사용되었다(박상섭, 2008: 133). 마키아벨리의 세 가지 분류는 이후 근대국가 개념의 발전과도 연관된다. 'politeuma', 즉 통치세력의 권위 또는 영향력으로서의 국가 개념을 강조하는 측면은 이후 구성원의 성격과는 거리가 먼 추상적 수준의 'politeia', 즉 정치체제(regime)에 관한 전통과 연관된다. 또한 'civitas' 또는 'polis'를 지배하는 독자적 기관으로서의 국가 개념에 관한 전통과도 연관이 있다(박상섭, 2008: 135-136).

한편 통치세력의 권위 또는 영향력으로서의 국가 개념은 이후 특정 절대지배세력이나 지배를 받는 대상과도 별개의 개념인 주권(sogereignty), 즉 "정치적 안정을 위하여 모두가 마땅히 복종해야 할 정치적 권위"로서의 개념을 발전시켰다. 16세기 정치철학자이자 법학자인 장 보댕(Jean Bodin)과 17세기 영국의 정치철학자 토마스 홉스(Thomas Hobbs)와 존 로크(John Locke), 그리고 18세기 프랑스의 사회계약론자 장자크 루소(Jean-Jacqus Rousseau)의 논의는 이후 국가론의 발전에 중요한 영향을 미쳤다(박상섭, 2008: 137-138).

홉스의 국가 개념과 주권 개념은 사회계약론에 기초한다. 그는 인간의 자연상태를 "고독하고 비참하며, 괴롭고, 잔인하며, 짧은(solitary, poor, nasty, brutish, short)" 상태라고 설명하고, 국가는 "만인에 대한 만인의 투쟁"의 자연상태에서 벗어나려는 인간의 합리성의 결과로 보았다. 즉 "자유롭고 평등하지만 정념으로 가득한 자연 상태에서의 인간이 합리적이고 이성적인 판단의 결과로써 사회계약을 통하여" 정치공동체를 형성한다는 것이다(전종익, 2014: 277). 이때 홉스는 외부 세력의 침입으로부터 자신들의 생명과 재산을 보호하고, 내부 세력으로부터 자신들의 권리를 보장받기 위해서 각자가 가진 권력과 힘을 하나의 합의체에 부여하고 그 권위를 인정하려는 '공통의 권력(common power)'을 확립하려는 의지를 중요하게 간주하였다. 즉 다중(multitude)이 합의한 권위를 하나의 집합체에 부여한 공동체(common wealth)로서의 국가 개념을 설명하고, '주권적 권력'으로서의 권위는 '만인 상호 간의 신의 계약'임을 강조하였다.

홉스의 국가 개념과 주권 개념은 어떠한 무질서의 자연 상태에 비교해도 권위를 부여받은 지배 상태가 참을만한 것이라고 옹호하는 데 동원되기도 하였다. 그러나 보통 사람들이 자신의 자유와 권리의 보장이라는 목적을 위해 다수결의 의사결정에 의한 상호 간 신의 계약을 수립하고 국가는 그 결과로서의 권위 또는 주권적 세력을 부여받은 집합체임을 설명한 점은 이후 복지국가의 개념과 민주주의체제에서의 사회복지정책의 발전에 실마리를 제공한다는 점에서 주목할 만하다. 이후 존 로크(John Locke)는 '최상의 권력(supreme power)'은 영구적으로 인민이 소유하여야 함을 주장하고 '인민(the people)'에 의한 권위 부여가 국가와 주권 개념의 핵심임을 강조하였다. 즉 신탁된 권력(fideuciary power)임을 간과한 입법부가 인민의 자유와 권리에 반하는 통치행위를 행할 경우 인민들은 자신들의 정치공동체의 권위에 의해 입법부를 취소하고 새롭게 입법부를 구성할 수 있음을 명확히 하였다. 이를 통해 로크는 정부와 사회 개념을 분리하고 국가와 정치공동체 개념을 분리하였다(전종익, 2014: 284-285).

2) 17~19세기의 국가 개념

17세기 영국의 토마스 홉스, 존 로크와는 별도로 프랑스에서는 16세기의 장 보댕과 18세기의 장자크 루소에 의해서 인민주권 개념이 더욱 발전하였다. 특히 보댕이 주권의 개념을 입법권에 치중한 것과 달리 루소는 인민 전체가 추구하는 공동이익을 위해 인민공동체가 결합하는 일반의지라는 점을 강조하였다(오정진, 2014: 255). 이때 루소는 인민 전체의 공동이익이 외부 세력이나 내부 특정 세력에 의해 양도 또는 분할될 수 없으며, 동시에 인민 전체를 대표하지 않는 의회에 의해서도 대리될 수 없음을 분명히 하였다. 이로써 루소는 그의 '주권을 가진 인민' 개념과 인민주권론을 통하여 '자치 능력이 있는 인민(self-governing people)'의 개념을 옹호하였다고 볼 수 있다(오정진, 2014: 256). 한편 20세기 독일의 법철학자 칼 슈미트(Carl Schmitt)는 루소의 인민주권 개념의 본래 취지와는 정 반대로 주권 개념을 설명하였다. 그는 인민으로부터 권력을 부여받은 실체는 법질서의 내부는 물론 외부에서도 존재할 수 있고 법질서가 '정상적인 상황'인지를 판단하고 결정하며 법질서의 정상적 상황을 이룩하기 위한 예외적 조치에 관한 결정을 독점할 수 있음을 피력하였다, 이러한 주장은 독재정권의 의사결정 독점을 정당화하는 데 동원되었다(오정진, 2014: 256-257).

3) 20세기 이후의 국가 개념

이밖에 20세기 이후의 주권 개념은 미셸 푸코(Michell Foucault)와 조르주 아감벤 (Giorgio Agamben), 주디스 버틀러(Judith Butler)에 의해 개인에 대한 합법적 권력의 미시적 통치의 개념으로 확장되었다. 이들은 정신질환자, 죄수, 무국적자 등 사회로부터 소위 추방된 자에 대해 사회적 · 제도적 · 문화적 중심 세력이 끊임없이 정교하게 권력을 행사하는 기제와 특성과 작동과정을 설명함으로써 탈근대적 주권 개념을 발전시켰다(오정진, 2014).

첫째, 지리적 물리적 영토에 기반하여 '국민'으로서의 공통점을 갖는 사람들의 집합체를 의미하는 개념이다. 가장 일상적으로 사용되는 개념으로서, 현대사회에서 국제연합(United Nations) 또는 경제협력개발기구(Organizations for Economic Cooperation and Development)에 가입한 국가들을 가리킬 때 사용되는 개념이 이에 해당한다.

둘째, 구체적 수준의 '국가권력', 즉 생산수단을 소유한 지배계급의 전체 이해를 대변하고 옹호하는 정치세력으로서의 국가 개념을 들 수 있다. 이러한 개념은 국가권력을 장악한 구체적 지배 연합(paci of dominion)이 자본주의 생산체제를 재생산하기 위해 집합적으로 사회적 관계를 통제하고 관리하는 행위에 주목하는 논의에 기반하고 있다. 대표적으로 카를 마르크스(Karl Marx)의 국가론이 있다(손호철, 1990).

셋째, 사회 세력들 간의 갈등관계를 조정하고 재생산하는 추상적 수준의 지배구조를 의미하는 국가 개념을 들 수 있다. 이러한 개념은 사회의 다양한 계층, 구조, 세력들의 존재를 전제하고 그중 하나의 세력으로서의 국가 개념을 강조하는 관점에 기반한다. 대표적으로 루이 알튀세(Louis Althusser)의 국가론은 자본주의 생산체제를 정당화하는 동시에 재생산하는 구조로서의 국가에 대한 설명하고 있어 이러한 국가 개념을 뒷받침한다(손호철, 1990).

넷째, 지배세력이 생산체제를 재생산하고 유지하기 위한 권력 독점의 행위 또는 이를 가능하게 하는 구조로 보기보다는 사회세력 간의 끊임없는 갈등과 충돌, 그리고 그로 인한 계속되는 힘의 불균형 상태를 강조하는 국가 개념을 들 수 있다. 안토니오 그람시(Antonio Gramsci)의 국가론이 이러한 국가 개념을 뒷받침한다. 한편 동등한 수준에서 국가 권력에 대한 사회세력 간의 경쟁과정을 강조하는 로버트 다알(Robert Dahl)의 다원론적 국가론도 이에 해당할 수 있다(손호철, 1990).

다섯째, 합법적 권력을 행사하여 사회질서를 유지하고 재생산하는 국가 조직과 제도의 집합체로서의 국가 개념을 들 수 있다. 테다 스카치폴(Theda Skocpol)과 피터 에반스(Peter Evans)와 같이 국가중심주의적 시각을 강조하는 이들에 의해 강조되는 개념이다. 구체화된 국가권력의 집합체로서 국가기구와 제도, 즉 입법부, 행정부, 사법부 등의 기구와 이를 합법화하는 각종 제도들의 집합체로서의 국가 개념을 강조한다(손호철, 1990). 한편 스티븐 크래즈너(Stephen Krasner)는 “정부로서의 국가, 관료기구로서의 국가, 지배계급으로서의 국가, 규범적 질서로서의 국가”(Krasner, 1984; 손호철, 1990: 297 재인용)로 국가 개념을 유형화하였는데, 이중 관료기구로서의 국가 개념과 규범적 질서로서의 국가 개념에 국가중심주의적 시각과 관련이 있다.

4) 최근 국가 이론: 국가중심이론

1960년대의 존 네틀(John Nettl), 1970년대의 테다 스카치폴(Theda Skocpol)과 찰스 틸리(Charles Tilly)는 국가의 제도와 조직의 독자적 특성을 주목하며 국가의 개념을 보다 정교하게 발전시켰다. 네틀은 국가가 단지 정부로 축소될 수 없고 "정부, 관료기구, 법원, 기타 공공기관을 총합하는 집합체"이며 "사회 특수 이익으로부터의 자율성"을 지닌 "매우 특별한 조직집합체"임을 강조하였다. 뿐만 아니라 네틀은 국가의 제도적, 문화적, 지적 기능과 위상을 규명하기 위해서는 그 사회에서 국가의 조직, 관료, 제도들이 어떠한 역사적 출현 배경과 사회적 변천 과정을 거쳤는지를 규명해야 함을 분명히 밝혔다(Nettl, 1968; 신진욱, 2020: 70 재인용).

이후 국가중심이론학자들은 스카치폴의 국가 자율성 개념, 즉 "특정 사회집단의 요구나 이익에 종속되지 않고 국가 행위의 목표를 수립하고 추구"할 수 있는 특성 개념과 국가역량 개념, 즉 "국가기관의 공식적 목표와 정책을 실행할 수 있는" 능력 개념을 기초로 하여 국가역량 개념을 확장해왔다(Skocpol, 1985; 신진욱, 2020: 75 재인용). 일부 연구자들은 스카치폴의 국가자율성 개념은 배제한 채 국가역량 개념에만 치중하여 "정부의 효과적인 정책실행 능력"으로 협소하게 정의하기도 하였으나, 애초 국가중심주의의 국가 개념을 염두에 둔다면 국가의 자율성 개념은 필수적이라 하겠다(신진욱, 2020: 76).

한편 틸리는 의회민주주의의 발전, 민중계급의 권리확장 및 정치참여 확대로 인하여 비로소 가능해진 민중의 '직접통치(direct rule)' 개념을 바탕으로 국가역량 개념이 세 가지로 구성된다고 설명하였다(Tilly, 1990; 신진욱, 2020: 77 재인용). 즉 국가가 그 자신의 정치적 결정을 강제화(enforce)하고, 관할 영토 내의 사람, 활동, 자원들을 통제(control)하며, 시민들 간의 자원, 활동, 인간관계의 변화에 영향(affect)을 미치는 정도(Tilly, 2007; 신진욱, 2020: 77 재인용)를 감안한다면 국가역량 개념은 사회를 변형시킬 수 있는 능력을 의미한다고 할 수 있다.

2000년대 이후 국가중심이론학자들은 불평등, 사회권, 노동권 등의 사회적 문제와 관련하여 국가의 조직적, 재정적, 정치적 역량의 중요성을 주목하였다. 즉 국가의 제도적, 조직적, 정치적 역량이 어떻게 그 나라의 불평등을 완화하고 사회적 약자의 권리를 보장하며 사회복지를 증진하는 기능과 역할을 어느 수준과 방향으로 수행하는지에 주목하였다(신진욱, 2020: 71-72). 스카치폴과 그 동료들 그리고 홀름버그(Holmberg)와 로트슈타인(Rothstein)은 1980년대부터 2000년대 초반까지의 연구들을 통하여 국가의 법적·제도적 역량의 결과로서 사회복지정책 발전과 노동권 보장의 확대가 이루어진다고 주장하였다(Orloff & Skocpol, 1984; Skocpol & Amanta, 1986; Holmberg et al., 2008; Holmberg & Rothstein 2012; 신진욱, 2020: 73 재인용). 한편 베를리너(Berliner)와 그 동료들은 단지 강한 국가역량 그 자체의 결과로 노동권 보장 및 확대가 설명되기보다는, 노동조합의 조직력과 진보정당의 영향력이 강한 국가역량과 결합될 때 노동권의 보장과 사회복지의 발전이 이루어진다고 보았다(Berliner et al., 2015; 신진욱, 2020: 73 재인용). 한편 대론 아세모글루(Daron Acemoglu)는 우수한 공무원, 부정부패 척결, 무분별한 경제규제의 완화, 공공재에 대한 투자, 적극적 재분배를 통한 양극화 완화 등을 국가역량으로 규정하고 각 영역의 국가역량이 증대할 때 경제발전과 기술혁신을 초래한다고 밝혔다(Acemoglu, 2005; 신진욱, 2020: 72 재인용).

스카치폴을 비롯하여 많은 국가중심이론학자들은 국가역량을 행정, 법률, 조세, 강압조직 등의 다섯 가지 영역에서의 세 가지 역량으로 설명하고 있다. 대표적으로 조나단 한손과 레이첼 시그먼의 3차원 모델이 그것이다. 첫째, 강압적(coercive) 역량은 대내외적 평질서와 질서유지를 위해 군사 및 경찰 등 강압적 수단을 정당하게 독점적으로 사용할 수 있는 역량을 의미한다. 둘째, 행정적(administrative) 역량은 정부 공공기관의 전문적 규율과 부정부패하지 않으며 전문성을 갖춘 공무원 관료조직의 역량을 의미한다. 셋째, 조세 징수(extractive) 역량은 입법부의 결정과 정부의 집행을 통하여 사회로부터 경제적 부의 일부를 징수하는 역량을 의미한다(Hanson & Sigman, 2013; 신진욱, 2020: 81 재인용). 이러한 국가역량의 세 가지 차원 모델은 국가역량을 국가행위자의 목표 달성을 위한 정책수단의 실행이라는 협소한 개념에 치중한 한계를 가지고 있다.

이에 더해 최근 일부에서는 국가 영토의 규모가 증대되고 그에 따른 위험부담 역시 증가함에 주목하여 법적 규제 역량과 재분배 및 경제 역량의 중요성을 추가적으로 강조하는 연구들이 증가하고 있다. 여기서 법적 규제 역량은 사회 행위자들의 활동과 관계를 통제하는 입법과 사법 역량을, 경제 역량은 국가의 직접 소유 및 직접 생산과 시장경제의 활성화 역량을, 재분배 역량은 공공재와 불평등 완화를 위한 경제적 자원의 재할당 역량을 의미한다(Tilly, 2004; 신진욱, 2020: 82-84 재인용).

한편 국가역량의 강압, 행정, 조세 징수, 법률, 경제, 재분배 영역 또는 차원들 간의 관계에 대해서는 아직 뚜렷하게 규명된 바가 없다. 현재까지의 연구들은 각 차원 간의 관계가 상호 일관성 있게 높은 상관성이 발견된다고 주장하는 연구들과, 각 영역은 각각의 발전 경로를 가지고 있으며 각 영역 간의 일관성 있는 상관관계를 발견할 수 없다고 주장하는 연구들, 각각의 영역은 독자적 목적과 기능을 수행하는 만큼 상호 모순적일 수 있다고 주장하는 연구들로 나뉜다(신진욱, 2020: 84). 이는 향후 재분배 영역의 국가역량과 다른 영역의 국가역량 간의 관계를 규명하는 연구가 진행될 필요가 있다는 점을 보여준다.

제2절 복지국가의 등장과 개념

복지국가의 개념을 이해하기 위해서는 먼저 복지국가 또는 근대적 사회복지정책의 등장배경을 살펴볼 필요가 있다. 19세기와 20세기에 걸쳐 산업화와 도시화가 진행되면서 중세 시기와는 다른 빈곤, 불평등, 지역 간 격차 등의 문제가 사회적으로 부각되기 시작하였다. 영토를 소유한 지주로부터 자유로워진 도시 노동자들은 낮은 임금과 해고 및 실업, 열악한 위생 및 안전환경과 질병 및 사고에 노출되는 등 산업화와 도시화로 인한 사회적 위험에 도전받게 되었다. 더구나 시장경제체제에서는 도저히 스스로 사회적 위험으로부터 자신들을 보호하기 어려운 도시 노동자들에게 경제적 · 정치적 지배세력에 대한 집합적 저항행동은 불가피한 생존수단일 수밖에 없게 되었다. 시민혁명과 노동운동 그리고 점차 여성

운동과 시민운동을 통해 투표권을 포함한 시민권과 대의제가 확립되면서 점차 복지국가 또는 근대적 사회복지정책은 국가별로 다양한 모습으로 등장하기 시작하였다(여유진 외, 2014).

1. 복지국가의 등장

19세기 독일은 산업화로 인하여 당시로서는 새로운 사회적 위험이었던 실업과 질병 그리고 노령으로 인한 빈곤에 대하여 사회보험방식의 사회적 보호정책을 채택하였다. 강제가입, 중앙집권형 행정, 민간보험의 배제 및 국가의 독점적 운영, 국가보조금 지급을 기본 원칙으로 하여 1883년 의료보험, 1884년 산업재해보상보험, 1889년 노령 및 장애연금보험을 채택하였다. 당시 비스마르크(Otto Bisnarck) 수상은 사회보험을 통하여 광산업과 조선업 노동자를 포함한 도시 노동자로부터의 저항을 약화하고 사회주의 세력의 확장을 억제함으로써 사회질서 유지와 사회통합을 확립하고자 하였다. 강력한 중앙 관료계층의 통치와 더불어 오랜 종교적 영향과 갈등으로 특징되는 독일은 고용주와 노동자의 사회보험 강제 가입이라는 당시로서는 강력한 중앙집권적 사회적 보호정책을 일찍 채택할 수 있었다(여유진 외, 2014).

반면 일찍부터 각종 자선조직협회(charity organization society), 우애협회(friendly society), 협동조합(cooperatives) 등 자조조직단체들이 활성화되었던 영국은 1911년 고용주와 노동자로부터의 강제적 보험료 납입과 국가의 보험료 납입 및 보조를 기본원칙으로 하는 국민보험법을 도입하였다. 이 국민보험은 건강보험 부분과 실업보험으로 구성되었다. 당시 집권세력이었던 자유당 로이드 조지(Lloyd George) 수상과 윈스턴 처칠(Winston Churchill)은 사회보험 혁신으로 노동자의 질병과 실업으로 인한 빈곤을 사회적으로 대응하고자 하였다. 이미 노동자들의 의료비용 부담 완화를 위해 널리 존재하였던 공제조합과 보험회사로부터 강한 반발에 부닥친 의료보험의 경우, 정부는 독일과는 달리 각 공제조합과 보험회사에 운영을 위임하고 이를 감독하였다. 한편 실업으로 인한 비용 부담에 대해서는 소수의 노조가 실업기금을 운영하는 실정이었다. 경기변동에 민감한 산업 분야를 우선적으로 적용하였으며 각 지역의 직업소개소를 통하여 실업수당 지급 및 직업알선 등을 병행하였다(최원규 외, 2021).

오늘날 대표적인 선진복지국가로 일컬어지는 스웨덴은 1930년대 이전까지는 영국과 독일에 비해 별다른 뚜렷한 사회적 보호정책을 갖추지 못하였다. 19세기 노동조합이 증대되면서 질병금고와 실업보험기금은 각각의 노동조합을 통해 운영되었고 질병과 실업으로 인한 빈곤에 대한 사회적 보호 대책의 주된 수단이었다. 한편 노령으로 인한 빈곤에 대하여 스웨덴은 1913년 자유당 집권기에 일정 소득수준 이상의 농민층과 노동자층을 대상으로 적립식 사회보험제도를 도입하였다. 동시에 소득수준이 낮은 이에게는 자산조사를 통한 공공부조 형식의 연금이 지급되었다. 한편 실업으로 인한 빈곤에 대해서 스웨덴은 실업위원회를 중심으로 사회적 보호 대책을 강구하였다. 1914년 초기 실업위원회는 노동조합, 사용자단체, 정부, 사회복지 관련 단체 등으로 구성된 일종의 정부 자문기구였으나 1921년 이를 독자적 의사결정 권한을 가진 공공기관으로 자리매김하였다. 그리고 세계대공황 직전인 1920년대 스웨덴은 전 세계적인 흐름인 자유주의 노선에 동참하였는데, 실업자에 대한 현금지원 이전에 민간 및 공공영역 일자리 제공을 우선으로 하였다(이현주, 2018).

1932년 사민당의 집권으로 인하여 스웨덴은 실업으로 인한 빈곤 대응책 상의 획기적인 변환과정을 거치게 되었다. 기존의 민간 영역으로 간주되었던 산업 분야까지 국가가 관여하여 일자리를 제공하고 시장임금에 준하는 임금을 제공하는 노동시장정책을 채택하였다. 사민당 정권은 동시에 농민당과 농민세력을 위하여 농산물 수입 규제 및 빈농에 대한 지원을 강화하였고 이는 1936년 사민당과 농민당의 연합정부 수립에 이르기까지 계속되었다. 그 가운데 사민당은 1934년 겐트시스템(Ghent system)의 실업보험을 도입하였다. 노동조합에 가입한 노동자들만 공적 실업보험의 가입자격이 부여되었으며 국가는 노동조합을 재정적으로 지원하고 운영을 위임하였다. 이를 통해 사민당과 노동조합 간의 상호 지지기반이 확립되었다(이현주, 2018).

스웨덴의 또 다른 특징으로 살펴볼 점은 일찍부터 여성의 경제활동 참여와 보육에 대한 사회적 책임을 적극 지지하였다는 점이다. 당시 낮은 출생률은 심각한 사회문제로 대두되었는데, 이에 대해 뮈르달 부부(Gunnar and Alba Myrdal)는 이러한 대책만이 적정규모의 인구를 유지할 수 있다고 주장하였으며 아동을 위한 주거, 영양, 건강, 보육 서비스 확대 정책과 각종 조세감면을 제안하였다. 사민당은 이들의 제안을 적극 수용하여 1937년 출산수당 및 미혼모, 고아, 장애아 수당, 1938년 다자녀가구에 대한 조세감면, 1939년 12주 육아휴직제도를 도입하였다(이현주, 2018). 이러한 변화는 스웨덴의 여성 참정권이 보장되고 다양한 정당들의 자원동원 노력이 실질적으로 제도화된 역사적 배경을 빼놓고는 설명될 수 없다(여유진 외, 2014).

2. 복지국가의 개념

독일, 영국, 스웨덴에서의 19세기 말 20세기 초 근대적 사회적 보호정책의 등장 시기를 살펴보면 복지국가는 경제구조 변동과 그로 인한 빈곤의 사회문제화, 노동자 세력과 다른 사회세력 간 관계의 변화와 밀접한 관련이 있음을 알 수 있다. 동시에 관료주의 및 공공기구의 확립과 정당제도 및 투표를 통한 민주주의적 국가 통치와 밀접한 관련이 있음을 알 수 있다. 이를 바탕으로 복지국가의 개념을 살펴보면 다음과 같다.

첫째, 기능주의적 관점에서 볼 때 복지국가는 산업화가 야기한 빈곤의 대규모화와 이와 관련된 사회불안의 문제들을 기능적으로 해결하기 위해 등장한 국가통치체제로 볼 수 있다(Wilensky, 1975; 여유진 외, 2014 재인용). 둘째, 갈등주의적 관점에서 볼 때 복지국가는 사회적 요구를 지닌 노동자와 빈민세력 등이 스스로를 결집하고 조직화하여 지배세력에 대항하고 그들의 요구를 투표와 정당활동 등의 의회민주주의를 통하여 관철하려는 노력으로 볼 수 있다(여유진 외, 2014).

셋째, 신제도주의적 관점, 즉 각 국가별 독특한 역사적 · 사회적 제도와 개인 간의 상호 역동성을 강조하는 관점에서 볼 때 복지국가는 각국의 역사적 순간과 사건, 그리고 그 발생 순서들의 축적에 의해 형성된 사회적 제도들로서 복지국가를 정의하고 각국의 제도로서의 복지국가는 역사적 흐름에 벗어나는 변화를 겪기 어렵다고 설명한다. 이때 제도는 지배세력과 그 저항세력 간에 자신들의 이데올로기와 사상, 문화와 담론 등을 주류화하려는 권력투쟁의 산물이자 기제로 본다. 그리고 제도 변동의 불가능성을 강력하게 주장하지는 않는다. 다만 특정 시점에서의 결정적 사건들의 발생순서는 이후 시기의 제도의 변동에 장기적으로 커다란 영향을 미친다는 점을 강조한다. 투표권과 정당 민주주의가 자리잡고 시민들의 정치세력화 또는 광범위한 자원 동원이 일찍이 가능한 나라의 복지제도는 그렇지 않은 나라의 제도와 수렴되기 매우 힘들다는 점을 강조한다(여유진 외, 2014).

넷째, 조절이론적 관점, 즉 1920년대 경제 대공황부터 1970년대 경제 불황시기의 복지국가의 변화 양상을 주목하는 관점에서 볼 때 복지국가는 자본주의의 주기적 위기 발생에 대한 조절 기제로 볼 수 있다(여유진 외, 2017). 조절이론에 따르면, 제1차 세계대전 이후 테일러주의적 대량생산체제에 비해 대량 소비체제가 조응하는 데 실패한 결과 1920년대 대공황이 발생하여 자본주의체제의 위기가 발생하였고 이를 타개하기 위하여 대량소비를 가능하게 하는 소득지원정책이 등장하였다. 제2차 세계대전 이후 국가는 노동자의 유효수요와 시장에서의 상품생산 간의 조응을 위하여 임금, 물가, 생산성에 대하여 주기적으로 거시적 개입을 실시하였고 또한 실업, 질병, 재해, 노령으로 인한 유효수요 단절에 대비하는 안전장치로서의 이차적 사회적 소득을 제공하고 학교, 병원, 보육시설, 공공주택 등의 공공재에 대한 집합적 소비를 성공적으로 진작하였다. 그 결과 1970년대까지 전 세계는 이른바 포디즘적 대량생산-소비 경제체제와 완전고용 중심의 케인즈주의적인 복지국가(Keynesian welfare state)의 황금기를 맞이하였다(여유진 외, 2017). 이후 급격한 기술발전과 서비스 경제의 출현, 노동과 자본의 세계화라는 이른바 다품종소량생산 중심의 포스트포디즘적 축적체제의 등장으로 인하여 자본주의의 위기가 다시 발생하게 되면서 복지국가는 그에 조응하여 유연적 고용 기반의 경쟁력을 지향하는 슘페터주의적 근로연계국가(Schumpeterian workfare state)적 성격을 갖게 되었다.

그러나 중요한 점은 각국의 복지제도들이 저임금 중심의 불완전 고용을 확산하는 고용정책을 수용하되, 각 국가별 특색을 반영하여 각각 다양한 방향의 복지제도로 전환하였다는 점이다. 독일과 같이 중앙집권적 관료세력이 강한 국가들은 국가가 주도하여 산업구조를 전환하고 그로 인한 실업률, 재분배, 국가재정 부담을 이른바 유연안정성(flexecurity) 전략으로 적절히 조절하는 방향으로 전환하였다. 반면 영국과 같이 시장주의적 자유주의적 특색이 강한 국가들은 공기업의 민영화, 서비스의 시장화, 자본이동의 자유화를 추구하는 대신 소득재분배정책은 후퇴시키는 방향으로 전환하였다(여유진 외, 2017). 조절이론적 관점에서의 복지국가 개념은 부분적으로 신제도주의적 관점에서의 복지국가 개념과 공통점을 갖는다.

제3절 복지국가의 유형

1. 복지국가 유형론의 의의와 한계

복지국가는 근대 자본주의의 변형과정에서 등장한 일종의 국가체제이다. 영토 내의 사회세력들의 활동, 관계, 자원에 대하여 합법적으로 통제, 조정, 조세 징수를 행함으로써 사회통합, 재분배, 경제성장의 평형을 달성하려는 국가체제라 하겠다. 비록 사회통합, 재분배, 경제성장이라는 목표와 통제, 조정, 조세 징수라는 목표를 공통으로 갖는다 하더라도, 각 국가들은 지정학적 위치와 역사적 배경, 그리고 제도적 장치가 다른 만큼 각각 다른 복지국가의 양상을 띠고 있다. 복지국가 유형론의 의의는 바로 이러한 다양한 복지국가의 양상들을 체계적으로 상호 비교하고 대조함으로써 한편으로는 바람직한 복지국가 미래를 제시하는 데 기여하고 다른 한편으로는 기존의 복지정책들을 개혁하거나 새로운 제도들을 도입할 때 구체적인 이정표의 역할을 할 수 있다. 에스핑-앤더슨의 말을 빌자면 첫째, 다양한 복지국가 양상들을 좀 더 간결하게 분류함으로써 "나무가 아닌 숲을 보게" 한다(Esping-Andersen, 1999; 여유진 외, 2016: 81 재인용). 둘째, 분류된 범주 내부의 속성들을 보다 분명하게 드러나게 함으로써 복지국가들의 속성 간 관계를 보다 쉽게 확인하게 한다. 셋째, 복지국가의 형성과 결과에 관한 가설 검증에 도움을 준다. 넷째, 복지국가는 "존재하는 복지제도들의 총합" 그 이상이고, 복지체제는 복지국가의 "법적 · 조직적 특성들의 총합체"인 만큼, 새로운 복지제도들을 도입하거나 기존 제도들을 개혁하고자 할 때 각 제도들 간의 정합성과 그로 인한 결과를 예측하고 점검하는 데 도움을 준다(Esping-Andersen, 1994; 여유진 외, 2016: 81-82 재인용).

반면 지금까지의 복지국가론 유형론의 한계는 다음과 같다. 첫째, 지금까지의 복지국가 유형론은 대부분 추상화된 이념형인 만큼, 현실에 존재하는 복지국가의 구체적인 양상들과 괴리가 존재할 수 있다. 둘째, 지금까지의 복지국가 유형론은 대부분 경제협력개발기구 회원국을 포함하여 서구 선진 자본주의 국가들의 속성을 중심으로 이루어진 만큼, 후발 동아시아 국가들과 체제 전환 국가, 그리고 명목적 또는 초창기(rudimentary) 복지국가들을 설명하는 데 한계를 갖는다. 특히 사회보험과 직접세 등의 조세 징수 및 사회지출 제도와 데이터가 투명하고 정확하게 관리되지 않은 국가들에 대해서는 많은 한계를 가진다. 셋째, 비록 복지국가 유형론이 복지국가의 이념형을 제시하고 구체적 수준의 제도들의 개혁 및 도입에 대한 이정표 역할을 한다 할지라도 실제 현실에서 이정표로서 작동하기에는 역부족인 경우가 대부분이다. 복지국가 또는 복지체제는 한번의 거대한 계획에 의해서가 아닌 역사적으로 누적된 사회세력 간의 관계구조와 제도들의 경로에 의해 상당히 영향을 받기 때문에, 역설적이게도 복지국가의 개혁과 혁신이라는 현실적 측면에서 한계를 지닐 수 있다.

2. 복지국가 유형론의 다양성

1) 에스핑-앤더슨의 복지체제 유형

에스핑-앤더슨(Esping-Andersem)은 1990년 당시 18개의 선진 자본주의 국가들을 3개의 복지자본주의체제(welfare capitalism)로 유형화하였다. 그에 의하면 자본주의 복지국가들은 자유주의 복지체제, 보수주의 복지체제, 사민주의 복지체제 중 하나의 체제에 속한다. 그는 복지국가 유형화의 기준으로 각국의 사회보험과 공공부조를 통한 가입자와 국민들의 탈상품화(decmmoditication)와 계층화(stratification) 정도를 채택하였다. 탈상품화는 노동시장에서의 지위와 상관없이 노동을 그만두더라도 일정 수준 이상의 생활을 영위할 수 있는 정도를 의미한다. 계층화는 사회보험과 공공부조를 통하여 사회계층이 나누어지는 정도를 의미한다(Esping-andersen, 1990; 여유진 외, 2016: 45). 그리고 각각의 복지체제는 사회세력들의 자원동원 및 연합과 역사적 제도적 특성을 반영한다는 자원동원 관점과 신제도주의적 관점을 다시 한번 강조하였다.

에스핑-앤더슨(1990)에 의하면 자유주의 복지체제는 미국, 캐나다, 호주가 해당하는데, 시장을 통하여 생존과 관련된 욕구 충족이 불가능하다고 판정될 때 복지제도로부터 혜택을 받을 수 있다. 그러나 이때 혜택은 시장소득 이하이며 따라서 탈상품화의 정도는 낮다. 또한 저소득층은 복지제도를 통하여서도 여전히 낮은 계층을 유지하며 중간소득계층은 시장에 의해서 그 지위가 결정된다. 보수주의 복지체제는 독일, 오스트리아, 이탈리아, 프랑스를 포함한 대륙 유럽 국가들이 해당하는데, 사회보험에 가입한 자의 보험료 납부가 이후 사회보험 혜택과 높은 상관관계를 지며 노동시장에서의 지위에 따라 복지제도에 대한 자격이 결정된다. 따라서 탈상품화의 정도는 중간 정도이며 계층화의 정도는 높다. 사민주의 복지체제는 스웨덴, 덴마크, 노르웨이, 핀란드가 이에 해당하는데, 시장 또는 사회로부터의 욕구 충족 실패 조건도 노동시장에서의 지위와 사회보험 납부 조건도 아닌, 시민이라는 기준이 복지제도의 자격 기준이다. 즉, 기본적인 사회서비스와 소득보장에 대해 누구나 이용할 수 있다. 따라서 복지제도의 탈상품화 정도는 높고 시장에서의 계층 간 격차를 상당한 수준으로 완화한다(여유진 외, 2016: 45-46).

표 14-1 | 에스핑-앤더슨의 복지체제

구분	자유주의	보수주의	사민주의
탈상품화	낮음	중간	높음
계층화	계층 간 격차 유지	노동시장에서의 지위 간 격차 다소 완화	시장에서의 격차 상당한 수준으로 완화
복지제도 자격	자체 충족 불가능	노동시장에서의 지위	시민
주요 프로그램	공공부조	현금급여, 사회보험	현금급여, 사회서비스
혜택 수준	저수준, 잔여적	기여에 비례	고수준, 재분배적
대표적 국가	미국, 캐나다, 호주	독일, 오스트리아, 이탈리아, 프랑스	스웨덴, 덴마크, 노르웨이, 핀란드

출처: Esping-Andersen (1990); 여유진 외 (2016). p.46.

에스핑-앤더슨의 복지체제 유형은 이후 복지국가들의 유형화 및 다양성에 관한 연구에 지대한 영향을 미쳤다. 그러나 몇 가지 한계를 갖는다. 첫째, 각 국가별 노동자계급의 영향력과 정치구조의 역사적 유산 간의 구체적 상호작용과 그러한 상호작용이 오늘날의 복지제도 성립에 미친 영향에 대한 구체적인 설명이 없이, 다소 막연하게 복지체제의 원인을 주장하였다는 점이다.

둘째, 탈상품화와 계층화의 개념 정의가 모호하고 현금 급여 프로그램 지출 규모만 분석한 채 사회서비스 지출 규모는 등한시하였다는 점이다. 탈상품화와 계층화의 개념 정의가 모호함으로 인하여 영국 베버리지식 복지체제와 독일 비스마르크식 복지체제가 충분히 엄격히 구분되지 못하는 한계를 지닌다는 것이다. 더욱이 보수주의 복지체제로 묶인 독일, 프랑스, 벨기에, 이탈리아의 경우, 보육서비스에서만큼은 다시 구분된다. 프랑스와 벨기에의 보육서비스는 사민주의 복지체제에 가깝고 이탈리아는 세 가지 복지체제에 속하지 않은 가족주의식에 가깝기 때문이다(여유진 외, 2016).

셋째, 여성의 노동시장 내에서의 유급노동과 가족 내에서의 무급 돌봄 및 가사노동의 이슈와 국가의 돌봄 및 가사노동에 대한 지원의 차원을 간과하였다는 점이다. 현실적으로 많은 여성들이 노동력의 상품화, 즉 유급노동에 참여할 기회가 배제되어 있을 뿐만 아니라 가족 내에서의 가사 및 돌봄노동에 대해서 임금이 주어지지 않는 상황에서, 유급노동의 탈상품화를 지표로 삼은 에스핑-앤더슨의 접근은 남성가장 모델에 기반하여 여성을 독립된 인격체로 보지 않고 성별분업을 당연하게 간주함으로써, 복지국가의 탈상품화 효과로부터 아예 여성을 배제하였다는 비판을 들 수 있다(Lewis, 1992; O'Connor, 1993; Sainsburry, 1999; 여유진 외, 2016: 65 재인용). 이후 에스핑-앤더슨(1997)은 탈가족화(defamilialisation) 개념을 가족 내의 돌봄 부담을 사회화하여 가족 내부의 부담을 줄여주는 정도이며, 보육서비스, 부모휴가, 아동수당, 가사 지원, 여성 고용 관련 조세감면, 성인가구와 동거하는 노인비중 등으로 측정하였다(여유진 외, 2016: 66-67 재인용).

넷째, 가장 많은 비판을 받는 한계로서, 자의적 국가 선정 및 오분류의 문제이다. 정규한 이론적 준거틀을 사용하지 않았고 복지제도를 채택한 모든 국가들을 선정하지도 않은 채, 자신의 주장에 적합한 국가들을 다소 자의적으로 선정하였다는 점이다. 에스핑-앤더슨(1990)은 남부 유럽 국가인 이탈리아, 스페인, 포르투갈, 그리스 중 오직 이탈리아만 선정하여 보수주의 복지체제로 분류하였다. 이탈리아는 가톨릭교회의 영향을 받아 가족주의적 성격이 강한데, 이는 초기 (rudimentary) 보수주의 복지체제와 유사성을 가진다는 점에서 채택하였던 것이다. 반면 나머지 스페인, 포르투갈, 그리스는 아무런 설명 없이 유형화 분석에서 제외하였다. 자유주의 복지체제에 대해서도 마찬가지이다. 에스핑-앤더슨(1990)은 호주와 뉴질랜드를 미국과 함께 자유주의 복지체제로 분류하였으나, 호주와 뉴질랜드는 미국에 비해 차이점을 많이 가지고 있다. 비록 자산조사 기반 공공부조가 주된 복지 프로그램이기는 하지만, 미국에 비해 자격기준과 수준이 관대하고 높을 뿐만 아니라 사회보험 역시 사회보험료가 아닌 일반조세의 비중이 큰 만큼 미국과는 엄연히 다르다. 동아시아 국가에 대해서도 마찬가지이다. 애초 에스핑-앤더슨(1990)은 서구 자본주의 복지국가들만 선정하였고 이후 동아시아 국가 중 일본을 먼저 추가하였다. 그리고 일본과 기타 동아시아 국가들은 자유주의와 보수주의 복지체제가 결합된 혼종(hybrid) 복지체제로 규정하였다(Esping-Andersen, 1997; 1999; 여유진 외, 2016 재인용).

2) 라이프리드의 복지국가 유형

라이프리드(Leibfried, 1992)는 에스핑-앤더슨(1990)의 복지체제에서 탈상품화의 모호성과 국가 선정의 자의성을 한계로 지적하고 대안으로 빈곤정책과 사회보험의 효과를 기준으로 4개의 복지국가 유형을 제시하였다. 그에 의하면 앵글로색슨 국가 유형은 국가가 강력한 시장기능을 지지하고 최후의 소득보장을 책임진다. 비스마르크 국가 유형에서는 복지국가는 사회보장의 권리를 기본 원리로 하며, 소득보장의 일차적 책임을 지는 동시에 최후의 고용주 역할을 수행한다. 스칸디나비아 국가 유형은 일할 권리를 기본 원리로 하며, 국가는 일차적 고용주의 책임을 지며 동시에 최후의 소득보장의 책임을 진다. 라틴 국가 유형은 선언적 수준에서 국가가 국민들의 일할 권리와 복지를 책임지는 초기 수준의 복지국가이다(여유진 외, 2016: 52 재인용).

3) 먼데이의 복지국가 유형

먼데이(Mundaym, 2003)는 에스핑-앤더슨(1990)의 복지체제 유형이 현금급여 정책의 지출 규모에 치중한 한계를 지적하고 대안으로 사회서비스 제공 주체를 기준으로 4개의 유형, 즉 북구 공공서비스 모델, 가족 보살핌 모델, 자산조사 모델, 북유럽 보충주의 모델로 나누었다(여유진, 2016: 60 재인용). 북구 공공서비스 모델은 국가가 사회서비스의 생산, 공급, 전달, 규제, 재정에서 주된 책임을 진다. 가족 보살핌 모델은 국가에 의한 사회서비스가 낙후되고 파편화되었으며 가족이 여전히 주로 돌봄을 제공한다. 자산조사 모델은 가장 취약한 계층에만 국가가 사회서비스를 제공하고 나머지는 시장에 맡긴다. 북유럽 보충주의 모델은 사회서비스의 재원 조달은 국가가 담당하고 운영은 비영리부문이 담당한다(여유진 외, 2016: 53 재인용).

4) 허드슨과 퀴너의 복지국가 유형

허드슨과 퀴너(Hudson & Künner, 2009)는 에스핑-앤더슨(1990)의 복지체제 유형화가 제조업 중심의 경제체제를 전제한 만큼 탈산업사회의 새로운 사회적 위험에 대한 대응과 사회적 투자 성격의 복지제도를 고려하지 않은 한계를 지적하고 이에 대한 대안으로 사회적 보호 기준으로 고용보호와 소득보장을 그리고 사회적 투자 기준으로 교육 투자와 훈련 투자를 기준으로 23개의 복지국가를 유형화하였다. 그 결과 4개의 순수형, 즉 생산적-보호적 복지국가, 생산적 복지국가, 보호적 복지국가, 취약한 복지국가와 5개의 혼종형, 즉 약한 생산적-보호적 복지국가, 강한 생산적 복지국가, 약한 생산적 복지국가, 강한 보호적 복지국가, 약한 보호적 복지국가를 제시하였다(여유진 외, 2016: 51 재인용).

표 14-2 | 복지국가 유형론

에스핑-앤더슨(1997)	라이프리드(1992)	먼데이(2003)	허드슨과 퀴너(2009)
• 자유주의 -영국, 아일랜드, 미국, 캐나다, 호주, 뉴질랜드	• 앵글로색슨형 -미국, 호주, 뉴질랜드, 영국	• 자산조사 모델 -영국, 아일랜드, 미국	• 생산적 복지국가(순수형) -미국, 뉴질랜드 • 약한 생산적 복지국가(혼존형) -캐니다
• 보수주의 -독일, 오스트리아, 프랑스, 스위스, 핀란드 이탈리아, 일본	• 비스마르크형 -독일, 오스트리아	• 북유럽 보충형 모델 -독일, 오스트리아, 네덜란드, 프랑스, 벨기에	• 보호적 복지국가(순수형) -독일, 벨기에
• 사민주의	• 스칸디나비아형 -스웨덴, 노르웨이, 덴마크, 핀란드	• 공공서비스 모델 -스웨덴, 덴마크, 핀란드, 노르웨이	• 생산적-보호적 복지국가(순수형) -핀란드 • 강한 생산적 복지국가(혼종형) -노르웨이, 덴마크 • 강한 보호적 복지국가(혼종형) -스웨덴, 네덜란드, 오스트리아, 핀란드

		• 가족 보살핌 모델 –스페인, 그리스, 포르투갈, 이탈리아	• 약한 생산적 보호적 복지국가(혼종형) –그리스, 아일랜드, 스위스, 이탈리아, 한국 • 약한 보호적 복지국가(혼종형) –스페인, 포르투갈, 체코, 일본, 프랑스, 영국 • 취약한 복지국가(순수형) –호주, 영국

출처: 여유진 외 (2016). pp.84-86에서 정리함.

제4절 한국 복지국가의 이해

한국의 복지국가 또는 복지체제에 관한 논의는 김대중 정부의 기초생활보장제도의 개혁과 건강보험 개혁 이후 본격화되었다고 할 수 있다. 김대중 정부 이전 시기를 대상으로 한 대표적인 연구들은 대개 캐서린 존스(Catherine Jones)의 유교적 복지국가 모형, 그리고 이안 홀리데이의 생산주의적 복지 자본주의 모형으로 설명되었다(Holiday, 2005; Jones, 1993; 여유진 외, 2016: 60 재인용). 김대중 정부의 개혁 이후 시기까지 포함한 연구들은 에스핑-앤더슨(1990)의 자유주의형과 보수주의형, 그리고 남유럽 유형으로 설명되었다(여유진 외, 2016).

존스(1993)에 의하면 한국은 일본, 대만, 홍콩, 싱가포르와 함께 독특한 유형으로 분류된 국가이다. 이들은 전통적으로 강력한 유교문화가 지배하고 있으며 가족과 공동체가 빈민구제에 대한 책임을 지며, 서구의 복지국가 기능을 수행하는 국가기구는 찾아보기 힘들다고 주장하였다(여유진 외, 2016: 60 재인용). 홀리데이(2000) 역시 한국, 대만, 일본, 싱가포르를 대상으로 이들 국가의 성장지상주의 또는 발전주의 특징을 강조하면서 복지제도는 오직 경제발전을 위한 보조적 위치에 불과한 것으로 설명하였다. '생산주의적 복지 자본주의' 유형에 속하는 국가들은 에스핑-앤더슨의 서구 자본주의 복지체제 분류 기준을 적용할 수 없고 예외적임을 강조하였다.

한국을 비롯한 동아시아 국가들이 예외적이거나 동아시아적 성격을 가진 독특한 유형이라고 보는 관점들에 대한 비판은 다음과 같다. 다케가와 쇼고(Takegawa shogo)는 동아시아 국가들의 문화적 특성에 치중하는 것은 일종의 '복지 오리엔탈리즘(welfare orientalism)', 즉 서구의 관점에서 동아시아 국가들을 타자화하고 왜곡하며 서구 선진국가들과의 경계선을 공고히 하는 문제점을 지닌다고 비판하였다(Takegawa, 2005; 여유진 외, 2016: 61 재인용). 이 밖에도 한국을 다른 동아시아 국가들과 하나의 부류로 볼 수 있는가에 대한 비판을 들 수 있다. 실제로 앞의 홀리데이(2000)도 동아시아 국가들 내에서도 차이점을 발견한다고 보았다. 한국, 일본, 대만은 발전주의적이되 보편주의를 지향하는 반면, 싱가포르는 발전주의적이고 특수주의를 지향하며, 홍콩은 최소주의적, 경제촉진 지향주의적 특징을 나타낸다고 보았다(여유진 외, 2016: 62 재인용).

김대중 정부의 개혁 이후의 연구들은 한국의 복지국가 유형을 대체로 자유주의형 또는 보수주의형으로 설명하고 있는데, 최근 남유럽형으로 설명하는 연구들도 발견할 수 있다. 조영훈은 한국의 복지국가 유형은 김대중 정부 이전에는 자유주의형과 보수주의형의 혼합형이었던 반면 김대중 정부에 이르러 공공부조 위주의 개혁이 이루어지고 재분배가 개선되지 않으면서 자유주의의 성격이 강화되었다고 주장하였다. 특히 사회보험이 아직 발전하지 않은 시기에 민간보험이 자리잡으면서 사회보험의 확대는 매우 한계적이 되었다고 설명하였다(조영훈, 2002; 2009; 여유진 외, 2016: 74). 백승호와 안상훈(2009)은 한국을 초기 자유주의 국가형에 가깝다고 주장하였다(여유진 외, 2016: 76 재인용). 이들은 현금급여와 사회서비스의 비중, 보편주의와 선별주의적 프로그램의 비중, 정부와 민간의 재원 조달 비중, 혜택 자격에서 노동세대와 비노동세대의 비중을 기준으로 한국을 포함하여 경제협력개발기구(OECD) 가입국들을 분류하였다.

한편 남찬섭은 한국의 복지국가 유형이 향후 보수주의로 고착될 거라고 예측하였다(남찬섭, 2002a; 여유진 외, 2016: 75 재인용). 그는 한국의 사회보험이 일반조세 재정보다는 노동자와 사용주의 보험료 납부를 주된 기반으로 하고 노동시장에서의 약자를 여전히 사회보험으로 포함시키지 못한 채 직역 간 연금을 그대로 유지하고 있으며, 공공부조의 경우 여전히 가족책임 우선주의를 고수하였다는 점에서 한국 복지국가의 보수주의로의 고착화를 예측하였다(남찬섭, 2002a; 여유진 외, 2016: 75 재인용). 이후 그는 에스핑-앤더슨(1997)의 복지체제 분류 기준인 탈상품화, 계층화, 국가의 책임 비중, 탈가족화 지표를 한국에 적용한 결과 자유주의적 특성이 혼합되어 있으나 보수주의적 성격이 강함을 실증적으로 증명하였다(남찬섭, 2002b; 여유진 외, 2016: 76 재인용).

최근 김연명(2013)은 한국의 복지국가는 남유럽형 복지국가 유형과 유사성을 가진다고 보았다(여유진 외, 2016: 78). 남유럽은 일찍부터 노동시장의 분절성과 불안정성, 낮은 출생률로 인한 고령인구 비중 급속한 증가, 가족의 아동 및 노인 돌봄의 책임의 특징을 기반으로 복지제도를 형성하여 왔는데, 한국이 노동시장, 인구구조, 가족기능 면에서 남유럽과 유사점을 많이 가진다는 것이다. 아직 초기 수준의 복지국가라 할 수 있는 한국이 이대로 계속된다면 남유럽 복지제도의 한계, 즉 계층 간 사회보장 격차의 심화, 사각지대의 양산, 가족의 과중한 돌봄 부담이 그대로 발생할 거라고 경고하였다(여유진 외, 2016: 79).

이러한 시도들은 에스핑-앤더슨(1990)의 한계와 유사한 한계를 갖는다. 특히 서구 선진국가들이 산업화와 민주화를 거치면서 자유주의, 보수주의, 사민주의라는 이데올로기를 바탕으로 사회세력 간 동맹과 연합을 다르게 한 결과 각각 다른 탈상품화와 계층화의 효과가 있는 복지제도를 갖게 되었음을 간과하였다는 점을 들 수 있다(여유진 외, 2016: 76-77). 서구 선진 자본주의국가들에 비해 늦게 근대적 자본주의와 복지국가를 정립하게 된 이른바 후발(catch-up) 국가들이라는 점을 간과하는 것은 가식적(spurious) 관계를 설명하는 오류라 할 수 있다는 것이다(다케가와, 2003; 여유진 외, 2016: 77 재인용). 비록 겉으로는 서구 복지체제 유형과 유사성을 갖는다 하더라도 후발 국가인 한국은 역사적으로 다른 과정을 거치는 만큼 이를 반영하는 유형화가 필요하다.

참고문헌

김연명 (2013). 한국 복지국가의 성격과 전망: 남부유럽복지체제와의 비교를 중심으로. **한국사회복지조사연구, 36**(단일호), 27–59.

남찬섭 (2002a). 경제 위기 후 복지개혁의 성격. 김연명 편. **한국 복지국가 성격 논쟁**. 인간과 복지.

남찬섭 (2002b). 한국 복지체제의 성격에 대한 경험적 연구: 에스핑 엔더슨의 기준을 중심으로. 김연명 편. **한국 복지국가 성격논쟁**. 인간과 복지.

박상섭 (2008). 한국 국가 개념의 전통 연구—동서양 국가 개념사와의 연계를 중심으로. **개념과 소통**, (1), 121–174.

손호철 (1990). 국가자율성, 국가능력, 국가강도, 국가경도—개념 및 용법에 대한 비판적 고찰. **한국정치학회보, 24**.

신진욱 (2020). 국가역량의 개념과 다차원적 분석틀: 국가역량 레짐의 다양성 연구를 위한 이론적 고찰. **한국사회학, 54**(1), 65–100.

여유진 · 김미곤 · 강혜규 · 장수명 · 강병구 · 김수정 · 최준영 (2014). **한국형 복지모형 구축—한국의 특수성과 한국형 복지국가**. 한국보건사회연구원.

여유진 · 김미곤 · 김수정 · 박종현 · 백승호 · 이상호 · 조한나 (2017). **한국형 복지모형 구축—복지환경의 변화와 대안적 복지제도 연구**. 한국보건사회연구원.

여유진 · 김영순 · 강병구 · 김수정 · 김수완 · 이승윤 · 최준영 (2016). **한국형 복지모형 구축—복지레짐 비교를 통한 한국복지국가의 현 좌표**. 한국보건사회연구원.

이현주 (2018). **스웨덴의 사회보장제도**. 한국보건사회연구원.

전종익 (2014). 공동체로서의 국가와 정부. **서울대학교 법학, 55**(4), 273–312.

조영훈 (2002). '생산적 복지론'과 한국 복지국가의 미래. 김연명 편. **한국복지국가성격논쟁 I**. 인간과 복지.

조영훈 (2009). 자유주의 복지유형으로서의 한국 복지국가: 민영보험의 상대적 발달을 중심으로. 정무권 편. **한국복지국가성격논쟁 II**. 인간과 복지.

최원규 · 진재문 · 황보람 · 이영수 (2021). **사회복지역사**. 학지사.

Acemoglu, Daron. (2005). "Politics and Economics in Weak and Strong States." *Journal of Monetary Economics, 52*(7), 1199–1226.

Berliner, Daniel, Anne Greenleaf, Milli Lake, & Jennifer Noveck. (2015). "Building Capacity, Building Rights? State Capacity and Labor Rights in Developing Countries.", *World Development, 72*, 127–139.

Esping-Andersen, G. (1990). *The three worlds of welfare capitalism*. Cambridge, Polity Press.

Esping-Andersen, G. (1994). After the golden age: the future of the welfare state in the new global order (No. 7). UNRISD Occasional Paper: World Summit for Social Development.

Esping-Andersen, G. (1997). "Hybrid or unique?: The Japanese welfare state between Europe and America". *Journal of European Social Policy, 7*(3), 179–189.

Esping-Andersen, G. (1999). *Social Foundations of Postindustrial Economie*s. New York: Oxford University Press.

Hanson, Jonathan, & Rachel Sigman (2013). "Leviathan's Latent Dimensions: Measuring State Capacity for Comparative Political Research." paper presented at the World Bank Economy Brown Bag Lunch Series, September 2013.

Holliday, I. (2000). "Productivist welfare capitalism: Social policy in East Asia". *Political studies, 48*(4), 706–723.

Holliday, I. (2005). "East Asian social policy in the wake of the financial crisis: farewell to productivism?". *Policy & Politics, 33*(1), 145–162.

Holmberg, S., & Rothstein, B. (Eds.). (2012). *Good government: The relevance of political science*. Edward Elgar Publishing.

Holmberg, Sören, Bo Rothstein, & Naghmeh Nasiritousi. (2008). "Quality of Government: What You Get." QoG Working Paper Series 2008: 21. The Quality of Government Institute, Department of Political Science, University of Gothenburg.

Hudson, J. & Kühner, S. (2009). "Towards Productive Welfare? A Comparative Analysis of 23 Countries", *Journal of European Social Policy, 19*(1), 34–46.

Jones, C. (1993). *The Pacific Challenge: Confucian Welfare States*. C. Jones. eds. New Perspectives on the Welfare State in Europe. London: Routledge.

Krasner, S. D. (1984). *Approaches to the state: Alternative conceptions and historical dynamics*. 223–246.

Leibfried, S. (1992). Europe's could-be social state: Social policy in European integration after 1992. *Singular Europe: economy and polity of the European Community after*, 97–118.

Leibfried, S. (1993). Towards a European welfare state. *New perspectives on the welfare state in Europe*, 133–156.

Lewis, J. (1992). "Gender and the Development of Welfare Regimes". *Journal of European Social Policy, 2*(3), 159–173.

Munday, B. (2003). European social services: A map of characteristics and trends. Council of Europe (www.coe.int).

Nettl, J. P. (1968). "The state as a conceptual variable". *World politics, 20*(4), 559–592.

O'Connor, J. S. (1993). "Gender, class and citizenship in the comparative analysis of welfare state regimes: theoretical and methodological issues". *British journal of Sociology*, 501–518.

Orloff, Ann Shola, & Theda Skocpol. (1984). "Why Not Equal Protection? Explaining the Politics of Public Social Spending in Britain, 1900–1911, and the United States, 1880s–1920." *American Sociological Review, 49*, 726–750.

Sainsbury, D. (1999). *Gender and welfare state regimes*. Oxford University Press.

Skocpol. (1985). "Bringing the State Back In: Strategies of Analysis in Current Research." in Bringing the State Back In, edited by Peter B. Evans, *Dietrich Rueschemeyer, and Theda Skocpol*. Cambridge et al.: Cambridge University Press. 3–37

Takegawa, S. (2005). "Japan's welfare-state regime: Welfare politics, provider and regulator", *Development and Society, 34*(2), 169-190.

Tilly. (2004). *Social Movements, 1768-2004*. Boulder and London: Paradigm Publishers

Tilly. (2007). *Democracy*. New York: Cambridge University Press.

Tilly. (1990). *Coercion, capital, and European states, AD 990-1990*. Oxford and Cambridge, MA: Basil Blackwell.

Wilensky, Harold L. (1975). *The Welfare State and Equality: Structural and Ideological Roots of Public Expenditures* CA and London: University of California Press. (Welfare State: Construction, Deconstruction, Reconstruction, Vol 1, pp. 211-266, L. Stephan & M. Steffen, Eds, 2008, UK: reprinted in Edward Elgar Publishing).

CHAPTER 15

최근의 사회 변화와 사회복지

새로운 사회문제의 등장과 사회복지의 도전과제

CHAPTER 15

최근의 사회 변화와 사회복지

새로운 사회문제의 등장과 사회복지의 도전과제

이 장에서는 최근 새롭게 등장하여 현재의 복지국가가 기반하고 있는 전제와 토대를 크게 위협하고 있다고 평가되는 대표적인 사회적 변화들을 살펴보고 이러한 변화가 사회복지에 던지는 과제와 그에 대한 대응들을 간략히 전망하여 본다. 사회복지는 본성상 사회적 문제와 사회적 위험에 대한 집단적 대처이므로 언제나 사회 변화에 민감하게 반응하고 적절하게 적응하면서 발전하여 왔다. 그런데 최근에 나타나고 있는 사회적 변화들은 기존의 사회복지체계를 단순히 수정하고 일정부분 개선하는 것만으로는 충분하게 대응하기가 불가능할 정도의 내용과 영향력을 가지고 있는 것으로 평가되고 있다. 과연 이러한 변화들은 무엇이며 어떠한 차원과 맥락에서 사회복지의 근본을 흔들고 있고 이러한 과제에 대해 어떻게 대응하는 것이 적절한지 생각해 본다.

제1절 사회 변화와 사회복지의 도전

앞서 살펴본 바와 같이 사회구성원들이 직면하는 공통의 위험과 문제에 적절히 대응함으로써 이들의 안전과 행복을 보장하려는 사회적 노력인 사회복지는 두 가지 측면에서 근본적으로 '사회적' 성격을 가질 수밖에 없다.

첫째, 사회복지는 구성원들이 겪고 있거나 혹은 겪을 가능성이 있는 사회적 위험과 문제에 대하여 적극적으로 대응하고 예방한다는 측면에서 언제나 사회 변화를 주의 깊게 살피고 이들에 대해 민감하면서도 적절하게 반응할 수밖에 없다. 그러므로 현재 사회적 차원에서 어떠한 문제와 욕구와 위험들이 구성원들의 삶을 힘들게 하고 있는지, 이러한 위험들과 문제들을 초래하는 근본적인 원인은 무엇인지 그리고 이러한 문제를 집합적으로 완화하거나 해결하기 위해서는 어떠한 노력을 하여야 할 것인지를 끊임없이 고민하여야 한다. 결국 사회복지는 사회적 변화와는 떼려야 뗄 수 없는 본질적인 관계를 가지고 있다.

둘째, 사회복지는 사회적 문제와 사회적 위험을 해결하기 위해 정치 · 경제 · 사회문화적 제도와 시스템을 현실 사회에서 구체적으로 구축하여야 한다. 당연히 이러한 제도와 시스템의 구축에는 사회적 제약과 한계가 따르고 이를 극복하기 위한 창의적이고 현실적인 방안의 모색과 아울러 사회적인 합의와 일치가 요구된다. 어떠한 경우에는 해당 시기의 사회적 문제와 위험을 해결하려는 집단적 노력인 사회복지 자체가 사회적 문제와 위험으로 간주될 가능성도 존재한다. 그러므로 현실 차원에서 사회복지의 구현과 실천에는 언제나 일정한 사회적 합의와 정치적 결정이 중요하게 작동한다.

이러한 두 가지 측면을 종합해 볼 때 사회복지는 언제나 지속적인 변화와 혁신 속에서 유지되고 발전할 수밖에 없고 지금의 복지국가 역시 이와 같은 사회적 도전과 노력의 발전적 결과이자 누적된 지혜의 산물이라고 볼 수 있다.

그런데 최근 벌어지고 있는 사회 변화는 지금까지 우리가 전혀 경험하지 못했던 새로운 문제들로서 현재의 복지국가가 근거하고 있는 토대를 근본적으로 흔들고 있다는 평가를 받고 있다. 그러므로 기존의 복지국가나 사회복지제도를 일부 수정하거나 적절하게 개선하는 것으로는 이와 같은 사회적 변화가 일으키는 사회적 위험과 문제를 해결할 수 없을 것으로 예측된다. 그렇다면 지금 벌어지고 있는 사회적 변화가 도대체 무엇이며 이는 기존 복지국가의 전제나 토대와는 어떻게 다르고 또 얼마나 큰 영향을 미치는 것일까?

20세기 들어 지금과 같은 형태를 거의 갖춘 복지국가는 다음과 같은 몇 가지 기본적인 전제와 토대 위에서 구축된 것이다. 첫째, 현재의 사회복지는 자본주의 경제체제 아래에서 기본적으로 모순관계에 있는 자본가와 노동자의 타협에 기반을 두고 있다. 국가는 노동자와 자본가의 자유로운 의사결정과 경쟁을 원칙으로 하는 자본주의 경제체제에 적절하게 개입하여 이를 조정함으로써 자본은 이윤을 지속적으로 보장받고 노동자는 사회적으로 임금을 안정하게 지급받는 대타협을 이룬다. 둘째, 이러한 대타협에 기초하여 경제는 안정적으로 지속 성장하고 고용은 거의 완전고용에 가까워 계속적으로 일자리가 창출되고 이러한 경제성장은 사회복지에 필요한 재정을 안정적으로 유지하도록 만든다. 셋째, 가장의 소득과 가족 구성원의 돌봄노동에 기초하여 가족단위의 사회적 재생산도 안정적으로 유지된다. 가족은 사회가 필요로 하는 인적자원을 지속적으로 재생산하고 관리하는 동시에 복지사회가 필요로 하는 사회적 연대와 가치교육의 기초로 자리 잡는다. 넷째, 사회의 구성원들은 한 나라의 국민이라는 자격에 기초하여 하나의 권리로서 국가와 사회의 지속적 보장 속에서 안정적인 삶을 영위할 수 있다.

하지만 이러한 전통적인 복지국가가 위기에 직면하고 있다는 주장은 이미 1980년대부터 시작되고 있었다. 노동과 자본이 한 나라의 국경을 넘나드는 세계화가 진전되면서 기존에 이루어졌던 노동과 자본과 국가의 대타협이 작동하기 힘들게 되었고, 산업구조와 생산의 방식이 변경되면서 노동의 수요 자체가 줄어들고 노동자집단 역시 다양하게 분화되면서 복지국가를 지탱하던 한 축인 노동의 위상도 근본적인 변화에 직면하게 되었다. 노동소득의 위축은 당연히 국가가 필요로 하는 복지재원의 축소를 가져오는 동시에 복지수요는 증가시키는 이중의 부담을 가져오게 되었다. 뿐만 아니라 가족제도의 변화와 여성의 지위에 대한 새로운 의식은 전통적인 사회적 돌봄의 기초로서의 가족제도의 위기를 가져와 고전적인 복지국가가 현실적으로 작동하지 못한다는 목소리가 점점 커졌다. 이에 대한 대응으로 전통적인 복지국가는 1990년대 이래 사회투자적 복지국가 패러다임 아래 적극적이고 능동적 개혁 노력을 경주하기도 하였고 혹은 신자유주의적 자유화와 탈규제화를 하나의 대안으로 활용하기도 하였다.

그런데 최근에 우리 사회에서 벌어지고 있는 변화는 그동안 복지국가를 정립하여 유지하던 기본적 토대와 전제를 근본적으로 흔들고 있어 과거와 같은 수준의 개선과 변화의 노력으로는 이러한 변화에 대응하는 것이 힘들다고 평가되고 있다. 이 장에서는 그러한 변화 가운데 가장 중요한 몇 가지를 소개하고 이러한 변화가 복지국가 및 사회복지에 대하여 어떠한 과제를 던져 줄지 그리고 이러한 문제에 대하여 어떠한 대안을 모색하여야 할지 전망하여 본다.

먼저 살펴볼 변화는 생태의 위기이다. 복지국가는 기본적으로 안정적인 경제적 성장과 적절한 분배를 통해 이루어진다. 성장과 분배의 조화로 구성원들의 인간다운 삶과 행복을 지향하는 것이다. 그러나 최근의 지구적 삶의 모습은 성장과 분배의 토대로서의 생태계 자체를 위기로 몰아가고 있다. 복지국가의 토대가 붕괴되는 상황에서 우리는 어떠한 대안을 고민하여야 할까? 두 번째 다룰 문제는 국제관계의 변화이다. 앞서 언급한 것처럼 전통적인 복지국가는 하나의 국가를 기본단위로 하여 정립되어 왔다. 독립국가와 그 구성원인 국민이 복지국가 모색의 출발점이었던 것이다. 그런데 최근의 사회적 변화는 이러한 개별 국가의 자율성과 독립성이 더 이상 유지되기 힘든 상황이 발생하고 있다. 이러한 전 지구적 차원의 국제적 연계와 상호작용 속에서 전통적인 복지국가 모델은 어떻게 변화되어야 할까? 세 번째 살펴볼 문제는 최근 새롭게 등장하고 있는 사회복지 대상자들에 대한 문제이다. 이들 집단은 현재의 다양한 사회경제적 변화와 이로 인한 사회문화적 가치관의 변화에 따라 등장한 인구집단들로서 이들의 독특한 상황과 욕구에 따른 새로운 사회복지적 대안의 모색이 절실해 보인다. 마지막으로 고민해 볼 문제는 과학과 기술의 발전이다. 과학의 눈부신 발전과 그에 기반한 기술적 진보는 효과적이고 효율적인 복지국가 건설에 기여하였음은 분명한 사실이다. 그러나 디지털 전환으로 대변되는 최근의 기술적 진보는 이전과는 질적으로 다른 차원의 상황 변화와 관련된 영향을 보이고 있어 전통적인 복지국가가 상정한 인간과 기술의 관계를 전면적으로 재검토하게 만들고 있다. 이는 인간의 삶의 환경과 조건의 변화를 넘어 인간과 기술의 대체 문제, 인간중심 사회와 기술중심 사회와 같이 사회복지의 가장 근본적인 가치를 뒤흔드는 우려와 고민을 우리에게 안겨주고 있다.

우리가 살고 있는 사회가 대개의 경우 복잡하게 상호 연결되어 있기 때문에 위에서 제시한 네 가지 사회 변화 역시 서로 긴밀하게 연결되어 있다. 따라서 이에 대처할 해결책 역시 복합적이면서 총체적이어야 할 것이다. 그럼에도 이 장에서는 각각의 사회 변화별로 뚜렷한 특징과 상황을 소개하고 보다 그 문제에 집중화된 대책들을 잠정적으로 모색하여 본다.

제2절 최근의 사회 변화와 사회복지의 과제와 도전

1. 생태위기와 사회복지의 도전

1) 생태위기와 원인

가끔 도심을 떠나 자연 속에서 밤하늘을 수놓는 무수한 별들을 볼 때, 우리는 우주가 빛으로 충만한 세계라고 착각하기 쉬우나 사실 우주는 어둠(암흑물질)이 전체의 96%를 차지하고 빛은 겨우 4%에 불과한 어둠이 지배하는 세계이다. 다시 말해 우주의 기본값은 어둠이며 빛은 매우 이례적인 현상이다. 단지 우리에게 빛이 익숙한 것은 우리의 삶의 터전인 지구가 태양이라는 별에 가까이 있기 때문이다. 이렇듯 우주적 관점에서 빛이 특이한 현상임을 인지할 때, '생명'은 그야말로 신비로 가득한 기적과도 같은 현상이라고 할 수 있을 것이다. 인간을 포함하여 지구에 거주하는 모든 생물종은 생명이 존재할 수 있는 우주적 조건인 골디락스 행성(Goldilocks zone)[01]이라는 우연 속에서 최초의 생명이 탄생한 이래 영겁의 시간 동안 무수한 우연을 거듭하면서 현재와 같은 생명의 그물망, 즉 생태계를 이루었다. 그리고 무수한 생물들과 그들이 살아가는 무생물적 환경으로

01 골디락스 존 혹은 생명체거주가능영역(habitable zone: HZ)은 생명체들이 살아가기에 적합한 환경을 지니는 우주공간의 범위를 뜻하는 천문학 용어이다.

구성된 지구 생태계의 기본 원리는 바로 상호의존과 균형이다.

생태위기란 바로 생명의 건강과 지속가능성을 담보할 수 있는 이러한 생태계의 기본 원리가 위협받고 있음을 의미하는 것이다. 동식물의 멸종 등 생물 다양성 감소, 지구온난화로 인한 폭염과 폭우, 혹한 등 기후 변화, 대기와 수질 및 토양 등 생태계 오염, 인구 증가와 산업화로 인한 자원 고갈 등은 오늘날 지구 생태계의 위기를 보여주는 징후들이다.

이러한 생태위기의 근본적 원인은 무엇일까? 일차적 원인은 바로 인류가 생존하고 생활하는 데 필요한 물질적 재화를 생산하는 생산체제의 혁신적 변화인 산업자본주의의 출현과 세계화이다. 산업혁명 이래 생산성을 비약적으로 증가시킨 기술발전이 거듭되고 나아가 이러한 생산체제가 전 세계로 확산되면서 인류 대다수는 마침내 생존에 필요한 물질적 재화의 결핍상태인 빈곤으로부터 벗어나게 되었고 물질적 안락함과 풍요의 시대를 살게 되었다. 갤로어(Oded Galor)는 18세기 후반 산업혁명 이래 지난 200여년에 걸쳐 진행된 산업화가 인간의 생활수준을 그 이전과는 비교할 수 없을 정도로 획기적으로 변화시켰음을 다음과 같이 묘사하고 있다.

> "겨우 몇 세기 전 인류의 삶은 몇 천 년 전 선조의 그것과 비슷했다. 지역마다 생활수준이 크게 다른 것도 아니었다. 지구 어디든 인류의 삶은 비슷했다. 예를 들면, 16세기로 접어들 때 잉글랜드 농민의 생활은 11세기 중국의 농노나 1500년 전 마야문명의 농민, 기원전 4세기 그리스의 목축인, 5000년 전 이집트의 농민, 1만 1000년 전 예리코의 목축인과 비슷했다. 하지만 19세기의 동이 튼 후, 인류사에서 극히 짧은 시간에 인간의 기대수명은 2배 이상으로 늘어났다. 1인당 소득은 가장 발전한 지역의 경우 20배로 치솟았으며, 지구 전체로 따져도 14배로 높아졌다. 호모사피엔스 출현 이후의 그 어떤 변화도 무색케 할 만큼 삶의 질이 달라졌다. 너무나 짧은 시간에 일어난 급격한 향상이라, 인류는 이 기간이 얼마나 예외적인지를 쉽게 망각한다.
>
> 출처: 갤로어 (2023). pp.13-15.

그러나 공짜 점심은 없다는 말처럼 산업화를 통해 인류가 누리게 된 물질적 안락함과 풍요 그리고 더 많은 재화와 더 편리한 삶을 위한 끊임없는 경제성장의 추구는 지구 생태계를 급격히 변화시켰을 뿐만 아니라 생태계 파국을 초래할

지도 모를 심각한 위협을 던져 주고 있다. 현재의 실상은 물질적 안락함과 편리함에 중독된 채 존재의 기반인 지구 생태계가 위협받는 것을 넘어 미래의 지속가능성을 해치는 파괴적인 양상으로 접어들고 있음에도 불구하고 끊임없이 성장만을 추구하고 있다는 것이다. 산업화가 초래하는 생태위기에 관한 수많은 실증연구들은 그것이 결코 과장이 아니며 종의 절멸을 가져올 수도 있는 심각한 위협으로 경고하고 있음에도 국제사회 및 개별 국가 수준에서의 대응과 실천은 너무나 무기력하기만 하다. 절제할 줄 모르는 욕망, 탐욕으로 가득한 채 바야흐로 인류는 자신이 지구 기후와 생태계를 변화시켜 만든 새로운 지질시대인 인류세(人類世, Anthropocene) 또는 인신세(人新世)의 시대에 스스로 종의 절멸을 향해 몽유병 환자처럼 걸어가고 있다.

2) 생태위기에 대한 사회복지의 도전

그렇다면 인류는 어떻게 생태위기에서 벗어날 수 있을까? 무엇보다 생태위기의 직접적 원인이 되는 기후붕괴를 피하기 위해서는 탄소배출량을 획기적으로 감축해야 할 것이다. 오늘날 대다수의 인류가 누리는 물질적 안락함, 즉 추위와 더위를 피할 수 있는 공간에서 거주하고 일하며 원하는 목적지까지 편리하고 안전하게 게다가 놀라울 만큼 빠른 속도로 이동하고 매 끼니마다 풍성한 음식을 먹고 마시는 오감을 자극하는 다양한 오락의 향유로 채워지는 현대인의 삶은 막대한 양의 탄소를 배출하여 기후위기를 초래하는 화석연료 에너지원에 절대적으로 의존하고 있다. 따라서 화석연료 사용을 억제하고 태양광, 풍력, 조력 등을 활용한 재생에너지 확충은 기후 회복을 위한 첫걸음이다. 그리고 전체 에너지원에서 재생에너지 사용 비율을 늘림으로써 지속적으로 탄소배출량을 감축하는 탄소중립경제로의 전환은 인류의 공멸을 막기 위한 유일한 선택지이다. 따라서 전 세계 모든 국가는 2050년까지 탄소 중립(순배출량 제로)을 달성하고 산업혁명 이후 지구 기온 상승폭을 1.5도로 제한하기로 합의한 파리기후협약을 성실히 이행하여야 한다. 특히 더 많은 양의 탄소를 오랫동안 배출함으로써 기후위기에 더 큰 책임이 있는 고소득국가는 더 신속하게, 더 많이 줄여야 할 것이다. 다만 이러한 탄소중립경제로의 전환은 근본적으로 경제가 끊임없이 성장해야 한다는 성장 신화로부터 벗어남을 의미하는 탈성장을 전제로 해야 달성 가능할 것이다.

어떤 이들은 기술이 우리를 구원할 것이고 혁신이 성장을 '녹색'으로 만들 것이라는 희망에 기대지만, 기술이 효율성을 개선한다고 해도 이러한 기술이 생태계 붕괴를 저지하는 데 쓰이지는 않는다. 성장 지향의 자본주의가 기술이 이런 방식으로 쓰일 수 없게 만드는 것이다. 자본주의는 이 개선된 효율성을 성장 목표를 앞당기고 채굴과 생산이 순환에 점점 더 많은 자연을 밀어 넣는 데 이용하기 때문이다. 문제는 기술이 아니라 성장이다. 탈성장은 경기불황과는 다르다. 경기불황은 성장에 의존하는 경제가 성장을 멈출 때 발생하는 것으로 혼란과 막대한 피해를 초래한다. 그러나 탈성장은 애당초 성장이 필요가 없는 경제로의 전환이다. 그러기 위해서는 끝없는 자본축적이 아니라 인간 번영을 중심으로 조직되는 경제, 다시 말하자면 포스트 자본주의 경제, 더 공정하고 더 정의로우며 더 많이 돌보는 경제를 만들어야 한다.

탈성장에 기반한 포스트 자본주의의 구체적 모습은 어떠한가? 무엇보다 포스트 자본주의체제하에서는 노동/소득/부의 공평한 분배가 이루어질 것이다. 사회적 유용성이 낮은 불필요한 일자리를 중심으로 산업생산의 총량을 줄임으로써 주당 노동시간을 30시간이나 20시간으로 줄일 수 있고 노동인구에게 필수노동을 보다 균등하게 배분하여 완전고용을 유지할 수 있다. 그리고 노동시간의 단축은 소비를 줄이는 데도 긍정적인 영향을 미친다. 여가시간이 더 적은 이들이 보다 집중적인 소비를 하는 경향이 있으며 여유를 갖는 이들은 생태적으로 영향이 더 적은 활동에 끌리는 경향을 보인다. 운동, 자원봉사, 학습, 친구나 가족들과 어울리기 같은 활동들이 그것이다. 우리에게 진정으로 필요한 노동이면서도 자본주의하에서는 총체적으로 저평가된 재생산노동이 회복되면서 우리는 사회적/생태적으로 좋은 삶을 누릴 수 있다.

또한 노동시간을 줄이는 동시에, 사람들이 잘 살기에 적절한 수준의 임금이 유지되도록 보장할 필요가 있다. 기업 측면에서도 CEO와 평균 노동자의 임금격차가 그동안 폭증해 왔는데 임금비율에 상한을 두는 '최고임금' 정책을 통해

소득불평등을 개선할 수 있다. 불평등 줄이기는 생태적 압력을 줄이는 강력한 방법이다. 부유층의 사치성 소비를 줄이고 나머지 사회 전반에서도 경쟁적 소비를 감소시킨다. 게다가 불필요한 성장에 대한 압력도 없애준다. 경제가 불필요한 교환가치에서 사용가치를 지향하도록 전환될 것이다.

더불어 포스트 자본주의제체하에서는 기본재의 탈상품화와 공공재의 확장이 이루어질 것이다. 주택과 같은 기본적인 사회적 재화에 대한 가격을 영구적으로 통제하거나, 보건/교육 등 보편적 기본 서비스나 공공 도서관, 공원, 스포츠 시설 같은 기반시설을 공공 재정으로 제공하여 공공재로 만드는 것이다. 이런 방식은 사람들에게 지속적인 소득 증가를 필요 없게 만든다. 성장의 정언명령에서 벗어날 수 있다. 자본주의가 만들어내는 인위적 희소성의 압력으로부터 해방되고 기본적 필요가 충족됨에 따라, 성장의 추동력은 사라진다. 이러한 경제에서 개인/기업/부유층의 부는 감소하겠지만, 공공의 부는 늘어나고 모든 이들의 삶이 향상될 것이다. 여기서 새로운 역설이 생겨난다. 풍요가 성장의 해독제가 되는 것이다. 탈성장 사회를 주창하는 대표적인 생태경제학자인 요르고 칼리스(Giorgos Kallis)가 지적했듯이 "자본주의는 풍요의 조건 아래에서는 작동할 수가 없다." 그리고 "성장에서 벗어날 때 우리는 풍요를 누릴 수 있다"(Jason Hickel, 2021). 결국 포스트 자본주의는 '더 나은 복지국가(the better welfare state)'에 다름 아니다.

2. 국제관계의 변화와 사회복지의 도전

1) 최근 국제관계의 변화

지금까지 우리는 사회복지란 인간의 삶의 질 향상과 행복을 추구하고 사회문제를 예방하고 해결하기 위한 사회적 시스템이라는 것을 배웠다. 이제 사회복지를 하나의 국가를 넘어서 세계로 확대해 보고자 한다. 국제적 관점에서 사회복지를 확대하여야 하는 배경에는 다음과 같은 세 가지 국제관계의 변화들이 있다.

첫째, 지금 우리는 인류 역사상 그 어느 때보다도 국가 간 교류가 활발한 세계화의 시대에 살고 있다. 인류는 세계화를 통해 자본, 노동력, 기술, 문화의 교류를 통해 편익을 확대해 오고 있다. 사실 오래 전부터 각 지역(국가)에서 생산한 농산물과 공산품의 교류는 무역이라는 형태로 활발히 이루어져 왔다. 특히 값싼 생산원가의 확보와 새로운 시장 확대를 통해 상품시장, 자본시장 등 국경을 넘어선 자유로운 거래는 경제적 효율성을 높여 사람들에게 상당한 부를 가져오는 계기가 되었다. 그뿐 아니라 이민과 문화 교류 등을 통한 사람의 이동도 활발해져서 한 국가 안에도 다양한 문화적 배경에 있는 사람들이 살아가고 있다.

이로 인해 한 국가에 국한되지 않고 국경을 넘어서 세계 곳곳에 퍼지는 새로운 사회문제가 발생되고 있다. 그 대표적인 사회문제가 바로 코로나19와 같은 감염병 확산이었다. 코로나19의 확산은 어느 지역으로 제한되지 않았으며 과거의 다른 질병보다 더 넓게 그리고 빠르게 진행될 수 있음을 알게 되었다. 한편 각국에서 보여준 자국민보호 우선주의와 같은 자국이기주의가 어떻게 등장하고 작동하는지도 분명하게 알게 되었다. 특히 백신 및 치료제 등 필수의약품의 확보 경쟁에서 보여준 자국민 우선주의로 인해 각자도생의 생존논리가 국제사회에서 매우 강하게 작동할 수 있음을 알게 되었다.

둘째, 전통적으로 외부효과(external effect, externality)[02]는 경제, 환경, 노동력 등 많은 측면에서 국가 간 상호작용을 강화하고 상호의존성을 높여 왔다. 특히 긍정적 외부효과보다는 대기오염과 같이 부정적 외부효과로 인해 국가 간 분쟁도 심해지고 있다. 이는 한 국가의 경제적 후퇴와 같은 불운의 원인이 그 국가 내부에서만 존재하는 것은 아니라는 것을 알려준다. 즉 이웃국가 더 나아가 상호간의 교류가 있는 국가들 간의 영향은 어느 특정 국가에게 부정적 결과를 가져올 수 있다. 따라서 이러한 문제를 해결하기 위해서는 해당 국가 혼자만의 노력으로는 불가능하다는 것을 의미한다.

02 외부효과는 어떤 경제주체의 행위가 다른 경제주체에게 긍정적 혹은 부정적 영향을 미치고 있음에도 이에 대한 금전적 거래가 없이 보상이나 가격 지불이 이루어지지 않는 상황을 의미한다(두산백과 두피디아).

셋째, 국가 간 복지수준을 비교해 볼 때 심각할 수준으로 국가 간 불평등이 심화되어 있음을 알 수 있다. 흔히 불평등은 한 국가 내 구성원 간의 부, 권력, 기회 등의 불평등을 의미하는 것으로 인식되어 왔다. 이에 한 국가 내의 사회문제를 해결하는 시스템으로서 사회복지가 작동하는 것에 초점을 두어 왔다. 하지만 선진국과 후진국 간 경제수준의 격차는 계속 커져가고 있으며 특히 후진국 국민들의 대다수는 절대적 수준의 빈곤에 처해 있다. 또한 한 국가 구성원의 복지는 그 국가가 가지는 정치 · 경제적 상황, 역사, 국제 및 국내 분쟁, 종교 및 문화적 배경과 복잡하게 얽혀 있어 단순히 후진국이 선진국의 모델을 따라갈 수 있는 것도 아니다. 또한 정치 · 경제적 불안을 피해 외국으로 이주하는 난민들의 증가를 보면, 인류의 보편적 가치인 평등, 자유, 인권, 건강, 복지가 보장되지 않는 국가의 국민들을 방치할 수만도 없는 실정이다.

2) 국제사회의 변화와 사회복지의 대응방향

21세기 들어 세계화 흐름 속의 재난과 감염병, 세계 곳곳에서 발생하고 있는 국제 분쟁, 인류의 보편적 가치를 위협하는 국가 간 불평등과 같은 글로벌 차원의 사회문제를 해결하기 위해서 지금까지 국제사회는 어떻게 대응해 오고 있는 것일까? 이러한 국제적 대응은 대체로 두 유형으로 나누어 볼 수 있다.

하나는 국제연합(UN)을 비롯하여 세계보건기구(WHO), 유엔아동기금(UNICEF), 세계식량계획(WFP), 유엔난민기구(UNHCR) 등 국제협력기구를 통한 공공 및 민간 차원의 국제협력을 통한 접근을 들 수 있다. 이들 국제협력기구는 고유의 목적에 따라 회원국 간 협력과 지원을 통해 해당 글로벌 사회문제를 해결하기 위한 국제협력 거버넌스를 형성한다. 대표적 사례는 세계보건기구(WHO)가 코로나19 팬데믹 이후 백신 및 치료제의 개발 및 보급을 위한 국제적 공조와 후진국의 코로나19 해결을 위한 국제사회 지원을 추진해온 것이다. 하지만 각 국제협력기구의 기금 모금 및 사업 추진에 있어서 회원국의 느슨한 연계와 미온적 협조로 인해 실제 글로벌 사회문제에 얼마나 효과적인지에 대한 회의적 시각도 많다.

다른 하나는 글로벌 패권주의 강화를 통한 국가주의 부활과 권위주의 국가들의 경쟁 확대를 들 수 있다. 대표적 사례로 국제사회에 대한 영향력을 높이기 위한 미 · 중경쟁의 심화, 코로나19 대응과정에서 나타난 자국민 우선주의 등은 글로벌 사회문제를 해결하는 과정에서 협력보다는 상호대립과 갈등으로 대응하고 있음을 알 수 있다. 이러한 경쟁 중심의 대응은 정치 · 경제적 진영에 따른 국제사회 대립과 글로벌 경기침체와 같은 결과로 나타나고 있으며 이로 인한 국제사회의 갈등은 더 첨예하게 부각되고 있다.

지금까지의 국제사회의 대응은 글로벌 차원의 사회문제에 대한 해결에 효과적이지 않은 것으로 평가된다. 국제적 사회문제는 매우 복합적이고 복잡하여 예방과 해결이 쉽지 않다. 이에 사회복지 차원에서 접근할 수 있는 대안을 통해 새로운 대안을 모색해 보고자 한다.

첫째, 사회문제의 원인과 해결방안을 모색함에 있어 한 국가를 넘어 지구적 확대를 지향하는 글로벌한 관점을 가질 필요가 있다. 어느 한 국가의 사회문제가 가진 영향력은 해당 국가의 국경 내부에서만 그치는 것이 아니라 해당 국가를 넘어 인접국가 더 나아가 전 세계의 문제로 확산될 가능성이 크다. 따라서 세계화로 국가들이 상호간의 영향을 주고받으며 상호의존적이 되어가고 있는 현상을 좀 더 깊게 고찰할 필요가 있다. 현재 우리에게 직접적으로 영향을 주지 않는 다른 국가에서의 특정한 사건이 시간이 지나면서 우리에게 어떠한 결과로 다가올지에 대한 세심한 연구와 대응이 필요한 것이다.

둘째, 글로벌 차원의 사회문제를 해결하기 위해서는 결국 문제해결을 위한 국제적 공조와 연대, 즉 국제협력을 더욱더 강화할 필요가 있다. 앞서 국제연합(UN)을 비롯한 기존의 국제협력기구들의 기능과 한계에 대한 평가를 고려한다면 이러한 국제협력기구들이 유일한 대안이 될 수는 없다. 하지만 탄소중립정책 등 기후변화에 대한 국제적 대응, 기업의 ESG 경영[03] 확산, 코로나19 해결을 위

03 ESG란 환경보호(Environment) · 사회공헌(Social) · 윤리경영(Governance)의 약자로, ESG경영이란 기업이 환경보호에 앞장서며, 사회적 약자에 대한 지원 등 사회공헌활동을 하며, 법과 윤리를 철저히 준수하는 경영활동을 말한다(한경 경제용어사전).

한 글로벌 공조 등의 경험은 국가 및 민간의 국제협력의 가능성을 어느 정도 보여주고 있다. 그동안의 국제협력의 경험을 통해 국제협력을 강화하기 위한 전략으로는 정치, 군사, 경제 등 진영에 따른 전통안보분야보다는 환경오염, 보건의료, 재난대응, 난민 지원, 불평등 완화 등 비전통안보분야에서의 국제협력에 더 효과적일 것으로 보인다(성기영 · 이수형, 2020).

셋째, 사회복지적 관점에서, 사회복지사는 인류의 보편가치를 지니면서 사회변화에 민감한 관심을 가지고 국제협력 관련 전문지식을 활용하여 글로벌 차원의 사회문제 해결과정에 실천하는 전문가로 성장할 필요가 있다. 먼저 인류의 보편가치는 생명, 자유, 평등, 정의, 사회적 책임, 평화 등으로, 이들은 경제개발 격차, 국가 간 이해관계 여부와 상관없이 초국가적 인간복지의 일반적 가치(김동수 · 정무성 · 정진욱, 2013)로서 글로벌 사회문제에 접근하는 모든 사회복지사들이 갖추어야 할 윤리이다. 또한 정치, 경제, 지리, 문화, 국제관계, 기후변화, 기술변화 등의 전 분야에 걸쳐, 사회 변화와 국제격차, 국제협력기구 및 공공 · 민간 차원의 국제협력 현황, 국제적 영향을 가진 국내외 정책에 대한 분석과 대안 형성 등 기존의 지식을 확장하여 세계적 관점의 전문지식을 축적하여야 한다.

지금까지의 논의를 통해볼 때 글로벌 차원에서 국가 간 이동과 상호작용이 가속화되는 현 상황에서 사회복지의 개념은 국내 사회문제 예방 및 해결에 초점을 둔 기존의 관점을 넘어서 인류의 보편적 가치를 실현하기 위한 국제사회복지 이슈에 대한 사회적 시스템으로 확장할 필요가 있다.

3. 새로운 복지대상의 등장과 사회복지의 도전

1) 새로운 복지대상과 등장배경

최근 20년간 전통적인 사회복지대상자와는 구별되어 우리 사회에 새롭게 등장한 복지대상자로는 1인가구, 사회적 고립집단, 그리고 플랫폼 노동자를 들 수 있다. 이들 대상자들의 성격과 욕구를 고찰하면서 특별히 주목해야 하는 사회경제적 배경은 새로운 인구구조 변동, 신자유주의적 개인주의 확산, 그리고 플랫폼 자본주의의 성장이다.

첫째, 새로운 인구구조 변동은 기대수명 증가와 출산율 저하로 인한 고령기 인구비중의 증가가 아닌, 가구 형태 및 라이프스타일의 변동에 기반한 1인가구 비중의 증가를 가리킨다. 한국 사회는 매우 빠른 시간 동안 제조업 중심의 경제사회에서 서비스산업 중심의 경제사회로의 변화를 경험하고 있다. 제조업 중심 사회에서는 비교적 안정적인 고용이 유지되고 그에 따라 생애전망이 어느 정도 예측가능하였으나, 서비스산업 중심 사회에서는 새로운 노동규범과 일의 형태가 등장하게 되었다. 이에 따라 1인가구 혹은 비혼의 가구형태가 증가하게 되는데, 이러한 현상은 단지 한국에만 국한된 현상이 아니라 전 세계적으로 발견되는 현상이라 하겠다. 바이오기술과 경제성장에 기인한 고령사회의 등장과 더불어, 경제변동의 불안정성과 불완전 고용의 증가, 그리고 결혼 및 가족에 대한 가치관과 성역할인식의 변화는 1인가구 증가라는 새로운 인구구조 변동의 대표적인 경제사회적 배경이라 하겠다(김수영 · 박준혁 · 권하늬, 2022).

둘째, 신자유주의적 개인주의의 확산은 더 이상 가족, 친족, 지역사회, 계급, 공동체 등 집합적 문화와 사회규범으로부터 크게 영향을 받지 않고, 개별화된 삶의 양식과 개인의 선택을 우선적으로 강조하는 문화와 사회질서를 의미한다. 노동시장에서 끊임없이 자신의 생산성을 스스로 증명하고 개발하여야 하며, 식사 및 생활습관, 건강과 여가 역시 그 자체가 아니라 직장에서의 경쟁력이나 사회에서의 존재감을 위하여 소위 생산적으로 소비하여야 한다는 개인적 사회적 라이프스타일이 등장하였다(김수영 · 박준혁 · 권하늬, 2022). 이러한 신자유주의적 개인주의의 확산 현상은 전 연령대와 계층에 걸쳐 점차 증가되는 자발적 혹은 비자발적 사회적 고립 집단의 경제사회적 배경이라 하겠다.

무한반복적이고 점차 심화되는 경쟁사회에서 개인들은 누군가와 사랑이나 친밀한 관계를 맺기를 갈망하지만, 동시에 자신의 이익을 먼저 생각하고 행동을 하게 된다. 결국 개인들의 사랑과 친밀한 관계는 마치 어느 방향으로든 흘러가는 액체와 같이 불안하고 변덕스러운 형태로 인식되면서(Bauman, 2003; 김수영 · 박준혁 · 권하늬, 2022: 113 재인용), 많은 개인들은 사회적 관계에서 점차 벗어나 자발적 또는 비자발적으로 사회적 고립으로 머물게 된다.

셋째, 플랫폼 자본주의 성장은 디지털 정보통신기술의 비약적 발전에 기반하여 일명 빅데이터(big data) 중심의 자본주의 생산양식의 확산을 가리킨다(Srnicek, 2017; 백승호 · 이승윤 · 김태환, 2021: 145 재인용). 제조업 중심 경제사회에서 표준적 고용관계인 임금 노동자가 아닌, 다양한 비표준적 형태(non-standard forms)의 일을 기반으로 수익창출의 비즈니스 모델이 확산되는 자본주의 양식이 강화된다. 디지털 플랫폼 기업의 비즈니스 모델의 기본 원리는 인공지능의 기계학습과 알고리듬에 기반한 아웃소싱이라 할 수 있다(Srnicek, 2017; 이승윤 · 백승호 · 남재욱, 2020: 83 재인용). 플랫폼 소유자는 플랫폼 거래자 모두로부터 초과지대를 부과하지만 노동비용을 경감하고 산업안전보건관련 규제를 피함으로써 이윤을 최대화한다. 반면, 플랫폼 노동자 입장에는 사실상 플랫폼 기업과 고용관계가 분명하지만 그 법적 지위가 특수형태근로종사자 또는 자영업자의 신분이라는 점에서 법적 · 제도적 보호에 취약하고 소득과 고용 불안정에 취약하여, 현재는 물론 노후에도 빈곤할 가능성이 높다(이승윤 · 백승호 · 남재욱, 2020).

2) 새로운 복지대상의 특성과 사회복지의 도전

앞서 언급한 바와 같이 전통적인 사회복지대상자와는 구별되는 새로운 사회복지 대상, 즉 심각한 사회적 고립집단에 속하는 은둔형 외톨이 청소년, 1인가구 중 고독사 고위험집단, 그리고 플랫폼 노동자들을 위한 사회복지의 도전 및 과제를 정리하면 다음과 같다.

첫째, 은둔형 외톨이 청소년은 대체로 학교, 직장 등 "외부세계와 단절된 채 시간적 개념이 뒤바뀐 채" 3개월 이상 집밖으로 외출하지 않으며, "자신의 은둔 상태에 불안감이나 초조감"은 있으나 "정신병적 장애 또는 지적장애(IQ 35–49)는 없는" 9세부터 24세까지의 청소년을 가리킨다(이지민 · 김영근, 2021: 65). 이들은 학교생활 중 친구 또는 교사와의 관계 또는 기타 사회적 관계에서 신체적 · 정서적 폭력 또는 따돌림 등의 상처를 받고 동시에 도움을 요청할 곳이 없거나 요청하였음에도 불구하고 외면당한 경험을 하였을 가능성이 큰 것으로 나타났다. 이들에 대한 사회적 도움 가운데 은둔기간 중 친구나 가족, 그리고 상담기관 전문가의 지속적인 관심과 노력이 은둔으로부터 벗어나는데 도움이 되었다고 보고되고 있다. 그리고 이들에게 스마트폰을 활용한 온라인 커뮤니티 활동은 일상의 시간감각을 잊은 채 본인과 사회로부터 도피하게 하는 의존처로서의 부정적인 면도 있는 것으로 나타났지만, 은둔기간 중 외부사회와 소통하는 유일한 통로로서의 긍정적인 측면이 동시에 나타났다(이지민 · 김영근, 2021). 이러한 특징은 학교사회복지실천은 물론 학교 밖 청소년 대상 지역사회복지실천에 시사하는 바가 크다.

둘째, 1인가구 중 고독사 고위험집단은 대체로 "생계곤란과 질병, 주거불안정 등 시급하고 명백한 위기에 있는 1인가구"를 가리킨다(박선희 · 최영화, 2020: 53). 은둔형 외톨이 청소년과 마찬가지로 1인가구 중 고독사 고위험집단은 사회적 고립, 즉 타인과의 접촉이 없거나 "어려움에 처했을 때 도움을 요청할 사람이 없는" 집단일 가능성이 크다고 하겠다(박선희 · 최영화, 2020). 더욱이 「고독사 예방 및 관리에 관한 법률」이 제정되어, 고독사의 개념이 가족, 친척, 이웃과 단절된 채 홀로 살다가 자살 또는 병사로 홀로 임종한 후 일정한 시간이 지난 후 그 시신이 발견된 죽음으로 정의되면서, 빈곤, 질병, 고립의 복합적 위험을 가진 1인가구는 대표적인 고독사 고위험집단으로 간주되게 되었다.

특히 고독사 고위험 1인가구는 대체로 오랜 기간 동안 빈곤과 실업, 신체적 건강 악화, 알코올중독 등의 문제행동, 사회심리적 위축, 그리고 저학력이 복합적으로 작용하여 공공기관과 이웃에 도움을 요청하는 데 필요한 사회성 기술이 미숙하거나 왜곡된 것으로 나타났다. 그리고 이러한 특성의 1인가구에 대한 이웃과 지역사회의 무관심과 기피현상 역시 1인가구의 사회적 고립을 악화시키는 요인으로 나타났다(장수미 · 배은경 · 방혜선, 2022). 이러한 특징을 충분히 반영하여 긴급복지지원을 확대하는 등 이들을 담당하는 공공기관은 물론 지역사회복지실천의 적절하고 효과적인 대응이 시급하다.

셋째, 플랫폼 노동자는 대체로 "온라인 플랫폼을 통해 불특정 조직이나 개인이 서비스를 제공하고 소득을" 얻는데, 특히 플랫폼에 입장한 후 노동자는 "콜별, 건별, 프로젝트별로" 보상이 이루어진다는 특징을 지닌다. 또한 이들은 대체로 물리적 지역 기반의 배달, 가사, 숙박업 등의 플랫폼 노동자와 온라인 기반의 프리랜서 또는 마이크로태스킹 크라우드 노동자로 나뉜다고 볼 수 있다(이승윤 · 백승호 · 남재욱, 2020: 85-86). 이들은 노동의 수요자와 공급자, 그리고 중개자라는 3자 관계에서 가장 열등한 위치에 처함에 따라 노동시간과 소득이 매우 불안정하다. 더욱이 플랫폼 노동의 특성상 대부분의 플랫폼 노동자는 산업재해와 실업에 관한 사회보장의 제도적 실질적 사각지대에 놓여 있다. 뿐만 아니라 국민연금 지역가입자 신분인 이들은 사실상 국민연금에서도 사각지대일 가능성이 큰 것으로 나타났다. 플랫폼 노동자의 사회보험 사각지대 문제에 대하여 일찍이 프랑스, 덴마크, 미국, 독일, 그리고 유럽연합은 대응을 시작하였다.

이들을 위해서는 무엇보다 건강보험과 퇴직연금에 대한 지원을 통하여 기존의 사회보험제도로 포함시키는 한편, 플랫폼 기업의 협조하에 소득과소신고 및 조세회피를 방지하는 등 다른 노동자와 공정하고 비차별적인 형태로 사회보험에 포함시키는 노력을 경주하여야 할 것이다(백승호 · 이승윤 · 김태환, 2021; 이승윤 · 백승호 · 남재욱, 2020). 이러한 점은 향후 이들을 포함하여 한국 사회 사회보장제도의 전반적인 개혁에 시사하는 바가 크다고 할 수 있다.

4. 디지털 전환과 사회복지사의 역할 변화

1) 4차 산업혁명과 디지털 전환

얼마 전까지 우리 사회의 가장 큰 화두 중 하나는 4차 산업혁명이었다. 디지털 혁명으로 불렸던 3차 산업혁명이 인터넷에 의한 정보화 시대를 의미한다면, 4차 산업혁명은 기계의 지능화를 통해 생산성이 고도로 향상되어 산업구조 근본이 변하는 것을 의미하는데, 이러한 변화의 동인은 '지능정보기술[04]'이라고 불리는 것이다. 즉 4차 산업혁명은 인공지능, 로봇기술, 생명과학 등이 주도하는 차세대 산업혁명으로 육체노동뿐 아니라 정신노동도 대체될 수 있다는 점이 기존 산업혁명과 큰 차이점이라고 할 수 있다(미래창조과학부, 2016).

이러한 4차 산업혁명에서의 지능정보기술로 인한 산업구조 변화는 필연적으로 일자리 및 업무 성격 등을 함께 변화시키고 인간의 삶 전반에 총체적 변화를 가져오고 있다. 2 · 3차 산업혁명에서 전기가 인간의 육체노동을 대체했다면 지능정보기술은 인간의 '지적노동'을 대체하게 되는 것으로, 사회 전반에 기계가 인간을 대신하여 일을 수행하므로 생산성 향상, 근로시간 감소, 건강수명 증가 등 경제 사회적 혜택이 확대되게 될 것이다. 반면, 자동화로 인해 단순 · 반복 업무의 일자리 수요가 감소하고 고부가가치 업무의 인력 수요가 증가하는 고용구조 변화를 가져올 것으로 판단된다. 즉 육체노동력의 한계는 로봇으로 극복하고 정신노동은 인공지능이 보완해 주게 될 것이다.

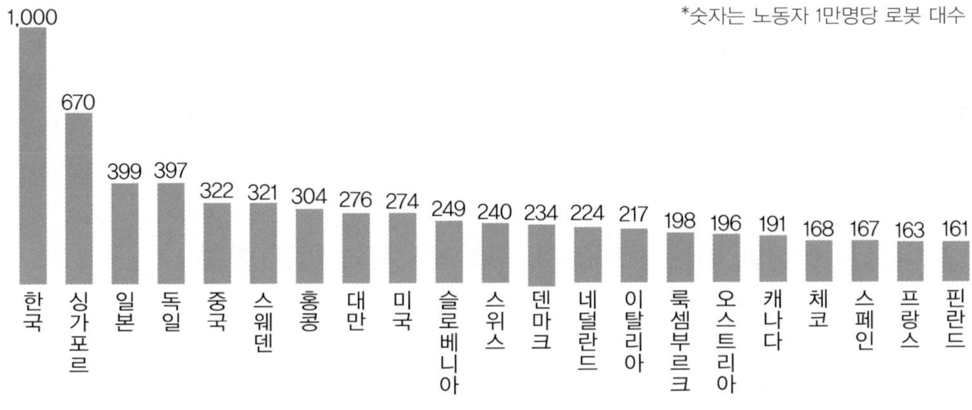

그림 15-1 | 전 세계 산업용 로봇 밀도(2021)

출처: World Robotics (2022).

---

04 지능정보기술이란 AI(인공지능)의 "지능"과 ICBM(IoT, Cloud Computing, Big Data, Mobile)에 기반한 "정보"가 종합적으로 결합된 형태를 의미한다. 인공지능, 사물인터넷, 클라우드, 빅데이터 등이 여기에 해당된다.

국제로봇연맹(IFR)이 발표한 '2022 세계 로봇 보고서'에 따르면 한국의 2021년 산업용 로봇 밀도[05]는 1,000대로, 세계평균 141대에 비하면 7배에 달한다. 다른 제조업 국가인 일본이나 독일의 2.5배, 중국이나 스웨덴의 3배가 넘는다. 2011년 347대와 비교하면 10년 사이에 약 3배가 늘어난 수치로, 로봇 밀도가 네 자릿수로 올라선 나라는 전 세계에서 한국뿐이다(한겨레신문, 2022.12.9).[06]

2022년 11월 베타 버전이 등장하면서 전 세계적 관심을 끌었던 대화형 인공지능 '챗GPT'는, 이후 챗GPT 개발사인 오픈AI는 텍스트와 이미지를 양방향으로 인식하는 '멀티 모달' 기술을 더해 2023년 3월 GPT-4 버전을 선보였다. 개발사인 오픈AI는 이번에 공개한 모델은 "문자뿐 아니라 이미지도 인식하며, 다양한 시험에서 인간과 비슷한 수준의 퍼포먼스를 보였다"고 설명했다(주간조선, 2023.3.18).[07] 이제 인공지능이 이미지 인식을 포함한 과제를 수 초 만에 해내며, 그림도 읽어내는 것이 가능한 것이다. 마이크로소프트(MS)는 2023년 3월 16일 개최한 'AI와 함께하는 업무의 미래를 주제로 한 온라인 이벤트'에서 PPT나 엑셀을 스스로 생성하는 AI인 '코파일럿(Copilot)'을 공개했다.[08] 이는 발표 자료를 만들고 기초적인 데이터를 관리하는 사무직이 이제 더 이상 필요 없을 수 있다는 것을 의미하는 것이라고도 할 수 있다. 1990년대에 제러미 리프킨(Jeremy Rifkin)이 예견한 '노동의 종말'이 현실이 되고 있다.

2) 디지털 전환에 따른 사회복지, 사회복지사의 역할 변화

이러한 변화 속에서 사회복지사의 역할은 어떻게 바뀔 것인가? 다양한 분야에서 변화는 이미 진행되고 있다. 지금까지 감정이 있는 인간만이 할 수 있다고 생각하는 휴먼서비스 분야에서도 3D프린터, 로봇, 웨어러블, 가상현실(VR) 등의 다양한 기술과 인공지능을 심리 · 신체 · 사회적인 문제를 가진 대상에게 활용하

05 로봇밀도 1,000대는 제조업 노동자 10명당 로봇이 1대꼴로 배치돼 있다는 뜻이다.

06 https://www.hani.co.kr/arti/science/technology/1070908.html

07 http://weekly.chosun.com/news/articleView.html?idxno=25071

08 https://www.youtube.com/watch?v=Bf-dbS9CcRU&t=23s

기 시작했다(이윤수, 2018). 이러한 기술발전은 사회복지 발전을 위한 다양한 관점을 제공하게 되었다. 생각대로 움직이는 휠체어, 수어해석기 등의 인공지능을 활용한 기술이 2009년에 개발되었다. 2012년 소프트뱅크는 휴머노이드 로봇 개발 분야에서 세계 최고의 기술력을 가진 프랑스 벤처기업 '알데바란로보틱스' 지분 80%를 인수하는 조건으로 페퍼 공동개발 작업을 시작하였으며, 이후 2014년 인공지능 로봇 '페퍼'를 시장에 선보였다. 이는 상대방의 감정을 인식해 대화할 수 있는 휴머노이드 로봇이다. 지난 십여년 동안 이미 돌봄이 필요한 사람에게 로봇을 활용하고, 인공지능의 빅데이터를 이용하고 장애인을 위해 맞춤 웨어러블을 활용하는 등 긍정적인 편의성을 실용화시켜 나가고 있는 것이다.

그러나 최근의 변화는 그동안의 변화를 훨씬 뛰어넘고 있다. AI와 로봇이 전면에 등장하는 자동화 시대, 인간의 노동력이 더 이상 필요하지 않은 '노동의 종말'의 시대 속에서 사회복지사의 역할은 어떻게 변화되어야 할 것인가?

첫째, 미래창조과학부에서는 2016년에 민원서류 발급 등 단순업무는 머지않은 장래에 로봇으로 대체될 것을 제시하였다. 이렇게 되면 일반행정을 담당하는 공무원은 사라질 수 있다. 그러나 사회복지전담공무원 등 사람의 심리 · 상담과 관련된 공무원, 새로운 정책을 개발하는 공무원은 더욱 중요해질 것이다. 이는 민간분야에서도 마찬가지이다. 사회복지사가 하고 있는 업무 중 정보제공만으로 끝날 수 있는 것은 컴퓨터 등으로 대체가 가능하다. 그러나 사람의 심리지원과 상담 등의 역할은 더욱 중요해질 것이다. 이는 다른 휴먼서비스 분야도 마찬가지이다. 예를 들어, 현재 수술과 처방을 하는 의사가 중요하다면 앞으로는 환자를 오래 상대하고 그들의 심리를 잘 파악해야 하는 간호사나 의료사회복지사 등이 더 유망할 수 있다. 왜냐하면, 수술과 처방은 로봇이 중심이 될 수 있지만, 환자와 가족을 상담하고 마음을 편안하게 해주는 역할을 하는 것은 여전히 사람이 중심이 될 것이기 때문이다.

그렇다면 사회복지사의 역할은 결국 사례관리, 특히 클라이언트 개개인에 맞추는 개별 맞춤형 지원계획을 세우는 것 중심으로 변화될 것이다. 모든 사람들은 '꿈(Dream)'이 있다. 이러한 꿈을 달성하기 위한 계획을 세우고, 이러한 계획을 이루기 위해 클라이언트 · 소비자와 함께 업무를 수행하는 것이 더욱 중요하게 될 것이다. 과연 이러한 역할을 로봇이 수행할 수 있을까? 클라이언트의 비밀보장, 자기결정, 인간존엄성 등과 같이 인간을 대상으로 하는 서비스 활동에서 가장 중요한 가치들은 여전히 중요하며 존중되어야 할 것이 분명한데, 로봇과 인간 가운데 누가 더 윤리적으로 옳은 역할을 적절하게 수행할 수 있을 것인가?

둘째, 윤리적 딜레마 상황에서의 사회복지사의 가치판단이 매우 중요해질 것이다. 1명의 위급한 사람을 위해서 비용을 지불할 것인가? 10명의 상대적으로 덜 위급한 사람을 위해서 비용을 지불할 것인가? 존엄사 논란, 낙태와 자살 등 생명보호, 자기결정, 알 권리, 비밀보장 등 다양한 상황에서 사회복지사의 가치판단은 여전히 매우 중요하다.

이러한 점은 사회복지정책 분야에서도 마찬가지이다. 만일 정보연계 및 지능정보기술 활용을 통해 복지대상자를 자동 발굴, 효과적으로 관리하는 '전 국민 사회보장 관리' 서비스가 구현된다면, 기계적인 행정업무는 이제 사람이 할 필요가 없어질 것이다. 하지만 분배적 정의를 어떻게 실현할 것인가 하는 것은 여전히 매우 중요한 영역이 될 것이다. 분배의 우선순위 결정, 즉 제한된 자원을 배분하는데 어떠한 기준에 따라서 나누어줄 것인가? 이러한 분배적 정의의 기준을 어떻게 정할 것인가가 여전히 중요하기 때문이다. 비용이 많이 드는 환자 1명을 지원할 것인가? 비용이 적게 드는 환자 10명을 지원할 것인가? 여전히 가치판단이 필요하다고 할 수 있다.

최근 급격하게 진행되는 우리 사회의 변화는 윤리와 가치에 위반될 수 있는 여러 문제와 화두를 제기한다. 사회복지는 사람을 다루고 사람과 함께 하기 때문에 과학기술과의 일방적이고 단편적인 연계가 긍정적일 수만은 없다. 결국 사회복지사의 책임윤리에 대한 논의가 지속적으로 필요한 상황이다. 클라이언트의 문제와 욕구 분류, 그리고 기초면접은 인공지능이 한다고 하더라도, 인간만이 할 수 있는 감정과 공감의 능력을 높여 클라이언트에 대한 정확한 사정과 이에 따른 개입을 하는 것은 여전히 인간의 영역으로 남을 가능성이 높다. 왜냐하면 인공지능이 아무리 발달해도 인간의 삶과 관련된 가장 중요한 결정은 결국 사람이 해야 하기 때문이다.

영리가 개입되는 기술과 기계, 또는 인간의 감정과 정서를 대신 해 줄 수 없는 인공지능의 개입은 사회복지실천에서 기존과는 다른 윤리와 가치를 요구할 수 있다. 기계와 휴먼서비스 종사자들의 근본적인 차이는 클라이언트의 여러 심리, 정서, 신체, 가정, 환경 등 다양한 부분에서 정확한 사정을 할 수 있는 정보와 판단력이 아니라 기본적으로 인간존중을 통한 감정이입의 따뜻한 마음과 윤리적 사고에 있다. 따라서 기계나 데이터가 인간이 수행하는 휴먼서비스의 상당부분을 대신하는 날이 오더라도 우리는 새로운 상황에 대한 클라이언트의 반응과 부분적인 활용에 대한 논의를 계속해 나가야 하고, 인간성 상실과 기존의 사회복지실천의 윤리와 가치에 대한 유용성과 변화를 위한 논의도 지속적으로 수행하여야 한다.

3차 산업혁명까지는 정답이 있는 시대지만, 지금의 4차 산업혁명시대는 정답이 없는 시대이다. 자동(통)번역기가 상용화가 된다면 영어듣기 · 청취 · 번역 능력은 이제 중요한 것이 아닐 것이다. 영어로 된 데이터/콘텐츠에 무슨 의미가 담겨 있는지를 추론해 내는 능력이 중요하다. 모든 것을 다 해주는 것 같은 인공지능 챗GPT에서는 이제 질문을 어떻게 할 것인가가 가장 중요해질 것이다. 문어발식 지식과 능력이 필요할 수 있다. '오지랖' 넓은 사회복지사가 더욱 필요한 세상이 다가오고 있다.

참고문헌

김동수 · 정무성 · 정진욱 (2013). **국제사회복지: 더불어 지구촌에 잘 살기 위하여.** 신정.

김수영 · 박준혁 · 권하늬 (2022). 1인 가구 노동자의 생산-재생산 활동에 대한 사례분석: 개인화된 사회의 자기중심적 생산-재생산 메커니즘에 관한 시론적 탐색. **한국사회정책, 29**(4), 105-150.

미래창조과학부 (2016). 4차 산업혁명에 대응한 '지능정보사회 중장기 종합대책'.

박선희 · 최영화 (2020). 중장년 남성 고독사 고위험군의 사회적 고립에 대한 탐색적 사례연구: 긴급복지지원 대상자들을 중심으로. **비판사회정책, 68**(0), 45-78.

백승호 · 이승윤 · 김태환 (2021). 비표준적 형태의 일과 사회보장개혁의 남아 있는 과제들. **사회보장연구, 37**(2), 139–176.

성기영 · 이수형 (2020). 코로나19 이후 국제질서 변화와 다자주의 국제협력 전망. **국가안보전략연구원 전략보고, 89.**

오데드 갤로어 (2023). **인류의 여정: 부와 불평등의 기원 그리고 우리의 미래.** 장경덕 역. 시공사.

이승윤 · 백승호 · 남재욱 (2020). 한국 플랫폼노동시장의 노동과정과 사회보장제의 부정합. **산업노동연구, 26**(2), 77–135.

이윤수 (2018). 4차 산업혁명의 과학기술을 적용하는 사회복지실천에서의 윤리와 가치. **한국사회복지학회 2018년도 춘계공동학술대회 자료집.** pp.850–873.

이지민 · 김영근 (2021). 은둔형 외톨이 경험이 있는 청소년의 은둔 경험에 관한 현상학적 연구. **한국아동심리치료학회지, 16**(2), 61–91.

장수미 · 배은경 · 방혜선 (2022). 장년층 1인 가구에 대한 사회복지현장 실무자의 실천 경험. **한국사회복지학, 74**(4), 97–125.

제이슨 히켈 (2021). **적을수록 풍요롭다: 지구를 구하는 탈성장.** 김현우 · 민정희 역. 창비.

주간조선 (2023.3.18). 더 똑똑해진 챗GPT4... 문서분석, 장애인 지원 가능한 이미지 분석도.

한겨레신문 (2022.12.9). '로봇밀도' 들어보셨나요? 한국이 세계에서 가장 높다는데...

찾아보기

저/자/약/력/

김기덕

서울대학교 사회복지학과를 졸업하고 미국 애리조나주립대학교(Arizona State University)에서 박사학위를 받았다. 사회복지라는 사회적 현상의 기원과 본질에 대해 고민하며 주로 사회복지와 연관된 개념을 명확히 하고 사회복지를 새롭게 해석할 수 있는 사유에 관심이 있다.

논문으로는 「사회복지 실천의 본질에 관한 실천철학적 탐색」, 「인권과 사회복지의 관계에 대한 비판적 탐색」 등이 있다. 현재 순천향대학교 사회복지학과에서 사회복지개론과 사회복지윤리와 철학 등을 가르치고 있다.

서동명

서울대학교를 졸업하고, 서울대학교 사회복지학과에서 박사학위를 받았다. 인권과 사회복지, 그중에서도 장애인 인권에 대해서 관심을 갖고 관련 연구를 진행하였으며, 사회복지사의 근로조건 및 처우개선을 위한 노력도 함께 하고 있다.

논문으로는 「코로나 시대, 장애인의 삶과 장애인 복지 실천의 변화에 대한 고찰」, 「정당한 편의제공 관점에서 살펴본 장애인 수용자의 일상생활실태 및 정책적 함의」 등이 있다. 현재 동덕여자대학교 사회복지학과에서 사회복지법제, 사회복지윤리와 철학, 장애인복지론 등을 가르치고 있다.

신원우

서울대학교 사회복지학과를 졸업하고 동 대학원 사회복지학 석사와 박사학위를 받았다. 지역사회복지 실천현장에서 사회복지사가 다양한 집단과 함께 사회적 가치를 추구하기 위하여 어떠한 일을 할 수 있고, 또한 해야 하는가에 대한 학문적·실천적 관심을 갖고 있다.

논문으로는 「알코올의존 노숙인의 치료공동체 프로그램의 수료에 영향을 미치는 요인」, 「사회복지학 교과목에 대한 플립러닝 적용 사례 연구: 프로그램 개발과 평가 수업 적용을 중심으로」 등이 있다. 현재 협성대학교 사회복지학과에서 지역사회복지론, 프로그램개발과 평가, 의료사회복지론 등을 가르치고 있다.

윤상용

연세대학교 사회복지학과를 졸업하고 서울대학교 사회복지학과에서 박사학위를 받았다. 오랜 기간 한국보건사회연구원에서 근무하면서 현상과 제도로서의 사회복지를 진단하고 개선하는 것에 주력해왔으며, 최근에는 사회복지라는 현상을 주조하는 토대 혹은 근원을 탐구하면서 작금의 인류와 사회가 직면한 총체적 위기를 극복할 가능성으로서 사회복지 갱신에 관심을 갖고 있다.

논문으로는 「차별속의 차별: 정신장애인 차별에 대한 분배와 인정의 관점에서」, 「장애인 고용의 다차원적성과 및 장애인근로자의 노동시장 내 역동」 등이 있다. 현재 충북대학교 아동복지학과에서 사회복지학개론과 장애인복지론 등을 가르치고 있다.

황보람

서울대학교 사회복지학과를 졸업하고 미국 캘리포니아주립대학교-버클리(University of California at Berkeley)에서 박사학위를 받았다. 존중과 포용의 가치에 관심이 있다.

논문으로는 「발달장애인을 고려한 지하철 안내사인의 그래픽 적용 방안 고찰」(공저), 「대중교통을 이용하는 발달장애인의 이동경험에 관한 사례연구」(공저) 등이 있다. 현재 부산대학교 사회복지학과에서 사회복지정책론과 사회복지윤리와 철학 등을 가르치고 있다.

사회복지학개론

초판발행 2024년 3월 10일 **1판 1쇄** | 2025년 3월 10일 **1판 2쇄**
2026년 3월 10일 **1판 3쇄**

지은이 김기덕 서동명 신원우 윤상용 황보람
펴낸이 최용구 | **펴낸곳 도서출판 신정**
주소 (04316) 서울시 용산구 원효로 89길 19 (원효로1가)
전화 02)3211-4782, 0266(영업부), 3211-4783(편집부), 3211-4784(팩스)
이메일 sjbook2002@naver.com | **홈페이지** www.sjbook.co.kr
등록 2001년 5월 11일 제13-702호
기획마케팅 최용구 장만동 최충구 송대용 | **책임편집** 석기은 황가연

ISBN 978-89-5912-870-9 93330
정가 28,000원